비움의 모범을 보이신
예수 그리스도

비움의 모범을 보이신
예수 그리스도

권문상 지음

비움의 모범을 보이신 예수 그리스도
copyright ⓒ 권문상 2008

초판 1쇄 인쇄 2008년 12월 20일
초판 1쇄 발행 2008년 12월 26일

    지은이   권문상
    발행인   김요한
    발행처   도서출판 새물결플러스

  편집국장   윤상문
     총무   윤미라
    디자인   강인구 조현자

  출판등록   2008년 8월 21일 제 2008-24호
     주소   (우) 158-827 서울시 양천구 신월 1동 129-2
     전화   (02)2607-0990
     팩스   (02)2693-9072
  홈페이지   www.HolyWave.or.kr

     총판   소망사
     전화   (02)392-4232, 4233
     팩스   (02)392-4231

값 19,000원
ISBN 978-89-961592-1-6   03230

새물결플러스는 한국 교회의 건강한 성장을 돕고 기독 지성인을 발굴하여 후원하며 복음주의 신앙과 신학을 대변하기 위해 설립된 출판사입니다.

머리말

우리는 그리스도의 정체를 어느 정도까지 안다고 할 수 있을까? 다시 말해서, 33년간 이 땅에 사셨던 그리스도가 (그가 하나님이심으로) '참으로' 전지, 전능, 편재하시면서 동시에 (그가 우리와 같은 인간이셨음으로) '참으로' 무지, 무능, 장소에 제약을 받으면서 사셨던 그분을 얼마나 정직하게 신학적으로 설명하였고 또한 얼마나 확실히 안다고 할 수 있을까?

그 키와 지혜가 자라났다는 그 어린아이, 완전한 인간으로 계셨던 예수님이 마리아의 품에서 전지, 전능하였다 라고 말하기에는 너무도 용감한 주장일지 모르기 때문이다 (전지, 전능성이 '있다'는 것과 전지, 전능 '하였다' 라는 말은 구분될 필요가 있기 때문이다). 그럼에도 불구하고 그리스도가 하나님이셨음을 어떻게든 말해야 하는 것은 피할 수 없다. 그러므로 우리는, 전지성만 놓고 볼 때, (그리스도가 하나님이심으로) - '그는 - 모든 - 것을 - 아시면서' - (또한 그리스도가 인간이심으로) '모든 - 것을 - 알지 - 못한다고' 말해야 한다. 적어도 논리적으로는 그렇다. 이 명제가 어떤 의미에서 참인지,

지금까지의 기독론이 속 시원하게 설명했다고 믿는 사람은 없을 것이다. 아마도 정직한 신학자요, 신앙인이라면 자신 있게 설명했다고 말하지는 못할 것이다.

더욱이 문제는 전통적으로 소위 이 '양성론'(two natures theory)이 거의 단성론적 성격을 띠고 있었다는 사실, 즉 그리스도가 나약한 인간으로 계셨다는 것보다는(그런 모습이 복음서에 충분히 그려져 있음에도 불구하고) 그러한 연약한 모습을 애써 감추면서 하나님이셨음을 더 부각시키는 데 관심을 두었다는 것이다. 여러 신조와 신학 저서에서 분명히 그리스도가 평범한 인간과 동일본질임이 명시되고 있으면서도 실제적으로는 이러한 모습을 실감 있게 그리는 것에 상당한 부담을 안고 있었던 것은 사실이다.

이런 의미에서 과연 우리가 그리스도를 정직하게 알렸는가에 대해 문제를 제기하고자 하며 성경, 특히 복음서에 주목함으로 이 주제를 다시 살펴 사색하자고 제안하는 것이다. 왜냐하면, 요즈음 '역사적 예수 탐구'의 르네상스 시대에 적절하게 대응하기 위해서는 이러한 사색은 필요하다고 생각하기 때문이다. 예수님의 하나님 되심을 부인하는 자들은 단성론적인 기독론에 대한 반동적 기류를 제시하고 있는데, 그동안 안주해 왔던 우리의 기독론이 하나의 원인을 제공하지 않았나 싶다. 우리는 긴 시간 동안 역사적으로도 유명한 구속사적 사건을 만드신 그리스도와(historic Christ) 역사에 나타난 한 인간으로서의 예수(historical Jesus)를 균형감 있게 이해하지 못하였던 것이다. 이 작업이 얼마나 어려운지를 이해하지 못하는 바는 아니지만, 그렇다고 얼마나 진지하게 이해를 구하였는지는 자성할 이유가 충분하다고 본다.

그런 의미에서 이 책은 우리에게 시기적절하게 필요하다. 양성론이 인간 이성의 한계에 속한다고 하면서 우리의 무지를 애둘러 변명하는 데 익숙한 단성론적 경향을 보이는 사람들에게, 또한 양성론이 현대인에게 믿을 수 없는 것이므로 단순히 인간 예수였다고 주장하는 회의론자들 모두에게 문제의식을 가지게 할 것이다. 필자는 이들 모두가 설득될 수 있으리라고 기대하면서 이 책을 집필했다.

그런데 이 글을 읽고 동의하기 위해서는, 우리 모두 성경으로 돌아가 진지하게 그리고 정직하게 예수 그리스도를 들여다보는 일을 선행해야 한다. 이 말은 어떤 의미에서 고대로부터 현대에 이르기까지 많은 사람들이 진정성을 가지고 성경을 대하지 않았음을 고발하는 것이다.

우리는 성경을 통해 예수님이 자신을 하나님과 동일시하셨음을 본다. 예를 들면, "나와 아버지는 하나이니라"(요 10:30), "창세 전에 내가 아버지와 함께 가졌던 영화로써 지금도 아버지와 함께 나를 영화롭게 하옵소서"(요 17:5) 등에서 알게 된다. 그러나 동시에 그분은 겟세마네 동산에서 간절한 마음으로 기도하실 정도로 연약한 인간으로 사셨음을 보게 된다. 더욱이 십자가의 고통은 단순히 본받기에는 우리의 행동을 넘어서는 '실제의' 아픔이었다. 고통당하는 '척하지' 않았다는 뜻이다. 아버지께 십자가를 지나가게 해 달라고 절규하는 목소리(마 26:39), 십자가에 달린 후에는 하나님이 어떻게 자신을 버릴 수 있는가를 괴로워하셨던 서러운 외침(마 27:46) 속에서 그리스도가 얼마나 그 아픔을 '실제로 겪었는지' 진지하게 들여다보게 된다. 나아가 성경적 양성의 실재를 진지하게 받아들이는 모든 자에게는, 자연스럽게 하나의 완전한 인격체로서 그리스도의 모습을 그려 보려는 노력을 포기하지 않게 할 것이다.

여기서 양성론의 교훈이 얼마나 지고의 가치를 지니는지 알 수 있다. 십자가에 달려 엄청난 고통을 당하신 예수님을 생각할 때 하나님이 어떻게 이렇게 처절하게 낮아지셨는가를 깨닫게 된다. 얼마나 자신을 부인하고 버렸는가를 알게 된다. 복음서는 이를 너무도 실감 있게 묘사하고 있으며, 바울은 이러한 그리스도를 본받아야 할 표상이라고 선언하였다. 그리스도인의 가장 고상한 모습은 자기 자신을 실제로 부인하고 낮추는 겸손한 자세일 것이다. 자기를 비우는 마음과 행동이 그것이다. 그러한 상태를 온전히 알기를 원하고, 그러한 고상한 인격이 되기를 원한다면, 우리는 자기를 '비운' 그의 삶, 이른바 그리스도의 '케노시스'(kenosis) 삶을 진지하게 생각해야 한다.

  그리스도의 자기 비우심 원리가 우리에게 전해주는 의미는 가히 절대적이다. 참된 하나님이 자기를 비움으로써 참된 인간으로 살아가신 그 모습에서 우리는 하나님의 (삼위일체적) 존재 원리를, 하나님의 통치 원리를, 피조물 모두가 가지는 생의 지고한 원리를 발견한다. 그것은 바로 자기 희생이다. 희생이 있는 곳에, 아니 희생이 있어야 생명이 있고, 죽음의 고통이 있어야 부활이 있는 그것 말이다. 그러나 우리가 이러한 주제에 얼마나 많은 학문적 노력을 쏟아 부었는가? 특히 성육신론에서 어떤 학문적 열정을 보였는가? 나는 하나님의 성육신을 보면서 희생의 형이상학에 더 이상 불편을 느끼지 말고, 아니 의도적으로 회피하려 들지 말자고 제안하고 싶다. 또한 현대의 지성인에게는 과학적 실재론에 따른 회의적인 편견을 버리고 좀더 진지하게 이 주제를 생각하자고 호소한다.

  이 책은 본래 필자가 영국 아버딘 대학교(University of Aberdeen, Scotland) 박사학위 논문으로 제출된 것으로, 양을 많이 줄이고 상당 부분 수정 보완하여 한국 독자에게 내놓는 것이다. 필자가 알기로는 한국에 상세하게 소개되지 않은 기독론이어서 다소 낯설게 느껴질 수 있다고 생각한다. 아니 올바르게 소개되지 않아서 불편하게 느껴질지도 모르겠다. 다만 이 졸고가 그리스도를 이해하는 데 도움이 되고 기독론 논의가 다시 한 번 더 깊이 이루어지기를 소망할 뿐이다.

이 책을 읽는 독자를 위해 한 가지 당부한다면, 평신도에게는(쉬운 언어로 된 글을 따로 준비 중이기는 하지만) 3-5장 및 결론 부분을, 목사에게는 서론 앞부분과 1장, 3-6장 및 결론 부분을, 신학도와 전문 신학자에게는 책 전체를 살펴볼 것을 권한다.

이 글이 나오기까지 많은 분들의 도움이 필요하였다. 영국 아버딘 대학교의(지금은 에딘버러 대학교로 옮긴) 데이비드 퍼거슨(David A. S. Fergusson) 교수님께 감사를 드리고 싶다. 영국에서 연구를 시작하면서 마칠 때까지 예리한 통찰력으로 지도하여 주셨다. 그분의 인도가 없었다면 이 글이 나오지 못했을 것이다. 그 외에 아버딘 대학교 교수님들, (지금은 미국 프린스톤 신학교 총장이신)이안 토랜스(Iain Torrance), 프란체스카 머피(Francesca Murphy), (지금은 미국의 웨스트민스터 신학교 교수인)칼 트루만(Carl Trueman) 교수님께 감사드린다. 특히 이 주제에 관심을 가지게 해 주신 미국 칼빈신학교 총장이신 코넬리우스 플랜팅어(Cornelius Plantinga Jr.) 교수님께도 감사드린다. 또한 학자적인 길을 걸어가도록 길을 열어 주신 같은 신학교의 존 쿠퍼(John Cooper) 교수님께 감사드린다. 물론 오늘에 이르기까지 신학에 눈뜨게 해 주신 총신대학교 신학대학원 은사님들께도 감사드려야겠다. 그리스도 예수가 누구인지에 깊은 숙고를 할 수 있게 해준 풀러신학교 교수님들께도 감사드린다. 그 외에 많은 신학교 도서관 직원들, 아버딘 대학교의 도슨(Gilian Dawson) 씨, 에딘버러 대학교의 길크라이스트(Pam Gilchrist) 씨, 글라스고 대학교의 맥킨타이어(Inez

McIntyre) 씨, 그리고 세인트 앤드루스 대학교와 독일 마르부르크 대학교, 영국 국립도서관(British Library) 사서들에게 진심으로 감사드린다. 아울러 기도와 물질적 후원을 아끼지 않은 부모님, 인내심을 가지고 도와주고 힘이 되어 준 아내에게 고마움을 표한다. 마지막으로 출판하는 데 많은 격려와 힘을 보태 준 웨스트민스터 신학대학원 대학교의 여러 동료 교수들과 새물결플러스 대표 김요한 목사님과 편집국장이신 윤상문 목사님께 진심으로 감사를 드린다.

주후 2008년 12월
용인 연구실에서

목차

머리말 | 5
약어표 | 14
들어가는 말 | 15

제1부 현대 케노시스 기독론의 발흥

제1장 케노시스 기독론의 시초 | 37
루터주의 신학 | 41
    브렌츠(Brentz)와 켐니츠(Chemnitz) | 43
    콩코드 신조(Formula of Concord) | 48
    튀빙겐과 기센 학파(Tübingen and Giessen Schools) | 51
역사적 예수 탐구 | 54
    18세기의 대표적 인물들 | 54
    단순한 인간으로서의 예수 | 59
케노시스 기독론의 발흥 | 62
결론 | 64

제2장 케노시스 기독론의 발전 | 67
독일 신학자들의 '케노시스' 개념 | 70
영국 신학자들의 '케노시스' 개념 | 97
결론 | 133

제2부 윤리적 범주 안에서 발전된 케노시스 기독론

제3장 브루스의 기독론과 그리스도의 케노시스 | 139
브루스의 생애와 사상 | 148

하나님에 대한 윤리적인 개념 | 157
　윤리적 세계 질서 | 158
　아버지로서의 하나님 | 164
성육신의 윤리적인 의미 | 171
　성육신의 가능성 | 172
　예수의 신성 | 177
케노시스와 수치를 당하신 그리스도 | 184
　윤리적 범주 안에서의 케노시스 | 185
　수치를 당하신 인간 예수 | 193
　대제사장과 희생자로서의 그리스도 | 205
형이상학적 성육신론 비판 | 220
　그리스도에 대한 고대 교부들의 묘사 | 221
　루터교와 개혁파의 형식 | 227
　현대의 케노시스 기독론 | 233
평가 | 248

제4장 맥킨토쉬의 케노시스 기독론 | 263

맥킨토쉬의 생애와 신학 | 268
　생애 | 268
　교회를 위한 활동 | 270
　학자로서의 활동 | 273
기독론의 원리 | 282
　역사적 예수 | 282
　구속의 경험 | 285
　성경: 신학적 판단의 기준 | 288
　거룩한 사랑의 하나님 | 291
그리스도의 케노시스 | 295
　원리와 이론 | 299
　성육신에 있어 케노시스의 필연성 | 302
　잠재화된 신의 속성 | 306
　인성을 지닌 그리스도 | 322

그리스도의 플레로시스 혹은 자기실현 | 330
　　　성육신하신 그리스도의 성장 | 331
　　　인격의 통일성 | 340
　　　케노시스 기독론이 갖는 윤리적 함의 | 345
　　케노시스 개념과 다른 교리와의 조화 | 349
　　　케노시스와 구원론 | 350
　　　케노시스와 죄의 용서 | 355
　　　케노시스와 삼위일체 | 365
　　평가 | 371

제3부 맥킨토쉬의 케노시스 기독론 : 정통신학적 그리스도 개념의 재형식화

제5장 성육신에 대한 정통신학적 묘사의 표면화 | 383
　　정통신학적 그리스도 인격론에 부합함 | 394
　　참 하나님의 실현 | 399
　　참 사람의 실현 | 414

제6장 그리스도의 인격과 사역 사이의 밀접한 관계 | 427

나가는 말 | 439
참고문헌 | 455

약어표

AJT	American Journal of Theology
CEF	The Christian Experience of Forgiveness
CQR	Church Quarterly Review
DPJC	The Doctrine of the Person of Jesus Christ
Exp	The Expositor
ExpT	The Expository Times
FS	The Form of a Servant: A Historical Analysis of the Kenotic Motif
HC	The Humiliation of Christ: In Its Physical, Ethical, and Official Aspects
Institutes	Institutes of the Christian Religion
KG	The Kingdom of God: or Christ's Teaching According to the Synoptical Gospels
LS	Lecture Synopses
LW	Life and Work
PJC	The Person of Jesus Christ
POW	The Providential Order of the World
PW	Christ's Person and Work: Part II: The Person of the Mediator
SACB	Some Aspects of Christian Belief
SJT	Scottish Journal of Theology
TMT	Types of Modern Theology
TT	The Training of the Twelve: or Passages out of the Gospels Exhibiting the Twelve Disciples of Jesus under Discipline for the Apostleship

들어가는 말

들어가는 말

　케노시스 기독론은 19세기 중엽과 20세기 초 사이에 그리스도의 인격에 관하여 중요한 논쟁을 불러일으켰던 신학으로, 바울이 빌립보서에서 언급한 바 있는(빌 2:7, (그리스도 예수께서) 자신을 비워(heauton ekenosen) 종의 형체를 가져 사람들과 같이 되었고) 헬라어 '에케노센'에서 '케노시스'라는 개념을 차용, 신학적으로 발전시킨 이론이다. 이 기독론은 독일의 토마시우스(Gottfried Thomasius)에 의해 처음으로 본격 발전되었고 영국의 맥킨토쉬(H. R. Mackintosh)에 의해서 마지막으로(적어도 20세기 초까지는) 수정, 정리되었다.

　케노시스 기독론은 정통 기독론을 그리스도에 대한 현대의 과학적 해석과 화해시키려고 논의된 이론이다. 과학적 실재론자들이 발견한 것을 수용, 그리스도가 온전한 사람이었다라는 사실을 인정하면서 동시에 성부 하나님과 동일본질이시라는 신앙고백적 선언을 인정하는 것이 현대인에게 충분히 이해 가능함을 보이려 하였던 것이다. 그 이론은 다음과 같다. 삼위일체의 제2위 하나님께서는, 그의 하나님 되심이 멈추어지지 않는 범위 내에서, 자신을 제한하심으로써 완전한 인간이 되실 수 있게 하여 역사적인 성육신이 발생하게 하셨다.

이 기독론은 그리스도의 '참된' 신성을 변호하였으며 동시에 그리스도의 '참된' 인성도 확보되어야 한다는 의도를 보여 주었다. 이는 상대적으로 그리스도가 온전한 사람이었음을 축소한 일부 전통적 신학과 달리, 예수님이 '실제의' 인간임을 강조하는 현대의 신학 해석에서 발견되는 바와 같다. 다시 말해서 케노시스 기독론은 그리스도의 신성을 확보한 정통 기독론에 충실하면서도 현대의 과학적 접근이 예수님의 참된 인성을 이해하도록 하는데 기여한 사실을 과소평가하지 않았다는 뜻이다. 결과적으로 이들 '중개 신학자'들은 케노시스라는 개념을 차용하면서 예수 그리스도의 인성을 그 어느 기독론보다 훨씬 더 강조하게 되었고, 이는 초대 교부들이 채용한 케노시스 개념보다 그리스도의 인성을 확보하는데 더 큰 기여를 하였다.[1]

---

[1] 고대의 교부들은 성육신을 케노시스적인 방법으로 설명하는데 호의적이었다. 힐러리(Hilary of Poitiers)와 시릴(Cyril of Alexandria)은 케노시스라는 개념을 사용하여 그리스도의 신성과 인성의 실재를 표현하기를 즐겼다. 그러나 이들은 신의 속성이 포기된다거나 상실되었다는 것을 상상하지는 않았다. 힐러리는, 비록 그리스도께서 케노시스적인 삶을 살아갈 때 인간의 습관에 따라 움직이셨을지라도, 그리스도의 육체는 고통을 당할 수 없었으며 그의 영혼도 두려움을 느낄 수 없는 것으로 보았다 (Bruce, *HC*, 5th ed., Edinburgh, T. &T. Clark, 1900, p. 237; 다음의 글도 보라. Pannenberg, *Jesus-God and Man*, tr., Lewis L. Wilkins and Duane A. Priebe, Philadelphia: The Westminster Press, 1968, p. 308). 당시의 관심사가 그리스도의 신성을 변호해야 하는 상황이었던 만큼 이 시대의 인물인 시릴에게도 역시 그리스도는 고통을 느끼지 않으면서 고통을 겪었다고 보았다(Coakley의 인용을 재인용, "Cyril's third letter to Nestorius," tr., and eds., T. H. Bindley and F. W. Green, *The Oecuminical Documents of the Faith*, London: Merthuen, 1950, pp. 213-4: Sarah Coakley, "Kenosis and Subversion: on the Repression of 'Vulnerability' in Christian Feminist Writing" in *Swallowing A Fishbone?: Feminist Theologicans Debate Christianity*, ed., Daphne Hampson, London: SPCK, 1996, p. 91; 다음의 책도 보라, Donald Dawe, *FS*, Philadelphia: Westminster Press, 1963, pp. 57-9). 힐러리와 시릴의 전통에 의존하면서 레오는(Leo of Rome) 케노시스 개념이란, 깊은

토마시우스에 의해 형이상학적 개념으로 시작된 현대의 케노시스 기독론은 영국의 신학자들에 의해서 윤리적인 양식이 도입되면서 그 형태가 변형되었다. 후자는 전자의 성육신이 어떻게 일어났는가를 설명하려(explain)던 시도를 포기하고, 성육신이라는 역사적인 사실, 즉 성경에 증거된 바 인성과 신성을 모두 가지신 그리스도의 그 삶을 묘사하려고(describe) 노력하였던 것이다. 개정된 케노시스 기독론은 브루스(A. B. Bruce)에 의해 미숙한 형태나마 최초로 소개되었다가[2] 맥킨토쉬에

동정심을 느낀 나머지 고개가 숙여진다는 의미를 나타내는 것이지 권능이나 능력이 쇠한다는 것이 아니라고 해석하였다(Jaroslav Pelikan, *The Christian Tradition: A History of the Development of Doctrine: 1. The Emergence of the Catholic Tradition (100-600)*, Chicago & London: The University of Chicago Press, 1971, p. 258). 그러나 교부들은 그리스도의 인성이 실제적이지 않다고 생각한 것은 아니었다. 홀(Francis Hall)은 교부들이 의미한 바를 설명하길, 그리스도께서 인간으로 사셨던 것은 성육신의 경륜에 제한을 두는 것, 예를 들면, 그리스도께서는 인성으로서 지혜가 자라난 것이라고 주장하면서 교부들이 참된 인성을 상실케 하였다는 비난을 일축하려고 하였다(Fancis J. Hall, *The Kenotic Theory: Considered with Particular Reference to Its Anglican Forms and Arguments*, NY, London: Longmans, Green and Co., 1898, p. 87; 다음의 책도 보라, T. F. Torrance, *The Trinitarian Faith: The Evangelical Theology of the Ancient Catholic Church*, Edinburgh: T. & T. Clark, 1988, p. 187). 교부들의 그러한 의도를 인정하면서도, 케노시스 개념을 통해 교부들이 발전시킨 인성에 대한 상술은 결과적으로 크립시스(*krypsis*, 감춤)를 의미하는 것이나 다름없다고 생각할 수 있다. 왜냐하면 케노시스 개념이, 특별히 힐러리와 시릴에게 있어서는 하비투스(*habitus*, 옷 또는 의복)를 의미하였기 때문이다. 예수님이 '실제의' 육체가 아닌 육체라는 '옷'을 입었다고 보았던 것이다. 이런 의미에서 교부들이 발전시킨 케노시스 기독론은 '유사' 케노시스(*quasi-kenosis*) 개념 아래에서 전개되었다.

2) 우리는 브루스가 1876년에 케노시스 기독론을 고찰하기 바로 얼마 전, 스코틀랜드의 휴 마틴(Hugh Martin)이라는 사람이 케노시스 기독론자였음을 발견할 수 있을 것이다. 비록 마틴이 케노시스 기독론을 학문적인 작품으로 승화시키지는 못하였어도 우리는 그가 그리스도의 제한된 혹은 자기를 비우신 삶을 사셨음을 보여 주기를 바랐다는 사실을 알 수 있다. 예를 들면, 겟세마네 동산에서 기도하셨을 때 그리스도는 실제로 고통을 겪기를 원치 아니하셨다. 그렇지만 그리스도께서 이 세상에 사는 동안 종의 형체에 맞게 살지 않으면 안 되었다. 그 결과 그리스도께서 지니셨던 참으로 신적인 속성들은 그의 삶 속에서 포기되었거나 보류되었던 것이다. 즉 이 속성들이 발휘될 수 없었던 것이다. 그러나 그는 그리스도가 신의 속성을 소유하였으나, 그 속성이 마리아의 품속에서, 겟세마네 동산에서, 십자가 상에서 어떻게 활동적이지 못하였는지는 설명할 수 없었다. 그리스도의 케노시스를 인정하고 싶었으나 그리스도의 신적-인간적인 삶을 논리적으로 나타내 보이지는 못했던 것이다. 다음의 책을 참고하라. Hugh Martin, *The Shadow of Calvary: Gethsemane, the Arrest, the Trial*, (Edinburgh: The Banner of Truth Trust, 1983; 1st ed., 1875), pp. 22-7, 54-5.

의해 학문적 깊이를 갖추면서 발전되었다. 이들은 하나님의 윤리적인 삶이 신적인 실체임을 강조하고 따라서 우리는 그리스도의 인격론을 다루기 위해 성육신이 갖는 윤리적인 틀에 주목할 필요가 있다고 역설하였다. 하나님은 사랑이시므로 그 아들의 육체와 영혼이 성장하기 위해서는(신성 '그 자체'의 상실이 아닌) 몇 가지의 신적인 '활동'을 포기하고 인간이 되실 수 있었다는 것이다. 이러한 성육신의 삶을 고려할 때 케노시스라는 행위가 분명히 주어졌음을 알 수 있다.

케노시스 기독론은 그리스도가 '제한된' 삶을 사셨다는 사실을 모두 말하고 있음에도 불구하고 그 형태에 있어서는 다양한 모습으로 발전하였다. 교부들이 이해한 그리스도의 수치스러운 삶은 '유사' 케노시스(quasi-kenosis) 개념과 다르지 않다. 비록 이들이 그리스도께서 케노시스, 즉 자신을 제한하신 삶의 모습을 보여 주려고 노력했지만 결국 크립시스(krypsis) 혹은 감추었다는 개념을 뜻하였기 때문이다. 대륙의 이론이든 영국의 이론이든 관계없이, 현대에 재발견된 케노시스 기독론은 교부들의 이러한 약점을 극복하려고 노력했다.3)

케노시스 기독론을 형이상학적인 틀 안에서 발전시킨 신학자들, 유럽 대륙의 대표적인 인물로는 토마시우스와 게스(Wolfgang Griedrich Gess)가 있다. 토마시우스는 '부분적' 케노시스라는('partial' kenosis) 개념 속에서, 게스는 '절대적인' 케노시스라는('absolute' kenosis) 의미에서 케노시스 기독론을 발전시켰다. 토마시우스에게는 성자가 지상의 삶을 사셨을 때 '상대적인' 속성, 예를 들면 전능, 전지, 편재성 등은 버리셨고

---

3) 필자는 전자에게 적합한 인물로 토마시우스와 게스를 대표자로 제시하였다. 왜냐하면 이들이야말로 사색적인 케노시스 기독론을 발전시킨 대표적인 학자라 할 수 있기 때문이다. 후자에 적절한 사람들로서는 브루스, 고어, 웨스톤, 페어베언, 가비, 포레스트, 포사이스, 그리고 맥킨토쉬를 들 수 있다. 이들 영국 신학자들은 우리가 논의할 케노시스 기독론을 위해 적합한 인물들이기 때문이다.

'절대적인' 혹은 '본질적인' 속성, 즉 사랑, 거룩, 진리 등과 같은 속성은 그대로 지니고 계셨다고 하였다. 그러나 게스는 성자가 소위 말하는 그 상대적 속성뿐만 아니라 본질적인 속성도 모두 다 비우셨다고 믿었다.

한편, 영국에서는 대륙의 이러한 형이상학적인 케노시스 기독론을 변형 발전시킨 새로운 기독론이 탄생되었다. 이 기독론[웨스톤(Frank Weston)의 것만 제외하고는]을 통해 하나님의 윤리적 성질과 그리스도의 자기 제한적인 삶을 사셨다는 성경적인 사실들에 주목하여 다양한 형태의 케노시스 개념이 만들어졌다. 먼저, 고어(Charles Gore)는 그리스도가 겪으신 케노시스가 '습관적'(habitual)인 것이라고 여겼고, 웨스톤은 '상대적인'('relative') 것으로, 페어베언(A. M. Fairbairn)은 '필연적이나 부분적인'('necessary but partial') 것으로, 가비(A. E. Garvie)는 '잠정적이나 상대적인'('temporal but relative') 것으로, 포레스트(D. W. Forrest)와 브루스는 '실제적이지만 윤리적인'('real but ethical') 것으로, 포사이스(P. T. Forsyth)와 맥킨토쉬는 '실제적이지만 인간으로 변질되지 않은'('real but non-metamorphic') 것으로 생각하였다.4)

한편, 이러한 수정 케노시스 기독론을 우리는 세 개의 유형, 즉 단순히—윤리적이기만 한(simply-ethical) 것과 지적인(intellectual) 것, 지적이면서도—윤리적인(intellectually-ethical) 것으로 나누어 구분할 수 있다. 첫 번째 유형은 브루스와 포레스트의 케노시스 기독론일 것이며 두 번째는 웨스톤의 기독론을 말할 것이고 세 번째는 고어, 페어베언, 가비, 포사이스, 맥킨토쉬의 기독론일 것이다. 첫 번째의 유형은 케노시스 기독론

---

4) 케노시스 기독론의 역사적 발전은 이 글의 제2장에서 완전히 분석할 것이다. 그런 후 3장과 4장에서 브루스와 맥킨토쉬의 케노시스 기독론을 확인할 것이다.

을 제안할 때 단순히 윤리적인 부류만 고려한 것이며, 두 번째 유형은 형이상학적인 틀을 고집하면서도 대륙에서 시도한 바와 달리 성육신을 '설명'하려는 작업을 피하였고, 세 번째 유형은 윤리적인 틀을 기본으로 하되 그리스도께서 하나님이면서 인간으로 살아가신 삶이 형이상학적인 측면을 분명 지니고 있음을 진지하게 고려하였다.

이 책에서 우리는 브루스와 맥킨토쉬를 중심으로 다룰 것임에도 불구하고 이상의 다양한 형태의 케노시스 기독론도 탐색할 것이다. 이는 모두 브루스의 연구 덕분이라고 추정되며, 맥킨토쉬에 의해서는 이들 이론들이 일부분, 혹은 상당히 재론되거나 아니면 수정되었다고 판단된다. 이렇게 하여 여기서 소개될 두 명의 주요 인물이 발전시킨 스코틀랜드의 케노시스 기독론이, 고대에서 생각한 것이든, 유럽 대륙의 형이상학적인 것이든, 영국의 윤리적인 고찰에 의한 것이든, 케노시스 기독론 역사에 있어 독특한 것임이 입증될 수 있을 것이다.

현대의 케노시스 기독론은 한동안 기독론 논의에서 상당한 인기를 얻었다. 그러나 처음에는 유럽 대륙에서 상당한 비판을 받았다가, 나중에는 영국에서 일부분 평가를 받은 바 있었다. 그 뒤 독일에서는 곧바로 자취를 감추게 되었고 영국에서는 비판과 지지가 혼재하였다. 이는 이러한 기독론이 형이상학적이든 윤리적이든 관계없이 기독론 논쟁에서 영원히 사라진 것이 아니라는 것을 증명하는 것이다. 물론 우리는 케노시스라는 개념을 지지하는 글이 간헐적으로나마 몇몇 사람들의 저서에 등장했음을 무시해서는 안될 것이다. 왜냐하면 많은 사람들이 여전히 지지하고 있음도 사실이기 때문이다.

그럼에도 불구하고 케노시스 기독론에 호소하는 글이 조직화된 형태로는 나타나지 않는다. 기껏해야 그리스도의 인격론을 다룰 때 이 기독론을 지지한다는 정도로 몇 줄, 아니면 몇 페이지에 걸쳐 언급될 뿐이었다. 어느 누구도 현대의 케노시스 기독론을 깊이 있게 본격적으로 재고한 사람은 없었다.

요즈음에 와서야 비로소 이 기독론을 재고하려는 움직임을 볼 수 있는데, 로날드 피인스트라(Ronald J. Feenstra)라는 학자가 바로 그 사람이다. 피인스트라는 최근에 이 주제에 관하여 글을 썼는데, 그는 박사학위 논문에서 현대의 케노시스 기독론에 있어 대표적인 두 인물, 토마시우스와 맥킨토쉬의 기독론을 철저하게 다루었을 뿐만 아니라 최근에는 형이상학적 범주에 기초한 케노시스 기독론을 발전시킨 논문을 발표하기도 하였다. 그러나 아쉽기도 윤리적 범주로 구체화시킨 스코틀랜드의 케노시스 기독론을 온전히 밝혀내지는 못하였다.

문제제기

지금까지 브루스와 맥킨토쉬의 케노시스 기독론은 상당한 무시와 오해를 받아 왔다. 윤리적 범주로 케노시스 기독론을 출발시켰던 브루스에게 그 어떤 긍정적 평가도 내려지지 않았으며, 스코틀랜드의 케노시스 기독론, 특히 맥킨토쉬의 기독론이 학계에 얼마나 건설적인 기여를 가져왔는지 충분하게 고찰되지 않았다. 단지 브루스가 대륙의 케노시스 기독론을 비판적으로 분석하면서 그 역사를 살폈다는 정도로만 그를 이해했다. 또한 케노시스 기독론에 비판적인 사람들에게 브루스는 단지 대륙의 케노시스 기독론을 영어권에 소개한 인물로 인식되거나 아니면 그가 대륙의 이러한 신학 움직임을 비판한 것을 보고 그를 케노시스 기독론에 비판적인 사람이라고만 인정할 뿐이다. 그들은 브루스가 윤리적 범주로 케노시스 개념을 파악해야 한다고 제안했을 때 그 의미를 제대로 이해하지 못했다. 브루스가 이러한 종류의 케노시스 개념을 발전시킨 최초의 사람으로 영국의 케노시스 기독론5) 흐름에 큰 기여를 했다는 사실조차 거의 인식하지 못하였다. 그러나 브루스가 영국 케노시스 기독론에 기여한 사실을 정확하게 평가한 최근 몇몇 학자들, 예를 들면, 알란 셀(Alan P. F. Sell)과 로버트 레드만(Robert Redman Jr.)의 브루스에 대한 최근 연구를 보면서 위로를 받는다.

한편, 몇몇 사람들은 적어도 20세기 초반 1930년대까지 마지막 케노시스 기독론자였던 맥킨토쉬를 연구하면서 그의 기독론에 공감하든지, 아니면 비판적인 평가를 하였다. 그러나 그가 기독론에 기여한 바를 밝히기 위하여 노력하면서도 정작 그가 발전시킨 케노시스 기독론에 관하여는 그 연구가 지지부진하였다. 심지어 사람들은 그의 기독론을 다룬다면서 어떤 경우에는 대륙의 케노시스 기독론, 특히 토마시우스의 기독론과 맥킨토쉬의 기독론의 차이를 발견하지 못했다. 결국 이러한 소극적인 연구 태도는 맥킨토쉬를 비판한다고 믿고 있을 때 실제로는 토마시우스의 기독론을 비판하고 있었음을 미처 헤아리지 못하는 웃지 못할 상황을 만들고야 말았다.

---

5) 영국의 케노시스 기독론은 대륙의 케노시스 기독론을 수정, 발전시킨 잉글랜드와 스코틀랜드 출신 학자들의 모든 기독론을 일컫는다. 그러므로 스코틀랜드 신학이라 말할 때에는 특히 잉글랜드 신학과의 차별을 염두에 두었음을 밝혀 둔다.

논지

위의 문제 인식을 부각하면서 필자는 본 글에서 브루스와 맥킨토쉬의 케노시스 기독론을 재고할 가치가 있다는 것을 밝히고자 한다. 이 기독론은 성경에 비추어볼 때 성자 하나님의 성육신을 실제적으로 잘 묘사하고 있다고 믿기 때문이다. 케노시스 기독론, 특히 맥킨토쉬의 기독론은 역사적으로 큰일을 이루신 그리스도의(historic Christ) 모습을 잘 대변해 주고 있다고 본다. 무엇보다 그것은 성경적으로 적절하고 신학적으로 정통임을 보여 주며, 나아가 인성의 제한된 조건 가운데 사시면서 동시에 하나님이셨던 그리스도에 대한 정통신학적 개념을 다시금 명확하게 표명하는데 기여하였음을 밝히고자 한다.

왜 브루스와 맥킨토쉬인가?

위의 논지를 밝히기 위해 케노시스 기독론의 발전에 관심 있는 신학자들 중, 특히 케노시스 기독론에 크게 기여한 스코틀랜드의 두 명의 신학자를 중심으로 논술하고자 한다. 그 이유는 브루스가 스코틀랜드 케노시스 기독론을 소개하였던 (그리고 유럽 대륙의 케노시스 기독론을 비판적으로 분석하여 최초로 영어권 독자들을 이 기독론 논쟁으로 이끌었던) 개척자이며, 맥킨토쉬는 케노시스 기독론을 마지막으로 체계화시킨 사람이기 때문이다. 이들 모두는 윤리적 범주에서 발전시킨 케노시스 기독론을 연구하는데 의의를 제공하였고 이들에 대한 연구를 통해서 우리는 케노시스 기독론이 생성되고 발전되었던 그 모든 사상적 흐름들을 발견할 수 있게 될 것이다.

이들 신학자 외에 많은 스코틀랜드의(그리고 몇 명의 잉글랜드의) 신학자들도 대륙의 케노시스 기독론을 수정하였던 흔적들을 발견할 수 있다. 그러나 이들은 맥킨토쉬가 이룬 만큼 그에 필적할 만한 기독론을 발전시키지 못했다. 이들 중 몇몇은 브루스보다는 학문적으로 훨씬 뛰어난 기독론을 세워 나갔지만 이들 모두의 작품은 맥킨토쉬의 것보다 아직 덜 성숙한 것이었다.

브루스를 본 글에서 택한 이유는 비록 그가 여타의 다른 스코틀랜드(그리고 잉글랜드의) 신학자보다 미흡한 기질을 보여 주고 있음에도 불구하고 위에 언급한 바와 같이 그가 수정된 케노시스 기독론을 발전시키는 데 개척자적인 역할을 하였기 때문이다. 한편, 맥킨토쉬가 선택된 것은 그의 케노시스 기독론이 학문적 깊이에 있어 가장 극대화되었을 뿐만 아니라 성경적으로 타당하고 신학적으로 정통적인 방식에 따라 전개되었기 때문이다. 그러나 본 글은 다른 신학자들의 노고와 이들의 학문적 기여를 무시하지 않는다.

관계 문헌 탐구

브루스의 기독론 자체에 대해서는 깊은 논의가 없고, 알란 셀의 최근 연구(1987) 외에는 그의 신학 전반에 관해 해석한 주요 저작이 발견되지 않고 있다. 셀은 브루스의 주요 저작과 교단에서의 문제제기 한 사실을 다루면서 브루스 신학을 탐구하였는데 이 작업을 통해 브루스가 스코틀랜드 신학에 끼친 공로를 평가하였다.[6] 그러나 그는 브루스의 케노시스 개념에 대해서는 깊은 관심을 보이지 않았고 다만 브루스가 케노시스 개념을 호의적으로 다루었다든지 대륙의 케노시스 기독론에 대하여 판단을 유보한 정도만 개괄적으로 살폈을 뿐이었다. 셀 이외의 학자들은 브루스를 간단하게만 다루었는데, 아래에 몇몇 대표적인 학자들을 소개한다.

존 모즐리(John K. Mozley)는 그의 책에서 브루스를 짤막하게 다루었는데(1951) 브루스의 사후 논문들에 특히 주목하면서 비교적 공정하게 평가하려고 노력하였다. 그는 여기에서 단지 보수주의적 신학적 기류에서 리츨(Ritschl) 신학적 경향으로 점진적으로 바뀌고 있음을 발견한다고 말할 뿐,[7] 브루스의 기독론을 철저하게 분석하지는 못했다.

브루스에 대해 간단하게 다룬 다른 저서로는 스미스(Stephen McCray Smith)의 학위 논문이 있다.[8] 그는 여기에서 브루스가 대륙의 케노시스 기독론을 분석하고 비판한 내용에 주목하고자 하였다. 그러나 그는 브루스를 다루면서 적절하게 평가하지 못했다. 그것은 바로 그의 논문 중 "케노시스 이론"이라는 한 부분에서 케노시스 기독론을 논의하는데 브루스를 제외시켰으며, 더 나아가 그를 '그 어떤 이론이나 형식도 없이 기독론을 전개하였' 고 판단하면서 케노시스 기독론 비평론자로 분류하였다.[9] 이에 더해 그는 모즐리와 달리 브루스를 반정통적인

---

6) Alan P. F. Sell, *Defending and Declaring the Faith: Some Scottish Examples 1860-1920*, (Exeter: The Paternoster Press, 1987), pp. 89-117.
7) John Kenneth Mozley, *Some Tendencies in British Theology: From the Publication of Lux Mundi to the Present Day*, (London: SPCK, 1951), pp. 108-13.
8) Stephen McCray Smith, *Dogma and History: The Creative Ferment in British Christology, 1890-1920*, Ph. D. Dissertation to Claremont Graduate School, 1980. 이 논문에서 그는 기독론을 위해 취할 수 있는 선택의 하나로 그 어떤 형태이든 케노시스 기독론의 모양을 피하기 어렵다는 것을 보여 주려 노력하였다. 그는 Charles Gore, Frank Weston, Andrew Martin Fairbairn, Alfred E. Garvie, W. L. Walker, David W. Forrest, P. T. Forsyth, and H. R. Mackintosh와 같은 잉글랜드와 스코틀랜드 신학자들의 케노시스 기독론을 광범위하게 다루었다.

신학자로 판단하는 신중치 못함을 보였다.10)

브루스에 관한 이상의 저서 외에 우리는 브루스가 학문적 활동을 시작할 때와 그의 신학이 교단에서 검증받았던 시절에 쓰인 그에 관한 몇몇 보고서를 통해서 그의 신학을 알아볼 수 있을 것이다. 이들 보고서 중에는 브루스가 장래가 촉망되는 학자로서 그 능력을 확인하고 글라스고 자유교회대학의 공석으로 있던 정년 보장 교수직을 취할 자격이 있음을 인정한 Statement by Friends of the Rev. Alex. Balmain Bruce(1872)가11) 있으며, 이 외에 두 개의 보고서, 브루스 신학에 대한 교단적 검증과 관련한 글들, 곧 Proceedings of General Assembly of Free Church of Scotland(1890)과 Strictures on the Report of the College Committee in the Cases of Drs. Dods and Bruce by Rev. Robert Howie(1890) 등이 있다. 그리고 브루스 사후 곧이어 출간된 클라우(W. M. Clow)와 맥퍼딘(John E. McFadyen)의 몇몇 전기적 글(1900), 1919년 맥그레거(William M. Macgregor)의 글라스고 연합자유교회대학 교수직 취임연설 등을 통해 브루스를 보다 충분히 이해할 수 있을 것이다.12) 이들 자료는 브루스의 삶과 그의 신학을 잘 나타내 보여 줄 것이다. 끝으로 브루스의 저서와 논문에 관한 서평들을 통해 그의 신학의 호평과 지지, 때론 비평의 내용까지 접할 기회가 있을 것이다.

---

9) 브루스의 기독론 연구를 위해서는 위의 Smith 논문, pp. 16, 460-7을 보라.
10) Ibid., p. 467.
11) *Statement by Friends of the Rev. Alex. Balmain Bruce, Broughty Ferry, Vindicatory of What They Consider to Be His Pre-eminent Qualifications for the Vacant Chair of Theology and Church History in the Free Church College, Glasgow*, (Glasgow: James Frazer, 1872).
12) W. M. Clow, "Alexander Balmain Bruce," in *ExpT*, vol. 11, 1899-1900, pp. 8-11; John E. McFadyen, "Professor Alexander Balmain Bruce: An Appreciation," in *The Biblical World*, February 1900, pp. 87-104; William M. Macgregor, "Professor A. B. Bruce," in *Exp*, series 8, vol. 18, ed., W. Robertson Nicoll, 1919, pp. 401-11, 그리고 본 글은 *Persons and Ideals* (Edinburgh: T. & T. Clark, 1939, pp. 1-12)에서 재인쇄되었다.

맥킨토쉬에 대해서는 상당한 연구가 진행되었다. 리스(James W. Leith)는 맥킨토쉬의 신학에 관해 저술한 최초의 사람이었다(1952). 그러나 유감스럽게도 케노시스 기독론은 고사하고 맥킨토쉬의 기독론에 조금도 관심을 보이지 않았다.13) 맥킨토쉬의 신학에 관한 다른 저작들은 맥콜레이(A. B. Macaulay), 마틴(Alexander Martin), 그리고 리들(J. G. Riddell)에 의한 전기적 논문들,14) 그리고 최근의 미발행 논문들에서 발견된다.15) 이들 중 가디너(T. W. Gardiner)에 의해 출판된 논문이 매우 가치 있는데(1952), 여기서 그는 신학과 설교 또는 선교 사이의 관계를 다루는 등 맥킨토쉬의 신학을 성공적으로 독자에게 이해시키고 있다.16)

우리가 논의하는 기독론과 관련하여 가장 유용한 논문은 맥킨토쉬의 제자들이[베일리(D. M. Baillie)와 토랜스(Thomas F. Torrance) 등이] 엮어낸 몇몇 글에서 발견된다. 베일리는 자신의 미발행 논문에서(1943)17) 맥킨토쉬의 케노시스 기독론을 기독론 논의에 기여한 것으로 평가하였다. 토랜스는 맥킨토쉬의 케노시스 기독론을 정확히 이해하였음을 보여 주는 등 맥킨토쉬의 신학을 상당히 명료하게 분석하였다(1987).18) 그러나 베일리는 현대적 고전이라 일컫는 그의 책 *God was in Christ*에

---

13) J. W. Leitch, *A Theology of Transition: H. R. Mackintosh as an Approach to Karl Barth* (London: Nisbet, 1952).
14) A. B. Macaulay, *Sermons by Hugh Ross Mackintosh with Memoir by Alexander Beith Macaulay*, (Edinburgh: T. & T. Clark, 1938); Alexander Martin, "The Late Very Reverend Professor H. R. Mackintosh," *LW*, vol. 7, 1936, pp. 287-8; J. G. Riddell, "The Late Very Reverend Professor H. R. Mackintosh," *ExpT*, vol. 48, 1937, pp. 6-11.
15) R. S. Wallace, "From Mackintosh to Calvin: With Special Reference to Our Knowledge of God"; G. W. Bromiley, "Mackintosh and Barth"; G. S. Hendry, "Eternal Life"; Forbes Mackintosh, "A Son's Remembrance." 불행히도 필자는 이들 자료들을 구입할 수 없었다.
16) T. W. Gardiner, "Tribute to Professor H. R. Mackintosh," *SJT*, vol. 5, 1952, pp. 225-36.
17) D. M. Baillie, "The Place of H. R. Mackintosh in Modern Theology," Hugh Ross Mackintosh Lectureship, Lecture Number One, Delivered in New College, Edinburgh, on the 8th of March, 1943.

서(1948), 맥킨토쉬의 케노시스 기독론을 통렬하게 비판한 템플(William Temple)을19) 그대로 따르면서, 이전보다 더 비판적으로 그의 스승이었던 맥킨토쉬의 케노시스 기독론을 이해하고 있음을 보여 준 바 있다.

이 외에 맥킨토쉬의 케노시스 기독론을 비판적으로 분석한 작품들이 있는데, 워필드(B. B. Warfield, 1913), 맥킨타이어(John McIntyre, 1966), 페어웨더(Eugene R. Fairweather, 1973)와 같은 신학자들의 저서들이다.20) 이들과 반대로 신약 신학자였던 테일러(Vincent Taylor)는 맥킨토쉬의 케노시스 기독론을 지지하였으며, 이 기독론을(포사이스의 것은 물론) 케노시스 기독론이 갖는 가장 훌륭한 형태로 추천하기도 하였다.21) 헨드리(George Hendry)는 맥킨토쉬가 기독론을 윤리적인 범주에서 재론하였던 것을 평가하고, 기독론의 '윤리적 작업화'를 의도한 맥킨토쉬의 연구를 다른 기독론과 차별화시키려 하였다(1958).22) 모즐리는 맥킨토쉬의 신학을

---

18) Thomas F. Torrance, "Hugh Ross Mackintosh: Theologian of the Cross," *The Scottish Bulletin of Evangelical Theology*, No. 5, 1987, pp. 160-73. 토랜스는 자기의 아들인 아버딘 대학교(Aberdeen University)의(지금은 미국 프린스톤 신학교의 총장인) 이언 토랜스(Iain Torrance) 교수를 통하여 자기 스승이 케노시스 기독론을 발전시키려 할 때의 그의 의도에 대하여 필자에게 전해 주었는데 이는 매우 가치 있는 사료로 인정되리라 생각된다. 그의 서신에서 그가 세심하게 과거를 회상하며 설명해 주신 것에 이 자리를 빌어 깊은 감사를 표한다.

19) D. M. Baillie, *God was in Christ: An Essay on Incarnation and Atonement*, (New York: Charles Scribner's Sons, 1948), pp. 94-8; William Temple, *Christus Veritas: An Essay*, (London: Macmillan and Co., Limited; New York: Macmillan, 1924), pp. 141-3.

20) Benzamin B. Warfield, "A Review of *The Doctrine of the Person of Jesus Christ* by Mackintosh," *Princeton Theological Review*, vol. 11, 1913, pp. 141-56; John McIntyre, *The Shape of Christology*, The Annie Kinkead Warfield Lectures of 1965 in Princeton Theological Seminary, (London: SCM, 1966), pp. 132ff; Eugene R. Fairweather, "The 'Kenotic' Christology," in *A Commentary on the Epistle to the Philippians*, 3rd ed., by F. W. Beare, (London: A. & C. Black, 1973), pp. 159-73.

21) Vincent Taylor, *The Person of Christ in New Testament Teaching*, (London: Macmillan, 1958), pp. 260-76.

22) George Hendry, *The Gospel of the Incarnation*, (London: SCM, 1959; Philadelphia: The Westminster Press, 1958), pp. 92-5.

비교적 정확하게 분석하였는데 그러나 불행하게도 맥킨토쉬의 중심 주제인 기독론을 분석하지는 못하였다.[23]

이들 저작물 외에 맥킨토쉬 신학에 관한 학위 논문 몇 가지를 찾아볼 수 있다. 그 예로 코벳(D. J. M. Corbett)은 학위 논문에서 맥킨토쉬의 기독론 중 속죄론을 다루었고(1965),[24] 스미스(S. M. Smith)는 맥킨토쉬의 케노시스 기독론을 개괄적으로 분석하는데 그쳤으며 이로 인해 맥킨토쉬의 케노시스 기독론이 실제 의미하는 바를 보여 주지는 못했다(1980).[25] 또한 맥페이크(J. L. McPake)는 맥킨토쉬의 신론 중 계시의 개념에 관심을 집중하였다(1994).[26]

맥킨토쉬에 관해, 특히 그의 기독론과 관련하여, 그리 중요하지 않은 저서들 외에, 세 개의 주요한 저술을 발견할 수 있었다. 피어스(Ronald S. Pierce)는 맥킨토쉬에 관한 학위 논문을 연구하면서 신론 그리고 그리스도의 인격과 사역론을 다루었다(1984).[27] 여기서 그는 기독론에 있어 케노시스 개념이 불가피함을 개괄적으로 논의하였는데 그리 성공적이지는 않았다. 그는 케노시스 기독론이 갖는 본질적 의미를 보여 주지 못하였다. 그 결과 맥킨토쉬의 케노시스 기독론을 비판한 몇몇 학자들의

---

23) Mozley, pp. 140-3.
24) D. J. M. Corbett, *The Moral Aspect of the Atonement in Scottish Theology from David Dickson to James Denney and H. R. Mackintosh*, Ph. D. Dissertation to New College, University of Edinburgh, 1965, pp. 232-48.
25) Smith, pp. 214-28. 매우 이상한 것은 그의 논문 가운데 "Kenotic Theories"라는 항목에서 맥킨토쉬의 기독론 특징을 몇 가지 다루면서 케노시스 기독론을 거의 논의하지 않았다는 점이다.
26) John Lewis McPake, *H. R. Mackintosh, T. F. Torrance and the Conception of the Theology of Karl Barth in Scotland; with Particular Reference to the Concept of the Self-Revelation of God*, Ph. D. Dissertation to the University of Edinburgh, 1994, pp. 104-77, 1-32(Appendix).
27) Ronald S. Pierce, *H. R. Mackintosh: His Theological Method and Doctrine of God and Christ*, Th. D. Dissertation to The New Orleans Baptist Theological Seminary, 1984. 맥킨토쉬의 케노시스 기독론에 관에서는 pp. 109-32을 보라.

견해에 설득력 있는 변호을 하지 못했다. 피인스트라는 맥킨토쉬의 케노시스 기독론을 심도 있게 분석한 최초의 학자로 그는 학위 논문에서 (1984) 맥킨토쉬의 케노시스 기독론에서 발견되는 하나님의 사랑과 같은 중요한 특징들을 발견하였다.[28] 그러나 유감스럽게도 맥킨토쉬와 토마시우스 사이의 공통 분모에 관심을 집중시킨 나머지 맥킨토쉬의 케노시스 기독론과 토마시우스의 기독론의 차이를 다루지는 못하였다. 레드만은 맥킨토쉬의 기독론을 광범위하게 다룬 최초의 학자로, 최근 출판된(1997) 그의 학위 논문에서(1989) 케노시스 기독론를 포함한 맥킨토쉬 신학의 중심 사상을 철저하게 연구하였다.[29] 맥킨토쉬에 관한 이들 작품 외에도 맥킨토쉬의 많은 소논문과 그의 주저서에 관한 서평을 살펴보게 될 것이다.

연구 자료

이 책에서 필자는 모든 출판된 저서, 논문, 서평, 미발행 편지, 강의 요약본, 그리고 강의안 등과 같은 원자료를 주요 연구 출처물로 사용할 것이다. 그러나 불행하게도 브루스의 경우, 현존하는 미발행 자료들이 필자가 알고 있는 한 발견되지 않아 매우 안타깝다. 브루스의 신학, 특히 그의 케노시스 기독론의 견해와 그의 말년에 발전된 신학 경

---

[28] Ronald J. Feenstra, *Pre-existence, Kenosis, and the Incarnation of Jesus Christ*, Ph. D. Dissertation to Yale University, 1984, pp. 10-58(특히 이 부분을 보라).
[29] Robert R. Redman Jr., *The Christ of the Cross: The Christology and Soteriology of H. R. Mackintosh*, Unpublished Doctoral Thesis, University of Erlangen, 1989. 이 논문은 현재 약간의 수정을 거쳐 다음과 같은 제목으로 출판되었다. *Reformulating Reformed Theology: Jesus Christ in the Theology of Hugh Ross Mackintosh*, (Lanham: University Press of America, 1997).

향 등을 보다 명료하게 이해하는데 중요한 자료인데 그것이 발견되지 않아 더더욱 유감스러운 일이다. 맥킨토쉬의 경우에는 몇몇 강의 요약본, 강의안, 편지가 남아 있어 매우 유용하게 사용하였다. 이들 모두는 에딘버러 대학교의 뉴 칼리지(New College)에 있다[그러나 이 학교에 남아 있는 편지는 본 연구에 큰 도움이 되지 못하였다. 다만 마르부르크 대학교(Marbrug University)의 허락을 받아 볼 수 있었던 맥킨토쉬가 헤르만에게 전한 한 장의 편지만 참고하였다]. 그 외의 다른 서신들, 즉 맥킨토쉬가 케언스(David S. Cairns)에게 보낸 편지들을 분석하였다. 이것들은 아버딘 대학교에 보관 중이다.

연구의 목적

본 글이 갖는 목적은 스코틀랜드의 케노시스 기독론이 기독론 논의에 기여하였음을 밝히는 것이다. 기독교 교리사적인 의의뿐만 아니라 한국에 왜곡되게 소개되어 지금까지 이 기독론의 진면모가 알려지지 않았으므로 더욱 그 의의는 깊을 것이다. 비록 이 기독론이 어떤 약점을 지니고 있다 해도 그리스도의 인격론을 다룸에 있어 우리가 무시하기에는 너무나 성경적이고 신학적으로 적절한 논리를 갖추고 있기 때문이다. 나아가 이 기독론은 삼위일체의 제2위 하나님의 구속사역을 이해하는데 상당한 의의를 지니고 있기에 더욱더 연구할 가치가 있다. 또 다른 목적은 스코틀랜드 케노시스 기독론, 특히 맥킨토쉬의 기독론과 유럽 대륙에서 발전된 케노시스 기독론과의 차별화를 제시하고자 함이다. 아직도 두 종류의 현대 케노시스 기독론을 구별하지 못하는 사람들이 많다. 끝으로 비움의 원리를 밝혀내 삼위일체 하나님과 성육신의 신비, 그리고 인간 삶의 존재 비밀을 알릴 뿐 아니라 궁극적으로 희생의 장엄함을 나누고자 한다. 독자는 성육신에 나타난 희생의 신비를 통해 하나님의 삶과 교회와 세계를 포함한 우주 질서 원리를 느끼게 될 것이다. 물론 이 책에서는 성육신의 케노시스 신비만을 다룰 것이다. 독자 여러분께서 본 연구의 한계를 용납해 주길 바란다. 다음 기회에 그 이상을 다룰 것이다.

방법론

필자는 스코틀랜드 케노시스 기독론이 어떤 것인지를 분명히 알기 위해 케노시스 기독론의 역사적 발전에 깊은 관심을 기울일 것이다. 또한 스코틀랜드의 케노시스 기독론을 검토하면서 정통 기독론적 입장에서 위 기독론을 때로는 비판적으로 때로는 긍정적으로 평가할 것이다. 스코틀랜드 기독론에서 무엇이 약점으로 지적될 수 있는지, 그리고 성육신론을 다룸에 있어 피할 수 없는 그 어떤 신학적 원리가 있는지를 밝혀낼 것이다. 끝으로 본 논고는 맥킨토쉬의 케노시스 기독론을 스코틀랜드 케노시스 기독론 역사에 있어 가장 구성이 잘 된 것으로 보고 논의할 것이다.

제1부

현대 케노시스 기독론의 발흥

스코틀랜드 케노시스 기독론을 살펴 보기 위해 이 기독론과 관련된 교리사적 연구를 시작하는 것은 매우 중요하다. 이를 통해 현대의 케노시스 기독론이 왜 루터주의적 배경에서 일어나게 되었으며, 특히 19세기에 등장하게 되었는지를 이해하게 될 것이다. 그러므로 본 논고의 제1부는 루터주의 신학을 16세기부터 더듬어 살펴보고 아울러 19세기의 과학적 실재론을 탐구함으로써 현대 케노시스 기독론에로 이끈 신학적 근거를 분석할 것이다. 그리고 유럽 대륙과 영어권 세계에서 발전된 케노시스 기독론을 추적해 나갈 것이다. 전자가 브루스와 맥킨토쉬의 시기 이전에 발전된 이론이라면, 후자는 연대기적으로 브루스와 맥킨토쉬의 시대 사이에 위치할 것이다. 이상의 논의를 통해 우리는 브루스와 맥킨토쉬의 신학을 이해하는데 큰 도움을 얻을 것이다.

제1장
케노시스 기독론의 시초

케노시스 기독론의 시초

　18-19세기의 합리주의, 과학적 실재론 그리고 반초자연주의 운동은 정통 기독론에 대하여 비판적 공격을 가하기에 충분했다. 그 비판은 대단해서 이 시기에 많은 사람들이 칼시든 신조에 명시된 그리스도의 온전한 양성과 그것의 연합에 대하여 심각한 의문을 제기하였다. 그 대표적 신학 흐름이 바로 역사 비평적 방법을 기초로 한 '역사적 예수 탐구'라 할 수 있다. 예수님의 양성에 대한 전통적 신앙고백을 용감하게 거부하였던 새로운 신학 사조는 바로 18세기의 계몽주의가 낳은 결과라는 사실이 여실히 드러난다. 양성론을 부정하기 위해 그만큼 이성지배주의, 반초자연주의로 일관하였던 것이다.
　정통 기독론에 대한 이러한 위협은 정통신학 옹호론자에게는 새로운 도전이 되었다. 19세기에 적극적으로 탐색된 역사적 예수 이해는, 정통신학으로 하여금 이 신학의 위험성을 계속 강조하면서도 다른 한편으로 그 노력을 통해 깨닫게 된 그리스도의 인성을 인정하면서 동시에 믿음의 그리스도이심도 어떤 식으로든 말하게 했던 것이다. 결국

'역사적 예수 탐구' 운동은 칼시든 신학 옹호론자들에게 어떻게든 그리스도께서는 온전한 인성과 함께 신성도 아울러 지니고 계심을 말하도록 자극하였다. 이 중 가장 매력 있었던 신학 논리는 바로 '케노시스' 개념 혹은 그리스도의 지상생활 중 '자기를 비우셨다' 는 개념이었다. 이러한 변증적 기독론은 한창 반정통적 신학이 유럽을 휩쓸던 19세기에 독일 신학자 토마시우스에게서 1845년 처음으로 시작되었다.[1] 토마시우스의 기독론에 대해서는 곧이어 깊이 논의할 예정이므로 여기에서는 자세히 논하지 않고, 다만 이 기독론의 신학적 기초를 중점적으로 다루는데 집중하고자 한다.

즉 본 장에서 우리는 유럽 대륙에서 일어난 케노시스 기독론이 본격적으로 신학적 발전을 이룩하기 전, 그 모태적 신학 흐름을 살펴볼 것이며, 이는 19세기 케노시스 기독론의 역사적 배경을 탐구하는 것과 같다. 이 연구를 성공적으로 진행하기 위해 먼저 루터주의 신학과 소위 '역사적 예수 탐구' 라는 신학적 특징을 분석할 것이다. 루터주의

---

[1] 토마시우스는 1845년 어느 학술잡지에서 ("Ein Beitrag zur kirchlichen Christologie" in *Zeitschrift für Protestantismus und Kirche*, Neunter Band) 케노시스 개념을 제안하였는데 이 개념을 완전하게 발전시켜 내놓은 것은 그의 책 『그리스도의 인격과 사역』에서 였다(*Christi Person und Werk: Darstellung der evangelisch-lutherischen Dogmatik vom Mittelpunkte der Christologie aus*, Erlangen, 1853-61; 증보2판, 1856-63; 3판, 1886-88.). 그러나 케노시스 개념은 이 시대에야 비로소 생성된 것은 아니었다. 이미 오래전 아리우스(Arius)가 빌립보서 2:6, "하나님의 본체시나"에 근거하여 그리스도의 반신적인 본질 아니면 피조성을 주장하는 논리를 폈는데 이에 대응하여 반론을 제기한 아타나시우스(Athanasius)의 신학에서 이미 케노시스 논의가 있었다. 그리스도의 인격에 있어 참 하나님 됨을 부인하는 것을 용납할 수 없었던 교부들은 자기 비우심, 곧 케노시스 작용을 통해, 그리스도의 지상생활 중 신적인 영광이 '감춰어진' 형태로 남아 있었다고 주장하였던 것이다. 그러나 이들의 견해는 도날드 도우(Donald Dawe)가 바르게 지적한 바와 같이 다음과 같은 측면에서 취약한 특성을 지니고 있었다. 이들이 말하는 바, 신적인 성질이 감춰었거나 아니면 은폐되어 있었다는 것은 '비우심' 의 의미를 온전히 나타내지 못하여 자칫 가현설로의 위험을 노출시킬 수 있었던 것이다(Donald Dawe. *The Form of a Servant: A Historical Analysis of the Kenotic Motif*, Philadelphia: Westminster Press, 1963, pp. 29-31). 이런 점에서 현대의 케노시스 기독론은 이러한 교부의 논리가 부적절하였다는 것을 정확하게 간파한 것이라고 볼 수 있다.

신학과 과학적 실재론 등은 현대의 독일 케노시스 기독론의 발흥이 갖는 그 기원을 제공하기 때문이다.

루터주의 신학

루터가 강조한 '예수님 안에 계신 하나님' 이라는 개념은 그리스도의 인격에 관한 논의에 있어 케노시스 논쟁을 불러일으키기에 충분했다. 루터주의 신학자들은 하나님의 삶이 철저하게 역사적 예수님 안에 감싸여 있다는 개념을 기본적으로 생각해 왔기에 이들은 영광스러운 성자가 동시에 어떻게 비천한 인간 예수일 수 있는가를 숙고하지 않을 수 없었다. 이것이 바로 케노시스 논의가 칼빈주의 신학이 아닌 루터주의 신학에서 처음으로 일어날 수 밖에 없었던 이유이다.

칼빈이 위와 같은 논의를 하지 않을 수 있었던 것은 그리스도께서 실제로 온전한 인간으로 계셨기 때문이다. 그리스도께서는 이 땅에 계실 때 개념적으로 그리고 실제로 항상, 루터주의에서와 같이 신격화되지 않았던, 우리와 똑같은 사람이었던 것이다. 그러므로 칼빈에게 그리스도는 루터가 생각한 것처럼 어떻게 인간일 수 있을지를 고민할 필요가 없었다. 지상의 그리스도는 온전한 인간이었던 것이다. 예수님의 실제 삶 자체가 케노시스였던 것이다. 어떻게 자기를 비우셨는지 생각할 필요없이, 그저 자기를 비우신, 포기하신, 헌신과 희생의 삶을 설명할 뿐이었다. 칼빈은 기독교강요 2권 13장 '그리스도는 인간 본성의 참 본질을 취하셨다' 는 주제를 다루면서 그리스도의 참 인간 됨을 설명하기 위해 케노시스를 자연스럽게 언급하였다. 그는 빌립보서 2:5-7을 예로 들면서, "그리스도께서는 자기를 비우사 참 사람의 본성을 취하셨다는 것을 쉽게 알 수 있다"고 논증하였다.[2] 칼빈은 그리스도께서 지상에 사시는 동안 존재론적으로는 하나님이지만 실제 그의 행동에 있어서는 신적 권리를 포기하셨다고 믿었다.[3]

또한 칼빈에게 로고스 하나님은 자기를 비우신 '그 예수 안에' 만이 아니라 '하늘에서' 도 계셨다고 믿었다.[4] 칼빈에게 신성은 항상 남아있었고 루터주의에서처럼 하나님의 아들이 예수님이라는 인간의 실존 안으로 사라져 버리는 결론은 맺지 않았던 것이다.[5] 따라서 칼빈에게는 그리스도가 어떻게 하나님이 되심을 잃지 않으면서 케노시스적인 인간으로 계시는가를 고민할 필요가 없었던 것이다.

이 단락에서 우리는 이 주제, 곧 케노시스 기독론의 발현과 관련하여 먼저 루터 신학자들이 그리스도의 인격을 어떻게 이해했는지 그 방식을 살펴볼 필요가 있다. 구체적으로는 루터와 그의 두 계승자, 요한 브렌츠(Johann Brentz)와 마틴 켐니츠(Martin Chemnitz), 그리고 각각의 지지 학파인, 튀빙겐(Tübingen)과 기센(Giessen) 신학자들, 마지막으로 콩코드 신조(Formula of Concord)를 중심으로 분석해야 할 것이다. 이 작업을 통해

---

2) Calvin, *Institutes*. II, xiii, 2. ed., John T. McNeill, tr., Ford L. Battles, Philadelphia: Westminster Press, 1960. 『기독교강요(상)』, 원광연 역, 고양: 크리스챤다이제스트, 2003.

3) Ibid. 이러한 그리스도의 삶이 어떻게 가능하였는지 칼빈(John Calvin)이 구체적으로 사색하지는 않았지만, 우리는 맥킨토쉬의 케노시스 기독론에서 그러한 종류의 노력을 찾아볼 수 있을 것이다. 이 논의는 앞으로 4장 이후에서 살펴보기로 한다.

4) 우리는 이러한 칼빈의 논리를 *extra Calvinisticum*이라고(칼빈의 그리스도 이해에 대해 '그리스도 밖의 그리스도' 라고 비난한 루터주의자들의 조롱적 논조를 지칭함) 부르고 있다. 이와 관련한 칼빈의 대표적인 글은 다음과 같다. "그들은 또한 하나님의 말씀이 육신이 되셨다면 그는 이 땅의 육체라는 좁은 감옥에 갇혀 버렸을 것이라는 엉뚱한 논리를 제시하지만, 이는 그야말로 억지에 불과한 것이다. ... 여기에 놀라운 사실이 있다. 하나님의 아들이 하늘로부터 내려오셨으나 하늘을 떠나지 않으셨으며, 그가 동정녀의 몸에서 나시고 이 땅에서 사시고 또한 십자가에 달리시기를 바라셨으나, 그는 태초부터 하셨던 것처럼 언제나 세상을 가득 채우고 계셨던 것이다"(Calvin, *Institutes*, II, xiii, 4).

5) Wilhelm Niesel, *Reformed Symbolics: a Comparison of Catholicism, Orthodoxy and Protestantism, tr.*, David Lewis, (Edinburgh & London: Oliver and Boyd, 1962), p. 289.

우리는 현대 독일의 케노시스 기독론 발전에 이들 루터주의적 예수의 인격 이해가 어떤 역할을 하였는지 알게 될 것이다.

브렌츠(Brentz)와 켐니츠(Chemnitz)

루터는 그리스도의 양성에 있어 그 통일성에 강조를 두는 알렉산드리아 신학 전통에 서 있지만 엄밀하게 보면 '위로부터의' 기독론을 추구한 전통적인 기독론과는 방식을 달리하고 있었다. 루터는 교부들로부터 그의 시대에 이르기까지 간과되거나 감추어져 왔던 방식인 '아래로부터의' 기독론, 즉 그리스도의 인성으로부터 기독론을 전개하려고 애썼던 것이다. "그리스도의 인성은 [하나님의] 엄위와 편재성을 성육신 순간부터 소유하고 있었지 위와 같은 그러한 신의 속성을 '복원시킨' 것은 아니었다."[6] 그러므로 루터가 믿고 있는 바와 같이 만일 우리가 그 역사적 예수님 안에서 하나님을 발견하지 못한다면 하나님은 없는 것이나 마찬가지이다. 루터는 예수님 안에서 인성과 신성을 나눌 수 있다는 생각을 도저히 할 수 없었으며, 이는 예수님 안에서 인성과 신성을 분명히 구별시키려 하였던 칼빈과 궤를 달리하고 있음을 알 수 있다.[7]

루터에게 많은 약점이 있기는 하지만, 루터가 강조한 양성의 통일성

---

[6] Pelikan, *The Christian Tradition: A History of the Development of Doctrine: 4. Reformation of Church and Dogma (1300-1700)*, (Chicago and London: The University of Chicago Press, 1983), p. 358.

[7] 칼빈은 그리스도의 양성을 보존하려는 분명한 의도에 기초하여 케노시스 주제에 접근하여 나아갔다. 칼빈에게 있어 그리스도의 케노시스는 '그의 권리에 대한 자발적 포기'를 포함하여 "잠시동안이지만 신의 영광이 빛나지 못하였다"는 것이다. 여기서 신성은 결단코 축소되지 않는다. 비록 그리스도가 자기의 신성을 드러낼 수 있어도 그는 분명 "초라하고 자신을 낮추는 상태"로 계셨던 것이다(*Institutes*, II, xiii, 2). "이러한 케노시스는 로고스가 육신을 취함으로써 일어나는, 신의 영광을 감추거나 엄폐시키는 것이라 특징지을 수 있다"(Dawe, p. 72).

은 결국 단순한 역사적 예수님을 넘어 예수님의 인격에 대한 종교적 의미를 부여하고 있음은 사실이다. "어떤 면에서도 역사상 유명한 (historic) 구세주를 재발견한 이 일보다 개혁가로서의 위대함을 더 분명하게 보여 준 예는 없다"라고 맥킨토쉬가 루터를 평가하였던 것은 옳았다.[8]

또한 루터는 아리우스 논쟁 이래 처음으로 빌립보서 2장에 대한 전통적인 주해에 도전하였다. 그는 이 본문에서 그리스도가 갖는 종의 형태를 재발견하였으며, 자기를 '비우셨다'는 내용에서 비우시는 그 주체가 선재하신 로고스가 아닌 지상 생활을 겪으신 신-인이라고 결론내렸다. 루터에게는 하나님의 케노시스가 전통적인 주해에서와 같이 단순히 성육신이 어떻게 가능하였는지를 설명하는 방법이 아니라, 성자가 성육하신 바로 한 인간으로서의 예수님이 하나님의 자기 비우심의 주체가 될 수 있다는 것을 설명하려는 것이었다. 이는 신격화의 위험을 안고 있었지만, 한편으로, 루터의 이런 생각을 통해 우리는 비로소 한 인격체로서의 그리스도가 어떻게 인간으로서 행동하실 수 있었는가를 알 수 있다고 믿었다.

루터는 예수 그리스도께서 "우리를 섬기기 위해" 자신의 신적인 영광을 비우시거나 "그 영광이 드러나지 않게 자제하시거나" 하는 행동을 통해 인간으로서 살아가셨다고 믿었다.[9] 여기서 루터는 그리스도가 '하나님의 형태' (the 'form of God')를 포기하셨음에도 불구하고 그리스도가 하나님이 될 수 없는 상태였다고 생각한 것은 아니었다. 그 이

---

8) H. R. Mackintosh, *The Doctrine of the Person of Jesus Christ*, 2nd ed., (Edinburgh: T. & T. Clark, 1913), p. 237.
9) Martin Luther, *Werke* XVII, 2, (Herman Böhlaus: Weimar, 1927), pp. 238-9. 도우의 글에서 재인용 (Dawe, p. 69).

유는 그리스도께서는 실제 참 인성을 온전히 지닌 채 살게 되셨을 때에도 '신의 본질'을 잃거나 축소하지 않으셨기 때문이다. 루터는 그리스도를 묘사할 때, 하나님의 형태—하나님으로서 타자에 대한 외향적 관계를 맺는 행위—와 '신의 본질'('divine essence')—겉으로 표현될 수도 있고 안 될 수도 있는 비밀스럽고 감추어진 내적 실체—사이를 구분하였다.10) 이러한 개념적 구별을 근거로 루터는 그리스도가 신의 본질을 비운 것이 아니라 신의 영광 또는 특권을 사용하지 않으셨다고 보았다. 그러나 루터가 이해한 케노시스는 명료하지 않아서 그의 신학을 계승한 대표적인 두 신학자들로 하여금 그리스도의 케노시스가 그분의 지상생활 중 하나님의 형태를 버렸음에도 불구하고 몰래 신의 속성을 사용할 수 있으셨는지, 아니면 모든 속성을 다 포기하셨는지에 대한 이슈를 논의하게 만들었다.

루터의 계승자 요한 브렌츠는 예수 그리스도께서 신의 속성을 소유하셨을 뿐만 아니라 인간으로 사시면서 실제로 신의 속성을 사용하셨다고 주장하였다. 그는 이러한 원리 아래 그리스도께서는 아무에게도 보이지 않으시면서(in a manner of concealment) 전능하시고 전지하시며 편재하실 수 있었다고 믿었다.11) 이런 의미에서 예수라는 인간은 하나님과 동등되었다라고 말할 수 있는 것이다. 나아가 브렌츠는 성육신 순간부터 이미 예수 그리스도 안에는 인성과 신성이 위격적인 연합을 통

---

10) Dawe, p. 69. 교부들은 이러한 구별을 시도하지 않았다.
11) " '[인간 예수]는 정말로 전능하시고 편재하시었다' 라고 선언되어야 마땅하다. 하지만 전능성 그 자체가 그에게 있었다고 말해서는 안 된다. 하나님에게만 이 말이 확실하기 때문이다. 즉 인성은 오직 속성 전달에 의한 신성을 지닐 뿐이다. 이런 의미에서 그는 존재(ousia)에 있어서 하나님과 동등되기보다는 '권위(exousia)에 의해 그렇다' 라고 할 수 있는 것이다"(Johann Brentz, De Incarnatione Christi, p. 1001, 브루스에게서 재인용, A. B. Bruce, *Humiliation of Christ in Its Physical, Ethical, and Official Aspects*, Edinburgh: T. & T. Clark, 5th ed., p. 87).

하여 매우 분명히 하나가 되었으며, 이에 따라 그리스도는 편재하지 않을 수 없었던 것이다. 그러므로 논리적으로 그리스도께서는 비록 자기를 비우면서 인간으로 사실 때에도 편재성 자체가 제거되지 않았고 오히려 그러한 신의 속성을 사용하셨음을 이야기하는 것이다. 삼위일체의 제2위격으로서, 강보에 뉘었을 때나 무덤 속에 있었을 때나 누구의 눈에도 띄지 않게 세계를 여전히 지배하고 계셨다.

브렌츠의 그리스도론은 교부들이 제기한 '유사' 케노시스 개념을 반복한다고 할 수 있다. 나아가 그는 예수님의 인성을 확보하고 그 인성으로부터 기독론을 출발시키고자 했던 루터의 기독론적 의도를 무색하게 하는 결과를 낳았다.[12] "이러한 접근 방식의 케노시스 해석은 단지 신의 영광을 감춘다는 측면과 로고스에 의해 인간의 신체를 취한다는 사실만을 말해 줄 뿐이다. 그러나 이러한 식으로 신체를 취하는 행동은 결코 신의 속성의 사용을 제한하지 못한다. 여기서는 신적인 모든 것들을 실제로 비우기보다는 비밀리에 두었다고 할 수 있을 것이다."[13]

한편, 루터의 또 다른 계승자인 마틴 켐니츠는 그리스도의 케노시스와 관련하여 브렌츠와 다른 견해를 피력하였다. 물론 켐니츠 역시 여느 루터주의자처럼 속성의 교류를 통한 그리스도의 위격적 연합이라는 개념, 속성의 교류론의 결과라 할 수 있는 인성의 신격화라는 사상을 브렌츠의 견해와 나아가 루터의 신학을 조금도 다름없이 수용하였다. 그러나 켐니츠는 브렌츠와 정반대로 그리스도의 인성은 케노시스

---

12) 루터가 그리스도의 인성을 확보하려는 노력은 그의 신학 방법론에서 발견된다. 그는 성경의 순서에 호소하였는데, "철학자들과 학덕이 높으신 기독교 성직자들은 위로부터의 신학적 방법론을 주장하나 이는 그들이 얼마나 어리석은지를 드러낸다. 이와는 반대로 우리는 아래로부터 시작해야 하며 그 다음에 위로 올라가야 한다"(Martin Luther, *Werke*, Erlangen ed., xii. p. 412, 맥킨토쉬의 책에서 재인용., Mackintosh, p. 232).

13) Dawe, p. 75.

라는 행동을 통해 신의 속성을 포기하는 것을 의미한다고 매우 분명하게 주장하였다. 인성이 온전히 확보되는 것을 보이기 위해 그는 양성의 연합 개념을 주목하게 하였다. 그리스도의 하나 됨이 어떻게 확보되었는가에 대해 그는 양성 각각 그 안에 있는 본질적 속성들을 유지시키는 방식으로 제한시켰는데, 이로써 그리스도의 신성과 인성이 온전히 보존됨을 밝혀 주었다. 이러한 방식으로 인성이 감추어진다거나 사라지지 않고 오히려 그리스도의 하나 됨의 개념에서 그리스도의 인성이 확고히 다져지게 된다는 데 주목하였던 것이다. 온전한 인간으로서의 그리스도를 무시할 수 없었던 것이다. 더욱이 성육신 후 그리스도께서 다시 살아나셔서 승천하시며 같은 모양의 육체를 지니신 인간으로 이 땅에 재림하실 때까지 계속하여 인간으로 계신다고 보았다. 그러므로 켐니츠에게는 실제의 인간으로서 예수 그리스도께서 지상에 사실 때든지 하늘의 영광 가운데 사실 때든지 편재하실 수 없으며 이는 바로 인간의 속성에 메어 있기 때문이라고 주장했다.

그러나 그리스도의 신적인 본질은 결코 잃어버려지지 않았는데 이는 그리스도께서 실제의 인체를 가지고 계셨어도 한 인격 안에 신성을 이미 지니고 계셨기 때문이다. 켐니츠에게는 그리스도가 두 분이 될 수 없었던 것이다. 물론 브렌츠와 달리 '유한자는 무한자가 될 수 없다'는 (finitum non capax infiniti) 신학 명제를 수용하여 전통적인 루터주의와 충돌하는 것처럼 보이기도 하지만 그는 속성의 교류를 (communicatio idiomatum) 다음과 같이 설명함으로써 이러한 비난에게서 벗어나고자 하였다. 그가 말한 속성의 교류 개념은 "신성을 그 기관으로 하고 신성의 힘을 인성 안에서, 인성을 통하여 그리고 인성과 함께 역사하게 하면서 신적인 것들이 인간의 성질에 침투하는 것"이라고 주장하였다.[14] 마치 불이 달구어진 철을 침투하듯이 그리스도의 신성도 인성에 해를 전혀 입히지 않고, 또는 그 어떤 영향도 주지 않는 방식으로 침투한다고 설명했다. "그러므로 양성의 연합은[브렌츠에게서 발견되듯] '본체들'의 연합이라기보다는 각각 자기의 의지를 갖는 실존적 연합이라 여겨야 한다."[15] 브루스는 이러한 켐니츠의 견해를, "그의 특징적인 교리는 그리스도가 그의 전체의 인격 가운데 어디에든 계신다는 의미가 아니라 그리스도가 언제 어디에서든 계실 수 있으며 원하는 대로 심지어는 아무도 볼 수 없는 형태로도 계실 수 있다는 뜻이다"[16]라고 평하였다. 이런 의미에서 켐니츠는 그리스도가 지상에 사시는 동안 전능, 전지, 편재성과 같은 신의 속성을 사용하지 않았다고 할 수 있었던 것이다. 그러므로 그에게 케노시스는 바로 그리스도가 모든 신의 속성들을 지니고 있었음에도 불구하고 사용하지 않았다는 것이다.

콩코드 신조(Formula of Concord)

루터주의 신학자들은 그리스도의 인격에 관한 이상의 두 견해를 조화시켜 그리스도의 인격론에 관한 통일된 신조를 만들려 하였다. 콩코드 신조(1577)가[17] 바로 그 산물이다. 그러나 이 신조는 양자의 견해 모두를 만족시킬 수 없었다. 브루스가 평한 바와 같이 콩코드 신조는 "주

---

14) Bruce, p. 97.
15) Eric W. Gritsch and Robert W. Jenson, *Lutheranism: The Theological Movement and Its Confessional Writings*, (Philadelphia: Fortress Press, 1976), p. 99.
16) Bruce, p. 99. 이런 식으로 성만찬시 그리스도의 육체적 임재와 관련한 논쟁에 대해서 켐니츠는 개혁주의적 신학과 브렌츠의 견해 모두와 달리하였다. 켐니츠에게는 전능, 전지, 편재성(그리고 성만찬시마다 여러 번 임재하심) 등은 그리스도의 인격에 잠재적으로 실존하였던 것이다(Ibid., pp. 99-100).

고 받는 식, 즉 각각의 반대 견해가 나란히 위치해 있었으며 답하기 곤란한 질문들이 잠재한 체 슬쩍 지나가고 있는"(sub silentio)18) 방법을 취하였다. 그리스도는 잉태되는 순간부터 영원히 하나님의 위엄을 지니고 계셨다. 그러나 그리스도는 자신을 낮추되 루터가 가르친 바와 같이 아무도 모르게 수치 가운데에서 하나님의 위엄을 소유하시게 되었고, 이는 곧 신적인 위엄을 사용하셨다는 뜻이 아니라 단지 좋게 여기실 때에만 종종 그리하셨다는 것이다.19) 이미 맥킨토쉬가 지적한 바와 같이, 이러한 방식으로 "콩코드 신조는 전반적으로 켐니츠의 견해에 기울어 있었다."20) 그러나 브렌츠의 흔적이 발견될 수도 있는데 그 예는 다음과 같다.

그러나 여느 성도와 달리 그리스도는 사도 바울이 말한 대로(엡 4:10)저 하늘 너머 멀리 올라간 이래 지금도 역시 선지자들이 예언한 바와 같이 (시 8:6; 93:1; 슥 9:10), 그리고 그리스도께서 이들과 어디서든 함께 역사하셨으며 이들의 메시지가 표적임을 확실히 하셨다(막 16:20)라고 사도들이 증거한 바와 같이, 그는 하나님으로서뿐만 아니라 인간으로서도 또

---

17) 콩코드 신조는 브런즈윅의 마틴 켐니츠(Martin Chemnitz of Brunswick, 1522-1586), 튀빙겐의 야콥 안드레(Jakob Andreae of Tübingen, 1528-1590), 그리고 니콜라우스 셀네커(Nikolaus Selnecker, 1530-1592)를 포함한 많은 신학자들에 의해 준비되었으며 후에 51명의 군주들, 35개의 도시, 8-9000명 이상의 성직자들에 의해 광범위하게 지지되었다(Williston Walker, *A History of the Christian Church*, 3rd ed., New York: Charles Scribner's Sons, 1970, p. 391).
18) Bruce, *HC*, 5th ed., p. 104.
19) *Formula of Concord*, Solid Declaration, viii, 26, 64-66. Cf. *The Book of Concord: The Confessions of the Evangelical Lutheran Church*, tr., ed., Theodore G. Tappert, (Philadelphia: Fortress Press, 1959), pp. 596, 603-4; Heinrich Schmid, *The Doctrinal Theology of the Evangelical Lutheran Church*, 3rd ed., tr., Charles A. Hay and Henry E. Jacobs, (Minneapolis: Augsburg Publishing House, 1961), p. 388.
20) Mackintosh, *DPJC*, p. 239.

한 바다 이 끝에서 저 끝까지 그리고 땅 끝까지 어디에서나 현재적으로 다스리고 계신다.[21]

여기서 브렌츠의 주장 곧 그리스도의 신성이나 그의 편재성을 강조한 바가 인정되더라도 그리스도는 브렌츠가 주장한 대로 크립시스 혹은 감춤(또는 숨겨짐)보다는, 케노시스라는 방식을 따라 실재의 한 인간으로 여겨지게 되었다. 예수님은 연치(年齒)에 있어서나 지혜에 있어서 하나님과 사람의 보기에 사랑스럽게 자라나셨으며, 부활하신 후에야 비로소 온전하고도 완전하게 종의 형태를 벗으셨고, 부활 후 여전히 한 인간이어도, 하나님의 엄위를 온전히 사용하시고, 표현하시며 또한 공표하셨다.[22] 브렌츠의 편재론 외에 가설적인 편재성 역시 인정되었는데, 이것도 역시 다음과 같은 차원에서 보았다. 즉 그리스도는 원하시는 바에 따라 자신의 육체를 지니고 어디에든 계실 수 있었다는 것이다.

그러나 콩코드 신조는 그리스도가 자신의 신적인 속성들을 수치의 기간 동안 사용하셨느냐의 여부에 대해서는 결정하지 않았다. 브렌츠를 따르는 신학자들은 그리스도가 수치의 상태에서도 단지 공개적이지 않았을 뿐, 신적인 속성들을 소유하셨고 이 속성들을 행사하셨다고 주장하였다. 반면, 켐니츠를 따르는 사람들은 그리스도는 비록 이러한 신적인 속성들을 소유하셨음에도 불구하고 부분적으로 포기하셨다고 주장하였다. "인성은 양성이 연합되는 첫 순간부터 하나님의 위엄, 즉 신성의 충만을 받아들이고 소유하였지만 수치의 기간 동안에 그것을

---

21) *Formula of Concord*, Solid Declaration, viii, 27. Cf. The Book of Concord, p. 596; Schmid, p. 388.
22) Schmid, pp. 388-9.

항상 행사하지도, 사용하지도 아니하였다"라고[23] 역설(力說)하였다. 결국 이 신조를 통해 브렌츠와 켐니츠를 따르는 양자의 학파들, 튀빙겐 학파와 기센 학파 사이에 일어날 신학적 논쟁을 남겨두는 결과를 낳았다.

튀빙겐과 기센 학파(Tübingen and Giessen Schools)

튀빙겐과 기센 학파 신학자들은 그리스도께서 인간이 되셨을 때 과연 자신의 신적 속성들을 포기하셨는지(kenosis) 아니면 감추셨는지(krypsis)에 대한 문제를 1619년에 논의하였다. 브렌츠의 후예들인 튀빙겐 신학자들[오디안더(L. Odiander), 니콜라이(Nikolai), 튜미우스(Thummius)]은 예수님의 위격적 연합의 결과로 주어지는 바 그분의 필연적인 편재성을 고려할 때 예수님이 잉태되는 순간부터 종의 형태를 입고서도 신적 속성들을 사용하셨다고 주장하였다. 따라서 예수님은 이 땅에 사시는 동안 인성 가운데서도 세상 사람들이 볼 수 없도록 감추어진 형태로 편재하실 수 있으며 전능하시고 전지하실 수 있었다는 것이다.[24]

그러므로 튀빙겐 신학자의 이론에 따르면, 말 그대로 어떤 경우에도 **포기하심**(kenosis)이 없게 되며, 단지 **감추임**(krypsis)만 있을 뿐이다. 이 견해에 따르면, 인성에 의해 그리스도가 수치의 상태에 머무시는 동안에도 역시, 오로지 비밀리에 인간이 인식할 수 없도록 신적인 지배가 행사되고 있었다고 할 수 있다.[25]

---

23) Ibid., pp. 389-90.
24) Ibid., p. 390.
25) Ibid., pp. 390-1.

결과적으로 튀빙겐 신학자들은 비록 실질적 케노시스, 즉 실제로 예수님이 자신의 신적 영광을 나타내시기를 포기하셨다고 설득할지라도[26], 그리스도께서 종의 형태를 취하신 모습과 인간이 가지고 있는 결함을 취하셨음에 대해 설명할 수 없었다. 그러므로 이들의 견해는 '역사적 예수 그리스도의 실제 인간의 본질을 위협하고 말았다'라고 할 수 있다.

그러나 켐니츠의 견해를 수용한 기센 학파의 신학자들은 위에 언급한 튀빙겐 학파의 견해에 반기를 들었다. 기센 신학자들[멘저(Menzer)와 포이에르본(Feuerborn)]은 절대적인 의미에서의 편재성을 받아들이지 않았다. 예수님은 모든 피조물에게 나타나지 않으셨다는 것이다. 편재성은 단지 신적인 사역으로서 정의될 뿐이었다.[27] 그러나 신적인 속성들은 위격적 연합에 비추어 예수 그리스도에게서 제거될 수 없다고 믿었다. 그럼에도 불구하고 예수님이 신적인 속성들을 사용하실 수 있었던 것은 "위격적인 연합에 의해서가 아니라 바로 신적인 의지에서 비롯된 것이라"[28]고 믿었다. 이들에게는 그러한 위격적 연합이 필연적으로 예수님의 신성을 보장해 주어, 예수께서 잉태되는 순간부터 신적인 속성들을 행사하셨다고 믿지 않은 것 같다. 오히려 이러한 위격적인 연합은, 어떤 신적인 속성들이든지 비록 예수님이 사용하지 않으셨어도, 예수님 안에 존재할 수 있었다고 생각했던 것이다. 예수님은 그분의 인성 안에서가 아닌 (튀빙겐 학파의 주장에서처럼) 그분의 신성 안에서 신적인 의지에 따라 신적인 속성들을 사용하실 수 있었던 것이다. 이러한 방식으로

---

26) Ibid., p. 391.
27) Ibid., p. 392.
28) Ibid.

예수님은 강보에 누워 계실 때나 무덤에 계셨을 때 신성에 따라 인성의 개입됨 없이, 온 세계를 다스릴 수 있었다고 이들은 주장하였다.[29]

그러나 예수 그리스도께서는 그 어떤 신적인 속성들도 사용하지 않기로 작정하시고, 이 세상에 사시는 동안에는 신적인 속성들을 포기하셨다고 이해해야 한다. "이 속성은 가능태로서 주어졌을 뿐, 온전한 현실태로서는 주어지지 않았다."[30] 그리스도가 인간이 되셨을 때 실제로 케노시스가 일어났다고 믿었기 때문이다. 이 문제에 대한 논쟁은 삭슨 선언(the Saxon declaration, 1624)에서 기센 학파의 견해를 지지하는 결의가 공표되었지만 논쟁 자체는 여전히 사그라들지 않았다. 삭슨 선언을 기초한 신학자들은 이 선언에서 그리스도의 고통을 비실제적인 것으로 만들어 버렸다는 이유로 튀빙겐 학파의 견해인 '감추임' 또는 크립시스 개념을 단호하게 거절하였다.[31] 이후 여러 신학자들은 전반적으로 기센 신학자들의 견해를 받아들였으며, 토마시우스도 삭슨 선언에 호의적이었다.[32] 그러나 토마시우스의 시대적 상황과 이상의 초기 루터주의 신학자들의 상황과는 판이하게 다르다는 사실을 이해할 필

---

29) Ibid., pp. 392-3. 그러나 기센 신학자들과 달리 튀빙겐 신학자들은 그리스도가 그의 인성으로부터, 강보에 뉘였을 때와 무덤에 계셨을 때 모두, 이 세상을 다스리고 계셨다고 주장하였다. 이러한 확신에 비추어 당연히 기센 신학자들의 견해는 개혁파 입장과 같다고 공격받을 수밖에 없었다. 그 이유는 그리스도의 양성이 한 인격 안에 반드시 필요한 연합의 의미를 확보하지 못하고 나란히 존재하는 듯하게 보였기 때문이다.
30) Dawe, p. 77. "예를 들면, 그리스도께서는 지상생활 동안 편재성을 실제로 지니지 않으셨다는 것이다. 그러나 그리스도께서 결심만 하시면 편재성을 지닐 능력은 소유하고 계셨다"(Ibid.). 그러나 튀빙겐 신학자들은 신의 속성들이 항상 활동적이었다고 주장했다. 이 속성들이 잠시 동안이라도 그 기능을 정지하였다고 말하는 것은 이들 속성들의 본성상 불가능하다고 여겼기 때문이다. 신성은 그 정의상 순전히 현실태였던 것이다.
31) Niesel, p. 287.
32) 그러나 토마시우스는 기센 신학자들이 주장하여 온 논리, 즉 그리스도께서 지상생활을 하시는 동안 온 세계를 통치하셨음을 받아들이지 않았다. 그는 그러한 통치의 기능이 신의 본질적 속성들에 속한다고 믿지 않았다. 더 깊은 논의는 다음 장에서 계속된다.

요가 있다. 토마시우스에게 케노시스 기독론은 순수하게 신학 논쟁의 연장으로서가 아니라 변증적 성격을 띠고 있었기 때문이다. 그러므로 케노시스 기독론이 본격적으로 등장하였던 19세기 중엽을 이해하지 않고는 이 기독론을 바르게 이해할 수 없다. 이런 의미에서 19세기의 기독론 논쟁을 분석하는 것이 필요하다.

역사적 예수 탐구

19세기의 기독론은 전통적인 방식의 예수님과는 전혀 다르게 추구되었는데 예수님의 생애에 비추어 바라보되 믿음을 통하여 받아들이는 교의적 대상보다는 역사 비평적인 방법을 통하여 예수님을 보려 하였다. 이 시대 신학자들은 자연과학적 증거에 따라 도출될 수 있는 형식으로 역사적 예수님을 제시할 수 있다고 믿었다. 이 증거에 따라 이들은 예수님을 단지 인간으로만 바라보게 되었던 것이다. 슈트라우스는(David Friedrich Strauss) 이러한 흐름의 기독론적 사고를 만들어 낸 신학자들 중 한 사람이었다. 그러나 그는 18세기 계몽주의의 영향을 힘입지 않고는 이 일을 해낼 수 없었을 것이다.

18세기의 대표적 인물들

물론 예수님을 단순히 한 인간으로만 본 사람이 계몽주의 사조 이전에도 있었던 것은 사실이다. 대표적인 인물이 바로 세르베투스와 (Michael Servetus) 소시누스(Faustus Socinus 혹은 Fausto Sozzini)일 것이다. 이들은 기독론의 전통적인 방법론을 쓰러뜨릴 만큼 대단하지는 않았다. 18세기까지의 예수 그리스도는 참 하나님이요 참 인간이라고 널리 믿어졌기 때문이다.

데카르트(Rene Descartes)의 *cogito ergo sum*(나는 생각한다. 그러므로 존재한다)이라는 명제 이래 철학이 이룬 발전과 과학 문명의 진보는 이성(reason)을 계시(revelation)의 속박에서 해방시켰으며 인간에게 외부의 힘을 의지하지 않고도 이 세계를 해석할 수 있다는 권위를 부여하였다. 계몽주의 사조는 인간에게 "교회와 교리라는 타율적 권위, 궁극적으로는 성경과 초월적 계시 자체라는 객관적 권위"[33]에 대항하여 자율성을 제공하였다. 신인식에 있어 하나님에 대한 주관으로부터 객관으로의 전환, 하나님과 세계에 대한 진리를 찾기 위한 이성의 사용, 초월주의로부터 내재주의로의 돌이킴 등이 18세기를 지배하였던 것이다. 이성은 인간이 호소할 최고 권위가 되어 계시를 대체하였다.[34] 신학은 더 이상 교회가 인정한 사람들의 전유물이 아니었다. 신학은 종교, 궁극적 실재, 예수 그리스도를 합리주의적인 영역 안에서 재발견하길 원하는 모든 사람에게 열려 있는, 연구 대상일 뿐이었다. 이전의 시대에 살았던 사람들보다도 공개적으로 그리스도의 신성을 의심할 수 있게 되어 급기야 기독교 교리를 위협하는 지경에까지 이르게 되었다.

칸트(Immanuel Kant)는 이러한 합리주의의 절정을 이끈 사람으로서, 외부적 권위에 대한 회의주의적 사조가 즐비했던 19세기를 예견하게 만

---

33) Jaroslav Pelikan, *The Christian Tradition: A History of the Development of Doctrine: 5. Christian Doctrine and Modern Culture (since 1700)*, (Chicago and London: The University of Chicago Press, 1989), p. 60.
34) James C. Livingston, *Modern Christian Thought: From the Enlightenment to Vatican II*, (New York: The Macmillan Company; London: Collier-Macmillan Limited, 1971), p. 2.

들었다. 칸트는 "물질계와 맞잡고 겨루는데 이성의 능력에 대한 현대인의 자신감과 아울러, 그러나 한편, 초월의 세계를 다루는 데에는 그 능력이 미치지 못한다고 하는 사실을" 35) 이론적으로 증명하였다. 결국, 이러한 초월적 관념론은 인간으로 하여금 역사에 대한 연구로 몰아갔다. 이로 인하여 어느 신학적 기능이 정통적이든 반정통적이든 관계없이 역사적 관심에 힘을 쏟아야 했다.36) "당시 이들에게 필요한 것은 **경험의 사실들을 조사하는 것**이었다." 37)

그러므로 18세기의 예수 그리스도는 더 이상 하나님의 아들로 간주되지 않았고 다만 가장 뛰어난 선생 정도로 여겨졌다. 예수는 도덕적인 인간으로 완전하였으며, 존재론적이 아닌 윤리적 의미에서 하나님과 하나가 되었던 선생에 불과하였던 것이다. 펠리칸(Jaroslav Pelikan)은 18세기와 19세기에 걸쳐 전개된 신학은 방법에 있어 중대한 변화를 만들어 냈음을 올바로 지적한 바 있다.

"…예수란 분이 누구인가. 아니, 그는 누구였는가?" 이같은 질문은 바로 "이분에 대해 부분적으로는 역사적인 의미 및 또 다른 정도로는 다소 윤리적인 내용을 담고 있는 문제였던" 것이다. "외부에서 오는 계시"를 자연 종교로 도치시킨 자라도 위의 문제가 갖는 바, 역사적이고 윤리적인 내용 모두를, 즉 "하나님으로부터 보냄을 받은 한 인간에 대

---

35) Colin Brown, *Philosophy and the Christian Faith*, (Downers Grove, Illinois: Inter Varsity Press, 1968), p. 91. 계몽주의를 설명하면서 칸트는 단호하게 *Sapere aude!* ('주저하지 말고 알려고 하라!')고 외쳤다. '용기를 가지고 네 자신의 이성을 사용하라!' ―이것은 계몽주의의 표어이다"(Kant, "What is Enlightenment?" in *Critique of Practical Reason, and Other Writings in Moral Philosophy*, tr., and ed., by L. W. Beck, Chicago: University of Chicago Press, 1949, p. 286; cited by Livingston, p. 1).
36) 다음을 보라. Pelikan, pp. 75-101.
37) Livingston, p. 4.

한 충분한[역사적인] 증거"와 이러한 신적인 사람의 "고상한[윤리적인] 그 본보기"를 말해야 했다.38)

드디어 예수님은 상징적인 존재로 축소되었다. "그리스도는 종교를 언급하는 곳 어디에서도 그 이름이 영영 불리지 않고 있다. 기독교의 원리와 그리스도의 인격은 철저하게 구별되고 말았다."39)

예수님의 모습을 합리적으로 그리려는 열망은 독일의 이신론자 중 한 사람이며 함부르크의 동방 언어학과의 교수인 라이마루스(Hermann Samuel Reimarus)에게 깊은 영향을 주었다. 『하나님을 합리적으로 경배하는 자들을 위한 변증서』(An Apology for the Rational Worshippers of God)라는 제목하에, 익명으로 그리고 사후에 공개된 4천 페이지의 필사본이 볼펜뷔텔 대학 사서로 있었던 레싱(Gotthold Ephraim Lessing)에 의해 마치 작자 미상의 단편들로 발견된 것처럼, 7개의 장으로 줄여 일부분만 출판되었다. 라이마루스는 이 단편들에서 성경 역사와 기독교를 비평적으로 분석하였는데, 일례로 그는 계산상 300만 명의 이스라엘 백성들이 홍해를 건너려면 적어도 9일이 소요된다고 논증하며 출애굽 이야기에 대한 역사적 신빙성에 의문을 제기하였다. 또한 예수님이 각 복음서에서 충분히 통일되게 그려지지 않았다는 이유로 기적을 일으키고 부활하셨던 인물이라고 보기에는 어렵다고 하였다. 오히려 예수님은 단지 선생일 뿐이며 자신을 로마의 정치 권력으로 인도한 광신적인 예언자적

---

38) Pelikan, p. 94. 〔〕의 삽입은 펠리칸의 것임.
39) Mackintosh, p. 249. 칸트에게 "실제로 구체화시킨 예수님의 모양은 철저하게 불필요하게 되었다. 기껏해야 예수님은 우리의 이성 가운데 이미 발견되는 그러한 종류의 모범적인 인간성에 대한 우리의 인식을 일깨워 줄 뿐이다"(Colin Brown, *Jesus in European Protestant Thought 1778-1860*, Grand Rapids: Baker Book House, 1985, p. 237).

유대인에 불과하다고 주장하였다. 이에 더해 예수님의 제자들은 예수님이 마치 죽었다가 살아난 것처럼 꾸며대어 그를 믿음의 대상으로 만들었다고 단정하였다. 결국 기독교는 완전히 날조된 것이라는 주장하였다. 라이마루스의 글은 후대 학자들에 의해 신학적 과학에 비추어 제시된 기독교로서는 최초의 발견이라고 추앙받게 된다. 이런 의미에서 "라이마루스는 당대에 부상하고 있던 신학적 과학의 목에 멧돌(millstone)을 걸어 놓았다" 40)고 말하는 것은 정확한 표현이었다.

　자신의 견해를 적극적으로 밝히기를 거부하였던 라이마루스와 달리 레싱은 논쟁을 일으키고 싶어한 인물이었다. 이로 인해 당대 그는 가장 영향력 있는 신학자 중 한 사람이 되었다. 1777년에 『영과 능력의 증거에 대하여』(On the Proof of the Spirit and of Power)와 1778년에는 『예수와 그의 제자들의 의도에 대한 단편 논문집』(Fragments: On the Intentions of Jesus and His Disciples)에서 레싱은 확고하게 역사적 정합성을 부인하면서 성경에 나타나 있는 소위 절대적인 기독교 진리에 대하여 상대성을 주장하기 시작하였다. 우리는 현재 그리스도의 시대에 살고 있지 않으며 단지 그리스도의 제자들에 의해 쓰인 그리스도의 인격과 사역에 관한 보고서만 가지고 있을 뿐, 우리에게 필연적인 진리를 제공하지 못한다고 주장하였다. 심지어 그리스도에 관해 그 어떤 신뢰할 만한 내용(사건)이라도 우리가 인격적으로 경험하지 못하는 한, 진정 우리에게 절대적인 진리를 제공할 수 없다는 것이었다. **"역사의 우연적 진리들은 결코 이성의 필연적인 진리들의 증거가 될 수 없다"** 라고 레싱은 생각하였다.41) 이런 의미에서 "정통신학자들은 의심이 갈 만한 역사적 사실을

---

40) Albert Schweitzer, *The Quest of the Historical Jesus: A Critical Study of Its Progress from Reimarus to Wrede*, tr., W. Mongtgomery, (New York: Macmillan Publishing Co., Inc., 1906), p. 26.

뛰어넘어 완전히 다른 차원의 진리로 나아갔다"라는 것이었다.[42] 이들 정통신학자들은 역사적 진리와 수학적 진리 사이에 있는, 레싱이 스스로 고백한 바 뛰어넘을 수 없다고 하는 그 "보기 흉하고 광대한 도랑"(ugly, broad ditch)이 있다는 사실을 깨닫지 못하였다고 비판하였다.[43] 그러나 종교적 진리는 역사에 나타난 사건들이 아니라 그것의 가르침에 의존하는 것이다. "성경의 전후"에 종교적 진리가 놓여 있는 것이다.[44] 레싱은 "요한복음에 의해 나뉘어진 사람들 모두가 요한의 유언에 의해 다시 하나가 될 수 있기를" 기원하였다.[45] 우리의 구주는 그리스도 주가 아닌 고상한 가르침을 베푼 한 인간 예수로만 인식되었다.

단순한 인간으로서의 예수

19세기의 '역사적 예수 탐구'는 레싱의 역사적 예수 개념을 따르고 있었다. 이 '탐구'는 예수님의 신성을 거부하였다. 예수님은 단지 영웅 혹은 천재일 뿐이었다. 한편, 19세기의 '탐구'는 이러한 역사적 예수라는 확신에 도달하기 위해 두 가지 방법을 취하였는데, 슐라이어마허(Friedrich Schleiermacher)에게는 '감정'(Gefühl)이라는 개념을 가지고 종교적 지식의 근거로 삼았으며 슈트라우스에게는 '이성'이 주요 무기가 되었다.

---

41) G. E. Lessing, *Lessing's Theological Writings*, tr., ed., Hendry Chadwick, (London: Adam and Charles Black, 1956), p. 53. 이 격언은 후에 칸트와 헤겔에게 매우 중요하였으며 나아가 19세기의 철학과 신학을 지배하게 되었다.
42) Ibid., pp. 54-5; 다음의 글도 보라. Livingston, p. 32.
43) Lessing, p. 55.
44) Livingston, p. 34.
45) Lessing, p. 56.

슐라이어마허는 종교를 이성에 근거하여 찾아보려는 시도를 거부하였다. 종교란 합리주의자나 정통신학자들이 믿는 그러한 종류의 지식이 아니며 칸트가 세운 도덕적 체계도 아닌, 즉각적으로 주어지는 자의식이라 생각되는 절대 의존의 '감정'에 그 뿌리를 두고 있다고 확신하였기 때문이다. 종교적 감정은 이성이나 교리적 지식으로 얻어지는 것이 아니라 오직 직관적으로 주어지는 것이다. 슐라이어마허는 종교를 다룸에 있어 외부에서 주어지며 지적이고 눈에 보이고 만져지는 등 물리적으로 도움이 된다고 하는 모든 것들을 포기하였다.[46] 그는 우리에게 자신만의 독특한 개성을 마음껏 발전시키도록 힘을 북돋웠다. 나아가 교리와 신앙고백은 분명 바뀌어야 한다고 강조하였다. 그 예로, '우리는' 창조주 하나님을 믿는다라는 말은 '내가' 그 창조주 하나님을 믿는다라는 말로 대체되어야 한다는 것이다.[47] 이제 슐라이어마허에게 전통적 기독교 교리는 비판받지 않을 길이 없었다. 교리는 그에 의해 다시 만들어져야 했다. 예를 들면, 그리스도가 중보자인 것은 초대 교회의 신조에 나타났다는 의미에서가 아니라 "이 세상에서 하나님을 경험하고 이 세상을 통해 하나님의 모든 계시를" 얻는다는 뜻에서 그러하다.[48] 그러나 슐라이어마허의 예수는 인격적으로 선재하였던 로고스가 아닌 하나님과 매우 친밀하게 동행하였던, 예수가 스스로 고백하듯, '하나님이 자기 안에 거하였다'라고 말할 수 있었던 한 인간이었다.[49]

---

[46] Friedrich Schleiermacher, *On Religion: Speeches to its Cultured Despisers*, tr., John Oman (New York: Harper & Row, 1958), p. 132.
[47] Pelikan, pp. 121-5.
[48] Schleiermacher, *Christian Faith*, ed., tr., James Stuart Stewart and H. R. Mackintosh, (Edinburgh: T. & T. Clark, 1928), p. 388.

헤겔의 제자였던 슈트라우스는 성육신을 하나님이 인간과 하나가 될 수 있게 한 실재의 모든 체계에 대한 하나의 상징으로 이해하였다. 그러나 그에게 예수님은 믿음의 대상으로서의 하나님의 아들이 아니었다. 그가 기독론에 기여한 독특한 면이 있다면 그것은 바로 『예수의 생애』(The Life of Jesus)에서 밝힌 바와 같이 신약을 연구하는 중 발전된 신화의 개념이었다. 예수님의 수난 중에 일어난 지진, 해가 가리워짐, 무덤 문이 열림 등과 같은, 복음서에 나타난 기적 이야기는 모두 신화에 의해 기록된 것으로, 그러한 복음서를 당시 일어난 실제의 사건으로 신뢰할 수 없다는 것이 그의 입장이었다. 슈트라우스에게 신화란 "과학 시대 이전, 역사 이전의 정신 안에 존재하는, 지각에 있어 자연적인 형태"이며, 따라서 "과거에도 그래 왔지만, 슈트라우스가 예수님의 생애를 신화로 만들어 버렸다고 말하는 것은 매우 잘못된 생각일 것이다." [50] 슈트라우스는 복음서의 역사를 초자연적인 것으로 보는 전통적인 전제를 부인하였지만 참 종교를 파괴하려는 뜻은 아니었다. 그럼에도 불구하고 그는 예수님의 부활에 관한 복음서의 신적인 묘사를 제거하고 단순한 인간 예수로만 여겼다는 사실은 예수님의 전통적인 모습을 곡해한 것으로 볼 수 있다.

---

49) Bruce, pp. 14-5. 여기서 슐라이어마허는 예수님을 중심적인 사람, 이상적인 인간의 현현 이상의 그 어떤 것으로 보지 않았던 소시누스와 같이 묘사하고 있다. 다음의 글도 보라. Brown, *Philosophy and the Christian Faith*. p. 112.
50) Livingston, pp. 176, 179.

케노시스 기독론의 발흥

왜 케노시스 개념이 19세기에 발흥하게 되었는가? 19세기의 신학자들은 이미 칼시든 기독론으로부터 자유로웠다. 이들은 합리주의의 지배 아래 놓여 있었던 것이다. 예수님에 대한 전통적인 견해는 18세기에 삼위일체를 부인하는 유니테리언들과 이신론자들에 의해 위협받고 있었다. 19세기에 들어 역사 비평적 방법으로 무장한 몇몇 대표적인 사람들이 예수님은 단지 종교적인 천재, 위대한 선생 또는 혁명가로 제시하였다.

토마시우스를 포함한 몇몇 중개 신학자들은 이러한 현대의 신학 흐름에 대항하고 정통 기독론을 방어할 필요성을 느꼈다.51) 이들은 케노시스 개념이야말로 '역사적 예수 탐구'의 도전에 효과적인 대응책으로 유용할 것이라 믿고 이 개념을 통해 역사적 예수가 실제의 한 인간이면 동시에 인간 이상의 인물이기도 하다는 사실을 증거할 수 있을 것이라고 생각하였다. 이들이 현대의 비평 신학에 맞서 싸우면서 "케노시스 모티프는 결정적인 역할을 할 수 있었다"고 확신하였다. 그 이유는 "케노시스 개념 가운데, 역사적 연구가 만들어 낸 적법한 주장들과 신조에 근거한 정통신학이 주장하는 바 영구적 확언들을 조화시키는 한 방법이" 발견되었다고 믿었기 때문이다.52) 이렇게 주장한 신학

---

51) 특히, 토마시우스에게는 슈트라우스가 연구의 출발점이 되었다(Claude Welch, ed., tr., *God and Incarnation in Mid-Nineteenth Century German Theology: G. Thomasius, I. A. Dorner, A. E. Biedermann*, New York: Oxford University Press, 1965, p. 10). 그러나 "토마시우스에게는 『예수의 생애』(*Life of Jesus*)라는 책보다는 '현대 과학(*Wissenschaft*)과의 투쟁'이라는 부분에서 언급된 바, 루터주의적 기독론의 발전에 있어 모순되는 것들에 관한 거친 말 몇 마디에서 발견되는 『기독교 신앙』(*Glaubenslehre*)이라는 저서에서 나타난 정통 기독론에 대한 통렬한 비평이 그로 하여금 즉각적인 반응을 나타내게 하였다"(Ibid.). [ ] 표는 클라우드 웰치(Claude Welch)의 것임.

52) Dawe, FS, pp. 89-90.

자들에게 예수님은 현대 비평가들이 확언하듯이 다른 인간과 같이 육체와 정신을 지닌 하나의 실제의 인간이라 할 수 있으면서, 정통 기독론에서 발견되는 바와 같이 하나님이시기도 하였다. 역사적 연구와 신조에 근거한 정통신학 양자를 정당화하기 위해 노력하면서 토마시우스는 다음과 같은 이론을 제안하기에 이르렀다. 즉 '성자는 자기를 비우시는 방법을 통해 전능, 전지, 편재성을 버리심으로써 참으로 실제의 인간이 되었다' 라는 논리이다(이 내용은 곧이어 깊이 논의될 것이다).

다른 한편, 독일의 케노시스 개념은 구(舊)루터주의를 수정할 필요에서 생겨났다고 할 수 있다. 콩코드 신조는 그리스도의 인격에 관해, 특히 그리스도가 자신을 비우실 때 전능, 전지, 편재성을 버리셨는지에 관한 문제에 대해 통일된 루터교적 교리를 만들어 내지 못하였기 때문이다. 루터주의 신학이 그리스도를 실제의 인간으로 묘사하지 못하였다고 판단한 토마시우스는 이 신학을 케노시스라는 이론으로 수정할 필요를 느꼈다.[53] 그는 콩코드 신조에서 나타난 바와 같은 구(舊)루터주의 신학에 만족하지 않았다. 토마시우스는 콩코드 신조에서 제기된 자기 비우심 이론은 크립시스 혹은 그리스도의 신적인 속성들이 감춰어졌음을 말하고 있다고 믿고 있었으며 속성 교류 개념도 신성에서 인성으로만 교통하게 함으로써 실제로는 그리스도 안에 있는 인성을 확보하지 못하였다고 판단했던 것이다.[54]

---

[53] Brown, *Jesus in European Protestant Thought*, pp. xx, 244.
[54] 따라서 우리는 루터주의의 속성의 교류가 고전적인 견해와 달리하고 있음을 발견하게 된다. 후자는 서로 다른 양쪽의 성질들이 '서로 주고 받고 있음'을 용인하고 있었다면(칼빈은 이러한 교부들의 견해에 이의를 제기하지 않았다), 전자는 인성에서 신성으로의 교통한다는 개념에 선뜻 응하기를 주저하였다(다음을 보라. Louis Berkhof, *The History of Christian Doctrines*, Edinburgh: The Banner of Truth Trust, 1937, p. 115). 토마시우스는 속성의 교류 개념과 관련, 전통적인 루터주의적 강조보다는 고전적인 이해에 충실하기를 원하였다. "하나의 신인적인 행위는 당연히 본질적으로 인성에게

결론

본 글에서 우리는 현대의 케노시스 기독론이 발흥하게 된 역사적 배경을 살펴보았다. 루터 신학자들이 격론을 벌인 기독론적 논쟁이 16-17세기에 케노시스 논의를 낳게 하였다. 이러한 케노시스 논쟁을 통해 결국 브렌츠와 튀빙겐 학파의 크립시스(감추임) 개념을 거부하였던 켐니츠와 기센 학파의 견해가 우세하게 되었다. 그러나 후자의 견해에서 일방적으로 신적인 속성들을 제거하려 하지는 않았다. 이들은 신적인 속성의 사용에 있어서만 케노시스를 적용시켰던 것이다. 모든 루터주의자들은 우리 구주의 상태에 관심을 가졌지 그 본질은 관심의 대상이 아니었던 것이다.[55] 따라서 그리스도의 본질에 있어서는 어떤 것도 변화된 것이 없다. 이 땅에 머무는 동안에 주어졌던 그분의 상태에 있어서만 그리하였던 것이다.

한편, 18-19세기의 과학적 실재론과 반신앙고백적 흐름은 전통적인 칼시든 교리를 위협하였다. 이 시기에 믿음의 대상인 예수 그리스도는 윤리적 본보기 인물 아니면 종교적으로 훌륭한 인물이 되었다. 그리스도는 더 이상 '우리의' 구주가 아닌 '나의' 구주일 뿐이었다. "그리스도에 관한 교리는 이제 중생한 사람에게나 맞는 교리인 것이다."[56] 19세기에, 처음에는 독일에서, 그 다음에는 영국에서, 여러 명의 중개 신

서와 마찬가지로 하나님에게서도 본질적으로 하나인 한 주체를 전제하며, 이 한 주체 안에 신적인 인격성과 인성이 살아 있는 통일체로서 상호 침투하는 것이다"(Thomasius, 'Christ's Person and Work: Part II: The Person of the Mediator,' in *God and Incarnation in Mid-Nineteenth Century German Theology, G. Thomasius, I. A. Dorner, A. E. Biedermann*, ed., tr., Claude Welch, New York: Oxford University Press, 1965, p. 36).

55) Francesca A. Murphy, *Lecture Synopsis: Kenotic Christology Lecture II*, 1997.
56) Pelikan, p. 127.

학자들이 반신앙고백적 신학에 대항하여 정통신학을 수호하려고 노력하였다. 이 목적을 달성하기 위해 이미 구(舊)루터주의 신학자들에 의해 발전된 케노시스 개념을 사용하였다. 아울러 이들은 우리 구주의 본질이 아닌 그 상태에 관심을 갖되 독일 신학자들에게는 좀더 급진적으로, 영국 신학자들에게는 구(舊)루터주의 신학자들 이상으로 실용적인 방법으로 나아갔다. 이에 대하여는 다음 장에서 논의할 것이다.

제2장
케노시스 기독론의 발전

케노시스 기독론의 발전

　19세기 독일과 영국의 많은 중개 신학자들은 믿음과 현대 과학적 지식 사이에 놓여 있는 간격을 메우려는 가교 역할을 모색하고 있었다.[1] 이들 중 몇몇 독일 신학자들은 그리스도를 단순히 한 인간일 뿐이라고 주장하는 사람들의 도전에 맞서 처음으로 케노시스 개념을 만들어 정통 기독론을 수호하려 하였다. 이들은 성경에 나타난 우리의 구주로서 역사상 유명한(historic) 그리스도와 역사적 실재로서의(historical) 예수라는 개념을 조화시킬 필요를 느꼈던 것이다. 독일의 중개 신학자들 중 한 사람인 토마시우스는 케노시스 개념을 사용하여 정통신학과 인간 예수에 대한 현대적 발견을 조화시키려 하였다. 영어권에서는 영국의 중개 신학자 중 한 사람인 고어가 믿음과 과학을 케노시스라는 개념 아래 조화시키려 하였다. 본 장에서 우리는 19세기 중엽과 20세기 초

---

[1] 중개 신학자란 단순히 정통신학을 무비판적으로 변호하는 자가 아니라 19세기 역사비평학자들의 역사적 사료 연구를 어느정도 평가하고 현대 독일 철학의 논리적 형식을 수용하며 정통 신학을 변증하였던 사람들이었다(Dawe, *FS*, pp. 91-2).

까지 나타난 케노시스 기독론의 내용과 그 특징들을 살펴볼 것이다. 이를 통해 유럽 대륙의 대표적인 케노시스 기독론주의자들, 토마시우스와 게스를 연구할 것이며 영국의 경우 고어, 웨스톤, 포사이스 등을 섭렵할 것이다. 다만 이들 중 대표적인 두 사람, 현대 케노시스 기독론의 개척자였던 토마시우스와 영어권에서 독일의 케노시스 기독론을 수정 발전시킨 수정 케노시스 기독론의 대부라 할 수 있는 고어에 집중하려고 한다.

독일 신학자들의 '케노시스' 개념

토마시우스는 슈트라우스와 바우어(Ferdinand Christian Baur)와 같은 역사 비평 학자들이 주장한 정통 기독론의 '실수'와 관련하여 자신의 비판적 견해인, 두 편의 글로 구성된 논문을, "교회 기독론에의 기여"라는 제목하에 어느 신학저널에 처음으로 출간하였다.2) 이 논문을 출판한 후 그는 자신의 저서, 『그리스도의 인격과 사역』(Christi Person und Werk)에서3) 케노시스 이론을 보다 충분하게 발전시켰다. 위의 논문에서 그는 루터주의 신학 안에서 "예수 그리스도의 양성론을 말하는 것을 긍정적으로" 밝히면서 정통신학에 대한 당대의 공격을 논박하였다.4) 그러나 그 양성론이 위격적(位格的)인 연합(hypostatic union)이라는 개념만 가지고는 그리스도께서 하나의 온전한 인격체로 구성되어 있음

---

2) Gottfried Thomasius, "Beiträge zur kirchlichen Christologie" in *Zeitschrift für Protestantismus und Kirche*, (Neunter Band, 1845).

3) Gottfried Thomasius, *Christi Person und Werk: Darstellung der evangelisch-lutherischen Dogmatik vom Mittelpunkte der Christologie aus*, (Erlangen: Andreas Deichert, 1853-61).

을 밝히지 못하였다고 생각하였다. 토마시우스는 위의 이론이 그리스도가 실제의 인성을 가지고 계심을 충분히 정당화시킬 수 없다고 믿었던 것이다.5) 그 대안으로 그는 케노시스라는 개념이 적절한 기독론을 위해 필요하다고 제안하였다.

그의 책『그리스도의 인격과 사역』에서 케노시스 기독론을 본격적으로 전개하기에 앞서 토마시우스는 성육신의 가능성과 그 실제, 곧 한 인격체가 온전한 인성과 신성을 지니며 하나가 될 수 있음을 피력하였다. 그는 성육신의 가능성을 변호하기 위하여 아담의 창조 사건에 호소하였다. 첫 번째 창조물 인간이 하나님과 교통할 수 있었다는 점에 주목하였다. 이와 마찬가지로 양성도 역시 분명하게 상호 배타적인 정반대의 속성이 아니라고 믿었던 것이다. 왜냐하면 인성이 신성의 침투로 인하여 그리스도 안에서 신적인 모습이 될 수 있기 때문이었다 (natura humana capax divinae). 그는 인간이 신적인 존재가 될 수 있다는 수용성의 원리, 그리고 인간이 하나님과 자연적으로 친족관계를 갖게 될 수 있다는 개념에 근거하여 성육신이 가능함을 피력하였다.6) 그러나

---

4) Thomasius, "Beiträge," pp. 4, 15-32, Colin Brown의 *Jesus in European Protestant Thought*에서 인용, p. 249. 그에게 있어 전형적인 루터교 흔적 중 하나는 그리스도의 인격에 있어 하나 됨을 강조하는 것, 즉 그리스도 안에 분명히 인성과 신성이 참으로 존재함에도 불구하고 양성을 갖는 '하나의 주체'는 결코 놓칠 수 없다는 것이었다. 그리고 그리스도에 대한 적합한 인격론을 제시하기 위해서 속성의 교류(communicatio idiomatum)는 그리스도라는 인격체가 통일성을 확보하는 도구로 사용되어야 한다는 것이다. 그리스도 안에 한 인격체가 있음을 발견하지 못하는 곳에는 그리스도의 인격에 관한 논의를 가질 아무런 의미도 없다는 뜻이다. 그러므로 그에게는 '이원론'을 의미하는 그 어떤 암시도 강력하게 저항하는 것은 자연스러운 일이었다. 다음 글을 보라. 토마시우스, "그리스도의 인격과 사역," *God and Incarnation in Mid-Nineteenth century German Theology*, G. Thomasius, I. A. Dorner, A. E. Biederman, ed., tr., Claude Welch, New York: Oxford University Press, 1965, pp. 35-8, 46-7, 58-9. 본 글에서는 토마시우스의『그리스도의 인격과 사역』의 일부를 번역한 웰치의 역본을 인용할 것임.
5) 그러나 그는 여기서 위격적 연합 자체를 거부하려는 의도는 아니었다. 다만 그것이 갖는 약점, 곧 그리스도의 인성을 충분하게 확보하지 못하였음을 지적하고자 하였다. 그는 오히려 전통적인 이 용어를 사용하여 그리스도가 승귀시에 소유한 인성을 변호하기도 하였다.

여기서 그는 그리스도 안에 어떠한 신격화의 논리가 고려되지 않았다고 말하였다. 왜냐하면 성자는 자기 자신을 이미 존재하는 하나의 개체적 단일체로서(individual) 인간 안에 연합시켜 나중에 그 개인을 변형시키신 것이 아니라 인간의 본성(nature)을 취하셨기 때문이다. 그러나 토마시우스는 인간성을 이와 같이 취하셨다는 말은 그리스도의 역사적인 인격체 됨을 보증하기에는 충분치 않다고 결론내렸다.

그는 이제 그리스도의 역사적인 인격체 되심을 확고히 보여 주기 위하여 케노시스라는 개념의 필요성을 제안하기에 이르렀다. "[인성을] 취하셨다는 개념은 여전히 하나님이면서 인간이신 분의 역사적인 인격체를 설명하기에는 늘 부족하다. 그러므로 우리는 이러한 이해로부터 더 나아가 하나님이신 그분이 자신을 제한하셨다는 생각을 해 보아야 할 것이다."7) 만일 하나님이시면서 인간인 그분이 이 땅에 사시는 동안 신격화되지 않고 보통 사람과 같은 인간으로 사셨다면 그리스도께는 자기를 어떤 식으로든 비우시는 방식을 제외하고는 다른 길이 없었을 것이다.8) 토마시우스는 성육신의 행동이 성자의 인간 본성을 취하셨음을 말하는 동시에 그분의 자기 비우심을 통하여 일어나게 되었다고 생각하였다. 성자 하나님께서 케노시스라는 행동을 통하여 육신

---

6) 토마시우스, "그리스도의 인격과 사역," pp. 40-1.
7) Ibid., p. 46.
8) "그러므로 우리는 성육신 자체를 영원한 하나님의 아들인 그분, 제2위가 되시는 하나님께서 자기 스스로를 인간이 갖는 제한적인 삶의 형태, 즉 시공간적인 존재가 갖는 한계와 인간으로서 성장해야 하는 조건 아래에서, 역사적인 구체적 존재가 갖는 환경 가운데에로 던져 넣으심으로써 문자 그대로 우리와 같은 인간의 삶을 우리의 본성을 따라 살 수 있었다는 바로 이 사실에 따라 이해해야 한다. 물론 그분이 하나님임을 결코 상실하지 않으면서 말이다. 바로 이러한 이해를 가지고서야 비로소 그분이 인간으로 들어오시게 되며 실제로 인간이 되시고, 하나님이 인간이 되신다고 말할 수 있는 것이다. 즉 이 방법만으로 우리가 알고 있는 바 하나님이면서 인간이신 저 중보자의 역사적인 인격체가 나타날 수 있는 것이다"(Ibid., p. 48).

이 되시고 완전한 인간이 되실 수 있었다는 것이다.

그는 여기서 그리스도께서 가지고 계셨던 이미지가 인간이라는 어떤 '형태,' 곧 이 상태를 보면 어떤 '전이'가 분명 일어났음을 알게 된다고 믿었다. 그리하여 성육신이 "의미하는 바는 단순히 인간의 본질을 외형적으로 입는 상태를 말하는 것이 아닌 것이다. 오히려 성경에서는 이와 달리 기록되어 있다. …[로고스]가 육신이 되시되(요 1:14). 결과적으로 전에 가져 보지 못했던 그 무엇이 되었다는 뜻이다. …따라서 그리스도는 정말로 완전하게 우리와 같이 되셨고 말 그대로, 문자 그대로 그와 같이 되셨던 것이다." 9) 여기서 우리는 성자의 성육신하신 삶을 보고 그 어떤 변화가 있었음을 상상해 보아야 하는 것은 당연하지 않은가!10)

그러나 이 논리에서 토마시우스는 분명 그리스도 안에 있는 신성이 사라졌다고 생각하지는 않았다. 그리스도께서 자신을 비우셨을 때 본질적인 것은 어떤 것이든 신적인 그 무엇도 버리지 않으셨다는 뜻이다. 그리스도는 단지 "인간이라는 피조물의 형태로 존재하기 위하여 자신에게 있어서 신적인 양태를(mode) [버리신 것이며] 바로 그것으로 인하여 그가 성부와 함께 처음부터 지니고 계셨고 세계를 상대해서 행사하

---

9) Ibid., pp. 50-1.
10) 토마시우스는 도너(I. A. Dorner)의 비판, 즉 케노시스 기독론이 로고스의 '불변성'에 거스릴 수 있다는 문제제기를 논박하였다. 토마시우스는 도너의 비판은 하나님이 자신의 자유를 상실케 할 만큼 매우 위험한 견해라고 생각하였다. "이러한 [도너의] 비판은 어떻게 하든지 하나님의 불변성을 너무 엄격하게 생각한 나머지 하나님으로 하여금 본인의 의지대로 하시거나 그 무엇이 되게 하지 않도록 한다"(Ibid., p. 99). 계속하여 말하기를, "[오히려 우리의] 하나님은 자신의 종들의 기도를 들으시고 행동을 결정하시며 모세의 중보기도를 들으시고 감동을 받아 이미 공언된 심판의 결정을 번복하기도 하시고, 이미 멸망되도록 작정된 어느 도시만 회개함을 보고 [새롭게] 결단하시며, 심판을 내리려 올렸던 팔을 이제는 다시 내리시는 분인 것이다. 그렇다! 하나님은 자유의지를 가진 피조물이 제기하는 이의를 보고 **엄청나게** 자기 자신을 제한하사 자신의 영원한 사랑의 의지를 나타내 보이시는 것이다"(Ibid.).

시며 완벽하게 지배하고 다스리셨던 신의 영광을 포기하신 것이다." 11)
하나님께서 육신을 취하시려는 자발적인 그의 의지를 생각해 보라.

> 하나님의 아들이 우리와 완전히 같은 모습, 인간으로서 존재한다는 말은 자신의 자유의사에 따라 자신을 스스로 제한하시는 행동을 의미한다. 그러나 자기를 제한하신다는 것은 의지에 따른 행동의 결과이다. 따라서 그것은 본질을 제한시키는 것이 아니라 오히려 그것을 표명시키는 것이다. 그리고 하나님의 본질은 딱딱하게 굳은, 죽은 듯한 실체가 아니라 전적으로 의지 자체이며 생명이고 **행동**인 것이다. 그것은 바로 자기 스스로를 세우며 뜻을 펴는 것이고 철저하게 자신이 주인임을 나타내 보여 주는 것이다. 12)

성자 하나님은 자신을 지상의 삶으로 제한하려는 의지를 가지셨다. 여기서 성자 하나님의 '의지'는 곧 신적인 '본질'인 것이다. 그러므로 '그리스도의 케노시스 삶은 하나님이 하나님 되는데 본질적이어야 할 그 어떤 것도 결여하고 있지 않았다'라고 말할 수 있다. 즉 "성자는 하나님의 본질과 불가분리적인, 신으로서의 본질적 결정 행위를 포기하지는 않으셨던 것이다." 13) 자기를 비우며 성육신하신 그리스도는 하나님이 되시는 것을 사라지게 하지는 않으셨다.

하나님께서 의도적으로—인간으로—사셨다는 사실을 인식할 때 우리

---

11) Ibid., p. 48. 토마시우스는 신의 영광을 비우셨다는 주장을 요한복음 17:5에 근거하여 말하고 있다. "아버지여 창세 전에 내가 아버지와 함께 가졌던 영화로서 지금도 아버지와 함께 나를 영화롭게 하옵소서." 다음을 같이 참고하라. Ibid., p. 51.
12) Ibid., p. 59. 다음의 글도 보라. Ibid., pp. 73f, 96, 100.
13) Ibid., pp. 67-8.

는 케노시스 개념이 결코 그리스도의 하나 되는 인격체로서의 삶에 유해를 가져다주지 않았음을 알 수 있다. 토마시우스는 케노시스 기독론이 인간 예수로서의 실질적인 삶 그리고 한 인격 안에 계신 하나님으로서의 참되신 삶을 보다 더 나은 신학적 틀로 확보할 수 있다고 믿었다. 따라서 그의 기독론은 그리스도의 하나 됨을 보증하는데 귀한 공헌을 한다고 생각하고 루터교 신학 발전에 기여하고 있음에 자부심을 가졌다.[14] 그러면 그분은 어떻게 한 인격체 안에 서로 구별되는 양성을 확보하실 수 있었단 말인가? 그는 이 문제를 '부분적' 케노시스라는 개념으로 풀어 나갔다.

자신의 케노시스 이론을 정당화하기 위하여 그는 신의 속성을 절대적 혹은 내재적인 것들과 상대적인 것들로 나누었다. 절대적 혹은 본질적 속성, 즉 삼위일체의 내적 관계에서 발견되는 속성들은 절대적인 능력, 내재적인 신적인 지식, 내재적인 신적인 삶, 절대적인 진리 그리고 절대적인 사랑과 같은 것들이다. 이러한 속성들은 결코 포기될 수 없다. 그렇지 않으면 하나님은 신이 되는 것을 그만두는 것이며 이는 불가능한 일일 것이다.[15] 그러나 하나님은 외향적으로 세계와 관계를 맺기 위해 소위 상대적 속성들, 즉 전능, 전지, 편재성을 가지고 계셨

---

14) 이러한 방법으로 그는 이원론을 피하여 나갔다. 거기서 그는 소위 '그리스도 밖의 그리스도'('extra Calvinisticum')을 염두에 둔 듯하다. 비록 두 개의 전혀 다른 본성을 상정하면서도 말이다.
15) 토마시우스, 『그리스도의 인격과 사역』, pp. 69-70. 토마시우스에 따르면 절대적인 지성은 철저하게 무조건적이며 온전한 하나님의 지식을 말하며 절대적인 능력이란 어떤 것에 대한 의지의 절대적 능력 또는 스스로 결정하는 자유를 의미한다. 그러나 토마시우스가 명명한 절대적 속성이란 용어는 사실 불분명해서 절대적이며 상대적인 속성들 사이에 어떤 차이가 있는지 모호하다. Ronald Feenstra가 바르게 지적하였듯이 그가 절대적인 속성이 무엇을 의미하는지 보다 분명하게 설명하지 못하였다는 것은 실로 유감이 아닐 수 없다("Reconsidering Kenotic Christology," *Trinity, Incarnation, and Atonement: Philosophical and Theological Essays*, eds., Ronald Feenstra and Cornelius Plantinga Jr., Notre Dame: University of Notre Dame Press, 1989, p. 150, fn. 7).

다. 하나님은 이러한 속성들을 버리실 수도 있다. 그 이유는 이러한 속성들이 신의 본질적인 특성은 아니기 때문이다. 상대적 속성이란 하나님의 본질적 속성이 외부적으로 나타나는 것, 다시 말해서 절대적인 능력, 진리, 사랑 등이 표현되는 것이다. 만일 하나님이 되시기 위하여 이러한 상대적 속성들을 포함하고 계셔야 한다면 하나님은 이 세계에 의존하는 분이 될 것이다. 토마시우스는 바로 이런 경우 하나님은 전혀 자유가 없을 것이라고 생각하였다. 그러므로 성자 하나님은 신적인 자기 정체성을 유지하시면서 소위 상대적인 신의 속성들을 버리실 수 있었던 것이다.

그렇기 때문에 하나님의 본질적 속성을 잃지 않으셨던 그리스도였지만 이 땅에 사시면서 신적 자의식을 가지고 계시지 않았다고 말할 수 있다. 케노시스 방식으로 성육신하신 그리스도는 '잠재적인' 형태에서만 신의 자의식을 소유하셨던 것이다. 그러나 여기서 토마시우스는 신의 자의식이 완전히 사라졌다고 말하지 않았다.[16] 물론 두 개의 자아 혹은 이중의 삶을 상상하지도 않았다. 이 문제에 관해서는 나중에 논의할 것이지만 여기서 우리는 잠깐 그가 말한 의도를 살펴보기로 하자. 토마시우스가 말하고 싶었던 것은, 신의 자의식이 인간의 성장 과정을 따라 점진적으로 발현되었거나 혹은 활동하기 시작했다는 것이었다.[17] 그러므로 누구든 가능태에서 현실태로 변환되는 과정에서 잠시라도 '무의식의 상태'를 상상해볼 수 있지 않겠느냐고 주장하였다.[18]

---

16) "…의지에 관한 신적인 행동에 있어 신적인 의식은 잠재되어 있다. 즉 그것은 역사적인 어떤 흐름을 넘어서는 영원한 성질을 띠고 있다는 뜻일 뿐 아니라 역사적인 삶의 환경 가운데 어딘가에 그 중심을 차지하고 있다는 뜻이다"(토마시우스, 『그리스도의 인격과 사역』, p. 61).

그는 또한 로고스가 잠재화 상태로 움츠러들었을 것이며 이런 의미에서 그리스도께서는 하늘에서와 같이 땅에서도 하나님이 되실 수 있었을 것이라고 하였다. 물론 '잠재성' 이라는 개념 자체는 로고스의 사라짐을 의미하는 것은 아니었다. 오히려 이것은

> 그 자체에 있어 농축된 능력이요, 그 자체가 하나의 능력인 것이다. 바로 그 잠재성 안에서 말이다. 로고스가 잠재성을 갖도록 스스로 물러났다면 이것은 바로 로고스가 자기를 제한시키는 행위로 인하여 자기 계시와 활동을 전개하는 자리에서 그의 가장 깊은 곳의 한가운데로 한 걸음 물러났다는 것, 다시 이해하기 쉽게 말한다면, 지극히 절대적인 의지를 갖는 바로 그의 구체적인 존재의 근원으로 자리를 옮겨 스스로를 움츠러들게 했다고 말할 수 있는 것이다.[19]

토마시우스에게는 로고스가 잠재성의 위치로 한 걸음 물러났다는 것은 결코 로고스가 사라졌다는 것을 의미하지 않는다. 하나님에게 본질적인 것은 그 어떤 것도 포기되지 않았다는 뜻이다. 성자 하나님은

---

17) "키가 자라고 성장하는 어린아이 예수에게 자기의 가장 깊은 곳에서 우러나오는 자신의 본래의 본성에 대한 자의식이 일어나고 있었는데 그때에 그에게는 동시에 자기가 하나님의 아들임을 의식하기 시작하였던 것이다. 자기가 성부와의 어떤 특별한 관계인 것과 이 세상을 구원할 곧 우리를 살리려는 구세주로 부름받았다는 소명감을, 영적인 측면에서 자신의 삶이 자연적으로 드러나면서 말이다" (Ibid., p. 65). 이러한 견해는 맥킨토쉬가 말하는 '신성의 농축된 상태로의 잠재화' 와 매우 흡사하다. 이에 관해서는 본 글의 제4장을 보라.
18) 그러나 그리스도의 소극적인 행동처럼 보이는 것들, 예를 들면, 그가 무의식으로 자신을 던져 넣으심과 같은 것은 엄밀하게 말하면 그분의 행위 중 가장 극치의 모습이었다. "이러한 행동들은 그가 그의 구속사적인 사랑의 위대한 행위인, 하나님에게 순종하는 것, 곧 하나님에 의해 착상케 하고 결의하게 하고 이루게 하는 등 그리스도의 순종하는 삶의 표현인 것이다" (토마시우스, 『그리스도의 인격과 사역』 p. 74).
19) ibid., p. 96.

단지 케노시스라는 방법을 통하여 수치스러운 삶을 살기로 작정하셨다는 것이다.

이러한 논리로 토마시우스는 자기의 케노시스 기독론이 그리스도의 하나님이시면서 사람으로서 사신 생애를 잘 묘사한다고 믿었다. 그러나 여기서 한 가지 질문을 할 수 있는데, 그렇다면 어떻게 그리스도 안에 한 '자아'가 있다고 생각할 수 있을까? 토마시우스는 이와 관련하여 그리스도 안에 신적인 자아가 사라졌다고 상상하지 않았을 뿐만 아니라 그분 안에 인간적인 자아만 존재한다고도 말하지 않았다. 그러한 모습은 그리스도의 하나 되는 통일된 삶을 정당화하지 못하는 것이 틀림없기 때문이다. 역사적인 그리스도는 인간적인 자아만 가지지도 않으셨으며, 신적인 자아를 배타적으로 지니고 있지도 않으셨다.

여기서 그는 그리스도가 신적–인간적인 자아(a divine-human ego)를 취하셨다고 말해야 한다고 단정했다. 그리스도는 본질적인 신의 속성, 예를 들면, 로고스와 자의식을 잠재된 형태로 소유하고 계셨기 때문에 토마시우스에게는 그리스도께서 신적인 자아가 상실되는 것을 상상할 수 없었다. 또한 그리스도께서 실제로 육체가 되셨기 때문에 그리스도에게 인간적인 자아가 사라지는 것도 상상할 수 없었다. 그렇다면 그가 말하는 신적–인간적인 자아란 무엇을 의미하는가? 여기서 그는 분명코 위격적[여기서는 특히, 인성의 비인격성(anhypostatos)의 의미 내포] 연합이라는 전통적인 개념을 따르고 있음을 보여 주고 있다.[20] 물론 인성의 비인격성을 염두에 둔다고 해도 그는 인간적인 자아가 확보될

---

[20] 그러나 그는 또한 그리스도께서 이 땅에 사실 때 육신이 없는 성자의 모습이 부적절하다고 강조하였다. "성자 하나님은 그가 취한 인성 바깥에서 독자적인 자신의 존재, 독자적인 의식, 독자적인 행동 영역 또는 능력의 소유를 어떤 경우에도 유지시키지 아니하였으며 따라서 어떤 점에서도 육신을 떠나 존재하지 아니하였다"(Ibid., p. 58).

수 없다고는 생각하지 않았다. 왜냐하면 여기서 비인격성이라는 말은 인간의 의식 자체를 소유하지 못하게 한다는 의미는 아니기 때문이다. 나아가 인간적인 자아란 그리스도라는 인격체의 바깥 부분의 모양만을 말하는 것으로 생각하였기 때문이기도 하다.

따라서 비인격성을 갖는다고 해도 그리스도는 '인간적인' 의식을 갖게 되며 이를 통해 '외형상' 인간의 자아를 갖고 있다고 말할 때에 이러한 형식은 성육신하신 분에게는 충분히 어울리는 것이다.

> [인성의 비인격성]을 고려해 볼 때 그리스도의 인성이 마치 우리의 것과 온전히 동일하지 않은 것처럼, 인간 의식을 결여하고 있는 것처럼 보일 수 있으나, …성자 하나님은 피조된 인격체라는 존재 양식으로 만드시면서 스스로 바로 이러한 우리와 같은 본성을 취하셔서 스스로 영육을 가진 인간이라는 한 개인의 자아를 갖기로 작정하셨던 것이다. 바로 이러한 이유로 인하여 본인 자신의 의식은 그것이 나타날 때 외형적으로는 어떤 독특한 모습의 인간적인 것, 인간 의식을 지니고 진정으로 영육을 지닌 유한한 인간이 되셨던 것이다.[21]

토마시우스에게는 인간이 존재한다고 말할 때는 그것이 어떤 존재의 완전함과는 달라서 자의식과 위격성(hypostasis)은 같은 것이 아니라고 믿었다. "전자는 자기 자신이 그 자체로 나타나는 형태이며 후자는 전자가 있기 전 이미 현재 있는 상태에서 점차적으로 자신을 의식의 상태로 내어 주는 것일 뿐이다."[22]

---

21) Ibid., pp. 62-3.
22) Ibid.

한편, 토마시우스는 담대하게, 그리스도께서 이 세상을 지배하는 통치권을 행사하지 않으셨다고 말하였다. 성자가 이 세상과 관계된 상대적인 속성들을 포기하였다는 토마시우스의 주장을 보면서 그리스도의 통치권 상실을 주장하였을 것이라고 생각하는 것은 아마도 자연스러운 것이리라.

> 그러므로 우리는 육신 가운데 사신 그의 삶을 볼 때 이 중보자는 세상에서 필요한 절대적인 능력을 보여 주고 행사하는 방식인 신의 전능성을 사용하지도 아니하셨고 소유하지도 아니하셨다. 그리하여 그리스도는 실제로 이 세상을 통치하지 않으셨다. 그저 인간으로서 이 땅을 걸으시고 여기서 고통받으시고 죽으셨을 뿐이었다. 그분은 이러한 진리와 사랑이라는 윤리적인 속성 이외에 세상 통치권 같은 것을 행사하지 않으셨던 것이다[23]

그리스도는 자신이 이 땅에 사시는 동안 세계를 지배하는 기능을 결여하셨는데 그 이유는 그분이 신의 전능성, 전지성, 편재성 등을 사용하지도, 소유하지도 않으셨기 때문이라는 것이다. 그는 아마도 소위 상대적 속성이 결여된 상태에서 세상 통치권을 행사하였다고 말하는 것은 매우 어렵다고 믿었기 때문일 것이다. 그래서 토마시우스는 아마도 누구든 성자 대신에 성부가 세상 통치권을 행사하셨을 것이라고 생

---

[23] Ibid., p. 70. 여기서 그는 자기 이론을 초기 루터교의 기독론과 구별시키고 있다. 브랜츠(Johann Brentz)는 그리스도께서는 전지, 전능, 편재성을 소유하시기도 하셨으며 사용하셨다고 말한 반면 켐니츠는 그리스도께서 이러한 속성들을 소유함에도 불구하고 사용치 않으셨다고 주장하였다. 그러나 토마시우스에게는 그리스도께서 이러한 속성들을 소유하지도 사용하지도 아니하셨다는 것이다. 본 글의 제1장을 보라.

각할 수 있는 여지에 대해 논의하지 않을 수 없었다. 물론 토마시우스는 이러한 추론에 반대하였다. 그는 이러한 주장을 불식시키기 위하여 곧 바로 논박하였는데, 이러한 것은 상상으로나 가능한 것으로, 그렇게 보일 뿐이라고 주장하였다.

나아가 그는 독자들이 이 주제와 관련하여 세심한 주의를 기울일 필요가 있으며, 그렇게 할 때 보다 깊은 의미를 알게 될 것이라고 강조하였다. 즉 통치권과 관련하여 우리가 "세상을 구원하는 행동이야말로 세계를 유지시키고 지배하는 그 중심이라고" 할 수 있음을 알아야 한다고 제안하였던 것이다.[24] 토마시우스는 그리스도께서 구속사역을 이루시는 것을 통해 세계에 대한 본질적인 지배가 바로 세상 주재 사역과 밀접한 관련이 있다고 보았다. 왜냐하면 그가 믿기에는 구속사역이야말로 하나님의 세계 지배의 기초가 되기 때문이다. 이러한 의미에서 토마시우스는 그리스도께서 결코 통치권을 결여하지 않으셨다고 주장했다.[25] "하나님께서는 그가 그리스도 안에서 이 세상과 자신을 화해하는 것과 자신에게로 돌아오게 하는 것을 미리 아신다는 확신을 가지고 타락한 세계를 다스리기 때문이다."[26] 토마시우스가 볼 때, 비

---

24) Ibid., p. 86.
25) 여기서 우리는 이러한 그의 생각이 통치권에 대한 그의 새로운 정의에 의해서 가능한 것임을 알 수 있다. "구속이라는 것은 이 세상에 하나님의 나라를 세우는 한, 세상을 통치 가능하도록 만든 것이며 바로 여기에서 구속사역은 세계 지배 방식 중 가장 탁월한 형태인 하나님의 세계 통치권을 말한다. 즉 하나님이 취하시는 최상의 지배 형태는 그분이 단순히 피조 세계가 외형적으로만 자신에게 굴복하게 하는 것도 아니며 힘으로 자신의 의지를 관철하기 위해 어떤 수단을 강구하는 것도 아니다. 오히려 사랑으로 인류의 가슴을 온전히 지배하시면서, 그분 자신의 의지대로 일을 이루시는 것이다. 무엇보다 피조물로 하여금 자유롭게 협력하도록 하면서 틀에 박히거나 강요되지 않는 모습이 되게 하는 것이다. 다시 말해서, 이러한 지배 방식은 영에 대한 통치권이며 윤리적인 것들(즉 참된) 복종이 피조 세계에서 일어난다. 또한 이것은 창조주의 의지가 반영되어 나타나는 것이다. 이럴 때 비로소 창조의 목적이 달성된다. 이것은 인류의 운명이기도 한 것이다(#22). 이러한 형태의 하나님의 통치권, 즉 이와 같이 심오한 본질적인 세계 지배 형식은 오직 이 세상을 구속하는 행위를 통하여서만 세워질 수 있다"(Ibid., p. 87).

록 그리스도께서 이 세상을 지배하는 사역에는 동참하지 못하셨어도 이미 그분은 인간의 '생명'과 유관한 일을 하고 계셨던 것이다.

더욱이 토마시우스는 그리스도께서 이 세상을 다스리는 통치권을 버리셨음에도 불구하고 자신의 구속사역을 통하여 삼위일체의 내적 관계가(intratrinitarian relation) 깨어지는 불행을 겪지 않으셨다고 한다. 케노시스 기독론이 소위 상대적 속성의 상실을 전제하고 있기 때문에 삼위일체를 전혀 고려하지 않은 것으로 생각할 사람이 있는지 모르겠으나, 토마시우스는 삼위일체와 관련하여 전혀 문제가 없다고 확신하였다. 그리스도께서 인간으로 살면서 내재적 속성들을 소유하고 계셨기 때문에 삼위일체의 내적 관계가 지속될 수 있었다는 것이다. 그는 "삼위 하나님 서로간에 내재적인 관계는 성자가 인간이 되었다고 해서 결코 중단되지는 않았다"고 단호하게 말하였다.[27] 토마시우스에게는 삼위일체의 내적 관계가 고정된 틀에 박혀 있거나 경직된 상태로 있는 것이 아니라 생동감이 있는 어떤 절대적인 의지를 가지고 개별적으로 스스로 결정한다고 말한다.[28] 삼위일체 안에 있는 이러한 의지가 성자 하나님을 인간이 되게 하되 삼위일체의 지속적인 일치 안에서 이루어졌던 것이다. 그는 또한 이 세계와의 관계에서도 역시 삼위일체의 내적 관계가 결코 중단되지 않았다고 믿었다. "이 세상을 유지시키고 지배하는 것은 성령 안에서 성자를 통하여 성부로부터 중단 없이 시행될 것이다."[29] 단, 삼위일체의 활동 양식이 새로운 형태를 취하면서 말이

---

26) Ibid., p. 88.
27) Ibid., p. 81.
28) Ibid.
29) Ibid., p. 85. 그는 이러한 사상을 앞에서 언급한 바와 같이 통치권에 대한 새로운 정의에 기초하여 전개하고 있다.

다. 삼위일체의 내적 관계는 성육신 사건으로 말미암아 모양이 변형되었던 것이다. 그 이유는 다음과 같다.

> 성자께서 인간이 되실 때 그가 인격의 통일성을 견지하며 자신에게로 취하신 인성이, 삼위일체 하나님이 갖는 지식과 그의 생활로 지극히 깊숙하게 들어왔다. 이렇게 인간이 된 이 존재는 하나님의 내재적 관계로 들어가는 한순간을 맞게 되고, 성자는 거룩한 삼위일체의 하나님이면서—인간으로서의[a divine-human] 한 구성원이 되는 등, 이제는 삼위 하나님 사이에 상호 교제가 성부와 성령 안에 있는 인간 예수와 교제하는 형태를 갖게 되기 때문이다.30)

삼위일체의 내적인 관계는 인간 예수 그리스도 안에서 이루어질 수 있었다는 말이다. 그러나 여기서 오해되어서는 안 될 일은, 비록 성자 하나님이 육신이 된 이후로 삼위일체의 내적 관계에 어떤 변화가 일어나긴 했지만 토마시우스가 볼 때에는, 삼위일체의 본질적인 관계가 깨어진 것은 아니라는 점이다.

지금까지 우리는 토마시우스의 케노시스 기독론을 그의 말에 의존하여 살펴보았다. 이제 그가 발전시킨 기독론이 얼마나 가치 있고 그 한계는 무엇인지를 말해야 할 단계가 되었다. 먼저 우리는 신학계에 대한 그의 공헌을 살펴보기로 한다.

토마시우스의 케노시스 기독론이 기여한 점들이 있다면 그 중의 하나는 그리스도의 참 인성을 확보하였다는 것이다. 성자가 이 땅에 사실 때 그분은 우연적이고 제한적이며 죽을 운명을 지닌 유약한 인간으

---

30) Ibid., p. 83.

로 사시도록 참된 인성을 소유하셨다. 그리스도는 실제로 그리고 참으로 전능하지도, 전지하지도, 편재하지도 아니하셨다. 뿐만 아니라 그리스도께서는 잠깐이지만 이 땅에서 인간으로서 살아가실 때, 필연적이거나 죽을 수 없는 존재로 살지 않으셨다. 또 다른 강점이 토마시우스의 기독론에 있다면 그것은 바로 그의 케노시스 기독론이 하나님의 자기 수치 혹은 그의 희생을 잘 보여 주었다는 점이다.[31] 하나님께서 인간의 몸으로 비하하시고 피조물의 원리에 자신이 성장하도록 허락하신 것, 그리고 갖은 고초를 실제로 겪으신 모습은 놀라운 그의 희생이 아닐 수 없다. 그 어떤 성육신 이론도 이처럼 가슴에 와 닿도록 하나님의 인간 되심을 설명한 이론은 없다. 이것은 성경이 그리고 있는 그리스도의 모습이다. 이것은 사실, 정통신학자들, 교부들이 말하고자 했던 바를 말하고 있음을 평가해야 할 것이다. 그 외에 다른 훌륭한 점이 있다면 하나님께서 자기를 비우는 행동을 취하신다고 할 때 그는 하나님을 절대적으로 자유로운 분으로 생각하였다는 점일 것이다. 성자 하나님이 케노시스라는 형식을 빌어 인간으로 사실 수 있었던 것은 바로 하나님께서 인간 세상에 내려오기로 의지를 굳히셨기 때문이다. 케노시스의 삶은 바로 하나님의 강한 의지의 반영인 것이다. 우리는 바로 이러한 형이상학적인 틀 속에서 그리스도의 인격을 논한 그의 기여를 잊어서는 안 될 것이다.

---

31) 맥킨토쉬는 토마시우스를(유럽 대륙의 나머지 다른 케노시스주의자들도 역시) 긍정적으로 평가하였다. 그의 케노시스 이론은 하나님께서 인간으로 사신 그 삶 가운데 드러나는 그 놀라운 모습, 곧 '하나님의 희생'을 보여 주었던 것이다(*The Doctrine of Person of Jesus Christ*, Edinburgh: T. & T. Clark, 1912, pp. 265, 468). "만일 그 누구도 그리스도 안에서 우리가 그 엄청나게 큰 하나님의 희생이 가져다준 결과임을 직면하고 있다는 사실, 즉 그리스도 사건은 하나님의 역사에 있어 말로 다할 수 없는 사실임을 느끼지 못한다면 그러한 사람에게는 토마시우스와 그 밖의 다른 사람들이 해결하려 하였던(그리고 우선 먼저 설명하려 하였던) 그 문제가 당연히 존재하지 않을 것이다"(Ibid., p. 468).

그러나 그의 케노시스 기독론에는 피할 수 없는 약점이 있다.[32] 성자 하나님이 임시 방편이지만 전능하심, 전지하심, 편재하심을 멈추었다 하여도 반드시 그가 소위 '상대적' 속성들을 버리는 것이 필연적이었을까?[33] 여기서 우리는 두 가지 풀어야 할 숙제가 있다. 하나님의 정체성과 소위 '절대적' 속성을 갖는 그리스도의 모습이라는 문제이다. 만일 누군가가 하나님이라면 그는 반드시 어떤 의미에서는[뒤에서 언급될 데이비스(Stephen T. Davis)의 견해를 보라] 신적인 모든 속성들을 지녀야 할 것이다. 그리고 전통적인 신조에서 고백되는 것과 같이 만일 그리스도께서 참으로 하나님이라면, 그리스도는 실제로(de facto) 그러한 신의 속성들을 지녀야 할 것이다. 비록 그리스도께서 전능, 전지, 편재성 등을 지니지 아니하셨다고 복음서가 전하지만, 그는 분명코 어떤 방법으로든 이러한 속성들을 지니고 계셨다.[34] 그는 언제나 하나님이시기 때문이다. 다시 말해서, 성자 하나님께서 정말로 '상대적' 속성

---

[32] 토마시우스의 이러한 용감한 주장은 리츨(Albrecht Ritschl)에 의해서 혹평을 받은 후 그의 케노시스 이론은 치명타를 맞고 말았다. 리츨은 케노시스 이론이 그리스도가 이 땅에 계시는 동안 이 세상이 혼돈의 상태였을 것이라고 말하고 이에 따라 토마시우스는 그의 이론에서 그리스도의 신성을 제하여 버리고 말았다고 주장하였던 것이다(*The Christian Doctrine of Justification and Reconciliation*, ed., & tr., H. R. Mackintosh and A. B. Macaulay, Edinburgh: T. & T. Clark, 1900, p. 410). 그러나 리츨은 성경에 나타난 예수 그리스도가 인간으로서의 제한적인 삶, 예를 들면, 전지하지 않으심과 더불어 그가 본질적으로 신이 되심에 대하여 신학적 해결책을 시도하지는 않았다. 대안을 제시하기는 하였지만, 그것은 토마시우스를 비롯한 에큐메니칼 신조를 수납하는 신학자들이 받아들일 수 없는 것들이었다. 그리스도가 신이 되심을 윤리적으로 설명하는 그로서는, 사실 토마시우스를 비난할 자격이 없다.

[33] 토마시우스는 그의 논문, "Beiträge"에서, 밝힌 상대적 속성들에 관한 자신의 초기 견해를, 이제 수정하는 듯하다. 이 논문에서 그는 상대적 속성을 '영광'과 동일시하였고(p. 106ff) 또한 그 '영광'이 그리스도께서 지상생활을 하시는 동안 잠재의 형태를 가졌음을 밝힌 바 있다. "[그리스도가] 포기하신 것은 그분이 아버지와 함께 태초부터 가지고 계셨던 영광이다. 그는 하나님의 영광을 잠재의 상태에서만 지니고 계셨으며 더 이상 실제 활동의 상태에서는 지니지 않으셨다"(pp. 93ff, Welch에서 인용, p. 48. fn 3.). 그러나 토마시우스는 그의 책 『그리스도의 인격과 사역』에서 주장하기를 상대적 속성들은 완전히 포기되었으며 그리스도의 자의식과 로고스만이 잠재의 상태로 움츠러들었다고 하였다. 이 두 저서 사이에서 토마시우스는 논리적 일관성을 결여하였거나 아니면 자신의 초기 견해를 수정하였을 것이다. 필자는 그가 초기 견해를 수정하였다고 생각한다.

들, 전능, 전지, 편재성 등을 버리셨다고, 단순하게 그 어떤 예외도 인정하지 않는 듯이 (simpliciter) 주장해서는 안 된다. 더 나아가, 상대적 속성들을 포기하셨다는 말도, 하나님의 영원하신 창조를 고려해 볼 때 타당한 주장이 될 수 없다. 맥킨토쉬가 밝힌 바와 같이 "창조 자체가 영원하지 않고 어떤 세계가 늘 통치되고 알려지고 형성되어 가지 않는다면 '상대적' 이라는 말은 일리가 있을 것이다. 그러나 이러한 경우를 제외하고는, 전능성, 전지성 등등의 신의 속성들은 실제로 의로우심과 은혜와 같은 속성과 본질적으로 동일하다고 할 수 있다." 35)

둘째로, 우리는 그 누구도 소위 '절대적' 속성들을 갖는 그리스도가 어떤 모습인지를 알 수 있다고 생각하지는 않을 것이다. 토마시우스는 '절대적' 속성들을 갖는 그리스도의 모습을 제시하면서 하나님의 온전하신 이미지를 보여 주지 못하였다. 아마 그는 그리스도가 삼위일체의 다른 위격과의 내적인 관계만을 지니고 있었음을 믿었을 것이다. 아니면, 이 세상에 대하여 갖는 하나님의 관계가 그리스도의 삶 안에서가 아닌 그 삶을 통해서만 발견될 수 있다고 제안하였을 것이다. 그러나 정말로 하나님의 지상활동을 그리스도의 삶과 그의 사역 안에서 발견할 수 없는가? 요한복음 10:38을 보라. 칼빈이 생각한 바와 같이

---

34) 여기서 우리는 더 깊이 이야기할 여백이 부족하다. 이에 대해서는 본 글의 제5장에서 상세하게 논의하려고 한다. 다만 오해를 피하기 위해 잠시 언급한다면, 이 문장에서 필자는 성경이 그리스도의 온전한 신성과 인성을 예시하고 있다는 사실과 칼시든 신조에서 명시한 양성의 존재 선언을 구체적인 예를 들어, 설명하려고 하였음에 이해를 구한다. 이 사실을 이해하지 못하면 그리스도의 참 하나님이면서(하나님과 동일본질) 참 인간인(인간과 동일본질) 사실을 부정하는 결과를 초래할 수밖에 없지 않은가? 신성을 말한다면 그리스도는 온전히 전능, 전지, 편재하실 것이고, 인성을 말한다면 그분은 온전히 전능하지 않으시고, 전지하지 않으시고, 편재하지 않으시다고 말해야 하지 않겠는가. 이 사실이 혼란스럽다고 여겨질지 모르지만, 우리는 이러한 '사실' 을 보고, 그리스도의 삶이 얼마나 '독특' 하였는지 그리고 그의 삶이 얼마나 경이로운지 말해야 할 것이다.

35) Mackintosh, *DPJC*, p. 476

이 구절은 그리스도께서 자신의 사역 안에서 하나님과 하나되셨음을 보여 주는 것임에 틀림없다.36) 예수님의 사역은 하나님의 것이었다. 만일 그리스도의 신적인 사역이 '절대적인' 속성들로부터(앞에 언급된 그러한 그리스도의 신적인 사역은 세계와의 관계라고 말하수 있기 때문에) 오지 않았다면, 어떻게 그리스도께서 신적인 사역을 하실 수 있었겠는가? 만일 그리스도께서 단순한 인간이셔서 신적인 능력을 하나님에게 받았다면, 토마시우스는 양자론주의자로 비난받았을 것이다(그러나 이러한 이단적 경향을 받아들일 리 만무하다). 그러므로 그리스도의 신적인 사역을 설명하려면 소위 '상대적' 속성들이 사라진 모습을 상상해서는 안 된다. 그러나 토마시우스는 이러한 나의 제안을 받아들이려 하지 않을 것이다. 문제는 그의 주장이 일관성을 잃고 있다는 것이다.

궁극적으로 그는 그리스도의 신적인 삶을 온전히 정당화하지 못하고 있으며, 이는 다음의 사실에서 기인한다. 첫째, 그는 그리스도의 신성을 설명하면서 '절대적인' 속성을 분명하게 나타내 보여 주지 못하고 있다. 둘째, 그는 성경이 그리스도의 신적인 사역에 관하여 가르치고 있는데 그 말씀에 민감하지 못하고 있다. 아마도 피인스트라가 주장하듯이, 토마시우스는 "그리스도께서 이러한 신의 속성들[전능성과 전지성과 같은]을 어떤 형태로든 지니고 계셨다고 말하고 싶어하였을" 것이다.37) 그러나 토마시우스는 어디서도 이같은 생각을 직접적으로 표현하지는 않았다. 물론 그리스도는 일시적으로 전능하지도 전지하

---

36) John Calvin, *The Gospel According to St John 1-10*, tr., T. H. L. Parker, eds., David W. Torrance and Thomas F. Torrance, (Edinburgh: Oliver and Boyd, 1959), p. 277. 여기서 칼빈은 이 성경 구절을 통해서 그리스도 안에 있는 신적인 능력이 표현되었음을 주장하였다.
37) Feenstra, *Pre-existence, Kenosis and Incarnation of Jesus Christ*, Ph. D. Dissertation, Yale University, 1984, p. 139. 토마시우스가 '무한한 충만함이 그 자체 안에 농축된 형태로 남아 있었다'고 생각하였을 때에 그가 여기에서 맥킨토쉬와 견해를 같이할 수 있으리라 여겨진다.

지도 편재하지도 않으셨다. 그러나 이러한 속성들이 완전히 버려졌다고는 말하기 어렵다. 그리스도께서 어떤 상황에서는 자신의 의지에 따라 전능하며 전지하셨음을 무시하기는 어렵기 때문이다. 그렇다면 그리스도는 자신이 케노시스의 형식을 빌어 성육신의 삶을 사실 때 전능, 전지, 편재성, 등을 포기하지 않으신 것이다. 이제 이런 이유로, 토마시우스의 제안 대신, 우리는 맥킨토쉬의 기독론에 집중하는 것이 더 나을 것이다. 그는 그리스도께서 전능, 전지, 편재성 등을 잠재적으로는 소유하였으나 인간의 삶에 적합한 상태로, 있는 그대로 신의 속성들을 사용하지 않으셨다고 말하였다. 이러한 방법으로, 한 가지 예를 들면, 그분은 임시로 전지하지 않으셨으나 이러한 속성들을 잠재적인 상태 속에 보유하고 계시면서 이 속성들을 언제라도 자신의 의지에 따라 실현시킬 수 있으셨던 존재였다.

최근에 토마시우스를 따르고 있는 미국의 신학자 피인스트라는 이러한 나의 제안에 반대할 것이다. 그는 그리스도께서 '전지성' 과 **그리고** 그리스도 '자신의 전지성에 관한 지식' 을 실제로 소유하고 계시지 아니하셨다고 본다.

만일 S라는 어떤 존재가 전지하다면 'S는 전지하다' 는 명제는 참일 것이다. 전지한 존재인 S가 모든 참 명제를 알기 때문에 'S는 전지하다' 는 명제를 알고 있는 것이다. 그러므로 만일 S가 전지하다면 당연히 S는 S의 전지성에 대하여 잘 알고 있음에 틀림없다. 마찬가지로 만일 그리스도께서 자신이 이 땅에 살아계시는 동안에 전지하셨다면 그는 그가 전지하였음을 알았을 것이다. 그러므로 성육신하신 그리스도께서 자신의 전지성을 소유하고 계시면서 단순히 그러한 속성 사용과 그 속

성에 대한 지식을 포기하신다고 말하는 것은 비합리적인 듯하다.38)

이 말은 그리스도께서 자신의 전지성에 대한 자기 인식을 가지지 않고서는 그리스도께서 자신의 전지성을 지닐 수 없었다는 말이다. 즉, 그리스도가 전지한 존재로서의 신적 자아 인식을 상실하면서 전지하지 않으셨고, 그가 전지하지 않기 때문에 전지성을 갖고 있지 않으셨다고 말해야 한다는 것이다. 그러므로 피인스트라는 마가복음 13:32에 나타난 바대로("그날과 그때는 아무도 모르나니 하늘에 있는 천사들도, 아들도 모르고 아버지만 아시느니라") 그리스도께서는 전지성을 소유하지 않으셨다고 믿었다. 그리스도는 자신의 전지성에 대한 지식이 없음을 밝히 보여 주고 있기 때문이다.

그러나 전지한 자라고 해서 늘 자신의 전지성을 인식해야 한다고 말하는 것이 타당한가? 피인스트라의 제안은 논리적으로 그리고 부분적으로는 옳다. 그러나 항상 옳지 않으며 또한 성경적이지도 않다. 그리스도가 자신의 전지성을 인식할 수 없으셨을 때 예를 들면, 그가 강보에 뉘였을 때, 전지하지 않으셨을 것이다. 그러나 피인스트라는 성경의 증거에 대하여 온전히 충실하지 않다. 우리가 그의 제안에 대하여 평가를 내리기 전에, 앞에서 언급한 바와 같이, 무엇이 하나님의 정체성을 적절하게 표현하는지를 인식해야 한다. 만일 누군가가 참으로 하나님이라면 그는 **어떤** 의미에서 전능성을 포함한 모든 신의 속성을 가지고 있어야 한다. 그렇지 않으면 그는 하나님이 될 수 없다. 예를 들어 보자. 예수께서 신적인 자의식 또는 그의 신적인 기원 인식 등을 가지고 계셨다는 증거에서 보이고 있는, 그리스도의 신적인 지식을 한

---

38) Feenstra, "Reconsidering Kenotic Christology," p. 136.

번 생각해 보라(예를 들면, 요 8:58, "예수께서 가라사대 진실로 진실로 너희에게 이르노니 아브라함이 나기 전부터 내가 있느니라 하시니", 요 17:5, "아버지여 창세 전에 내가 아버지와 함께 가졌던 영화로써 지금도 아버지와 함께 나를 영화롭게 하옵소서").39) 그리스도는 의심할 여지 없이 신적인 기원을 가진 자요 자신이 하나님이라는 사실을 알고 계셨다. 만일 그리스도께서 자신이 하나님임을 알고 계셨다면 그분은 틀림없이 모든 신적인 속성들, 예를 들면, 전지성을 그 전부터 소유하고 있었음을 인식하셨을 것이다. 그리고 만일 그리스도께서 하나님이시라면 그는 아마도 지금(예수님의 지상생활 당시) 이 땅 위에서 이러한 신의 속성들을 지니고 있었음을 인식하셨을 것이다.

다른 각도에서 생각을 정리해 본다면, 비록 그리스도께서 전지성과 같은 신의 속성을 소유하고 계심을 인식하지 못한다 하더라도 그분이 전지성 자체를 포기하셨든지 아니면 단순히(simpliciter) 전지하지 않으셨다고 할 수는 없다. 예를 들면, 일시적으로 혼수 상태에 빠진 수학자가 있다고 하자. 이 사람은 자신의 수학적 지식을 인식할 수 없을 것이다. 그러나 약 30분 만에 다시 깨어나게 되면 수학적 지식을 가지고 있음을 알릴 수 있었을 것이다. 여기서 우리는 이 사람이 혼수 상태에 빠져 있

---

39) 이 성경 구절의 진정성에 대하여는 다음의 책을 참고하라. J. C. O' Neill, *Who Did Jesus Think He Was?*, Leiden, New York, Köln: E. J. Brill, 1995, pp. 164-87. 우리는 예수께서 사용한 *ego eimi* 구절들을(요 4:26; 6:20; 8:18, 24, 28; 13:19) 근거로 그리스도의 신적인 자의식을 나타내는 증거를 찾아볼 수 있다. 신약 신학자인 데이비드 볼(David Ball)은 이러한 구절들을 이사야서와(52, 43장) 함께 검토해야 할 것이라고 믿으면서 결론짓기를 "Ego eimi는 예수를 야웨께서 구원하시는 행동과 관계시키는 말이며 심지어는 야웨 자신을 가리키는 말이기도 하다"(*'I Am' in John's Gospel: Literary Function, Background and Theological Implications*, Sheffield: Sheffield Academic Press, 1996, p. 193; Ibid., pp. 177-203도 보라). 우리는 또한 예수의 신적인 자의식을 abba라는 아람어를 독특하게 사용한 것을 통해서 확인할 수 있다(Joachim Jeremias, *New Testament Theology*, The New Testament Library, tr., John Bowden, London: SCM, 1971, pp. 63-8). 이 외에도 예수가 죄를 사하는 행위(막 2:5-10; 눅 7:48) 에서와 대제사장 앞에서 자신의 신분을 인정한 사실 등을(막 14:61-62) 종합하여 볼 때에 우리는 예수가 신의식을 가졌다고 말할 수 있다.

을 때에는 수학적인 지식을 인식하지 못하더라도 그러한 지식 자체를 상실하였다고 말해서는 안 될 것이다. 비록 이 사람이 혼수 상태에서는 수학 문제를 풀 수 없었더라도 이 사람에게 수학적 지식이 사라져 버렸다고 말하지는 않을 것이다.[40] 마찬가지로, 그리스도께서는 복음서의 증거에 따라 이 땅에서 일시적으로 사실 때에 전지하지 않으셨다고 말할 수 있다. 아니면 그리스도께서 지상생활을 하시는 동안 자신의 전지성에 대하여 단순히 느끼지 못하셨을 것이라고 할 수 있을지도 모르겠다. 그럼에도 불구하고 우리는 그리스도의 전지성이 사라졌다고 생각하는 것은 옳지 않을 것이다. 그리스도는 여전히 하나님이셨으며 또한 하나님의 모습 그대로였기 때문이다. 그리스도께서 마지막 날과 시간을 알지 못하셨다고 인정해야 함에도 불구하고 우리는 그가 단순히 전지하지 않으셨다고(non-omniscient simpliciter) 말할 수는 없다.

그러므로 그리스도께서 자신이 전지한 존재인 것을 의식하지 못하셨다고 해서 전지성 자체를 지니지 않았다고 말하는 것은 바람직하지 않다. 그리스도는 하나님이셨던 것이다. 데이비스가 올바르게 간파한 바와 같이 예수 그리스도께서 언제나 전능하지 않으셨다고, 전지하지

---

40) 이 비유에 관해 이정석 교수는 설득력이 없다고 평가한다(한국복음주의신학회 조직신학분과 논문 발표회 2001. 3. 31.). "하나님은 졸지도 주무시지도 않으시며 완전한 자기 의식을 소유하고 계신다"고 주장하면서 필자의 유비를 그릇된 것이라고 논평한 바가 있다. 그러나 이 비유에서 필자가 말하려고 하였던 것은 예수님이 '독생하신 하나님'으로서 지니고 있을 모든 신적인 속성이 사라지거나 전혀 무기력한 상태로 떨어졌음을 말하는 것이 아니라 실제로 그러한 속성이 '존재'하되, 전적으로 '활동적인' 상태를 지니지 않았음을 말하려고 하는 것이다. 이것은 매우 성경적이다. 만일 그리스도께서 '실제로' 활동적인 상태의 신적 속성을 지니셨다면 어린 아기의 예수님은 '졸지도 주무시지도 아니하였을' 것이다. 이러한 상상은 예수님의 온전한 인성을 무시하려는 경향으로 대단히 루터교적이다. 오히려 필자의 비유는 칼빈주의적인 사상을 대변하는 것으로 예수님의 온전한 인성을 드러내 보여주는, 그러면서도 예수님의 온전한 신성의 존재를 확인하여 주는 것이라 사료된다. 더 깊은 논의를 위해 본 글의 제5장을 보라(이 책이 출판되기 전에 위 학회에서 케노시스 기록론을 소개하면서 이 책의 일부 [pp.70-91]를 발표하여 "독일의 케노시스 기독론 평가"라는 제목으로 「조직신학연구」 창간호, 2002, pp.166-88에 게재한 바 있다).

않으셨다고, 편재하지 않으셨다고 말하는 것은 옳지 않다.[41] 여기서 데이비스는 토마시우스보다는 맥킨토쉬에 더 가깝다고 할 수 있다.[42] 이러한 의미에서 앞으로 살펴볼 맥킨토쉬가 발전시킨 수정 케노시스 기독론은 토마시우스의 이러한 약점을 교정한 것이라 할 수 있다. 그러나 토마시우스보다 더 급진적이면서 잘못 이해되어 온 케노시스 기독론이 있다. 이제 게스의 기독론을 분석해 보자.

칼빈주의자였던 게스는 토마시우스보다는 급진적인 구조를 띤 '절

---

41) Stephen T. Davis, *Logic and the Nature of God*, (London and Basingstoke: Macmillan, 1983; Grand Rapids: Eerdmans, 1983), p. 125. 데이비스는 말하기를 "언제나 전지하지 않는 존재는 하나님이 될 수 없다는 말은 어떤 의미에서 옳다. 다시 말해서 나는 본질적으로 전지한 존재가 일시적으로 전지하지 않은 형태를 취하고 계속하여 여전히 본질적으로 전과 동일한 전지한 존재가 될 가능성이 충분하다고 믿는다"(Ibid.). 여기서 피인스트라는 데이비스가 말한 '어떤 의미에서'라는 언급에 관해 이의를 제기한다. 이러한 표현 대신에 다음과 같이 말하는 편이 더 정확할 것이라고 비판한다. 즉 "비록 자신이 과거에 전지하였고 이제 한번 더 그렇게 될 수 있음에도 불구하고 케노시스의 형식으로 성육신하신 그리스도는 전지하지 않았다"라고 한다(Feenstra, "Reconsidering Kenotic Christology," p. 138). 그는 계속하여 전능, 전지, 편재성이 상실되었다는 주장을 펴 나갔다. 만일 전지성에 대한 본질적인 속성을 상상한다면 케노시스 기독론주의자들은[여기서 그는 모리스(Thomas V. Morris)와 데이비스와 토의를 하면서 제안하였다] 다음과 같이 말하기를 원할 것이라고 하였다. 즉 "케노시스의-형식을-빌어-구속사적으로-성육하시지-않는다면-전지할-그분의-속성이 각위 하나님 각각에게 있는 본질적인 속성이다"(Ibid., p. 142). 이로써 그는 그리스도의 전지하지 않으심과 성부와 성령의 본질적인 전지성 둘 모두를 확보할 수 있다고 믿었다. 그러나 이러한 해결책이 그리스도에 대해 성경에서 보여 주는 모습과 관계가 있을까? 만일 우리가 앞에서 논의한 바와 같이 그리스도의 신적인 기원에 대한 자기 고백을 받아들인다면(요 8:58) 하나님이신 저 그리스도께서 자기의 신적 존재에 대한 지식을 소유했는가와 무관하게 전능, 전지, 편재와 같은 신의 속성들을 가졌다고 할 수 없다는 말인가? 데이비스의 주장과 관련하여 피인스트라가 제기한 또 하나의 다른 문제를 검토해 보자. 피인스트라는 다음과 같이 정확하게 문제를 제기하였다. "어떻게 어떤 존재가 본질적으로 전지하면도 동시에 일시적으로 전지하지 않을 수 있다는 말인가?"(Ibid., p. 138) 이 문제는 만일 데이비스가 맥킨토쉬의 케노시스 기독론을 읽었더라면 해결될 성질의 것이었다. 맥킨토쉬는 신의 속성들이 '압축된 형태의 잠재 상태'라는 개념으로 위의 문제에 답변을 하였을 것이며, 이러한 형이상학적 문제 해결 방안으로 그는 각 신의 속성들이 하나님에게는 본질적이기 때문에 존재한다는 사실을 그리고 전지성은(예를 들어 설명한다면) 그리스도께서 지상에서 사셨던 동안에는 온전히 활동적이지 아니하셨기 때문에 일시적으로 전지하지 않으셨다는 사실로 답할 수 있었을 것이다. 전능, 전지, 편재성 등은 그리스도의 인간으로서의 성장 과정을 겪으셨던 방식에 따라 점진적으로 실현 혹은 실재화될 수 있었던 것이다. 보다 자세한 것은 제5장에서 논의될 것이다.
42) 데이비스는 전지성은 언제나 변함없는 하나님의 본질적인 속성이라는 견해에 동의하지 않으면서 케노시스 기독론을 재기술하려는 의도를 지녔다.

대적' 케노시스 개념을 발전시켰다. 게스에게 예수님은 토마시우스가 명명한 바, 소위 상대적 속성이라는 것뿐만 아니라 내재적 속성까지도 소유하지 않았다. "성육신 사건은 세계에 대한 완벽한 지식, 즉 전지성뿐만 아니라 하나님의 완전한 통찰력, 토마시우스의 이론에 명명된 바, 절대적인 지식 역시 상실하였음을 수반한다."[43] 따라서 이 세계와의 관계에 있어서도 성자 하나님은 세상을 지배하는 일에 있어 정식으로 그 어떤 관계를 지니게 하지 않으셨다는 것이다. 그분께서는 성육신하면서 일시적으로 이 세상을 통치하는 자가 되지 않게 하셨던 것이다. 로고스의 우주적 기능은 성부에 의해 성령에게 넘겨졌기 때문이다. 그러나 로고스가 자신의 사역을 완수한 이후에는 성부가 그것을 로고스에게 다시 전해 주었다.

나아가 게스는 예수님이 지상에 사시는 동안 삼위일체의 내적 관계가 전혀 없었다고 말한다. 어떻게 삼위일체의 내적 관계를 상실한 예수님을 게스는 그려낼 수 있었는가? 판넨베르크(Pannenberg)에 의하면 게스는 토마시우스의 예수님이 "단순히 인간처럼 보이는, 즉 실제로는 인간이 아닌"[44] 모습이라고 비판한 비더만(A. E. Biedermann)의 견해에 대한 반동으로 예수님의 인간성을 극단적으로 묘사하려 했다고 한다. 게

---

43) Wolfgang Fridrich Gess, *Die Lehre von der Person Christi entwickelt aus dem Selbstbewusstsein Christi und aus dem Zeugnisse der Apostel*, (Basel, 1856), ii. p. 311, Bruce, *HC*, 5th ed., p. 145, 재인용. 게스의 이론은 프랑스 신학자인 고데(F. Godet)에 의해 지지되었다(*Commentary on the Gospel of St. John*, tr., Frances Crombie and M. D. Cusin, Edinburgh: T. & T. Clark, 1876, pp. 358-63, 396-401). 고데에게는 성자의 전능, 전지, 편재성 등과 그의 거룩한 사랑이 완전하게 포기되었다고 생각되었다. 그리스도의 선지자적 통찰력은 전지성에 속하지 않으며 그의 사랑도 신적인 사랑이 아니라고 믿었다(Ibid., p. 397).
44) Wolfhart Pannenberg, *Jesus-God and Man*, p. 310. 토마시우스는 게스의 이러한 견해에서 예수의 신성이 포기된다고 보았다. 브루스는 게스가 완전히 변형된 로고스의 모습을 전형적으로 그렸다고 판단하여 그를 비판하였다(Bruce, *HC*, 5th ed., p. 192).

스는 로고스를 인간의 혼으로 변형시킴으로써 예수님이 실제 인간 존재임을 찾아내려 했던 것이다. 게스는 이러한 생각이 삼위일체의 내적인 관계를 희생시키면서도 그리스도의 인성을 확보하는데 충분히 가치 있다고 판단했던 것 같다.

게스는 로고스의 영원한 자의식 역시 그가 지상생활을 하는 동안 사라져 버렸다고 생각하였다. "성자는 인간이 되면서 자의식과 그 의식에 따른 행동 그리고 그 행동에 따라 성부의 삶이 그에게 들어오게 하는, 또한 그러한 유입된 삶이 그에게서 다시 흘러나오게 하는 능력 등을 상실하였던 것이다."45) 이런 방법으로 예수님은 육체가 점진적으로 성장할 수 있었으며 요셉과 마리아와의 관계를 부모와 자식 간의 관계로 알아갈 수 있었던 것이다. 후에는 그리스도가 참으로 인간의 성장 단계를 통하여46) 이스라엘 땅에서 살아가는 자신이 누구인가를 알 수 있었다는 것이다. 그렇지 않다면 로고스 자신의 독특한 인물로서의 자신을 알 수 없었을 것이라고 설명했다.

그러면, 과연 어떻게 모든 신적인 속성과 자의식을 상실한 그리스도가 성자로서의 자신의 본래의 정체성을 다시 지닐 수 있었는가? 게스는 이 문제를 그리스도 안에 있는 신적인 '잠재성'을 도입함으로써 해결하려는 것 같다. 즉 "만일 그 사람이 그 뿌리로, 자의식으로 되돌아 간다면 일은 깨끗이 해결된다."47) 여기서 그가 언급하는 '뿌리'(Wurzel)라는 개념은 토마시우스의 '잠재성'(Potenz)과 비슷하다. 그렇다면, 그리스도가 어떻게 자신의 신적인 자의식을 다시 얻을 수 있는가? 토마

---

45) Gess, p. 307, Bruce, *HC*, 5th ed., p. 144-5. 브루스의 인용.
46) Bruce, HC, 5th ed., pp. 146-7.
47) Gess, p. 317. 필자의 번역.

시우스와 달리, 게스는 이 문제를 자세히 설명하려 하였다.

그리스도는 신적인 자의식을 취할 '본능'을 지니고 계셨다는 것이다. 그리스도는 생각을 떠올리며 추론하는 행동을 통해서가 아니라, 그 어떤 본능을 통해 자신이 누구인지를 아실 수 있었다는 것이다.[48] 마치 선지자들이 내적인 확신에 의해 하나님으로부터 소명을 받는다고 느꼈던 것처럼, 아마 예수님도 12세 소년이었을 때 자신의 정체성을 아실 수 있었을 것이다. 그리고 자기 자신에 대해 한 걸음씩 점점 더 알아 갈 수 있었을 것이다. 그러나 그리스도가 자의식을 언제 보유하고 있었는지는 누구도 모른다. 단지 그리스도가 성부 하나님께로부터 왔음을 인식하기까지는 그리스도는 온전히 인간적인 생활을 영위하고 계셨으며 이에 따라 그는, 일례로, 죄를 지을 수 있는 가능성을 *(potuit peccare)* 지니고 계셨다는 뜻일 수 있다. 그럼에도 불구하고 성육하신 그분이 죄에 빠질 수 없다는 것을 성부가 미리 알고 계셨다는 면에서, 게스는 예수님이 분명히 무죄하셨다고 믿었다.

게스는 그리스도의 인성을 그 어떤 신학자들보다 더 온전하게 다뤘다는 의미에서 성공적 작업을 하였다고 볼 수 있다. 그는 하나님의 희생에 관한 놀라운 사실을 극단적인 형식을 취함으로써 보여 주었다. 그러나 삼위일체의 내적인 관계라든지 그리스도의 신성을 사라지게 했다는 비판을 받고 있다. 도우에 의하면, 성부가 세계 통치의 기능을 로고스에게서 성령에게로 양도하였다고 생각하는 것은 "의심스럽고 기괴한" 것이었다.[49] 브루스는 죄 문제에 있어 예수님께서 실제 죄를 지을 수 있다는 가능성을 게스가 상상한 것은 구속주가 죄로부터 자유

---

48) Gess, pp. 357-8, 브루스의 인용. Bruce, *HC*, 5th ed., p. 147.
49) Dawe, *FS*, p. 100.

하다는 사실을 묘사하지 못하는 것이라 비판하였다. 이로 인해 게스는 죄인들의 구속을 위태롭게 하여 결국 성육신의 종말을 고하게 만들고 말았다고 비난하였다.[50] 나아가 맥킨토쉬가 인정한 바와 같이 게스가 예수님의 자의식을 실제로 벗어 버리게 한 것은 결국 하나님이 하나님 되게 하시는 것을 멈추게 하는 것을 의미할 것이다.[51]

그러나 게스는 인간 그리스도가 자의식과 신의 속성들을 잠재적으로 소유하고 계실 수 있을 것이라고 궁극적으로 생각하였다는 점에서는 우리는 긍정적으로 평가해야 할 것이다. 여기서 게스의 케노시스 기독론이 맥킨토쉬에게서 반영되었음을 알게 될 것이다. 게스는 신적인 속성들이 완전히 포기되었다고 확실하게 주장하였음은 사실이다. 그러나 동시에 그는 '뿌리' 와 '본능' 과 같은 개념들을 차용하여 그리스도가 실제로 신적인 삶으로 복귀하신 것에 관하여 논증하였다. 자의식의 '뿌리' 는 사라지지 않았다는 것이다. 신적인 속성들도 마찬가지로 완전하게 사라지지 않았고 '휴식의 자리에'('in den Stand der Ruhe') 여전히 남아 있었던 것이다.[52] 그럼에도 불구하고 그가 이러한 용어들, '뿌리,' '휴식,' '본능' 등을 차용하여 그리스도가 자신의 신적인 존재로 복귀할 수 있었음을 정당화하였을 때, 그가 과연 이러한 용어들을 잘 이해하였는지는 의심스럽다. 그는 예수라는 인간 안에 있는 신적인 '잠재적 능력' 이라는 형이상학적 중요성보다는 로고스의 온전한 수치의 삶에 보다 더 관심을 가진 듯하다. 여기서 우리는 그의 견해가 일관적이지 못하

---

50) Bruce, *HC*, 5th ed., pp. 179-80.
51) Mackintosh, *DPJC*, p. 477. 필자는 맥킨토쉬가 게스를 오해한 것이 아닌가 한다. 왜냐하면 게스는 궁극적으로 그리스도가 육체와 영혼에 있어 점진적으로 성장함에 따라 자의식을 인식하였다고 인정하기 때문이다. 인간 그리스도 안에는 자의식의 '뿌리가' 있었던 것이다.
52) Gess, p. 317.

거나 아니면 모순되고 있음을 말해야 할 것이다. 그는 두 가지 가정, 즉 그리스도의 '본능' 이든지 아니면 신의 모든 속성이 '케노시스' 하였다든지 둘 중 하나를 선택하여야 했다. 만일 그가 일관되게 전자에 충실하였다면 하나님이 단순한 인간으로 "변질되었다"(metamorphosis)고 비판받지는 않았을 것이다.53)

영국 신학자들의 '케노시스' 개념

19세기 말부터 20세기 초까지 영어권 세계의 많은 신학자들은 보다 사색적인 추론을 선호한 대륙의 신학자들과 다른 접근 방법을 통해 케노시스 개념을 발전시켰다.54) 이들 가운데에는 성경 신학자인 체인(T. K. Cheyne)과55) 라이트푸트(J. B. Lightfoot), 교의신학자들로는 고어, 웨스톤, 페어베언, 가비, 포레스트, 포사이스 등이 있었다. 웨스톤을 제외한 나머지 교의학자들인 케노시스 기독론 지지자들은 그리스도의 케노시스는 확실히 실재의 것이기는 하나, 반드시 이 기독론은 토마시우스와 게스의 형이상학적인 시도가 아닌 윤리적인 범주 내에서 추구되어야 한다고 믿었다. 이들 영국 신학자들에게(페어베언과 가비를 제외한) 그리스도는 지상에서 잠시 살아가는 동안 자기를 비우는 행동을 하시면서도

---

53) Bruce, *HC*, 5th ed., p. 148.
54) 필자는 브루스와 맥킨토쉬의 케노시스 기독론을 앞으로 상세하게 다룰 것이므로 여기서는 이들을 제외한다.
55) 체인은 자기가 케노시스 원리를 제안한 최초의 사람이라고 주장하면서 고어가 이러한 자신의 학적인 공로를 모르고 지나친 데 대하여 불만을 토로하였다(*The Origin and Religious Contents of the Psalter in the Light of Old Testament Criticism and the History of Religions*, The Bampton Lectures 1889, London: Kegan Paul, Trench, Trübner & Co., 1891, p. xxv).

자신의 전능, 전지, 편재성은 포기될 수는 없는 분이었다. 그렇지 않으면 그리스도의 온전한 신성을 확보하는데 어려움을 겪을 것이다. 그러나 이들은(여기서는 포사이스를 제외한) 그리스도의 신적인 삶을 해석하기 위해 형이상학적인 방법으로 나아가지는 않았다. 이들의 관심은 그리스도가 케노시스적인 삶을 사셨다는 성경적 증거를 보여 주는 것이었다. 따라서 이들은 성경을 주해하면서 그리스도께서 자신을 비우신 명백한 증거들을 보여 주고 윤리적인 양태를 지닌 케노시스가 필연적인 것임을 신학적으로 전개하기를 원했다. 이들의 기독론적 의제는 어떤 문제를 푸는 것이 아니라 성자의 케노시스적인 삶의 실재를 증거하는 것이었다. 영국 신학자들에게는 케노시스 교리의 근본적인 권위가 "어떤 신학적 문제를 푸는데 도움이 된다고 생각해서 주어지기보다는 성경에서 그 권위가 주어진다"고 보았고, 이러한 논리에 따라 이 교리는 "분명 어떤 사색적인 문제를 안고 있음에도 불구하고 보존될 수 있었던 것이다."[56]

고어는 잉글랜드 신학에 있어 케노시스 기독론의 아버지였다.[57] 그는 *Lux Mundi*(1889)에 기고한 그의 논문 "성령과 영감"이라는 글에서 케노시스라는 개념을 간접적으로 언급하였다.[58] 그러나 그는 *Lux Mundi*에서 새 시대를 여는 획기적인 논문을 통하여 "케노시스 교리에 대한 대중의 관심의 물결을"[59] 출발시켰다. 여기서 고어는 성서 비평,

---

56) Dawe, *FS*, p. 128.
57) J. Lawton, *Conflict in Christianity*, (London: SPCK, 1947), p. 122. 케노시스 개념을 선호한 잉글랜드 신학에 브루스의 수정 케노시스 기독론이 얼마나 영향을 끼쳤는지 확증하기는 힘들다. 그러나 아마도 독일어를 전혀 모르거나 아니면 거의 모르고 있던 19세기의 대부분 잉글랜드 신학자들에게 케노시스 기독론을 소개한 것으로 보인다. 고어는 브루스의 글을 훑다가 독일의 케노시스 기독론을 알게 되었던 것 같다(Robert R. Redman Jr., *Reformulating Reformed Theology*, fn. 19 of p. 124). 우리는 그의 책을 통해서(*Dissertations on Subjects Connected with the Incarnation*) 그가 브루스를 상당 부분 인용한 사실을 알 수 있다.

즉 마가복음 12:37에서 그리스도가 시편 110편의 저자를 다윗이라고 보는 것은 잘못 인용한 것이라고 여겼다. 물론 이 문제가 고어에게는 믿음을 흔드는 사건이 되지는 않았다. 왜냐하면 이러한 주님의 실수는 그분이 제한된 지식을 소유하셨기 때문이다. 그리스도는 이러한 상황에서 분명히 자신을 비우셨다. "이러한 주장은 리든(Liddon)을 산산이 부서뜨린 폭탄 그 자체였다."60) 그러나 고어는 칼시든 신조에 충실하였던 리든과 자신을 차별화시키려 하지는 않았다. 고어는 자신의 케노시스 개념을 칼시든 공의회와 같은 에큐메니칼 신앙고백의 결정 사항들에 기초하려고 하였던 것이다.61)

고어에게 성육신은 "하나님께서 자기 자신을 인성의 조건 아래에서 계시하시기 위해 그리고 인간의 관점에서 나타내 보이기 위해 자신을 비우시는 것"이었다.62) 먼저, *Lux Mundi* 에서 그는 케노시스라는 개념

---

58) Charles Gore, ed., *Lux Mundi*, 15th ed., (London: John Murray, 1904; 1st ed., 1889), pp. 249ff. 케노시스 개념을 보다 명료하게 밝히고 있는 부분에 대해서는 pp. 264-5을 보라. 여기서 우리는 그가 토마시우스와 같이 "모든 교회의 신앙을 현대의 지적인 그리고 윤리적인 문제를 올바르게 소화시키"려고(Ibid., p. vii) 노력하는 중재 신학자로 그 일을 담당하였다는 사실, 그리고 이러한 철학을 바탕으로 그가 당대의 성서 비평과 타놓고 논의하며 동시에 성경의 영감을 포기하지 않았던 그의 의지를 알 필요가 있다. 위의 책 서문에서 밝힌 그의 글에서 그의 관심이 나타난다. 그에게 *Lux Mundi*를 발간하는 목적은 "기독교 신조를 현대의 과학, 역사, 비평적 지식의 성장에 맞추어, 그리고 현대의 정치와 윤리의 문제에 적절하게 적용하려고 노력함으로써 '상처받은 믿음을 구하는 것' "이었다(Ibid., p. x).
59) Dawe, *FS*, p. 129
60) Michael Ramsey, *Charles Gore and Anglican Theology: The Gore Lecture Given in Westminster Abbey on 15 November 1954*, (London: SPCK, 1955), p. 4. 고어는 다음의 후기 저작들을 통해 케노시스 개념을 보다 완전하게 발전시켰다. *The Incarnation of the Son of God*, Bampton Lectures, (London: John Murray, 1891), 그리고 *Dissertations on Subjects Connected with the Incarnation*, (New York: Charles Scribner's Sons, 1895). 앞으로 본 글에서는 각기 *The Incarnation*와 *Dissertations*으로 줄여 표기될 것이다.
61) Gore, *Dissertations*, p. 210f. 고어의 *Lux Mundi* 공동 집필자인 오틀리(R. L. Ottley)도 역시 전통적인 신조에 충실하고 있으며, 이런 정통 기독론적 확신 속에서 고어의 케노시스 개념을 지지하였다. 고어와 오틀리 모두는 케노시스 개념을 사용하여 보편 교회가 갖는 믿음을 현대인들에게 제시할 때에도 전통적인 칼시든 기독론이 불가피하다고 믿고 있었다.

을 독자에게 전달하기 위해 예수님이 계시하신 것과 그 계시에 있어 예수님이 사용하신 수단을 구별하였다. 그리스도는 하나님, 하나님의 구속 목적, 인간, 인간의 죄성 등을 계시하셨다. 그러나 이 모든 것을 자신의 인성만을 사용하심으로써 계시하셨다.

> 그분은 인성, 하나님과의 인성과의 관계, 경험이 갖는 인성의 조건, 지식에 있어 인성에 따른 성장, 지식에 대한 인성이 갖는 한계 등을 사용하셨다. 그분은 인간이 느끼는 것처럼 느끼며, 보아야 하는 정도로 보셨다. 그러므로 우리는 그분이 계시하시는 신적인 진리와 사용하시는 인성 사이를 구별할 수 있다. 그분이 '태양이 떠올라서' 라고 말씀하신다면 보통의 인간이 갖는 지식을 이용하고 계신 것이다. 따라서 그분이 자기 시대의 과학의 한계를 지키기 위해 신성의 빛을 억제하기로 의도하셨으며 똑같은 방식으로 역사적 지식을 지니도록 하셨다.[63]

이러한 방식으로 예수님은 이 세상의 마지막 날과 시간을 알 수 없었다(막 13:23). 왜냐하면 참된 인간으로서 불확정적인 역사의 한계 내에서 사셔야 했기 때문이다. 그러므로 "예수님의 완전한 인성을 증거하는 복음서를 결코 무시할 수 없다."[64] 그리스도의 이러한 케노시스적인 삶은 성자 하나님의 윤리적인 능력에 비추어 가능하였던 것이다. "그리고 하나님은 아주 특별하게도 우리와 공감을 나타내 보이기 위해 자원하여 자기를 제한하는 행동을 하심으로써 자신의 전능한 능력을 선

---

62) Gore, *Lux Mundi*, p. 264.
63) Ibid., p. 265.
64) Ramsey, *Charles Gore and Anglican Theology*, p. 5.

언하셨다. 그리고 이것은 스스로 주장을 펴야겠다고 생각하시고 스스로 어쩔 수 없다고 생각하실 때만 일어날 수 있는 실제적인 능력이었다. 자기 자신을 지워 버리는 데에서 보여 준, 보다 고상한 사랑의 능력인 것이다."65) 고어에게 케노시스 기독론은 형이상학적이기보다는 주로 윤리적인 의미를 지녔다. 성육신의 논리는 분석 가능할 수 없었던 것이다.66) 그에게 케노시스는 성경의 표현이지 기독론을 구성하는 형이상학적인 여정의 대상은 아니었다. 토마시우스가 규정한 소위 상대적 속성들은 그리스도의 인격에서 사라져 없어지지 않았다. 왜냐하면 성경은 그러한 그림을 제공하지 않기 때문이다. 이러한 속성이 그리스도의 삶 가운데 존재하였던 것이다. 그러나 어떻게 성경이 그러한 모습을 보여 주었는지를 그는 좀 예민하게 보려 하였다. 성경의 증거는 바로 위의 속성을 지닌 신적인 그리스도가 자신의 생애를 통하여 가르침을 베풀고 하나님과의 관계를 나타내 보이심으로써 점차적으로 드러나게 되었다는 것이다.67) 고어는 신성이 갑자기 예수께 주어진 것은 아니라고 믿었다.

고어는 케노시스 교리를 그의 후기 저작물 3권의 책에서, 특히 *Dissertations*(1895)에서 보다 충분하게 설명하였다. 그는 다음의 질문에 대답하였다. 예수님은 인간의 상태가 되기 위해 정확히 무엇을 포

---

65) Gore, *The Incarnation*, p. 160.
66) Ramsey, *Charles Gore and Anglican Theology*, p. 5. 고어의 *Lux Mundi* 공동 집필자인 오틀리는 고어보다는 사색적인 논증에 덜 호의적이었다. "성자의 케노시스 혹은 자기 제한 행동은 형이상학적 혹은 순전히 논리적인 선험적 입장에서는 그 어떤 적합한 개념이 형성될 수 없는, 필연적으로 신비로운 사실이다. 그것은 윤리적인 인격체가 갖는 최고의 그리고 가장 독특한 것, 즉 자기 결정적 의지와 자기 희생적인 사랑이 담겨 있는, 인간과 유사한 존재의 행동으로서 철저하게 윤리적으로 인식되어야 한다"(Robert. L. Ottley, *The Doctrine of the Incarnation*, vol. 2, London: Methuen & Co., 1896, p. 285).
67) Gore, *Lux Mundi*, p. 265.

기하셨는가? 그리스도는 신적인 자의식을 지니고 계셨는가? 만일 그렇다면, 그리스도는 어떻게 한 인격체 안에 두 개의 의식을 지닐 수 있으셨는가?

그의 저서, *Dissertations*에서 고어는 그리스도의 신성에 인성이 단순히 덧붙여 있다는 생각과 가면이라는 개념을 거부하면서 케노시스 개념을 다음과 같이 요약하였다.

> 그리스도가 성육신하시고 죽음을 피할 수 없는 삶을 사셨던 그의 **활동영역**과 **기간**에서 그는 실제로 그리고 외관상 습관적으로-의심할 여지 없이 자발적인 행동으로 자신 스스로를 제한하시고 억제하시는 사랑에 의해서-참으로 인간적인 경험과 양립하지 못하는 신적인 전지성을 포함한 그러한 신적인 기능과 능력의 행사를 멈추셨다.68)

성자 하나님은 실제로 참으로 인간이 되기 위해 신적인 특권을 포기하셨던 것이다. 물론 그는 그리스도가 하나님이 되는 것을 멈추셨다고 생각하지는 않았다. 이러한 의미에서 그 어떤 부정적인 행동이 성육신에 일어나지 않았다. 그리스도는 단지 성육신 상태에서 새로운 존재 형태를 취하셨을 뿐이다. 성자에게 일어난 이러한 변화된 형태의 존재 방식은 그리스도가 우리를 사랑하고 계셨기 때문에 그에게 자연스러운 일이었다.69)

그분은 신성의 특권을 포기하셨지만 동시에 여전히 신적인 상태로 계실 수 있었다. 고어에게 케노시스적으로 성육하신 그리스도는 완전

---

68) Gore, *Dissertations*, pp. 94-5.
69) Ibid., p. 172.

히 신적인 속성을 버리지 않으셨으며 신적인 속성 중 소위 그 어떤 '상대적' 속성도 포기하지 않으셨다.[70] 단지 그리스도는 신의 특권의 행사를 포기하셨을 뿐이다. 여기서 고어는 그리스도가 '습관적으로' 전지성과 같은 속성을 행사하지 않으셨다고 생각했다. 그리스도는 인간이 되면서 전지성의 제한을 받아들이셨던 것이다. "그리스도는 자신의 시대와 국가, 조건에 국한된 자연적인 일들에 관한 지식을 초월하여 행동하는 그 어떤 조짐도 결코 보이지 않고 계신다."[71]

그러나 그의 마지막 저서인 *Belief in Christ*(1924)에서도 어떻게 전지하지 않으신 그리스도가 전지하게 되는 것을 멈추지 않으셨는지에 대해 명확히 밝히지 못하였다. 단지 그는 그리스도가 실제로 한 인간으로 살아가셨다는 것을 보여 주는 성경에 나타난 사실들, 예를 들면, 그리스도가 지니고 있던 부요한 것이 포기되어서 그분이 가난하게 되셨다는(고후 8:9) 말씀과 같은 것들에만 눈길을 돌렸다.[72] 그리스도는 실제로 육체와 지혜가 자라나셨으며 인간의 조건 아래에서 제한된 삶을 영위하셨다. 고어는 그리스도가 살아가셨던 환경을 보여 준 성경의 많은 실예들을 지적하였다. 그리스도는 무언가 알기 위해 구하셨으며(요 11:34), 기도하셨고(눅 5:16; 6:12; 9:18; 9:28; 22:32, 42; 막 14:33-36), 십자가에서 울

---

70) 따라서 그는 토마시우스와 게스를 비판할 수 있었다. 케노시스 원리는 필연적으로 게스와 고데의 것과 같은 소위 "절대적인 케노시스 이론"은 물론, 토마시우스의 것과 같은 "부분적인 케노시스 이론"을 의미하지 않았기 때문이다(Ibid., p. 189).
71) Gore, *Belief in Christ*, (London: John Murray, 1924), p. 225.
72) Ibid. "복음서에 나타난 사실들(예를 들면, 지혜가 자라났다든지, 시험을 받고, 무언가 알아보려고 묻기도 하시고, 기도하시며, 두려움으로 가득차게 되는 것 등)을 우리가 보게 될 때에야 비로소 우리는 바울의 말이 우리가 성육신에서 보는 상황을 이해하게 하는 실마리를 얻게 해 주는 것으로 알고 받아들이게 된다"(Ibid.). 이 문제와 관련, *Dissertations*도 보라. pp. 205, 216. 여기서 고어는 성경에 나타난 사실들에 주목해야 할 것을 강조하였던 브루스에 공감하는 듯 보인다. 브루스에 관해서는 추후 논의될 것이다.

부짖으셨으며(막 16:34), 마지막 날에 대해서는 무지하셨다(막 13:32).[73]

한편, 그리스도는 신적인 자의식을 지니고 계셨다. 즉 그는 성부의 아들 됨이라든지 자신의 아버지에게서 받은 사명 등을 알고 계셨다. 그러나 고어는 그리스도의 신적인 자의식을 인간 예수 그리스도 안에서 확보하려고 하였다. 그리스도는 신적인 자의식을 소유한 한 인간이셨다. 그러나 고어는 또 다른 실재성을 무시할 수 없었다. 그리스도는 참된 인간으로서 인간의 의식도 지니고 계셨다는 것이다. 그러므로 고어에게, 그리스도는 하나의 의식이 아닌, 이중의 의식을 지니고 계셨다. 이는 그리스도가 두 개의 삶을 사셨다는 것을 의미한다. 성자 됨의 신적인 삶과 기쁨과 슬픔을 겪는 인간적인 삶의 형태 모두를 경험하셨다. 이러한 삶을 지닌 그리스도는 문제가 없는가? 고어는 어떻게 이 문제를 풀어 나갔는가?

기독론 문제를 포괄적으로 다룬 그의 첫 저서인 *The Incarnation* (1891)에서 고어는 그리스도의 '예언자적' 특성을 주목할 필요가 있음을 제안하였다.[74] 예수 그리스도는 예레미야와 같은 선지자와 비슷해서 "하나님으로부터 전달받은 신적인 말씀 및 그에게서 하사받은 신적인 식견에 기초한, 하나님으로부터 부여받은 확실한 통찰력과 선견지명을 지닌 삶과, 또한 이러한 삶과 나란히 놓여 있던 인간적인 시련과 낙심을 처절하게 겪는 또 다른 삶을"[75] 영위하셨다는 것이다. 예레미야와 같이 그리스도는 하나님의 말씀을 지니고 계셨으나, 다른 한편, 인간의 슬픔과 병도 지니고 계셨던 것이다. 이러한 방식으로 그리스도

---

73) Gore, *The Incarnation*, pp. 147-9; *Dissertations*, pp. 80-8(여기서, 고어는 *The Incarnation*에 있는 같은 본문을 확대 개편하여 서술하고 있다).
74) Gore, *The Incarnation*, p. 155.
75) Ibid.

는 이 세상의 마지막 날에 대한 신적인 지식을 소유할 필요가 없으셨다. 선지자와 같이, 그리스도는 신적인 모든 지식을 소유할 필요는 없었기 때문이다. 다른 한편, 선지자와 마찬가지로 그리스도는 그의 인성 가운데에서 신적인 지식 **얼마를** 지니고 계실 수 있었다. 그러나 그리스도는 그의 인성에 비추어 **단순히** (simpliciter) 전지하지만은 않으셨다. 그분은 어떤 정보에 대해서는 무지하실 수 있었으며, 이로 인해 무언가 알아내려고 묻기도 하셨다. 또한 어떤 경우에는 놀라기도 하셨다. 고어는 그리스도가 어떤 사건이나 사실에 대해 무지한 척하셨다고는 생각하지 않았다. 그러나 그리스도 안에 두 개의 의식이 있다고 상상하는 것은 좀 문제가 있지 않은가?

그는 이 문제의 해결책으로, 덴마크의 케노시스 신학자인 마르텐센(Martensen)이 발전시킨 의식에 있어 이중적 중심 혹은 이중적인 삶이라는 개념을 제시하였다. 로고스가 "능력과 지식에 있어 새로운 그리고 제한된 조건" 아래에 놓여 있는 "새로운 중심으로부터" 삶을 영위하기 시작했다는 것이다.[76] 이러한 원리에 따라 고어에게는 로고스가 전지하셨으며 또한 전지하지 않으셨다는 것이 가능하였다. 그리스도 안에 두 개의 삶이 나란히 존재할 수 있었던 것이다.[77] 이 논리에 따라 우선, 신적인 존재로서 그리스도는 그의 우주 지배적 기능을 중단하지 않으셨다. 당연히 고어는 게스와 고데가 세계 주재권을 정지시켰다고 비판하였다. 다른 한편으로, 인간으로서 그리스도는 이 세상의 마지막 날과 마지막 시간에 대한 지식을 결여하고 있었다.

고어가 이러한 이중의 삶을 고집하게 된 것은 아마도 그가 양성론 논

---

76) Gore, *Dissertations*, p. 215.
77) Gore, *The Incarnation*, pp. 154-5.

리에 충실하고 있었기에 나타난 결과로 보인다. 이 교리는 명백한 양성, 신성과 인성을 제안하고 있다. "이 교리는 고어에게는 최고의 핵심 논의였다."[78] 어떻게 이러한 이중적인 삶이 가능할 수 있었는가? 두 개의 삶이 어떻게 가능하였는지에 대해서는 다음과 같이 말하면서 그는 최종적으로 침묵을 지켰다. "우리는 [이 문제에 대한] 어떤 답변도 제공하지 않는 것이 바람직하다. …만일 불가지론을 적절하게만 제시한다면 불가지론적이 되는 것은 잘하는 행동이라고 할 것이다."[79] 고어는 단지 케노시스적으로 성육하신 성자가 이 세상을 계속하여 지배하는데 영향을 주었으며(왜냐하면 이 세상을 통치하는 자가 여전히 인간의 삶을 영위하고 있었기 때문이다) 이에 따라 마지막 날에 대해 무지하게 되었다고 선언할 뿐이었다. "따라서 우리는 한쪽에서는 성육신의 상태가 갖는 수치와 자기 제한의 행동이, 다른 영역에서는 그가 신적인 그리고 우주 지배적인 기능을 지속적으로 행사하는 모습 등 이 모두가 서로 양립 가능하였음을 상정하지 않을 수 없다."[80] 마치 어른이 된 어떤 선생이 아이의 상태를 기꺼이 겪을 수 있도록 자신을 제한하는 것과 마찬가지로 하나님도 우리 인간과 같은 마음을 느끼시고 인성의 제한된 경험으로 들어오실 수 있었다고 생각할 수 있다.[81] 위와 같은 지성적—윤리적 범위 안에서 고려되는 성육신에 관한 인식 외에 어떤 합리적 답변이 주어질 수는 없다는 것이다.

다른 모든 케노시스 기독론 제창자들과 마찬가지로 고어는 그리스

---

78) A. M. Ramsey, *From Gore to Temple: The Development of Anglican Theology between Lux Mundi and the Second World War 1889-1939*, The Hale Memorial Lectures of Seabury-Western Theological Seminary, 1959, (London: Longmans, 1960), p. 23.
79) Gore, *Belief in Christ*, p. 226.
80) Gore, *Dissertations*, p. 93.
81) Ibid., pp. 218-20.

도의 인성을 확보하는데 성공을 거두고 있다. 나아가 복음서에 명시된 많은 예증들을 활용하여 그리스도가 우리와 같은 실제의 참된 인간적 삶을 영위하였음을 알려주고 있다. 그는 단순히 바울이 언급한 내용에만 의존하지 않고 신약성경 전체를 의지하면서 성자의 인간으로서의 삶의 모습을 나타낸 케노시스적 요소를 발견하였다. 그는 그동안 전통적인 신학에서 무시되어 왔던 그리스도의 인간적인 삶에 관한 성경적 예증들에 대해 민감하게 반응해야 할 것을 주문하고 있다. 더 나아가, 그는 케노시스 개념을 윤리적 방식으로 구축하기를 시작하였으나 그것의 형이상학적인 측면을 완전히 제거해 버리지는 않았다. 이러한 그의 케노시스 개념 구조는 우리가 비난해야 할 단점이라고 말하기에는 너무 순진할 것이다. 오히려 이러한 점은 케노시스 기독론자라면 형이상학적 구조가 불가피함을 증명해 주는 것으로 보는 것이 바람직하다.

그러나 그의 논의 전개는 "약간은 모호하고 약간은 수사학적"이었다.[82] 고어는 단지 예수가 참으로 하나님이면서 동시에 참으로 인간임을 증거하는데 만족하였을 뿐이다. 그리스도의 통일성은 심각하게 다루지 않았다. 그는 형이상학적 고찰을 요하는 기묘한 신-인적인 그리스도의 삶을 다루는데 익숙할 만큼 학자적인 기질을 충분히 보여 주지 못하였다. 고어에게 케노시스는 '습관적으로' 일어나서 그리스도가 이중의 삶을 영위할 수 있었다고 믿었다. 이러한 방식으로만 성육신을 생각할 수 있고 그 이상은 성자의 삶에 대해 신비롭다고 말할 뿐이었다. 이러한 한계에도 불구하고 그는 이와 같은 윤리적인 접근 방법을 통하여 케노시스 개념을 발전시키는데 공헌하였다. 이러한 방식은 영어권 세계의 케노시스 기독론에 영향을 주어 그동안 독일 신학자들에

---

82) Ramsey, *Charles Gore and Anglican Theology*, p. 5.

의해 발전된 케노시스 개념을 교정하게 하였다. 이제 케노시스가 갖는 성경적 증거와 그 개념을 윤리적 구조로 건립하려는 생각을 심각하게 고려한 다른 신학적 발전들을 더듬어 보자.

웨스톤은 그의 책 *The One Christ*(1907)에서 케노시스 개념을 지지하였다. 교리보다는 복음서에 호소하면서 그는 '상대적' 케노시스 개념을 발전시켰다. 웨스톤에게는 바울의 말(빌 2:7; 고후 8:9) 외에, 복음서들이 그리스도의 실제적인 케노시스 삶을 증거한다고 믿었다. 그리스도는 실제로 제한된, 우연적인, 죽음에 이를 수 있는 사람이라고 생각했다.[83] 고어와 마찬가지로 그 역시 성경에 나타난 사실을 심각하게 눈여겨보고 있었다. 하지만 그는 유럽 대륙의 시도와 자신을 구분시키면서도 형이상학적인 범주 안에서 케노시스 기독론을 발전시켜 나갔다. 참으로 인간적인 삶을 영위하기 위하여 "성육하신 성자는 매 순간마다 어느 정도는 자신의 모든 신적 능력에 자신을 제한시키는 그 어떤 법적 장치 아래에서 살아가야 하는 존재"[84]라고 보았다. 다른 한편, 성경은 그리스도가 신적인 분임을 증거하고 있다는 것도 참이었다. 따라서 그는 그리스도의 참된 인성을 그 어떤 변질론적(metamorphic) 행동이 일어나지 않았다고 보는 정도 내에서만 바라보았다. 또한 그리스도의 케노시스와 아울러 그의 신성을 동시에 확보하기 위해 케노시스적으로 성육하신 그리스도가 우주를 주재할 기능을 사용하였다고 하지도 않았다.[85]

---

83) Frank Weston, *The One Christ: An Enquiry into the Manner of the Incarnation*, (London: Longmans, 1907), pp. 24ff; 또한 다음의 글도 보라. pp. 225-32; 264-81. "그의 인성이 어떻게 가능하였으며 그 기능은 어떠하였는지 선험적으로 측정할 수는 없다. 우리는 단지 이러한 것을 복음서 내용을 통해서만 그 정도가 얼마나 놀라운지 알 수 있다. 그러나 다른 한편 이에 맞서 실제로는 우리가 접근하기에 그 한계와 어려움을 노정시키고 있다는 사실만 알 뿐이다"(p. 139).
84) Ibid., pp. 152-3.

우선 생각할 것은, 성육신 하신 그분은 완전히 하나님이시다. 그의 영원한 본질 가운데 성부, 하나님과 하나의 본질을 이루고 있으면서, 모든 신적인 능력, 특권, 속성들을 소유하고 있었다. 그가 성육신하게 되었다고 하여 영원한 신성을 지닌 그분의 참된 삶과 어떤 식으로든 충돌된다든지 아니면 그가 이 우주 내에서 신적인 활동을 펴 나가는데 방해받는다든지 하는 일은 없다.[86]

그러므로 케노시스는 "그리스도의 신성이 갖는 속성들 중 그 어느 것 하나도 절대적으로 포기되는" 일은 없다고 할 수 있다.[87]

성경의 저자들이 그리스도에 대한 이러한 두 가지의 다른 특징들을 조화시키려 노력을 기울이지 않았다는 것을 인식하면서도 웨스톤은 하나의 인격자로서의 그리스도를 생각하여야 할 필요성을 느꼈다. 웨스톤에게는 성경에 나타난 바와 같은 그리스도의 분명한 양성의 실재와 아울러 하나의 인격자 됨을 확보하는데 성공하지 않는 한, 그 어떤 케노시스 이론도 비성경적이라 비난받아 마땅하다고 생각하였다. 이러한 비성경적인 이론들 가운데 대륙의 케노시스 기독론과 고어의 기독론이 들어 있다고 웨스톤은 보았다.[88] 대륙의 케노시스 기독론은 얼

---

85) 유럽 대륙의(그리고 Fairbairn의 것도) 케노시스 이론을 비판하면서 웨스톤은 성육하신 로고스의 우주 주재적 기능에 대해 성경이 확실히 증거하고 있다고(빌 2:5ff; 히브리서) 믿었다. "말씀은 한순간도 피조 세계를 주재하는 그의 활동을 결코 멈추지 않았던 것이다"(Ibid., p. 115). 그러나 맥킨토쉬는 이 성경 구절이 성육하신 로고스의 우주 주재 사역을 의미하는지에 대해서는 회의적으로 보았다. 그는 웨스톤이 위 서신서들을 오해하였다고 지적하면서 단지 이들 내용은 역사적으로 가치 있는 행동을 하시고 승천하신 그리스도를 염두에 둔 것일 뿐이라고 하였다. "아니, 기껏해야 이 주제에 관한 사도적 진술들은 우리가 확신을 가지지 말게 하고 그대로 두게 한다"(DPJC, p. 484).
86) Weston, pp. 135-6.
87) Ibid., p. 136.
88) Ibid., pp. 103-15.

마의 신적 속성을 포기하였다고 주장하기 때문에 이 기독론은 우주를 지배하는 활동을 하지 못하는 그리스도에 대한 모습을 제시하였다고 생각하였다. 고어와 마르텐센은 두 가지의 의식을 지닌 그리스도를 주장하여 그리스도의 통일성을 해친다는 비난을 받기에 충분했다.[89] 이에 따라 그는 실제로 그리스도가 자신을 비워 참된 그리고 온전한 인간이 되셨으나 신적인 상태를 멈추어 버리지 않은 한 인격자로서의 그리스도를 고집하게 되었다.

이런 의미에서 웨스톤의 케노시스 기독론은 그리스도의 통일성에 의해 지배받고 있었다.[90] 그러나 그는 자신을 전통적인 접근 방식과는 차별화시켜서, 성자를 오직 그리스도의 실재적 인성 안에서만 발견하려 하였다. 예를 들면, 그리스도는 지상에 사는 동안 전지하셨으나, 그분의 신적인 삶은 오직 그분의 인간성 안에서만 맞추어졌고 그분의 신적인 의식은 그 인성 안에서 실재성이 부여되었다는 것이다. 또한 그는 현대의 케노시스 신학자들과도 차별화하였다. 웨스톤이 그리스도의 양성을 받아들일 때, 그리스도의 이중적 의식을 제시하였다고 믿은 토마시우스와 양성의 통합을 보증하기 위해 두 개의 중심을 상상했던 고어와 달리, 인성 안에 표현되는 양성의 통일성을 강조하였다.

그러면 인간 예수의 실재적 삶을 확보하면서도 그리스도의 실재적 신성을 어떻게 보증하였는가? 포사이스와 맥킨토쉬와 같이 그는 그리스도의 신성이 점진적으로 그분의 인간적 성장에 비례하여 나타났다고 제안하였다. 그리스도의 신적인 기능이 그분의 인간적인 영혼의 성장에 따라 확장되었다고 생각하였다.[91] "어떤 의미에서는 각각의 신성

---

[89] 마르텐센에 관해서는 다음 장에서 다시 논의될 것이다.
[90] Weston, p. 9.

정도는 완벽하다고 할 수 있지만, 확실한 어린 시절과 확실한 성년의 시기와 비교해 볼 때 전자가 후자보다 덜 완벽한 하나님으로 볼 수 있다. 하지만 전자의 것이 또 다른 의미에서는 완벽함에 있어 앞설 수도 있다."92) 이러한 전제에 따라 그는 그리스도 안에 있는 의식의 통일성을 자연적으로 발전시켜 나갔다. 여기서 그는 우리에 대한 그리스도의 이중적 관계와 아울러 인성을 통한 그 자신의 표현을 제안하였다. 성육하신 분은 자신을 성자 하나님으로도, 단순한 한 인간으로도 알지 못하셨다. 그는 '인성-안에-있는-하나님'을 통하여서만 자의식을 얻을 수 있으셨다. 여기에 케노시스가 생기게 되는 것이다. 그리스도는 지상에 사시는 동안 **단순히** (simpliciter) 신적인 상태가 될 수는 없으셨다. 또한 당연히 육신을 취한 뒤에도 **단순히** (simpliciter) 인간적일 수도 없으셨다. "성자가 인간이 되었으며, 또한 그의 인간 영혼이 그러한 지식을 전달할 수 있는 한에 있어서만 자신을 알게 되었던 것이다."93) 그리스도는 인성-안에-있는-하나님 외에는 다른 길로는 자의식을 소유하지 못하셨다. 그렇다면, 그리스도 안에 있는 자아는 무엇인가? 웨스톤에게는 자기를 제한하시는 하나님이 바로 그리스도의 실제적 인성의 주체가 된다.94)

---

91) Ibid., p. 154. 그는 '점진적' 성육신론과 자신의 것을 차별화하였다. "점진적 발생은 점진적인 성육신의 표시는 아니다. 오히려 그것은 실재의 성육신이 갖는 그 본질로서 설명된다. 유아기 시절에 그리스도가 참된 하나님이 아니셨다면 그는 성년이 되어서도 참된 하나님이 아니셨을 것이다"(Ibid., p. 144).
92) Ibid., p. 291. "그러나 어떤 자연계의 종이(a kind) 성장하는 것은 그럴 가능성이 있다고 할 수 있을 뿐만 아니라 필연적이기도 하다"(Ibid.).
93) Ibid., p. 168.
94) Ibid., pp. 162f. 그는 여기서 신학적 어려움을 인정한다. 그 어느 누구도 자기를 제한하신 로고스가 어떻게 고난을 겪는 주체가 되었고 그리고 동시에 살아 있는 성자 하나님의 주체가 될 수 있었는지 응답할 자는 없을 것이라고 확신하였다. 불가지론이 여기서 제안될 수 있다고 보았던 것이다.

웨스톤의 케노시스 기독론이 갖는 장점은 고어가 지지한 바 있는 '두 개의 중심' 이론을 논박함으로써 이원론을 극복할 새로운 형태의 케노시스 기독론을 제안하였다는 것이다. 더욱이 그는 그리스도의 인성을 전통적인 기독론보다 더 온전하게 묘사할 수 있었다. 그는 복음서에 나타난 대로 그리스도를 정확하게 보았는데, 예를 들면, 그리스도 예수가 자연적이지 않은 혹은 초자연적인 그 어떤 것과도 무관하다는 것을 그의 이웃이 발견하였다고 믿었던 것이다.95) 그러나 그는 '인성'에 대한 개념을 명료화하지는 못하였다. 그는 이 개념을 어느 한 인간 개인을 지칭한다든지 아니면 *anhypostatos*를 의미하지도 않았다.96) 나아가 그는 어떻게 그리스도가 존재론적으로 신적인 상태였는지를 설명하지도 않았다. 그렇다면 과연 어떻게 신성이 인간적 성장을 따라 점진적으로 실현될 수 있었는지 의심해 볼 수 있지 않겠는가? 이에 대한 적절한 대답은 포사이스와 맥킨토쉬에 의해서 나중에 알게 될 것이었다.

아버딘에 있는 성 폴(St. Paul) 회중 교회 목사요(1872), 후에 옥스포드에 있는 맨스필드 칼리지(Mansfield College) 학장이었던 페어베언은 그의 책, 『현대신학에 있어 그리스도의 자리』(The Place of Christ in Modern Theology, 1893)에서 자신의 케노시스 이론을 발전시킨 바 있다. 하나님과 이 세계와의 관계는 변증법적 형식을 지닌다고 믿으면서, 그는 '필연적이나 부분적인' 케노시스 개념을 그의 기독론 발전에 적용시켰다. 그가 보

---

95) "웨스톤은 그의 책, 어느 부분에서도 그리스도께서 어린 시절부터 수난을 당하기까지의 전생애 중 주요 사건들을 추적하는 것 이상의 더 가치 있는 이미지를 만들어 낸 곳은 없다. 이러한 작업을 통해 그는 인간적 경험을 통해 전달되는 신적인 영광과 그러한 인성이 어떻게 영광스러운 단계로 자라나게 되었는지에 대해 우리가 과연 어떻게 생각할 수 있는지를 나타내 보여 주었다"(Ramsey, *From Gore to Temple*, p. 37).

96) Weston, p. 320.

기에 신성과 인성 사이에 유사성이 있어서 하나님이 인간이 될 수 있었다. "양성은 상호 모순되거나 배타적이지 않으며 이들이 갖는 유사성 혹은 공통성으로 인해 상호 영향을 주고 받도록 하게 한다. 말하자면 하나님은 영원히 성육하게 될 수 있는, 곧 영원부터 인간으로 성육신될 수 있는 존재다."97) 성육신은 또한 우리가 하나님의 윤리적 본성을 들여다볼 때 가능하다. 하나님은 은혜와 사랑이며, 따라서 이러한 신적인 본성에 비추어 보면 그분이 창조한 세계는 그냥 버려질 수 없었다. 사랑으로 가득찬 그분의 부성(父性)으로 인하여 인류 구원과 관련하여, 그분은 필연적으로 육신이 되셔야 했다. "죄인들이 구원받는 것은 그러한 신성에 비추어 윤리적으로 필연적이었다."98) 그러므로 성자 하나님이 인간으로 살아가는 것은 그분에게 전혀 낯설은 것이 아니기 때문에 성자의 케노시스는 필연적이었던 것이다. 그분이 택한 "엄청난 포기의 행위는 필연적이었다. 그분은 하나님의 형상에서 자신을 낮추어 종의 형태가 되셨다. 이러한 행동이 바로 자신을 비운다는 케노시스라 할 수 있다."99) 그러나 그가 주장하는 바, 케노시스적으로 자신을 수치스럽게 하신 삶 자체는 그분의 삶에 있어 근본적인 변화라든지 아니면 변질(metamorphosis)을 의미하는 것은 아니었다. 오히려 이것은 하나님을 더 의미 있게 표현해 준 것이다. 다른 말로 하면 그리스도가 케노시스적으로 성육신하신 삶은 바로 하나님의 삶이었다는 것이다. 즉 이것은 윤리적인 하나님이 갖는 고유한 특징을 보여 준 것이다.

그렇다면, 성자는 무엇을 포기하셨다는 말인가? 여기서 그는 토마시

---

97) A. M. Fairbairn, *The Place of Christ in Modern Theology*, 8th ed., (London: Hodder and Stoughton, 1898; 1st ed., 1893), p. 473.
98) Ibid., p. 477.
99) Ibid., p. 476.

우스가 제시한 '부분적인' 케노시스 개념과 비슷한 제안을 하고 있다. 토마시우스와 같이 페어베언은 두 가지 형식의 신의 속성, 즉 전능, 전지, 편재성과 같은 물리적 혹은 외향적 속성들과 진리와 사랑과 같은 윤리적 혹은 내재적 속성들로 나누었다. 전자는 후자의 지배 아래 놓여 있다. 더욱이 전자는 창조주가 아니면 가질 수 없는 속성이었다. 또한 성자가 지상에 있는 동안 전자는 포기될 수 있는 것이고 또한 포기될 것이었다. 반면에, 후자의 경우는 그렇지 않았다. 그러므로 성자는 후자의 속성을 지키면서 전자를 포기하셨던 것이다.100) 성자 하나님은 전능, 전지, 편재성을 포기하셨지만 윤리적 속성들은 유지하셨던 것이다. 이런 식으로 성자는 인간이 되셨으며 동시에 신적인 상태가 멈추게 하지 않으셨던 것이다. 페어베언에게는 성육신이 하나님의 윤리적인 삶에 비추어 가능했던 것이다. "성부는 자신을 부인하심으로써 성자를 주셨고, 성자는 자신을 부인하심으로써 인간이 되어 인간으로서 살아가게 되셨다. 아래로부터 위를 올려본다면 이것이 바로 하나의 무한한 케노시스라 할 수 있을 것이요, 위에서 아래를 내려다본다면 이것은 바로 하나의 영원한 희생이라 할 것이다."101) 이러한 케노시스적인 성육신에 나타난 그리스도가 갖는 결정적인 특질은 이미 그분의 성부에 대한 순종하는 형식에서 그 예증을 찾아볼 수 있는 바, 분명코 윤리적이었던 것이다.

페어베언은 케노시스가 갖는 이러한 개념을 복음서 저자들의 증언에서 찾고 있다. 이들 복음서 기자들은 성육신이 "신성에서 비롯되었다기보다는 오히려 인성에서 온 것이며 …그 독특한 결과는 당연히 신적

---

100) Ibid., pp. 476-7.
101) Ibid., p. 355.

인 인격자가 아닌 한 인간이었다"고 제안하였다는 것이다.102) 나아가 이들 복음서 기자들은 그리스도 안에 있는 가장 기적적인 일은 바로 그가 우리와 같은 평범한 삶을 영위하기로 작정하신 것이라고 생각했다. 이러한 동기가 희생이라는 케노시스의 원리에로 인도하였다고 그는 믿었다. 페어베언은 성육신 혹은 케노시스 개념을 윤리적인 범주 안에서 해석하였다. 성자 하나님은 사랑이라는 하나님의 속성에 순응하여 스스로를 포기하셨다. 하나님의 사랑에 순응하셨기 때문에 그리스도는 전능하실 수 없었다. 하나님의 이러한 특징은 성육하신 자가 전능성과 같은 물리적인 속성들을 포기하는 방식으로 자신을 제한하기에 충분하였다.103) 페어베언에게 윤리적 하나님이라야 참된 하나님이므로 하나님은 필연적으로 항상 물리적인 속성들을 지니지는 않는다고 보았다. 물리적 속성을 뛰어넘는 이러한 윤리적 지고성이 성육하신 그리스도로 하여금 윤리적 신성에 필연적인 구속 사역을 완수할 수 있게 해 준다. 자신을 비우는 행동은 이러한 윤리적 활동의 표현이자 결과인 것이다.

페어베언에게 이러한 '필연적이나 부분적인' 케노시스 이론은 그리스도의 통일성과 관련해서도 전혀 문제가 없었다. 신성과 인성 사이에는 실제로 유사성이 존재하기 때문이다. "이러한 인격자에게 있는 통일성은 단순히 전능하기에 일어나는 것이 아니다. 인격적으로 각각 잘 나타내 보여 주기는 했어도 윤리적 형식으로 하나가 되게 하기에, 이에 따라 통일성, 실제로 양성이 얼마나 유사한지를 표현해 준다. 물론 이러한 통일성을 이루는 양성은 서로를 제한시킨다. 결국 이러한 양성의 상호 유사한 관계로 인하여 실질적으로 쌍방간에 속성의 교류가 가

---

102) Ibid., p. 354.
103) Ibid., pp. 476-8.

능하게 되는 것이다." 104) 그는 이러한 방식으로 인성이 신성으로 수용 가능하고 또한 역으로도 가능하다는 확신 아래 통일성의 문제를 해결하였다.

그는 기독론 논쟁에 있어 역사적인 예수의 중요성을 확보하였고, 하나님의 윤리적 속성에 따라 케노시스가 필연적이었음을 밝히는 등 나름대로 기여를 하였다. 그러나 그는 전능, 전지, 편재성을 버리는 것이 성경적 증거와 얼마나 일치하는지를 완전히 설명하지는 못하였다. 토마시우스와 같이 그는 그리스도의 신성을 정당화하기 위하여 '윤리적' 속성에 대해 분명한 정의를 내리지 못하였다. 더욱이 케노시스가 하나님에게 필연적이라고 말함으로써 하나님의 절대적인 자유를 위협하였다. 그의 케노시스 기독론은 하나님의 자기 희생을 표현하기에는 충분치 않았다. 이러한 비성경적인 케노시스 이론은 그의 제자인 가비에 의해 좀더 발전된 모양으로 되풀이되었다.

가비의 케노시스 기독론은 하나님을 동적으로 보고 신론을 재구성한 데에서 출발하였다. 하나님에 대한 역동적이고 변증법적인 개념을 통해 하나님이 자신을 제한할 수 있었음을 알게 해 준다고 보았다. 하나님은 윤리적이어서 케노시스는 영원히 그에게 일어나는 것이었다. 이에 따라 성자 하나님은 자신을 제한하여 성부에게 복종하게 된 것이었다. 105) 이뿐만 아니라, 페어베언의 케노시스 기독론에서와 같이, 창조주와 피조물 사이에는 상호 유사성이 존재하고 있다. 하나님의 세계

---

104) Ibid., pp. 478-9.
105) Alfred. E. Garvie, *Studies in the Inner Life of Jesus*, (New York: George H. Doran Company, 1907), pp. 82-3; 다음의 책도 보라. *The Christian Certainty Amid the Modern Perplexity*, (London: Hodder and Stoughton, 1910), p. 197. 이후로는 *Studies*와 *The Christian Certainty*으로 각기 표기될 것이다.

와의 관계는 윤리적 혹은 인격적이어서 인류는 영원히 버려질 수는 없었다. 이들 인류의 죄는 무시될 만한 것이기도 하여서 속죄론이 죄 문제를 푸는데 필연적이지는 않았다. 아니 하나님의 윤리적인 삶이라는 측면에서 죄 문제는 심각한 형이상학적 문제는 아니었던 것이다. 성육신은 하나님에 대한 윤리적 이해 **안에서만** 필연적이었다.106) 물론 여기에 케노시스는 확실히 일어난다. 그러나 성육신 안에서만 있는 '임시적인' 것일 뿐이다.107)

그의 기독론은 지적인 범주를 취하기도 하였는데, 이러한 구도는 토마시우스와 페어베언에서와 같은 '부분적' 케노시스와 흡사하였다. 그럼에도 불구하고 가비는 윤리적인 하나님이라는 명제 아래에서 어떤 형이상학적 그림을 제시하려고 노력하였기 때문에 대륙의 케노시스 이론을 비난하였다.108) 그는 또한 브루스에게서 나타나는 이원론적 경향도 받아들이지 않았으며,109) 인간으로 변질되게 하는 케노시스 개념도(metamorphic kenosis) 부정하였다. 가비는 단지 성자 하나님이 지상에 사시는 동안은 지식을 실제로 제한하셨고, 시험에 빠질 수 있으셨고, 감정에 이끌리는 삶을 사실 수 있었다는 등의 그리스도가 자기를 제한하며 사셨다고 보았다.110) 그러므로 예수님은 필연적으로 제한된 지식을 지니셔야 했고, 지적으로 윤리적으로 성장을 하셔야 했으며, 실제로 유혹을 받으셔야 했다. 그러나 그분은 절대로 죄를 짓지는 않으셨

---

106) Garvie, *The Christian Certainty*, p. 138.
107) Ibid., p. 197. 맥킨토쉬는 이러한 가비의 '임시적인' 케노시스를 올바로 지적하였다(*DPJC*, p. 464).
108) Garvie, *Studies*, p. 516. 그는 여기서 브루스가 대륙의 케노시스 이론을 비판한 내용에 상당히 의존하고 있다 (Ibid., pp. 514-6).
109) 가비는 브루스가 마르텐센을 따르는 기독론적 경향을 잘 지적하였다. 본 글의 pp. 191-92, 244-45을 보라.
110) Garvie, *Studies*, p. 500.

다. 비록 예수님이 죄 지을 수 있는 가능성을 지니지 아니하셨던(non potuit peccare) 것만은 아니었어도 말이다.

실제의 인성을 강조하였던 가비는 자연히 전통적인 기독론이 이러한 그리스도의 실제적 인성을 정당화하지 못하였다고 비판하였다. 다른 한편으로는 이러한 실제성에 당대의 신학이 초점을 모았던 사실에 대해서는 지지하였다. 그는 예수님의 실제적 인성에 대한 메시지를 초자연적 관념에 회의적인 현대인들이 받아들이게 하기 위해서는, 신학 작업의 기존 모델에 변화를 주어야 한다고 생각하였다. 신학은 아래로부터, 즉 우리의 경험과 그리스도의 역사적 혹은 인간적인 삶에서부터 시작되어야 바람직하다는 것이다. "성자 하나님이 받아들인 것은 인성의 실재이지 그 어떤 비슷한 것이 아니었다. 하나님이 성육신하실 때 자기를 비운 것, 즉 케노시스가 일어났던 것이다."[111] 그러나 그의 이러한 주장은 하나님이 하나님 되시는 것을 멈추게 하는 것을 의미하지는 않았다. 오히려, 성육신은 하나님의 실재성을 표현하는 것이었다. 그는 여기서 헤겔, 리츨, 토마시우스의 도움을 입어 자신의 케노시스 기독론을 발전시켰다.

그는 '하나님은 자신에 대해 타자이며 또한 자신에게로 돌아간다'라고 하는 헤겔의 신개념에 주목하였다. 가비는 케노시스라는 개념뿐만 아니라 그리스도의 신성을 확보하기 위해 플레로시스(the Plerosis) 혹은 자기 실현(plerosis or self-realisation)이라는 개념도 도입하였다.[112] 가비

---

111) Garvie, *The Christian Certainty*, p. 142.
112) 플레로시스 개념은 포사이스의 케노시스 기독론을 다루면서 논의될 수 있기 때문에 여기서는 생략한다. 가비는 포사이스의 책, *The Person and Place of Jesus Christ*(1909)에서 케노시스와 플레로시스 개념이 발전된 것을 알지 못했다고 고백한 바 있다. 그는 비록 이 개념들이 포사이스의 신학에서 언급되었다 해도, 자신의 것과는 다르다고 주장하였다(Ibid., fn., 1). 가비가 포사이스의 것과 우

에게 케노시스는 단순히 하나님을 무력하게 하는 것이 아니라 하나님을 실현시키는 것이다. 하나님은 스스로 자신을 제한시켜서 삶이 스스로 움직이게 하셨고 스스로 통제하도록 하셨다.[113] 그는 "하나님의 케노시스와 플레로시스는 자연과 인간의 진화 과정에 함께 연합되어 있다"고[114] 주장하였다. 우주의 생성 과정을 통해 우리는 "우주는 하나님의 케노시스다"라고[115] 말할 수 있다. 그러므로 하나님이 한 인간이 되는 것은 자연스러운 일이며, 참 인간이 되기 위해 자신을 비우는 것도 역시 자연스러운 일이다. 하나님은 그리스도 안에서 진화의 과정 방식을 통하여 계시되셨다. "인간적인 개성 그리고 십자가에서 극치를 이루고 있는 모든 한계와 조건을 인정할 때 케노시스가 존재하고 있음을 알 수 있으며, 그러한 인간적인 개성과 희생 안에서 완벽하게 자신을 드러내시고 신적인 진리와 은혜를 전달하시며 하나님 자신의 특징을 드러내시는 플레로시스가 있다."[116] 더 나아가 케노시스와 플레로시스는 하나님에게 영원한 것이다.[117] 그러므로 그리스도의 케노시스적인 삶은 '임시적인' 것이다. 따라서 우리는 성육신을 하나님과 분리된 인간 그리스도로 볼 수 없다. 그것은 하나님 자신의 계시이기 때문이다.

한편, 성육하신 분의 상태는 물리적이기보다는 윤리적이고 영적인

연히 동시에 케노시스와 플레로시스 개념을 사용하였음에도 불구하고 그는 포사이스와 다른 관점에서 그의 것과 차별화시키려 했다는 것이다. 필자가 볼 때, 가비는 이 개념들을 성경에 대한 이해를 기초로 하여 만들어 낸 포사이스와 달리 변증법적인 방법에 의존하여 사용하였던 것 같다.

113) Garvie, *The Christian Certainty*, p. 148.
114) Ibid., p. 149.
115) Ibid., p. 148. 다음의 책도 보라. Garvie, *Studies*, p. 524, "창조 그 자체는 케노시스, 자기를 비우는 것이다. 무한한 능력이 유한한 세력 안에서 스스로를 표현하고 행사하는 것이다. 즉 무한한 지혜가 유한한 자연법적 질서 가운데 나타나 존재하게 되는 것이다"(Ibid.).
116) Garvie, *The Christian Certainty*, p. 149.
117) Ibid., p. 150.

양태 속에서 자라나셨다. 여기서 그는 리츨에게 상당한 영향을 받았음을 보여 준다. 그리스도에 대해 이와 같이 인간적이고 윤리적인 삶이 그의 신성을 규정시킨다고 보았던 것이다. 신성은 그리스도의 역사적이고 윤리적인 삶 안에 실현되어 있었다. 그러나 그는 제임스 데니(James Denney)의 비판, 즉 리츨이 선재성, 초자연적인 출생, 로고스의 성육신 되심, 그리스도의 물리적인 부활 등에 대한 개념들을 거부하였다고 데니가 비난하였던 것도 수용하고 있다.[118] 가비는 초자연적인 진술에 대한 현대인의 회의주의를 인식하고 이에 대한 대응을 모색한 것이 발견된다.

그는 토마시우스가 그랬듯이, 신성을 두 개의 범주로 나눔으로써 그리스도의 신성을 확보하려 하였다. 하나님은 전능, 전지, 편재성들이 신성의 절대 본질이 아니므로 이러한 속성들을 비울 수 있었다고 가비는 주장했다. 그러나 하나님은 자신의 거룩한 의지와 사랑 등이 신적인 본질에 속하므로 이러한 속성들은 포기하지 않았다고 한다.[119] 그는 여기서 토마시우스와 마찬가지로 '부분적인' 케노시스를 생각하였다. 한편, 윤리적 속성이 인간 인격체에 전달된다는 의미로써 그리스도의 통일성을 확보하려 하였다. 그리스도의 한 인격체 되심은 순수하게 인간적인 의식을 지닌 역사적 개체자 안에서 발견되었던 것이다. 신성은 점점 더 그 자체를 그리스도의 인간적인 삶 가운데에서 실현시켰다. 그리스도의 플레로시스는 점점 더 완전해져 갔다.

이러한 전개의 상황을 발견한 그는 로고스의 우주 주재 기능이라는 문제를 해결할 수 있다고 믿었다. 예수님의 우주 주재적 활동과 인격

---

118) Garvie, *Studies*, p. 470.
119) Ibid., p. 195.

적인 삶 안에 구조적인 통일성이 있었던 것이다.[120] 가비는 그리스도의 자기 희생적 활동이 우주 주재적 기능의 극치라고 믿었다. 여기서 우리는 그가 일전에 토마시우스가 주장한 그리스도의 구속사역이 세계를 지배하는 최고의 표현이라고 하였던 것을 반복하는 모습을 발견하게 된다. 그러나 가비가 토마시우스와 차별화한 것은 케노시스 기독론을 토마시우스와 같이 형이상학적이 아니어야 한다는 기본 출발이었다. 그가 비록 형이상학의 필요성을 부인하지는 않았어도 그의 주요 관심사는 형이상학적이 아니었다는 뜻이다. 그리스도 안에 나타난 하나님의 계시는 이러한 점진적 자기 실현의 구도 속에서 윤리적으로 드러났다. 이러한 의미에서 그는 구케노시스 기독론과 차별화하였다.

그는 그의 스승인 페어베언보다 더 온전하게 케노시스 기독론을 발전시키는데 공헌하였다. 그러나 그의 신론은 성육신에 있어서 케노시스의 필연성과 하나님의 본질에 있어서 케노시스의 필연성을 구별하지 못하였다. 케노시스의 필연성을 생각할 수는 있어도 하나님의 본질에서는 이 개념을 상상할 수 없다. 그의 케노시스 개념은 헤겔의 것에 훨씬 더 가깝다. 또한 그는 토마시우스의 기독론과 비슷하게 신의 속성을 구분함으로써 그리스도의 신성이 발전되어 갔다고 주장하는 것과 동시에 리츨이 토마시우스의 이러한 케노시스 이론을 비판한 것 모두 인정하는 데에서 자기 모순에 빠졌다. 끝으로, 그의 이론은 변증법적인 구도를 취함으로써 그리스도가 되기 전에 이미 성자 하나님 안에서 케노시스—플레로시스가 존재하였다고 말할 수밖에 없었다.[121] 결국 '하나님은 발전하시는 분이다'라고 본 것이다. 이러한 헤겔주의적

---

120) Ibid., p. 197.
121) Garvie, *The Christian Certainty*, p. 149.

인 구조는 성경적이지 않다.[122]

　글라스고(Glasgow)에서 태어나 연합자유교회 대학의 교수(the United Free Church College, 1914-18)였던 포레스트는 '실제적이지만 윤리적인'('real but ethical') 케노시스 기독론을 발전시켰다. 복음서에 주목하면서 그는 그리스도가 실재의 인성을 지니고 있음이 역사적인 진리임을 인식하였다. 그리스도는 육적으로 영적으로 성장하셨던 분이며, 시험도 받으시고 사고력에 있어서도 제한된 삶을 사셨고, 기도하셨으며, 십자가를 지신 분이었다. 케노시스는 이러한 그리스도의 윤리적인 삶과 희생적인 사역에 비추어 필연적으로 요구되는 개념이다. 그리스도는 자신을 비우셨으며, 부요하였으나 가난을 자처하셨던 분이었다. 포레스트는 바울의 이러한 중요한 언사들을(빌 2:7; 고후 8:9) 그리스도가 이와 같이 자신을 비우신 혹은 제한하신 삶을 묘사하는 적절한 표현으로 생각하였다. 그리스도의 이러한 케노시스적인 삶은 그분이 가지신 본질을 표현한 것에 불과하다. 그리스도의 희생은 바로 신적인 사랑의 표현이었던 것이다.[123] 포레스트는 변질론적인 모양으로 자신의 케노시스 기독론

---

[122] 또 다른 회중교회주의자이며 가비의 친구인 워커(W. L. Walker)는 가비보다 더 헤겔에 가까웠다. 그도 또한 변증법적인 방식으로 케노시스 기독론을 지지하였던 사람이기도 하다. 그의 책, *The Spirit and the Incarnation*(1899)에서 워커는 가비보다도 변증법을 더 사용하여 케노시스 기독론을 완전하게 발전시켰다. 성자 하나님은 초월 가운데에서만 머무실 수 없고 하나님으로서 지상에 들어오시게 되었다는 것이다. 이러한 성육신 행동 가운데 케노시스는 하나님에 대한 개념을 점차적으로 드러내, 육안으로 볼 때 필연적으로 주어지는 결과인 것이다(W. L. Walker. *The Spirit and the Incarnation*, 2nd ed., Edinburgh: T. & T. Clark, 1901, p. 289). 이러한 견해는 헤겔의 것과 매우 가까운 것이라 하겠다. 워커에게 성육신과 케노시스는 전체의 과정에 대한 결정으로서 하나님에게는 필연적이었다(Ibid., p. 285). 이들 세 사람의 회중교도 신학자들은(페어베언, 가비, 워커) 케노시스 개념을 사색적으로 발전시켰으나 오직 윤리적인 의미에서 강조를 두면서 발전시켰다. 제한된 그리스도는 이 세상이 갖는 그 어떤 과정과 관련하여 볼 때 필연적으로 주어지는 것이었다. 그러나 이들 스코틀랜드 사람은 이러한 주제에 대하여 철학적인 관련성에 관심을 두고 접근하기보다는 종교적인 생각을 우선적으로 고려하였다. 케노시스는 하나님의 사랑에 의해 가능했던 것이다. 그러나 이러한 케노시스 개념의 발전은 하나님의 자유와 성자의 자발적인 자기 비우심이 소외될 위험을 안고 있었다.

을 제안하지 않았다. 그는 그리스도의 신성을 확보하고자 했다. 단, 여기서 그는 그리스도의 인간적 경험 안에서 신성을 추구하였다. "그의 인격은 신적이었다. 하지만 인성의 제한 속에 자신을 한정시키는 가운데 그러한 존재였다. 즉 그의 생각은 **전형적으로** 인간의 마음이 갖는 것들이었으며, 그의 결심은 인간의 의지가 갖는 그러한 것들이었다."[124] 실제로 제한된 인간이신 분이 그리스도의 신적인 모습을 표현하셨던 것이다. 더 나아가, 포레스트는 '하나'의 인격자를 원하였다. 그러나 그 인격자는 이중적 의식을 지닌 자였다.

포레스트는 이러한 케노시스 개념을 제안하면서 전통적인 형태의 기독론과 대륙의 케노시스 기독론 모두를 비난하였다. 그는 칼시든 기독론에서 이원론을 발견하였으며, 그 가운데에서 그리스도의 실제 인성, 예를 들면, 그리스도가 실제로 무지하셨음을 드러내지 못하였다. 형이상학적인 범주에서 발전된 대륙의 케노시스 기독론은 우리가 인식하기에 불가능한 것이며 또한 케노시스 개념이 갖는 종교적인 호소력도 확실히 드러나 보이지 않았다. "그리스도가 하나님을 아는 방식과 같이 하나님을 안다는 것은 지적인 행위가 아니라 인격적인 경험인 것이다. 즉 신적인 것과 인간적인 것 사이의 교제, 곧 그 가운데에서 지속적으로 주고 받는 일이 일어나는 것을 의미한다."[125] 그리스도에 대한 역사적인 사실에 대한 호소, 그리고 경험을 강조하는 것 모두는 그

---

123) David W. Forrest, *The Authority of Christ*, (Edinburgh: T. & T. Clark, 1906), p. 87.
124) Ibid., p. 90.
125) Ibid., p. 106. "하나님은 스스로를 어떤 개념으로서가 아니라 모든 충동, 결의 그리고 열망을 '밝히거나 자제하는' 능력으로 계시하신다. 우리는 그분이 우리를 다스리시고 꾸짖으시며 바르게 하실 때 우리에게 인격적인 분으로 계시고 언제나 우리의 삶 가운데 계시기 때문에 그분에 대해 확신을 갖는다. 그리스도가 지니고 계셨던 것 그리고 그분이 타자 안에서 열심을 다해 계시하셨던 것은 바로 이러한 내적이고 명백한 지식이었다"(Ibid., p. 107). 다음의 글도 보라. Ibid., pp. 130ff, 143.

의 기독론의 근거였다. 그는 그리스도의 케노시스적인 삶을 성경이 증거하고 있다는 사실에 만족하였기 때문에 케노시스 기독론에 있어 형이상학적인 문제를 풀어야 한다는 필요를 느끼지 못하였다. 그는 그리스도의 실제 인성과 그의 자의식을 확보하려고 노력하였으며 이러한 방법을 통해 정통신학자가 되기를 열망하였다.

그러면 어떻게 그가 전통적인 정통신학과 역사적 예수에 초점을 두고 있는 현대의 신학 모두를 인정하면서 케노시스 기독론을 발전시킬 수 있었는가? 그는 우선, 그리스도에 대한 정통신학적 가르침이 현대의 예수에 대한 역사적 연구 결과에 어울릴 수 있다는 성경적 근거, 곧 성경적 사실을 발견하였다. 나아가 그는 대륙의 케노시스 기독론에서 발견되는 바와 같이 바울 서신 몇 구절에만 의존하지 않고 복음서 이야기에 깊은 관심을 가졌다. 여기서 케노시스라는 개념이 신약성경이 갖는 참된 이미지이며 역사적 예수를 정당화한다고 믿었다. 그러나 복음서 이야기에서 발견되는 그리스도의 제한된 삶에 주목하면서 그는 전통적인 기독론이 적절한지에 대해 회의를 갖게 되었다. 신약성경은 양성론을 분명하게 보여 주지 않고 있으며 따라서 칼시든적인 설명은 한 인격의 통일성을 이해하는데 있어 더욱 어렵게 만든다는 것이다.126) 성경이 보여 주고 있는 그림은 예수님이 자의식을 지닌 한 인격체였으며 동시에 자신을 십자가에 희생시킨 실제의 한 인간이었다. 케노시스 기독론은 이러한 성경적인 모습의 그리스도를 그리는데 공헌

---

126) 그는 성육신에 대한 칼시든 선언이 가져다준 공헌에 반대하지는 않지만 설명하는 방법을 취하면서 잘못된 형태를 만들고 말았다고 지적하였다. "칼시든에서 만들어진 답변은 선언적인 의미, 곧 '참으로 성자이신 하나님은 참된 인간이 되었다'라고 하는 표현에서는 옳다. 그러나 과거의 형식에서도 그래 왔듯이 그리스도 안에 신적인 것과 인간적인 것이 하나가 되는 실제적 특징을 명시하는 등의 그 어떤 설명의 형식을 취하였다는 의미에서는 옳지 않다"(Ibid., p. 88).

하였다. 그의 첫 번째 책에서, 그는 케노시스 기독론이 갖는 두 개의 가치를 지적하였다.

> (1) 이 기독론은 성육신에 수반된 신적인 희생에 대한 신약성경적 사실들과 가르침을 보다 더 진실되게 표현시켜 준다는 면에서 칼시든적 상징을 넘어 진일보한 모습을 제시해 주고 있으며, 이에 따라 이 기독론은 성육신이 윤리적인 호소력이 있음을 나타내고 있다고 강조하였다. (2) 그리스도의 신성을 입증하는 특징적인 요소는 형이상학적인 것이 아니라 윤리적이며 영적인 것이라고 주장함으로써, 이 기독론은 우리로 하여금 하나님과 인간에게 있는 근본적인 성질이 서로 유사하다는 것과, 인성은 하나님 안에 있는 영원한 아들 됨에 기초하고 있으며 그러한 아들 됨을 재현시킨다는 것을 기억하게 한다.[127]

그러나 그는 그의 후기 저서를 발간하기 전까지 충분히 성공적으로 자신의 케노시스 기독론을 발전시키지 못하였다.[128] 이전의 책에서 대륙의 케노시스 기독론을 비판하면서도 페어베언과 토마시우스를 따르는 듯했다. 여기서 우리는 그의 모순된 모습을 발견할 수 있다. 그는 전능, 전지, 편재성이 포기될 수 있지만 다른 한편 이러한 사실을 설명할 수는 없을 것이라고 생각했다[129]. 그러나 그는 그 어떤 케노시스 이론이라도 인격성과 그리스도의 자의식을 결부시킬 수 있기에 결국 그리스도에 대한 성경적 묘사를 적절하게 반영할 수 있으리라는 것에 대

---

127) D. W. Forrest, *The Christ of History and of Experience*, (Edinburgh: T. & T. Clark, 1897), pp. 203-4.
128) 맥킨토쉬는 이러한 사실을 잘 지적한 바 있다(*DPJC*, p. 464).
129) Forrest, *The Christ of History and of Experience*, pp. 200-2.

하여 의심하였다.130) 그는 후기 저작에서 분명하게 형이상학적 구도 속에서 전개된 케노시스 기독론을 비판하였다. 신약성경에 기초한 이해를 바탕으로 포레스트는 구케노시스 기독론에서 다룬 성자 하나님의 우주 주재 기능에 대해 사색적으로 설명하는 것은 무익한 일이라고 생각하였다. 이러한 형이상학적 탐구는 "예수 그리스도 안에 나타난 하나님의 역사적 계시를 해석하는 자에게는 아무 관계도 없는 일"이었다. "우리의 유일한 의무는 복음서에 담겨 있는 내용에서 성육신하신 삶에 대해 우리가 할 수 있는 객관적이고 정확한 개념을 만들어 내는 것이다. 이것이 바로 케노시스 이론이 이루겠다고 주장하는 바이다."131) 그는 우리가 만일 복음서의 말씀들, 특히 우리의 구원을 위한 하나님의 희생적인 사랑에 대한 이야기에 귀를 기울인다면 우리는 그리스도가 실제로 수치를 당하셨음을 알 수 있을 것이라고 주장하였다. 여기서 성육신과 케노시스 기독론이 갖는 윤리적이고 종교적인 의미를 독자는 알 수 있을 것이다.

그러나 신약성경의 기록에만 의지한 그는 그리스도가 어떻게 케노시스하셨는지 그 구조에 대해서는 침묵을 지켰다. 그리스도가 실제로 케노시스적인 삶을 영위하셨다고는 인정하면서도 그리스도가 지상생활에서 무엇을 포기하셨는지 생각하지 않았다. 단순히 복음서를 읽으면서 그리스도의 인간적인 마음을 거부해서는 안 된다고만 할 뿐이었다. 이를 부정할 경우에는 성육신이 일어나지 못하기 때문이다. 더욱이 그리스도의 신적인 마음 또한 손상을 입어서는 안 된다.

그러나 그는 이 세상에서 유일하게 계시는 한 분 안에서 인간적인

---

130) Ibid., pp. 199-204.
131) Forrest, *The Authority of Christ*, p. 96.

마음과 신적인 마음을 구별하고 싶지는 않았다. 그저 한 인격체 안에 있는 하나의 마음을 확보하기를 열망했다. 그는 그리스도의 통일성에 강조를 두었기 때문에 그리스도께서 이중적 삶을 지니고 계셨다든지 병렬적 존재 양식을 가지고 계셨다는 등의 주장에 대해서는 비판적이었다.132) 그러나 그가 온전하게 그리스도의 신성을 보증케 하였는지는 확실하지 않다. 그의 케노시스 기독론은 브루스의 것(브루스는 '실제적이지만 윤리적' 케노시스 개념을 포레스트보다 일찍 만들어 냈다)보다는 성숙해 보이지만 포사이스와 맥킨쉬와 비교할 때 완전하게 전개되지는 않았다. 후자의 사람들은 그리스도의 탄생부터 그의 신성을 성공적으로 확보하였다.

아버딘 출생의 회중교도이면서 출중한 신학자인 포사이스는 케노시스 기독론을 윤리적인 범주에서 충분히 발전시켰다. 포사이스에게 그리스도가 케노시스 형태를 취하였다는 말은 '실제적이지만 인간으로 변질되지 않은'('real but non-metamorphic') 구조를 띠었음을 의미한다. 성자 하나님은 자신을 제한하시거나 비우심으로써 인간적이고 역사적인 인격체가 되어서 우리와 똑같이 사시고, 시험을 당하시며, 고통을 겪으셨다. 그러나 우리 주의 인간적인 삶은 인간으로 변해 버린 상태를 지니고 있었다는 뜻은 아니다. 자신을 비우신 그리스도의 신성 역시 확실하게 보존되어 있었다. 다만 농축된 잠재성이라는 의미에서 그렇다. 케노시스적으로 성육하신 성자의 삶 가운데 그 어떤 신적인 속성도 포

---

132) 셀(Alan P. F. Sell)은 포레스트의 케노시스 기독론을 중도적이라고 명명하면서 이러한 기독론은 제임스 오르(James Orr)와 브루스에 의해 지지받을 것이라고 생각한 듯하다(*Defending and Declaring the Faith*, p. 192). 만일 셀이 브루스의 반형이상학적이거나 실제적인 케노시스 기독론을, 포레스트에게서 반복되는 것으로 보고 그것이 성경에 기초한 것이라고 판단한다면 그는 옳았다. 그러나 필자는 브루스가 궁극적으로 포레스트에게 공감을 표했을 것이라는 주장에 대해서는 확신이 서지 않는다. 브루스는 그리스도 안에 있는 '이중적 삶'을 선호하였기 때문이다.

기되지 않았다. 이들 속성은 남아 있으되 인간 안에 있는 육과 영혼이 성장함에 따라 속성들이 점진적으로 실현 혹은 충족되었다. 그러나 대부분의 영국 신학자들과 여타 다른 사람들 모두는 이러한 기독론적 논의에 대한 그의 기여를 무시하였다. 단지 그의 제자인 모즐리만이 그를 위대한 신학자로 칭송하였고 맥킨토쉬가 그의 케노시스 기독론을 따랐을 뿐이었다.

포사이스는 그리스도 안에서 죄의 용서함을 받는 종교적 의미에 심각하게 주목함으로써 그의 기독론을 출발시켰다. 누구든 신약성경, 특히 용서의 주제에 주목한다면, 그리스도의 선재성과 실재의 인성에 대해 생각지 않을 수 없을 것이다. 구원론이야말로 그리스도의 인격론을 정당화할 수 있다. 본질적인 것은 바로 "거룩하신 하나님과 죄를 지은 인간 사이에 놓여 있는 문제"이다.[133] 따라서 진정한 기독론은 종교적인 원리, 즉 그리스도 안에서 죄용서를 받는 것과 영생을 얻는 것을 위해 수립된다. 더욱이 기독교의 이러한 종교적인 특징은 사색이 아닌 경험을 통하여 접근된다. "우리는 사고의 형태가 아닌 경험의 사실로부터 시작한다. 처음에는 복음서로부터, 그리고 나서 신학 작업을, 처음에는 구속론을 그리고 나서 성육신론을, 이것이 바로 경험의 순서인 것이다."[134]

선재하신 성자 하나님에 대한 개념은 종교적 관점으로부터 그리고 구원 경험으로부터 기독론 작업을 하는 데에 필수적이다. 구주가 되기 위해 신이셔야 하고, 우리의 구원 경험은 선재하신 로고스라는 개념으로 인도된다. 그리스도의 신성은 얻어진 것이 아니라 영원히 현재적인

---

133) P. T. Forsyth, *The Person and Place of Jesus Christ*. (London: Independent Press, 1909; Grand Rapids: Eerdmans, n.d.), p. 5. Eerdmans 출판사 발간 저서가 본 연구에서 인용될 것이다.
134) Ibid., p. 10.

것이다. "그 신성은 그분의 지상 삶을 통해 창조된 것이 아니다. 용서, 심판, 구속 등 하나님의 특권을 행사하는 능력은 아무리 하나님에 의해 대단한 능력을 부여받았어도 결단코 피조된 그 어떤 존재의 윤리적 출중함이나 종교적 성취에 의해 얻어질 수 있는 것이 아니다."[135] 이러한 구원론적 틀 속에 정립된 기독론은 그리스도의 선재성이라는 개념을 가져오게 한다. 그러면, 과연 선재하신 하나님이 어떻게 지상에서 인간의 삶을 영위할 수 있었는가?

여기에서 케노시스라는 개념이 필연적으로 요구된다. "만일 그리스도의 경우 인격적인 선재성이 있다면 이 개념을 케노시스라는 모종의 교리 없이는 역사상 가장 유명한 예수님에게 적용시킬 수 없을 것 같다."[136] 케노시스에 대하여 이러한 시각으로 바라보는 것은 이미 이 개념을 윤리적 범주 안에서 고려하고 있음을 말한다. "죄인은 스스로에게서 도피할 수 없고 자신을 비울 수도 없다. 성육신은 더 이상 완벽할 수 없는 거룩함의 경지를 보고 오직 양심을 흔들게 할 수 있을 만큼 최고의 그리고 철저한 윤리적 행위이다."[137] 선재하신 로고스는 그의 구속사역을 완수하기 위해 자발적으로 자신을 비워 실제의 한 인간이 되셨다. 나아가 로고스가 인간적인 삶을 영위하려는 자의지적 결단은 거룩한 사랑이라는 하나님의 본성 때문에 가능하였다. 성육신 교리는 형이상학적이라기보다는 윤리적인 형태를 취해야 할 것이다. 포사이스에게 있어, 우리의 관심은 '어떻게'가 아니라 '어떤 것'이었다. 어떤

---

135) Ibid., p. 269. 그러나 그는 여기서 이러한 확신을 얻느라 얼마나 힘들게 씨름하였는지를 고백하고 있다. 그는 자유주의 혹은 리츨주의에서 복음주의로 마음을 바꾸고 있다. "본인은 자신의 믿음의 천장을 낮추게 하고 헌신의 나래를 펴지 못하게 하였던 이러한 어려움을 오랫동안 지니고 있었음을 (지금까지의 모습을 나타내 보여 줄 수 있다면) 고백한다"(Ibid.).
136) Ibid., pp. 293-4.
137) Ibid., p. 302.

사색도 성공적으로 성육신을 설명할 수 없으며 또한 그리스도의 케노시스적인 삶을 논리적으로 서술할 수도 없다. 양성론은 역사상 유명한 그분에 대한 성경적인 그림을 묘사할 수 없으며 또한 독일의 케노시스 기독론도 그리스도 안에 있는 신성을 설명할 수 없었다.

그러나 포사이스의 케노시스 기독론은 브루스와 포레스트와 같이 단순히 윤리적인 접근을 통해 전개되지는 않았다. 성육신 교리를 윤리화시켜야 한다는 그의 주장은 윤리적인 범주에 머물게 하지는 않았다. 오히려 군톤(Colin E. Gunton)이 올바르게 언급한 바와 같이 "[포사이스는] 일관되게, 지적인 작업이 반드시 이루어져야 한다"고 주장했다.[138] 그뿐만 아니라 포사이스는 지적이며-윤리적인 범주를 지닌 채 케노시스 기독론의 견해를 밝힌 고어, 페어베언, 가비의 이론과 같은 이전의 영국 신학도 교정하였다. 그는 보다 성경적으로 충실하고 신학적으로 적절한 방법을 취하면서 그리스도의 신적-인간적인 삶을 다루었다.

그에게 케노시스는 현실태에서 가능태로 수축시킨 형태의 개념을 말하며, 이러한 구조 가운데에서 그리스도는 동시에 신적-인간적인 상태일 수 있었다. 그리스도는 이 땅에 내려오시면서 자신의 신적인 속성들의 현실태가 잠재적인 상태로 농축되었기 때문에 신적이면서 인간적인 상태가 될 수 있었던 것이다. 이러한 잠재성으로 농축되는 상태는 전능, 전지, 편재성을 버린다든지 포기하는 것을 의미하는 것이 아니라 오히려 능력을 최고조로 발휘하는 행동인 것이다. 이러한 농축의 상태 가운데 그리스도는 모든 것을 알지 않기로 동의하셨던 것이다. 성자가 하늘에 있는 동안에 소유한 직관적이고 동시적인(simultaneous) 전지성이

---

138) Colin Gunton, *Yesterday & Today: A Study of Continuities in Christology*, (Grand Rapids: Eerdmans, 1983), p. 171.

이제는 산만하고(discursive) 다음으로 이어지는 것이(successive) 되었다.139) 이 속성은 잠재성으로 농축되었으며 그리스도의 인간적인 성장을 겪으며 더욱 커지게 되어 어떤 것들에 대해서는 알고, 또 다른 어떤 것에 대해서는 알지 못하게 되었던 것이다. 그리스도는 윤리적으로 자라나셨으며 이에 따라 신성을 '얻으셨던' 것이다.140) 전능성은 하나님이 그 어떤 것도 하실 수 있어야 한다는 것을 의미하는 것이 아니라, 그분이 자유롭게 사랑하신다라는 의미에서, 자신의 의지에 따라 그 어떤 것도 하신다는 것을 의미한다. 포사이스에게 전능성은 윤리적으로 생각될 문제이지 물리적으로 해석될 성질의 것이 아니었다. 그리스도의 편재성은 공간에 의해 방해받는 문제가 아닌 자유에 따라 자신의 제한된 활동 가운데 존재하는 것을 말한다. 전능, 전지, 편재성은 포기된 것이 아니라 그리스도께서 지상에서 케노시스적인 삶을 살아가면서 수정된 것이다.

한 가지 더 부가해야 할 것은 케노시스 개념만으로는 기독론 문제를 답하기란 어렵고 '반쪽짜리' 답일 뿐이다. 플레로시스, 곧 "성장하신다든지, 그분이 이루신 객관적인 성취를 통한 승귀, 그분의 영혼이 즉각적으로 완벽해지고 십자가와 부활, 영광 가운데에서 이루어내신 우리의 구원사역 등에서 절정에 이르렀던"141) 자기 실현이라는 과정이 있었던 것이다. 두 개의 방향으로 움직이는 것이 있었는데, 한쪽으로는 하나님으로부터 인간으로—케노시스가, 다른 한쪽으로는 인간으로부터 하나님으로—플레로시스라는 운동이 있었다는 것이다.

여기서 포사이스가 제안하는 플레로시스라는 개념은 하나님이 '되

---

139) Forsyth, p. 307.
140) Ibid., p. 308.
141) Ibid., pp. 329-30.

신다'라는('becoming') 견해를 의미하는 것이 아닌 하나님 자신의 '재건'을('reintegration') 의미한다. 신적인 가능태는 현실태로 그 크기를 넓혀 가게 되는 것이다. 그리스도는 성장하여 "본래의 인물이 된 것"이지("what he was"), "본래와 다른 인물로 될 수도 있는"("what he might be") 것이 아니다.142) 인간으로부터 하나님으로의 이러한 움직임은 점차적으로 인간적인 성장을 따라 완성되었다.

양성론 대신에 그는 그리스도의 인격 안에 담겨 있는 두 개의 운동이라는 개념을 발전시켰다. 그는 한 인격 안에 두 개의 인격적인 활동 혹은 운동을 결합시킴으로써 그리스도의 통일성을 확보하려고 노력하였다.143) 이러한 통일성은 구원론적 혹은 종교적인 개념 아래에서 고려되었다. 포사이스는 양성론이 역사상 가장 유명한 그분에 대한 개념을 제공하지 못하는 한, 그리스도가 갖는 종교적 의미를 정당화하지는 못한다고 믿었다. 통일성은 인간성 안에서 하나님과 인간이 만남으로써 이해되었다. 그리스도의 구원사역은 오로지 그분의 참된 인간적 희생과 역사상 가장 유명한 그분 인격체 안에 있는 참된 신적인 행위에 의해 달성될 수 있었다. 이러한 종류의 케노시스 기독론은 궁극적으로 맥킨토쉬에 이르러서 완전히 체계화되었다.144) 맥킨토쉬는 포사이스의 공로에 가장 많은 힘을 얻었다.

---

142) Ibid., p. 342.
143) Ibid., p. 343.
144) 그러나 맥킨토쉬는 포사이스에 대해 무비판적이지는 않았다. 그는 포사이스가 주장한 바, 성자가 자신에 대해 갖는 케노시스적인 능력이 신성에 속하는 자의지적 결단이라는 무한한 능력과 일치하는 것이라고 하였던 것에 대해 비판적이었다. 맥킨토쉬에게 그러한 견해는 종교적이기보다는 과학적이었던 것이다(*DPJC*, p. 465).

결론

지금까지 우리는 주로 영국을 포함한 유럽에서 발전된 케노시스 기독론에 대해 살펴보았다. 독일에서 처음으로 시작되었다가 나중에는 영어권 세계에서 19세기 중반과 20세기 초 사이에 발전되었던 현대의 케노시스 기독론은 '역사적 예수 탐구'에서 얻어진 온전한 인간인 예수에 대한 인식에 공감을 표하면서도 정통 기독론을 변증해야 할 필요성에서 촉발되었다. 그러나 우리가 기억해야 할 것은 케노시스 기독론이 그리스도의 인격론 전개에 있어 케노시스라는 개념을 채용하려 했던 루터주의에서 기원되었다는 사실이다. 이러한 의미에서 현대의 케노시스 개념은 신학적으로 볼 때에는 루터주의 산물이라 할 수 있고, 역사적으로 볼 때에는 19세기의 역사적 예수 탐구로부터 비롯되었다고 할 수 있다.

루터주의는 그리스도께서 자신을 비우는 삶을 사시는 동안에 그분이 전능, 전지, 편재라는 신적인 속성을 소유하시고 또한 사용하실 수 있었는지에 대해 확신이 서지 않았다. 토마시우스는 그러한 신적인 속성을 소유하시지도, 사용하시지도 않았다고 말하면서 케노시스라는 개념을 형이상학적으로 발전시켜 나갔다. 물론 전통적인 기독론을 변호해야 한다는 원칙 아래에서 말이다. 그는 루터주의 기독론(물론 여기서는 구(舊)루터주의가 아닌 콩코드 신조 이후의 루터주의)에 충실하면서 현대의 케노시스 기독론을 만들어 냈다. 그의 케노시스 기독론은 19세기의 역사비평적 방법으로 무장된 기독론 위협에 대응하는 정통신학적 변증 차원에서 일어났다.

독일과 영어권 세계의 중개 신학자들은 정통신학과 역사적 예수 발견을 케노시스라는 개념을 사용하여 화해시키려 하였다. 이들은 흔히 전통적인 정통 기독론에서 무시되어 왔던 그리스도 안에 있는 온전한 인성을 확보하기를 원하였다. 그러나 이러한 과정에서 신앙고백적인 신학을 포기하지는 않았다. 이들 가운데 토마시우스와 고어 같은 몇몇 신학자들이 정통신학의 '양성론'에 동의하면서 그리스도의 케노시스적인 삶을 전개하였다. 반면, 가비, 포레스트, 포사이스와 같은 스코틀랜드 신학자들과 같은 몇몇 학자들은 양성론 교의에 무능한 면을 지적하면서, 니케아 신조에 나타나는 그리스도에 대한 정통신학적인 가르침을 포기하지 않은 가운데 자신들의 기독론을 발전시켰다.

한편, 대륙과 영국의 케노시스 기독론자들은 미묘한 차이를 보였다. 전자가 성육신이 어떻게 일어났는지를 설명하려 하였다면, 후자는 그리스도의 케노시스적인 삶에 대한 성경의 분명한 증거를 묘사하려 하였다. 전자가 그리스도가 갖는 케노시스적인 삶에 수반된 형이상학적 차원에 초점을 맞추었다면, 후자는 그리스도의 케노시스적인 실제의 삶 자체를 주목하면서 하나님의 윤리적인 삶을 보여 주려 하였다. 전자가 논리에 의존하는 경향이 있어서 성경적 증거와 역사적 실재를 왜곡시킬 약점을 지니고 있었다면, 후자는 복음서 이야기와 윤리적인 틀에 관심을 가진 나머지 성자의 신적-인간적인 삶을 묘사함에 있어 형이상학적인 범위를 희생시키곤 하였다. 상당수의 영국 케노시스 신학자들이 이러한 형이상학적 차원에 관하여 철저하게 침묵하고 있었다. 오직 이들은 이 개념을 제한된 의미에서만 사용하고 성자 하나님의 지상 삶에 대해 설명하기를 포기하였다. 이러한 의미에서 케노시스 기독론을 이들이 발전시킨 것은 지적이고-윤리적인 범주 안에서만 가능하였다. 포사이스와 맥킨토쉬는 아마도 이러한 부류의 대표적인 신학자들일 것이다. 비록 이들이 그리스도의 인격론에 있어 형이상학의 필요성을 인식하였지만 우리가 앞으로 살펴보는 바와 같이 형이상학을 양심에서 제한시켜 버림으로써 자신들이 모순되었다는 비난을 피하고자 하였다. 이들은 하나님의 거룩한 사랑에 진지하게 주목함으로써 그리스도의 케노시스적인 삶을 윤리적인 틀에 맞추어 표현하기를 원하였다. 우리가 다음 장에서 논의하겠지만 브루스는 이러한 형이상학적인 문제에 민감하지 못하고 다만 고지식하게 윤리적인 범주만을 고집하였다. 이제 본 글의 핵심이 되는 두 인물인, 브루스와 맥킨토쉬로 넘어가서 이들이 제기한 케노시스 기독론을 살펴보도록 하자.

제2부

윤리적 범주 안에서 발전된 케노시스 기독론

우리는 지금까지 현대의 케노시스 기독론이 어떻게 일어나게 되었으며 19세기와 20세기 초에 걸쳐 어떻게 발전되었는지를 살펴보았다. 그리스도의 인격에 대한 구(舊)루터주의적 견해는 대륙의 독일 케노시스 신학자들을 만족시키지 못하였다. 19세기의 상황은 몇몇 정통 신학자들로 하여금 현대의 과학적 실재론의 도전에 맞서 케노시스 기독론을 만들어 내게 했다. 나아가 당대의 많은 영국 신학자들도 이러한 케노시스 기독론 논쟁에 동참하게 되었다. 제2부에서 우리는 이러한 영국 내의 수정된 케노시스 기독론에 책임이 있는 중요한 두 스코틀랜드 신학자를 다룰 것이며 이 기독론이 어떻게 시작하였는지, 어떻게 발전하였는지를 살펴볼 것이다. 우리는 브루스의 기독론을 연구하면서 어떻게 케노시스 개념이 그의 기독론에 필요하게 되었는지를 보게 될 것이며 맥킨토쉬의 기독론을 분석하면서 어떻게 그가 영어권 세계에서 가장 체계화된 케노시스 기독론을 전개하였는지를 보게 될 것이다. 물론 이 모든 분석 작업은 분명 정통신학 혹은 에큐메니칼 신조에 나타난 기독론에 비추어 평가될 것이다.

제3장

브루스의 기독론과 그리스도의 케노시스

브루스의 기독론과
그리스도의 케노시스

영어권 세계에서 브루스는 그의 책 『그리스도의 수치: 그것의 실질적 형식, 윤리적 양식 그리고 구속사적 직임의 관점에서』(The Humiliation of Christ: In Its Physical, Ethical, and Official Aspects, 1876)를 통하여 처음으로 현대의 케노시스 기독론을 분석하였다.[1] 브루스는 그리스도가 지닌 실재의 인성을 확보하고 하나님의 자기 희생적인 사랑을 정당화하기 위해 노력을 기울인 독일과 다른 유럽 대륙의 케노시스 기독론자들을 평가

---

1) 이 책은 1881년 제2판에 '그리스도의 인격에 관한 현대의 인본주의적 이론' 단락을 첨부한 것을 제외하고는 거의 수정되지 않았다. 1889년에 제3판이 발간되었지만 제2판과 다른 점은 발견되지 않았다. 1894년의 제4판에서도 역시 변화된 것이 없으나 다만 새로운 서문을 작성한 것이 특이하다. 이 서문에서 브루스는 빌립보서 2:5-9과 관련한 최근의 레쉬(Resch) 글을 다루면서 바울의 글을 주해하였던 그의 주장을 다시 확신한다고 하였다. 여기서 그는 바울이, 스스로 수치스럽게 되었던 그리스도의 주체를 선재하신 상태로 거슬러 올라가야 할 것이라 말한 것을 재확인하였다. 이 문제는 조만간 본 글의 적절한 부분에서 논의될 것이다. 제5판(1900) 역시 달라지지 않았다. 본 글에서는 제5판을 자료로 택하여 브루스의 글을 분석하고 인용하며 요약 혹은 재구성할 것이다. 본 글에서는 이 책의 약어로 HC를 사용할 것임을 밝힌다.

하였다. 그는 그리스도를 육체와 영혼에 있어 점진적으로 자라나신 실제적 인간으로서의 그리스도의 모습을 그린 것에 만족하였다. 그러나 그는 그들이 케노시스 기독론을 전개하기 위해 형이상학적인 방법을 사용한 것에 대해서는 불만을 표출했다. 더욱이 그는 그들이 케노시스 기독론에 대해 선험적인 서술을 시도한 것이 복음서에 나타난 역사상 유명한 예수 그리스도를 정당화시킬 수 없다고 보았기 때문에 그들이 만들어낸 케노시스 이론을 비판하지 않을 수 없었다. 그는 그리스도 안에 있는 케노시스가 윤리적이고 종교적인 특징을 가지고 있다는 사실을 대륙의 케노시스 기독론자들이 철저하게 간과하였다고 믿었기 때문이다.

성육신 교리는 하나님의 자유 안에서 육신이 되실 수 있었던 하나님 자신의 윤리적인 삶을 고려하면서 이해되어야 한다. 하나님은 사람들을 구원하시기 위해 자발적으로 한 인간이 되셨으며 이 과정에서 인간적인 성장 발육을 경험하시고 실질적인 고통을 겪으셨던 것이다. 이러한 확신에 비추어 브루스는 영어권에서는 처음으로 윤리적인 범주에서 이해되는 케노시스의 개념을 제안하였던 것이다. 브루스는 자기의 제안을 이러한 윤리적인 케노시스 기독론의 창시자인 진젠도르프(Nicolaus L. Zingendorf)에게 호소하였으며 그리스도의 인간적인 삶에 나타나는 케노시스적인 양태를 성경 말씀에서 확인하였다. 브루스에게 성경은(빌 2:5-11과 히브리서) 선재하신 성자 하나님이 어떻게 인간이 되셨는가를 설명하지 않고 단지 하나님의 수치스러운 삶이 어떤 모습인지만 증거하였던 것이다. 그는 우리가 신적인 선재성을 지니고 계셨던 그리스도 안에서 수치의 사실에 주목해야 할 것을 제안하였다. 형이상학적인 범주에 기초하여 기독론을 가정해서는 안 된다는 것이다. 이러한 수치스러운 삶 가운에 사셨던 그리스도를 볼 때 케노시스는 당연히 윤리적으로만 고려할 수 있다고 그는 주장하였다.

그는 진젠도르프의 케노시스 기독론을 완전히 재건할 것을 추구하지 않았다(그는 실제로 진젠도르프의 기독론에 동의하지 않았다). 또한 학문적으로 깊이있게 자신의 케노시스 기독론을 발전시키지도 않았다. 왜 그리하였는가? 그 주된 이유는 케노시스 기독론이 그의 실제 관심도 아니었고 과제도 아니었기 때문이다. 기독론을 구성하면서 그가 가진 목적은 그동안 무시되어 온 수치를 당하신 그리스도에 대한 교리를 다시 보게 하고 더 깊이 발전시키는 것이었다. 성자가 겪으신 수치의 삶을 진지하게 주목하면서 브루스는 우연히 케노시스 원리를 만나게 되었고 바로 그리스도의 수치 가운데 실제적으로 케노시스 양태가 수반되었음을 발견하였다.

그는 그리스도의 케노시스적인 삶을 가장 잘 드러낸 성경이 빌립보서임을 확신하였기에 정밀하게 빌립보서 2:5 이하를 연구하였다. 여기서 그는 바울이 그리스도의 기원을 설명하기보다는 성자의 케노시스적인 **상태**를 묘사하려는 의도를 지닌다고 인식하였다. 이와 같이 빌립보서를 주석하면서 그는 히브리서 또한 그리스도의 실제 인성을 묘사하였다고 확신하였다. 이러한 주석적 작업 외에, 진젠도르프의 케노시스 기독론에 대해 간략하게나마 호소한다든지 현대의 케노시스 기독론을 분석하였다. 하지만 그는 이러한 분석을 통해 자신의 케노시스 개념을 간헐적으로나마 간단하게 언급하였음에도 불구하고 케노시스 사상을 더 이상 발전시키지 않았다. 더욱이 그리스도의 신-인의 삶에 수반된 형이상학적인 전제를 심각하게 고려하지 않았다. "이 강좌에서 본인이 가지고 있는 목적을 두고 생각할 때, 수치의 상태(status exinanitionis) 가운데 있는 서로 다른 단계들 혹은 현장에 대해 학문적인 정교함을 다루어야 할 필요는 없을 것"2)이라고 보았던 것이다. 오히려 그는 형이상학적 범주에 의존한 대륙의 케노시스 기독론에 상당히 비판적이었다.

그러나 놀랍게도 그는 케노시스 기독론을 평가할 때에 일관적이지 못했다. 그는 케노시스 기독론이 일시적이나마 어떤 해결책으로서 적법성을 지니고 있다고 인식하였지만, 궁극적으로는 이 기독론에 대한 판단을 유보하였던 것이다. 그는 케노시스 이론 중 어떤 것들에 대해서는 동의하면서, 강제적이지 않지만 이들 이론 중 하나를 선택할 수 있을 것이라고 제안하였다. 그러나 실제로 그는 현대의 케노시스 이론을 분석하면서 자신의 분명한 입장을 보여 주지 못했던 것이다. 그는 단지 케노시스 기독론에 대한 어떤 기준 양식, 즉 한 인격에 있는 그리스도의 온전한 신성과 인성이 확보되어야 한다는 원칙을 분명하게 확인하였을 뿐이다.

그가 현대의 케노시스 기독론을 심하게 비난했다는 사실, 특히 자신의 케노시스 기독론은 만들어 내지 않았다는 것을 확인할 때, 우리는 이러한 사람을 궁극적으로 케노시스 기독론자라 할 수 있는가? 나아가 그를 영어권 세계에서 윤리적 범주 아래 케노시스 기독론을 출발시킨 선구자로 분류할 수 있는가? 그의 분명치 못한 입장 때문에 사실 적절한 답을 내리기가 쉽지 않다. 더욱이 그는 그리스도의 신성을 경시하고 손상을 입혔다고 하는 그럴듯한 비판에 대해 자신의 케노시스 원리를 변호하지 않았고 그 어떤 대항 논리도 펼치지 않았다.3) 아니 실제로 그는 그의 책 *HC*에서 그리스도가 겪은 윤리적 성장과 구속사적 직임의 삶 모두에 관한 강의에서 '케노시스' 혹은 '포기하심'에 대해 전혀

---

2) Bruce, *HC*, 5th ed., p. 36.

언급하지도 않았다.4) 그는 분명히 그리스도의 케노시스적 삶 가운데 수반된 형이상학적 문제를 알고 있었음에도 불구하고 케노시스가 어떤 모습이었는지 정확하게 설명하기를 거부하였다. 그는 사색적인 문제를 즐기고 싶지 않았고 그저 이 작업을 회피하였다. 이런 소극적인 학문적 태도에 대해 실망하면서도 우리는 왜 그의 신학을 케노시스 기독론 범주 안에 넣어야 하는가?

비록 그가 케노시스 기독론을 제창함에 있어 부주의한 면을 보여 주었으나, 우리는 그를 여전히 케노시스 기독론자라고 칭할 수 있다. 그가 대륙의 케노시스 기독론을 비판하였음에도 불구하고 반케노시스 기독론자는 아니었다. 보다 중요하게 여겨야 할 사실은 케노시스 기독론에 대해 상당한 관심을 가지고 있었다. 이 주제에 대해 무관심하고 무시하지 않았던 것이다. 그가 그리스도의 수치론을 전개하기 전에 그가 서문에서 밝힌 내용을 참고하여 보라. 그의 기독론, 즉 그리스도의 수치론에 관한 강의를 진행하기 전에, 그는 그리스도의 수치에 관한 앞으로 전개될 모든 강의 내용의 기본 핵심 주제로서, '윤리적인 범주 안에서 일어난 그리스도의 케노시스'를 제안할 것임을 분명히 하였다. "자 이제, 일련의 기본 핵심 주제들[8개, 예를 들면, 선재성, 성자의 케노시스, 실제의 인성 등]을 제공하면서 우리의 다음 작업은 반드시 이들 주제를 사용하여 논쟁이 되는 기독론적 그리고 구원론적 이론들

---

3) 그는 변질론 혹은 신성의 소멸이라는 비난을 피하기 위해서 케노시스적으로 성육하신 삶에 수반된 형이상학적 구조를 주목했다. 그러나 그는 케노시스의 정확한 형이상학적 형태를 전개시키려 하지 않았다. 그 이유는 사색적 방법에 의한 기독론 정립은 복음서가 갖는 그리스도를 확인하는데 전혀 실제적이지 않고 소득도 없다는 그의 확신 때문이었다.
4) 우리는 그의 책 *HC*의 후반부 중요한 부분에서 왜 케노시스 주제를 빠뜨렸는지 의문을 가질 수 있다. 왜냐하면 그의 책 *HC*에서 중요한 부분은 고어와 맥킨토쉬와 같은 영국의 케노시스 기독론자들이 그리스도가 지녔던 케노시스적으로 성육하신 삶의 특징이라고 강조하며 재론하였기 때문이다.

을 비판적으로 평가하는데 도움을 얻고자 한다." 5)

비록 그가 케노시스 기독론에 대해 학문적인 깊이를 더하면서 전개하기를 거부하였고 대륙의 케노시스 기독론을 비판하였다 할지라도, 그는 성자의 수치스러운 삶 가운데에서 모종의 케노시스 개념을 확실히 마음에 두었다. 이러한 의미에서 그는(비록 대륙의 케노시스 기독론을 비난하였지만) 반케노시스 기독론자는 아니었으며 케노시스 개념에 무관심하거나 무시하지도 않았다(왜냐하면 성자가 지상에 사시는 동안 수치의 삶을 겪으신 모습에서 모종의 케노시스 상태를 주목하였기 때문이다).

그는 아마도 그리스도의 수치 가운데에서 필연적으로 발견되는 성자의 케노시스를 우연적으로 접하게 되었다는 의미에서 '우연적인' 케노시스 기독론자라 할 수 있을 것이다. 아니면, 그리스도 안에 일어난 케노시스적인 삶에 대해 자신의 이론을 발전시키기를 주저하였다는 의미에서 '소극적인' 케노시스 기독론자라고 할 수도 있을 것이다. 아니면, '중도파' 케노시스 기독론자라고 할 수도 있다. 6) 브루스는 선재하신 성자께서 이 땅에 오실 때 실제로 자신을 비웠으며 수치스러운 삶을 영위하셨음을 믿었다. 그러나 포레스트와 마찬가지로 이러한 케노시스 기독론을 형이상학적으로 전개하는 것은 거부하였다.

브루스가 우연이든 소극적이든 아니면 중도적이든, 케노시스 기독론에 관여했다는 사실은 어느 정도 케노시스 기독론에 기여하였음을 분명히 인정해야 한다. 특히 영어권 세계에서 최초로 케노시스 개념을

---

5) Bruce, *HC*, 5th ed., p. 36.
6) Sell, *Defending and Declaring the Faith*, pp. 188-92. 셀은 브루스가 중도파 케노시스 기독론자인 포레스트를 지지할 것이라고 믿었다(Ibid., p. 92). 레드만은 브루스가 아마도 영국 내에서 케노시스 기독론의 중도적 입장에서 조심스럽게 접근하였을 것이라고 생각하였다(Redman, *Reformulating Reformed Theology*, p. 125).

윤리적 범주에서 만들어 냈다는 의미에서 그러하다. 그는 성육신 혹은 하나님이 케노시스적으로 살아가신 인간 생활은 하나님의 윤리적인 본성에 따라 가능한 것으로 보았다. 더욱이 그의 케노시스 기독론은 비록 초보적이고 미숙하지만 맥킨토쉬가 나중에 온전하게 발전시켰던 것을 미리 착수한 것이나 다름없다. 따라서 우리는 윤리적 범주를 갖는 케노시스 원리를 바탕으로 전개된 그의 기독론을 발견하게 될 것이다. 무엇보다 그 과정 중 그의 케노시스 개념이 온전하게 전개되지 못하였다고 해서 경시되거나 무시되어서는 안 될 것임을 제안한다. 그의 견해는 기독론 논의에서 상당히 무시되어 왔으며 심지어 케노시스 기독론을 다룬 여러 책에서조차도 경시되었다.[7] 어떤 사람들은 그를 반 케노시스 기독론자라고 부르기를 원했던 것 같다.[8] 다른 사람들은 그를 그리스도의 신성을 위협하였다고 비난하였다.[9] 우리는 본 장에서 브루스가 윤리적 범주에서 케노시스 개념을 보았던 최초의 모습을 인식하게 될 것이며 그가 그리스도의 신성을 경시하였다는 그의 기독론 비판은 오해였음이 밝혀질 것이다.

---

7) 루프스(Friedrich Loofs)는 브루스를 무시하였으며, 또한 그가 "[케노시스 교리가] 독일에서 이미 신선한 충격을 주면서 지지를 확보하고 있었던 시기인 1889년에 영국에 첫 발을 디뎠다"고 말할 때 정확하지도 않았다(Friedrich Loofs, "Kenosis," p. 686)고 주장했다. 도날드 도우는 브루스의 케노시스 기독론을 여러 다른 주요한 발전 중 하나라고 생각하지 않고 단지 브루스가 독일의 케노시스 기독론을 영어권 세계에 소개한 정도로만 보았다(FS, pp. 129ff). 한편 맥쿼리(John Macquarrie)는 케노시스 기독론과 영국의 기독론을 다룰 때 브루스를 무시하였다(*Jesus Christ in Modern Thought*, London: SCM Press, 1990, pp. 449ff, 327f).

8) 스미스(Stephen Smith)는 브루스가 케노시스 이론을 대체할 하나의 대안을 제안하였다고 잘못 보았다(Dogma and History, pp. 16, 321, 460ff).

9) 브루스의 책을 서평한 몇몇 사람들은 그가 그리스도의 신성을 경시하였다고 믿었다. 이 내용과 관련하여 이 글 pp.177-183 보라.

브루스의 생애와 사상

　농부 데이비드 브루스(David Bruce)의 아들인 알렉산더 발메인 브루스는 1831년 1월 30일 스코틀랜드의 조그만 도시 아버라기(Aberargie)에서 태어났다.10) 1845년에 에딘버러 대학교에 입학하였으며, 4년 뒤에는 에딘버러에 있는 당시 스코틀랜드의 대표적인 신학교인 스코틀랜드 자유교회(Free Church of Scotland) 신학교에 입학하였다. 대학교와 신학교 학생으로 있을 때 그는 촉망받는 학생이었다. 철학, 수학, 변증학, 성경지식 등 여러 방면에서 출중한 실력을 보였다.11)

　그는 예수 그리스도에 대한 철저한 믿음과 동시에 과학적 지식에도 공감을 하기를 원했다. 이로 인하여 한때는 과학에 대한 신뢰로 그의 믿음이 "깊은 심연의 밑바닥"까지 이르기도 하였다.12) 그의 믿음은 슈트라우스의 『예수의 생애』(*Life of Jesus*, 1835-6, 개정판 1864)를 읽으면서 상당히 도전받았으며 이로 인해 목사 안수를 받아야 할지 고민하였다. 그러나 그는 이러한 의심의 굴레를 극복하였고 마침내는 스코틀랜드의 장로교 자유교회(Free Church) 교단에서 목사 안수를 받고 목회의 길로 들어섰으며 더 나아가 예수님을 주로 믿지 못하는 의심 많은 사람들을

---

10) *Dictionary of National Biography*, contributed by Edward Irving Carlyle (published in 1901), (Oxford: Oxford University Press, 1995), CD-ROM. 브루스의 일대기를 보려면 다음의 글을 참고하라: Glasgow Herald와 Scotsman, 1899년 8월 8일자, Free Church Monthly 1899년 10월 호, 그리고 Congregational Review (1890, iv. p. 114).

11) *Statement by Friends of the Rev. Alex. Balmain Bruce, Broughty Ferry; Vindicatory of What They Consider to be His Pre-eminent Qualifications for the Vacant Chair of Theology and Church History in the Free Church College, Glasgow*, (Glasgow: James Frazer, 1872), pp. 5, 7. "수학에 있어서 브루스 목사는 당대의 수학 교수인 테이트(Tait)와 맥스웰(Clerk Maxwell) 등과 같은 사람들과 어깨를 나란히 하였다"(Ibid., p. 5).

12) *Dictionary of National Biography*.

위해 변증가로서 힘을 다하기도 하였다. 1859년에는 글라스고에서 서쪽으로 20마일 떨어진 덤바튼셔(Dumbartonshire)에 있는 카드로스(Cardross) 교회의 청빙을 받았으며, 1868년에는 포파셔(Forfarshire)의 브로티 페리(Broughty Ferry) 교회로 전임하였다. 설교자로서 인정받기도 했던 그는 스코틀랜드의 북쪽만 제외하고 전 지역에서 설교 부탁을 받았다.

1871년에 그는 복음서 연구의 열매이자 카드로스(Cardross) 교회에서 설교하였던 내용인 『열두제자훈련』(The Training of the Twelve Disciples, 생명의 말씀사)을 출판할 정도로 유능한 저술가로서 명성을 얻었다. 1874년에는 커닝햄(Cunningham) 강좌에 특별 초빙 강사로 임명되었으며, 이 강좌에서 그의 강의는 가장 인상적이고 교리적 역작인 『그리스도의 수치』(The Humiliation of Christ, 1876)라는 제목 하에 진행되었다. 1875년, 그는 글라스고의 자유교회 대학(Free Church College)의 교장이었던 페어베언의 사후, 그 대학의 변증학과 신약해석학 과장으로 임명되었다. 1899년 8월 7일 죽기까지 24년간 같은 직책을 역임하였다. 글라스고에 있으면서 그는 강의와 저술활동 그리고 완벽한 독일 문헌 전문가로서 학생들에게 큰 영향을 끼쳤다. 그리고 독일에 한번도 간 적이 없으면서도 당대의 독일 신학에 상당히 정통했었다. 그는 왕성한 저술 활동을 폈는데, 생애 당시 15권의 책을 성공적으로 출간하였다.

브루스의 학문적인 주요 주제는 공관복음서에 나타난 예수님이었다. "종교에 있어 누가 혹은 무엇이 궁극적인 권위의 자리인가? 가장 최근의 변증가는 말하기를 '그리스도이다' 라고 하였다. 그렇다. 그 어떤 다른 종교지도자들도 아니고 어떤 특정한 사조도 아니며 교회도, 심지어는 성경도 아닌 바로 그리스도인 것이다."[13] 그는 신약해석학

---

13) Bruce, *Apologetics*, pp. 492-3.

교수로서 당연히 복음서에 관한 책을 다수 출판하였다.14)

그는 복음서에 대한 전통적인 해석을 묵묵히 답습하지 않고 용감하게 하나님의 내재성과 성경비평주의에 비추어 복음서가 갖는 실제의 진리를 이해하려고 노력하였다. 브루스에게는, 실제의 예수님은 당대의 법정적 개념의 신학이라는 사색적 방식으로 이해될 수도, 해석될 수도 없었다. 교리적 접근 방법을 통해서는 어떻게 믿든 관계없이 예수님의 실제의 모습을 보여 줄 수 없다고 믿었다. 그래서 예수님의 말씀과 행동, 즉 예수님이 하나님, 세계, 인간에 대해 한 말들 그리고 자신의 수치스러운 삶 등에 주목할 것을 요구하였다. 역사적 예수를 만나고서야 비로소 소위 교리라 불리는 것을 발견할 수 있다고 믿었던 것이다. 그분에게 귀를 귀울여야만 우리는 기독교가 갖는 실제의 진리를 얻을 수 있다. 이러한 기본 원리에 따라 그는 자신의 평생 동안 예수님을 보았고 예수님에 대해 말하였다.

아래에 열거된 책들을 통하여(주 14번을 보라) 브루스는 제자들과 당대의 사람들에게 하나님, 인간 그리고 하나님의 나라에 대하여 가르치면서 인류의 구원을 위해 자신을 수치스럽게 만드신 예수님을 보았고 다른 사람들에게 그러한 예수님을 보여 주려고 하였다.15) 그러면 왜 그

---

14) 다음의 책들이 그 예이다. *The Training of the Twelve Disciples: or Passages out of the Gospels Exhibiting the Twelve Disciples of Jesus under Discipline for the Apostleship* (1871), *The Parabolic Teaching of Christ: A Systematic and Critical Study of the Parables of Our Lord* (1882), *The Miraculous Element in the Gospels* (1886), *Kingdom of God; or Christ's Teaching According to the Synoptical Gospels* (1889), *With Open Face; or Jesus mirrored in Matthew, Mark and Luke* (1896), *and Synoptic Gospels* (1897).

15) 셀(Sell)은 브루스의 신학을 "예수님을 보고 또한 보여 주는 것이"라고 바르게 요약한 바 있다. "브루스의 신학 중 이 두 가지는 우리와 같은 현대의 기독교인들에게 긴급하게 필요한 것들이다"(Bruce, *With Open Face, or Jesus Mirrored in Matthew, Mark, and Luke*, London: Hodder and Stoughton, 1896, p. 24; 이후부터는 *With Open Face*라 할 것임. 셀에 의해 재인용, *Defending and Declaring the Faith*, p. 89).

가 예수님에 대한 연구를 주요 주제로 삼았는가?

브루스는 1843년의 스코틀랜드 교회 분열에 매우 민감하였다. 1890년에 총회 앞에서 행한 연설에서 다음과 같이 이 사건을 회고하였다.

> 본인이 1845년 대학에 들어갔을 [때] …교회가 싸우고 있는 것에 실망하여 예수님의 가르침으로 관심을 돌렸습니다. 예수님의 가르침이 갖는 빛나는 광채와 천상의 아름다움을 보고서 참 그리스도인의 이상을 발견하였습니다. …본인은 왕이신 하나님과 그분의 나라의 눈부신 빛 가운데 있는 교회를 바라보고 있었습니다.16)

브루스는 교회 분열을, 비록 그것이 필연적인 악이라 하더라도 악이라 보았다.17) 교리적 차이가 교회의 분열을 정당화할 수 없었던 것이다. 스코틀랜드 교회의 분열에 불만을 가진 브루스는 예수께로 관심을 돌렸다. 이후부터 그는 교회 정치에 냉소적이 되었다.

브루스가 예수께 관심을 집중시킨 또 다른 이유는 슈트라우스를 읽으면서 믿음의 근본이 흔들리는 경험을 했기 때문일 것이다. 한 젊은 목사에게 보낸 서신에서 그는 자신이 의심을 겪은 사실과 곧이어 이를 극복한 경험을 고백하고 그도 역시 극복할 수 있을 것이라고 격려한 바 있다.

> 본인은 그리스도의 성육신, 구속 사건, 부활, 그리고 인간에 대한 일반

---

16) *Assembly Proceedings*, 1890, pp. 175-6. 헨더슨(Henry F. Henderson)으로부터 재인용, *The Religious Controversies of Scotland*, pp. 267-8.
17) *Assembly Proceedings*, 1890, p. 175. 헨더슨으로부터 재인용, *The Religious Controversies of Scotland*, p. 267. 브루스는 교회의 분열을 증오하여 사람들에게 스코틀랜드의 교회 일치를 위해 기도할 것을 부탁한 바 있다. 다음의 책을 보라. Bruce, *TT*, (Edinburgh: T. & T. Clark, 1877, 2nd ed.), pp. 222, 229.

적인 이야기, 미래의 세계, 성경의 영감에 대한 초자연적인 진리의 구조를 의심하였었고 그때 형언할 수 없을 정도로 깊은 슬픔에 잠겨 있었습니다. 지금은 확신을 갖고 온전하게 이해하게 되는, 즉 하나님의 신비와 성부 그리고 그리스도에 관한 지식을 확신하게 되었습니다. 본인과 같이 귀하도 그렇게 될 것이라 생각합니다. 몸을 다시 추스려서 일어나 절대로 무모한 행동을 하지 마십시오.[18]

예수님을 의심해 본 사람이 이러한 의심으로 씨름하지 않는 사람보다 더 깊이 사랑하는 것은 아마도 자연스러운 일일 것이다. 마침내 지적인 씨름을 이겨낸 그는, 스스로 겸비케 하시고 희생을 주저하지 않으신 예수 안에서 진리를 발견하고, 그의 저술 활동을 통해 그러한 그리스도의 모습을 소개했던 것이다. 그는 예수님이 자신을 비운 그 윤리적인 삶에 눈을 돌렸던 것이다.

지상에서의 전 생애를 통하여 [그리스도는] 고통의 잔이 철저하게 채워지지 않도록 할 수 있는 그 어떤 것도 냉정하게 뿌리치셨다. 그분은 신적인 능력과 특권이 갖는 모든 유리한 점들을 스스로 부인하셨다. 그분은 자신을 비우셨다. 그분은 자신을 가난하게 하셨다. 어떤 면에서 죄를 진 형제들과 같이 되어, 하나님에게 걸맞는 행동을 함으로써 자비롭고 듬직한 대제사장이 되는데 부족함이 없으셨다. 살아 계실 때도 그렇게 했지만 죽어서 바친 희생은 그가 얼마나 사랑으로 충만하였는지를 보여 주었다.[19]

18) Henry F. Henderson, *The Religious Controversies of Scotland*, p. 252. 그는 브루스가 추모하며 쓴 글, *Memorials of a Ministry on the Clyde* (1876)에서 인용하였다.
19) Bruce, *TT*, 2nd ed., pp. 295-6.

한편, 그는 수치를 당하신 인간 예수에 대해 너무 사랑한 나머지 신적인 예수에 대한 논의를 제쳐놓고 말았다.[20] 가장 교리적인 문제를 다룬 『그리스도의 수치』라는 책에서 그는 예수님의 신성에 대한 교리를 보다 분명하고 온전하게 전개하지 않았다. 단지 예수님의 신성을 간헐적으로만 언급하고 넘어가곤 하였다. 그의 후기 저서에서는 그리스도의 온전한 신적인 삶을 묘사하거나 전개하려 하지 않았다. 특히 1890년대의 글에서는 오로지 수치를 당하신 인간 예수를 묘사하는데 집중하고 있었다. 그가 펴낸 어린아이를 위한 학습교안, 교리문답서 (The Christian Primer), *Encyclopaedia Biblica*에서 그의 사후에 출판된 논문인 "예수"에서 예수님은 단지 인간으로만 묘사되었다.[21] 예수님의 신적인 모습에 관해서는 논의가 이루어지지 않았다. 왜 그랬을까? 그는 진정으로 신적인 예수님을 부인하였나? 필자는 그가 부인하였을 것이라는 확증을 발견하지 못하였다. 아마도 그는 고의적으로 그리스도의 신성을 묘사하기를 거절하였을 것이다.

브루스는 예수님의 신성에 관한 교리적 작업을 시도할 경우 형이상학적인 교의주의를 전파하는 사람이 될지 모른다는 두려움을 가졌다. 그의 관심은 오로지 실용적이었다. 형이상학적 혹은 사색적인 신학 작업은 믿는 사람이든 믿지 않는 사람이든 모두에게 기독교적 진리를 발견하는데 방해를 줄 수 있을 것이라 믿었기 때문이다. 그러나 예수님

---

20) 그러나 그의 첫번째 저서인 *TT*에서는 공정하게 그리스도의 양성을 다루었다.
21) 브루스의 교리문답서는 예수님의 인간적인 삶을 자세히 설명만 하였는데 이는 전통적인 어떤 교리문답서와 전혀 다른 모습이었다. 그 대표적인 내용은 다음과 같다. "1. 예수는 누구였는가? 그는 갈릴리 나사렛에서 태어난 마리아의 아들이었으며, 그의 어머니 마리아의 남편은 목수인 요셉이었다. …6. 왜 예수는 이 직업을 그만두게 되었는가? 그 이유는 하나님의 영이 그에게 말하기를 종교적인 지도자와 같은 보다 고상한 일을 하도록 이끌었기 때문이다." (Bruce, *With Open Face*, 2nd ed., 1898, pp. 309-11); Bruce, "Jesus," in *Encyclopaedia Biblica*, eds., T. K. Cheyne & J. Sutherland Black, vol 2, London: Adam and Charles Black, 1901, p. 2435.

의 수치스러운 일생을 보기만 한다면 진리를 깨닫기란 쉬울 것이다. 그는 이것이 바로 기독교에 있어 본질이라 믿었다. 예를 들면, 교리문답서라든지 무미건조한 교리로 써 내려간 책들은 어린아이에게는 불필요한 것이다. 이것으로는 그리스도의 양성을 이해할 수 없다. 오히려 "시야를 넓게 갖고"[22] 역사적으로 유명한 예수를 바라볼 때 깨닫게 될 것이다. 그래서 그는 자기 나이에 맞게 어린아이에게는 수치를 당하신 인간 예수를 보여 주면 그만이라 여겼고, 이에 따라 역사적인 방법에 기초한 어린이를 위한 학습교본서를 만들었다. 자신을 비우시고 수치를 겪으신 인간 예수를 보게 함으로써 기독교 진리에 도달할 수 있을 것이라고 믿었기 때문이다. 그렇게 처절하게 수치를 당하신 분이 어린아이들을 구원하기 위해 자신을 비우셨다는 것을 알려줄 수 있을 것이라 여겼던 것이다.

어떻게 그는 이처럼 용감하게 그리스도의 인격을 일방적인 모습으로 제시할 수 있었는가? 그는 정통 기독론에 자신을 가졌기 때문에 가능하지 않았을까 생각한다. 그는 자신의 마지막 저서에서 신적인 예수 그리스도에 대한 확신을 다음과 같이 피력하였다.

> 성육신을 실제적으로 부인하는 두 가지 방법이 있다. 하나는 실제의 한 인간이 참으로 하나님이 될 수 있다는 것을 부인하는 것이고, 다른 하나는 실제의 한 하나님이 참으로 인간이 될 수 있다는 것을 부인하는 것이다. 후자의 방법은 비록 관대하게나마 평가받아 왔지만 전자의 방법과 마찬가지로 매우 해로운 것이다. 예수님이 주시며 하나님이라고 고백하는 것이면 된다. 그러나 누가 예수님이란 말인가? 그분은 참으로

[22] Bruce, *With Open Face*, 2nd ed., p. 308.

한 인간인가 그렇다면 어떤 모양으로 계셨던 인간인가? 우리가 신앙고백하는 데에 있어 진정한 가치는 여기에 나타난다. 의심스럽거나 알려지지 않은 인간의 속성을 지닌 역사적으로 유명한 한 인사가 하나님이라고 고백하는 것이 무슨 유익이 있다는 말인가? 예수님의 마음, 정신, 윤리적 특성, 그리고 인간적인 성격 등은 그분이 하나님과 동등하다고 확신을 갖도록 하기 위해 철저하게 분석, 소개되어야 한다. '인간 그리스도 예수'를 아는 것이 본질이다. 본인은 이것을 오래전부터 생각해 왔다. 이러한 사실에 대한 지식을 개발하는 것이 본인에게 부과된 짐이었다. 본인은 복음주의적인 회고록에 계시된 바와 같이 수많은 세월 동안 예수를 보여 주는 일에 열심을 다해 노력해 왔다.[23]

브루스에게 인간 예수의 윤리적인 삶은 신학에 있어 가장 중요한 주제였다. 그럼에도 불구하고 다른 많은 당대의 학자들과는 달리 역사적인 신적 예수에 대해 회의적이지는 않았다. 그래서 그는 슐라이어마허(Schleiermacher)와 카임(Keim)이 만들어 낸 인본주의적인 견해를 거부한 후, "그러므로 우리는 신조에서 말하는 그리스도의 모습에 그대로 머물러 있도록 하여야 한다"라고 선언하였던 것이다.[24] 그러나 그는 이러한 정통 기독론이 교의적 훈련을 통해 발견될 수 있다고 믿지는 않았다. 역사적인 신적 예수님을 그가 발견해 냈던 것은 순전히 인격적이고 영적인 것이었다. "모든 위대한 교리들은 그대로 존속될 것이다. 그러나 오직 이 교리들이 갖는 윤리적인 기초와 그 의미를 발견한 자들에게만 그렇다."[25]

23) Ibid., pp. vi-vii.
24) Bruce, HC, 5th ed., p. 235.
25) McFadyen, p. 97.

신약 주해 작업을 점차 포기하면서 특히 마지막 10년 동안에 그는 변증학에 관심을 기울이기 시작하였다. 브루스는 변증가적 정신 아래, 평이한 문체를 사용하면서 역사적인 예수님을 보여 주었으며, 그 결과 많은 변증서들을 펴낼 수 있었다.[26] 이 작품들을 통하여 그는 의도적으로 그리고 보다 분명하게 인간으로 사셨던 예수님에 초점을 맞췄다. 그는 예수님에 대한 이러한 지식을 지니지 않은 채 신적인 예수님을 소개받는다면 많은 사람들이 회의적일 것이라고 믿었던 것 같다. 이들에게 걸림돌이 되는 신적인 예수님을 의도적으로 무시하였다. 이런 의미에서 그의 변증학은 새로운 것이라 하겠다. 다시 말해, 그는 사색적인 방법으로 기독교를 변호하려 하지 않았다. 브루스에 따르면 변증학은 새롭게 그 방법이 수정되어야 한다. "옛날처럼 하나님의 존재를 증명하는 일로 시작하는 것이 아니라 그리스도가 가지고 있었던 하나님 개념이 무엇인지를 탐구하는 것이 바로 그것일 것이다."[27] 기독교는 합리적으로, 과학적으로 설명될 수 있다고 확신하는 것은 옳지 않다고 보았다. 그는 복음서를 예수님에 대한 모든 정보의 기초로 삼고 역사비평적인 연구 방법을 통해 아버지로서의 하나님에 대한 예수님의 가르침, 인간의 존엄성, 은총의 나라로서의 하나님 나라, 그리고 우리의 모델로서의 그리스도의 수치스러운 삶 등을 보여 주기를 원했다. 그의 신학은 근본적으로 처음부터 끝까지 윤리적인 특징에 비추어 전개되었다. 신약 주해건 변증서건 그의 모든 신학은 윤리적인 틀에 맞추어

---

26) 다음의 저서들이 그 산물이다. *Apologetics; or, Christianity Defensively Stated* (1892), *The Providential Order of the World, The Gifford Lectures*, (1897), *The Epistle to the Hebrews: The First Apology for Christianity* (March, 1899) and *The Moral Order of the World: in Ancient and Modern Thought, The Gifford Lectures* (April, 1899).

27) Bruce, *KG*, 3rd ed., p. 339. 그는 변증학에 있어 '아래로부터의' 방법을 취하고 있었다(*POW*, The Gifford Lectures, First Series, London: Hodder and Stoughton, 1897, p. 16).

논의되었다.

하나님에 대한 윤리적인 개념

브루스는 신학 작업에 있어 새로운 형태를 도모할 필요를 느꼈다. 그는 실제의 예수님을 이해하기를 갈망하였고 예수님은 이 땅에 계시는 동안 이스라엘 백성들에게 신학에 있어 새로운 틀을 도입한 '선지자'적인 분이었다고 확신하였다. 브루스는 법정적인 신학의 멍에 아래 놓인 사람들에게 신학의 '윤리화' 작업을 예수님이 도입하셨다고 믿었다. 브루스는 '예수의 신학'을 재현시키고 싶어했다. 하나님을 너무 높고도 멀리 계신 분으로 만들어 놓은 현대의 신학이 하나님을 인간들에게 보다 더 가깝게 만들어 놓은 예수님의 신학에로 수정되어야 할 것이라 생각하였다. 예수님이 하나님을 '아버지'라고 부른다든지 예수님이 전개한 하나님 나라 신학을 은총의 나라라고 보았다든지, 예수님이 인간을 하나님의 보배롭고도 사랑스러운 피조물로 믿었다는 이야기, 인류구원을 위해 수치스러운 삶을 살아가신 예수님 등등 위와 같은 주제들은 브루스에게 신학에 있어 혁신적인 내용들이라 여겨졌다.

따라서 그가 믿기에 모든 사색적인 신학은 윤리적인 의미를 지닌 신학으로 변화되어야 했다. 하나님, 그리스도, 죄, 선택, 구속, 구원, 심판, 그리고 교회 등에 관한 교리는 윤리적으로 재건되어야 한다는 것이다. 이러한 윤리적 신학을 그가 제창하며 발전시키는 가운데 자연스럽게 자유주의 신학이 제기한 몇 가지 원리를 받아들였다.[28] 브루스에게 윤리성은 신학에 있어 근본적인 주제가 되었다. 우리는 그의 기독론을 살피기 전에 우선 신학에 있어 그가 제시한 기본적인 원리에 주목할 필요가 있다. 이 글에서 이러한 윤리적 신학 틀 안에 세워진 그의 신론을 분석할 것이다. 그가 지지하는 윤리적인 하나님을 이해하기 위해, 우리는 우선 하나님이 이 세상을 통치하시는 하나의 원리인 윤리적 질서 체계를 살피고 브루스가 확신하고 있는 아버지로서의 하나님에 대한 개념을 분석하게 될 것이다.

윤리적 세계 질서

브루스에게 하나님과 이 세계와의 관계를 설명하는 신학이 있다면 그것은 전적으로 윤리적인 것이지 형이상학적인 것은 아니었다. 이 세계 질서는 이론으로 설명될 수 있는 성질이 아닌, 사실 그 자체로서 인식되어야 할 것이었다. 그리고 그 사실은 곧 윤리적인 것이었다. 브루스는 이 세계에 존재하는 윤리적 질서의 실재성을 주창한 19세기의 선도적 학자들의 뒤를 따랐다.[29] 윤리적인 통치자로서의 하나님은 모든 인간의 관심사, 즉 정치, 사회, 문화, 종교, 과학 등 모든 분야에까지 그 통치 영역을 차지하고 계신다. 심지어 현대 과학의 발견이라고

---

[28] 스코틀랜드에서는 19세기의 자유주의가 전통적인 개혁신학에 급속도로 침투하고 있었는데, 이로 인해 기독교 신앙에 본질적인 것과 비본질적인 것 사이에 구별이 허용되었다. 자유주의의 물결은 스코틀랜드 자유교회 교단에서 교회와 신학교 강의실을 통하여 19세기 후반부 25년까지 그 모습을 드러내기 시작하였다(Collins, *The Heritage of Our Fathers*, p. 75). 비록 이단 논쟁이 일곤 했지만 곧 사그라지고 말았다. 플린트(Flint) 교수는 1881년에 "스코틀랜드 교회는 의심이 가는 가르침과 근본적으로 이단이라 할 수 있는 것에 대하여 관용을 베풀 권리가 없지만, 이 교단이 다양한 견해에 압력을 가한다든지 합법적인 절차를 파괴하거나 모든 오류를 이단이라고 치부한다든지, 그 어떤 사람에 의해 좌지우지하게 할 권리는 없다"라고 회고한 바 있다(A. C. Cheyne, *The Transforming of the Kirk*, pp. 79-80).

하는 진화론 역시, 이 진화의 마지막 단계를 기대하고 진화를 세상 끝까지 진행하고자 하는 창조주 하나님의 섭리적인 질서 안에 포함된 것으로 보았다. 그러므로 우리는 크고 작은 모든 일에 있어 의롭고 은혜가 많으신 하나님의 섭리가 일어나는, 역사 안에서 발견되는 하나님의 흔적들을 충분히 찾아낼 수 있다.[30] 두말할 나위 없이 모든 인류는 이러한 하나님의 섭리적 질서 가운데 고귀한 존재라고 브루스는 믿었다.

브루스의 입장에서 보면 인류의 가치를 평가절하하는 그 어떤 냉소적인 관점은 모두 잘못된 것이었다. 그가 믿기에 인류는 하나님의 아들과 딸로서 이들의 마지막에 애정을 받는 것처럼 당연히 이들의 처음도 사랑을 받는다. "[하나님은] 시작 가운데에서 마지막을 보며, 뿌리를 보면서 잘 익은 열매를 내다보고, 도토리 안에서 큰 떡갈나무를, 미숙한 인간에게서 완전한 사람을, 실제 인간이 갖는 유치한 면에서 인간의 이상을 보신다."[31]

이 세상의 모든 종교는 이러한 윤리적 질서에 의해 통제되어 있다. 종교란 지상의 윤리성과 그 어떤 관계도 무시한 채, 영적인 것에만 관심을 갖는 것은 아니다.

---

29) 그는 우리가 여기서 다루어야 하는 것이 이신론적인 교의가(a dogma) 아닌 관찰을 통하여 그 진상이 드러날 수 있는 사실이라고(a fact) 믿었으며, 이러한 논지를 확실히 보장시켜 주는 인물들이라고 믿은 칼라일(Carlyle), 아놀드(Arnold), 슈트라우스 등의 이름을 선호하였다. "칼라일의 신 개념은 신학적으로 정의될 수 없다. 아놀드는 하나님의 인격성을 확증할 수 없는 것이라고 냉소적으로 치부하고 있다. 슈트라우스는 윤리적 양식 가운데에서 자신의 믿음을 선언하고 이를 통해 선에 대한 개념이 드러나게 할 때, 그는 사상이란 운동의 한 양태라고 하는 확고한 유물론자임이 드러난다. 그러나 이들 모두는 우리의 현재의 논지를 증거할 증인으로 보아 무방하다. 왜냐하면 지금 우리가 관심을 갖는 것은 어떤 사실이지, 신학적인 이론이 아니기 때문이다"(Bruce, POW, p. 173).
30) Ibid., pp. 70-6.
31) Ibid., pp. 167-8.

종교와 윤리성은 완전히 구별된 것이 아니다. 오히려 이 둘은 같은 것에 대한 상이한 국면일 뿐이다. …윤리성과 동떨어진 종교는 허깨비이고, 종교에게서 동떨어진 윤리성은 시체이다. 종교는 윤리성의 영혼이며, 윤리성은 종교의 몸이다. 즉 이 둘은 함께 하나의 유기적인 전체를 이룬다. 윤리성은 참 종교의 결과이다. 그러나 그것을 낳게 할 수 있는 종교가 먼저 존재하지 않는다면 생명력 있는 잠재성 가운데 존재할 수 없다. 종교가 없는 윤리성은 날개 잃은 것이며 동기 유발 능력을 상실하는 것이다. 이러한 경우는 프로펠러 없는 배, 혹은 바람을 잡으러 항해하는 것이다. 한편, 은총으로 가득찬 윤리적 결과 가운데 풍성한 모든 움직임은 종교적 기원을 가지고 있다. 정의를 구현하는 이 세상의 능력은 그것의 도구인 종교를 통하여 역사한다.[32]

종교와 윤리성 사이의 불가분리의 관계는 윤리적 질서가 분명히 발견되는 종교에 관한 연구를 통해 드러난다. 불교, 조로아스터교, 희랍 종교와 히브리인들의 종교에서 "영원히 존귀한 윤리적 질서를 공통적으로 신봉하는 모습이 기초적인 사실이라는 것, 즉 인간이 갖는 종교에서 중요한 요소로서 여겨질 수 있음이" 발견된다.[33]

불교는 미래에 얻게 될 복락을 기대하면서 현재 그리고 여기에서의 세속의 삶을 부인하는 데에서 드러나는 바와 같은 그 어떤 윤리적 질서를 지닌 종교이다. 비록 여기서 발견되는 윤리적 질서란 마치 이 세상을 통찰하는 신적인 존재를 암시하는 섭리적인 질서와 같지 않아서

---

32) Ibid., p. 199.
33) Bruce, *The Moral Order of the World: in Ancient and Modern Thought*, The Gifford Lectures, Second Series, (London: Hodder and Stoughton, 1899), p. 381.

비인격적이기는 하지만, 이 종교는 분명히 어떤 윤리적 정신을 함의하기 때문에 가치가 있다고 브루스는 믿었다. "불교는 무엇이 덕인가에 대한 매우 순수한 개념을 제기하는데, 예를 들면, 이 덕을 단순히 명상이나 고행 혹은 행동을 통한 거룩함 등에 두지 않고 오히려 내적인 순결과 이기적 욕망을 실제로 제거하는 것에 두고 있는 것이 그것이다."[34] 불교와 달리 페르시아의 조로아스터교는 소위 아버지라 불리는 하나님을 믿는 인격적인 종교이다. 히브리 종교와 같이 페르시아 종교는 철저하게 윤리적 치밀함을 지닌 의를 열정적으로 사모한다. 더욱이 페르시아 종교는 사람들이 "인간의 선한 마음속에는 절대적으로 선한 마음이 내재하여 있고 활동하고 있음을" 볼 수 있다고 생각하기도 한다.[35] 윤리적 질서는 가장 지혜로운 희랍의 여러 사상가들과 이들의 종교적 신앙고백과 같은 곳에서도 발견될 수 있다. 예를 들면, 플라톤의 향연(Symposium)에서 사랑은 선을 위해 요구되는 그 어떤 것의 동기를 부여받는다고 한다든지, 허큘레스(Hercules)의 딸인 마카리아(Macaria)가 자신을 희생하는 사랑의 사례로서 그려진다는 데에서 나타난다.[36] 스토아 학파 또한 대단히 윤리적인데, 모든 사람들은 그 스스로 윤리적 의식을 지니고 있다고 주장하는 그것이 이를 증거한다. 스토아 학파는 최고의 선을 덕에 두기도 하였다.

그러나 브루스는 히브리 선지자들이 제공하는 하나님의 섭리론에 나타난 **"이 종교의 수준 높은 고상한 윤리적 성격"** 에서[37] 최고의 가치를 발견하였다. 이들의 하나님은 개개인들뿐만 아니라 이 세상의 의를

---

34) Ibid., pp. 27-8.
35) Ibid., p. 55.
36) Ibid., pp. 67, 97-8.
37) Ibid., p. 182.

사랑하신 분이었다. 욥의 세 친구는 이러한 히브리 종교의 대표적인 인물이다. "현재 그리고 여기에서 이들 각자가 갖는 욕망을 따라 이들 모두를 대하시는 모습에서 하나님의 완벽한 윤리적 세상 통치가 나타난다."[38] 한편, 섭리에 관한 그리스도의 가르침 안에서 하나님은 단순히 모든 사람을 자신의 사역을 따라 행하게 하시는 윤리적 통치자일 뿐만이 아니라 끝까지 참으시는 분, 즉 죄를 정하여 그에 따라 보응하시지 않고 마치 동이 서에서 먼 것과 같이 범죄를 인간에게서 제거하시는 그러한 분으로 나타난다.[39] 더 나아가 그리스도의 하나님은 어느 특정한 사람들을 지배하는 신 이상이었다. 하나님은 풍성한 은총에 따른 섭리로 모든 피조물을 다스리고 있었던 것이다.

어떻게 하나님이 자신의 섭리적 질서 가운데에서 이 세상을 통치하셨는가? 브루스에 따르면, 이 세상은 과정의 법칙에 의해서 통치되었다. 이러한 확신을 기초로 그는 예수님의 가르침을 다음과 같이 해석하였다.

> 예수님은 섭리가 자연의 과정을 통하여 역사하고 그 목적을 이루며 이 목적을 달성하는데 있어 단숨에 뛰어오르는 듯하지(per saltum) 않고 점진적으로(gradually) 진행된다고 가르치셨다. 예수님이 묘사하신 신의 섭리 개념에서 그분은 신기한 일들과(the unusual) 갑작스럽게 변하는 일들을(the catastrophic) 놓고 지나치리만치 중요하게 여기신 적이 없다. 그분의 표어는 다음과 같았다. 자연은 하나님의 도구요, 성장은 물리적 세계에서와 마찬가지로 윤리적 규범이다.[40]

---

38) Ibid., p. 214.
39) Ibid., p. 251.
40) Ibid., p. 409.

윤리적인 이상은 단숨에 실현될 수 없다. 하나님은 전능성을 활용하여 전 세계의 모든 일들을 만들어 내거나 무너뜨리지 않으신다. 과정이 윤리성에 있어 본질적이다.[41]

윤리화는 윤리성이라는 본질을 따라서만 가능하다. 즉 각 개인의 성화와 공동체 혹은 인류의 인간화를 위해서는, 자유가 행사되고, 몸부림 치며 싸우는 일과 노력, 경험 그리고 필연적인 조건으로서 시간이 전적으로 요구되는데 이것을 통해서 윤리화는 가능하다.[42]

브루스는 윤리성에 대한 이러한 개념이 기독교 안에서 발견될 수 있다고 믿었다. 더 나아가, 기독교는 윤리성을 최고의 범주로 보고 있다고 생각했다.[43] 비록 그의 후기 저서들에서 윤리적 질서에 대한 개념을 보다 온전하게 전개하고 있지만 이 개념은 이미 그의 초기 저서에 도입되었다. 그의 전 신학, 곧 그의 신론과 수치를 당하신 그리스도론 등을 구성함에 있어, 그는 윤리적인 면을 우선적으로 고찰하였다. 따라서 그의 케노시스 개념이 윤리적 특징 안에서 전개되었던 것은 자연스러운 일이었을 것이다. 다음의 연구를 통하여 그의 기독론이 더 분명해지겠지만 우리는 여기서 한 가지 중요한 그의 신학적 개념인, '모든 이의 아버지 되시는' 하나님이라는 개념을 살펴볼 필요가 있다.

---

41) Bruce, POW, p. 137.
42) Ibid.
43) Bruce, *The Moral Order of the World*, p. 411.

아버지로서의 하나님

하나님께서는 아버지이시다. 브루스는 이러한 신론의 기원을 예수님의 가르침에서 찾고 있다. "[예수님은] 하나님이 아버지라고 하신 것을 설교하러 오셨다."⁴⁴⁾ 브루스는 예수님이 하나님을 아버지라고 하신 것은 명시한 바 있다. 이에 따라 하나님에 대한 '랍비식의' 개념이 대체되었다고 종종 강조하였다. "그분께서는 아주 멀리 떨어져 계시지 않는다. 왜냐하면 비록 그분이 하늘에 아버지로서 계시지만 그분은 또한 인간의 마음 가운데에서 그리고 이들과의 가족 관계라는 통로를 매개로 하여 이들에게 아주 가까이서 말씀하고 계신다."⁴⁵⁾

그러나 어떤 의미에서 예수님이 가져다준 하나님에 대한 '새로운' 개념은 새로운 것이 아니었다. 이 개념은 이미 구약에 드러나 있다. 옛 개념이나 다름없는 것이다. 그럼에도 불구하고 이 개념은 그 해석과

---

44) Bruce, *The Parabolic Teaching of Christ: A Systematic and Critical Study of the Parables of Our Lord*, (London: Hodder and Stoughton, 1882), p. 334. "예수 그리스도에 의해서 이미 밝혀진 바와 같이 하나님에 대한 개념에 있어 가장 두드러진 개념은 바로 아버지라는 이름으로 표현되는 것이다. 우리의 주요 구원자이신 분께서 밝히신 이 교리에 따르면, 하나님은 아버지로서 생각되고 진심으로 믿어진 후에야 비로소 하나님은 참으로 알려진다는 것이다. 아버지로 여겨지지 않는 그 어떤 하나님도 인간의 마음을 충족시킬 수 없다"(Bruce, *TT*, 2ⁿᵈ ed., p. 391). 하나님에 관한 이러한 개념은 실제로 새로운 것은 아니었다. 하나님에 대한 부자관계적 이해는 앞서간 신학자인 캠벨(John McLeod Campbell)의 작품에서 발견된 바 있다. 캠벨은 칼빈주의적인 언약 신학에 나타난 '사법적인 법 제공자'로서의 하나님과 '아버지 되심'으로서의 하나님을 대비시킨 바가 있다.

45) Bruce, *KG*, 3ʳᵈ ed., p. 208. 브루스는 하나님에 대한 예수님의 개념과 랍비의 개념을 대비시켰다. "하나님에 대해 잘못된 개념은 '랍비식의' 실수가 담고 있는 것이었다. 서기관들은 멀리 떨어져 계신 하나님을 믿고 있었던 것이다." 그는 마가복음 7:6("이 사람들이 입술로는 나를 존경하나 마음은 멀도다")의 의미는 단지 예수님이 예수님이 이들의 부정직함을 꾸짖기 위함만 있는 것이 아니라 또 다른 의미도 있다고 제안했다. 즉 예언자적인 이 말을 통해 예수님이 지적하신 것은 그들의 부정직함을 꾸짖는 것도 있지만 랍비식 경건만을 묘사하고, 오직 율법의 전통만을 길게 이야기할 뿐 본질적으로는 인간의 마음에 직접적으로 와 닿는 메시지는 선포하지 못하므로 결국 사람들로 하여금 멀리 떨어져 계신 하나님만을 경배하도록 만들었다고 그들의 잘못을 지적했다는 것이다(Ibid.).

강조에 있어, 그리고 '아버지' 라는 이름으로 표현하도록 하였다는 면에서 새로운 것이다.46) 브루스는 그의 설교에서 예수께서 이해한 부자 관계적 개념은 "위대한 신학적 혁명"이었다고47) 선언한 바 있다. 예수님의 신론은 당대의 신학적 틀과는 전혀 다른 것이었다.

'하나님이 아버지이다' 라고 그가 말하였을 때 브루스는 과연 무엇을 의미하고자 하였는가? 우선 그는 그의 신론에서 주장하는 바와 같이 하나님은 '인격적' 인 분임을 말하고자 하였다. 하나님은 합리적이고, 윤리적이며, 자의식적이고, 자기 결정적인 분이다.48) 브루스는 하나님에 대한 아버지적인 개념으로부터 그분의 내재성을 전개해 나갔다. 나아가 그는 하나님의 인격성이라는 개념으로부터 하나님의 아버지 되심의 의미를 다음과 같이 넓혀 나갔다. "섭리적이고 은혜로우신" 모습이 그것이다. "전자가 인간의 잠정적인 관심사들을 말한다면, 후자는 영혼이라는 한 차원 높은 관심사를 말한다."49) 아버지로서의 하나님은 부모가 매일 자기 자녀들에게 빵을 주듯이, 조성자요 유지시키는 자로서 온 세계를 다스리고 계신다. 자연은 사람들에게 이러한 하나님의 아버지 되심을 근거로 하여 섭리를 가르치고 있다. 반면에, 아버지 되시는 하나님은 사람들을 은혜롭게 돌보고 계심을 보여 준다. "예수님은 하나님이 실제로 제일 중요한 목적과 제일 중요한 선을 무시하는 사람들의 영혼을 아버지 되시는 그 부드러운 마음으로 돌본다고 가르치셨다."50)

아버지 되심의 두 번째 의미는 '하나님은 사랑이시다' 라는 것이다.

---

46) Bruce, *The Miraculous Element in the Gospels*, (London: Hodder and Stoughton, 1886), p. 334. 그의 다른 책도 보라: *KG*, 3rd ed., p. 109.
47) Bruce, *The Galilean Gospel*, (London: Hodder and Stoughton, 1884), p. 182.
48) Bruce, *Apologetics*, p. 59.
49) Bruce, *KG*, 3rd ed., p. 111.
50) Ibid., p. 112.

전통적인 신론에서와 달리, 브루스의 하나님은 엄격하게 법을 집행함으로써 세상을 지배하는 단순한 통치자가 아니라[51] 자신의 자녀들을 부성에 따라 무한하게 용서를 베푸시는 분인 것이다. "어떤 아버지도 자신의 자녀들에게 엄격하게 법을 집행하는 등, 원칙에 의거하여 다루지는 않는다."[52] 나아가 브루스는 확신을 가지고 다음과 같이 선언하였다. "참된 아버지는 모두 자기 자녀들을 한 번만이 아니라 수십 번씩이라도 용서한다. 아버지는 자기 자녀들에게 지은 죄를 따라 대하지 않으신다."[53] 브루스는 전통적인 신론이 하나님께서 가지고 계시는 애정을 희생한 채 하나님의 정의와 엄위를 내세우려는 경향을 지니고 있기 때문에 하나님의 은총이 무시되거나 의심을 받아 왔다고 주장했다. 다시 말해 하나님은 잃어버린 자녀를 벌하려는 데 관심을 두시기보다는 '탕자'를 용서하시는데 관심이 더 크다는 것이다.

하나님은 자비로우신 아버지다. 예수님의 비유와 기적들은 이러한 하나님의 사랑과 은총의 시각에서 설명될 수 있다. 브루스는 예수님의 비유들을 해석하면서 하나님의 사랑과 은총을 강조하였다. 예를 들면,

---

[51] 브루스는 윤리적인 통치자로서의 하나님에 대한 생각을 버리려고 하지 않았다. "하나님은 윤리적인 통치자이다. …좋은 것으로 가득찬 왕국을 기대하고 만사를 지배하신다(Bruce, *POW*, pp. 6, 170).

[52] Bruce, *With Open Face*, 2nd ed., p. 189. 여기서 브루스는 자신의 생각을 전통적인 구속론과 구별시키고 있다. 하나님은 안셀름적인 만족설에서 보는 바와 같이 자신의 명예를 돌려받기를 요구하신다는 법정적인 개념으로 이해될 수 없다. 오히려, 그분은 자신의 사랑 때문에 가장 나쁜 자들까지도 용서하신다(구속론에 관해서는 이 글 pp.201~16을 보라). 브루스는 하나님이 모든 이들에게 은혜로운 분이어서 몇몇 사람들을 택하여 이들을 용서해 주는 것은 아니라고 주장하였다. 나아가 그는 전통적인 교회의 명제인 *extra ecclesiam nulla salus*(교회를 떠나서는 구원이 없다)를 거부한다. 여기서 그는 교회론에 있어 포괄적 이해를 제안하고 있는 듯하다. 물론, 보편적 구원을 의미한 것은 아니었다. 단지 사람들이 종족과 국가와 관계없이 그 누구라도 구원받을 수 있다는 보편적인 시각만을 암시하였을 뿐이었다. 이에 관해서는 다음의 책을 보라. Bruce, *KG*, 3rd ed., pp. 54-5, 144, 254-6; *With Open Face*, 2nd ed., p. 19; cf. Anselm, *Cur Deus Homo?* in *St Anselm Basic Writings*, (La Salle: Open Court, 1962), I, 12[『인간이 되신 하나님』, 이은재 역, 서울: 한들출판사, pp. 93-99).

[53] Bruce, *With Open Face*, 2nd ed., p. 203.

포도원 지기들 이야기를 하면서 제시된 시간의 비유, 달란트 비유, 그리고 잃은 아들과 선한 사마리아인 비유 등이 그것이다. 예수님의 기적 또한 "하나님 안에 있는 은혜의 계시"였다.[54]

그러면 하나님은 누구의 아버지인가? 그분은 거룩한 자들, 특정한 몇몇 사람들의 하나님인가? 위에 암시된 바와 같이 브루스는 하나님이 거룩하지 못한 자들, 버림받은 자들, 죄인들의 아버지라고 보았다. 예수님의 하나님은 "[거룩하지 못한 자들, 버림받은 자들, 죄인들을] 경멸하고 박대하였던 바리새인들의 하나님과는 다른 분"이었다.[55] 나아가 하나님은 모든 사람들의 아버지이시다.[56] "[예수님이] 선언하신 하나님은 그분의 은혜로 하나님의 천국 시민이 된 자들뿐만 아니라 이러한 시민권을 지니지 않은 자들에게도 아버지가 되신다."[57] 브루스는 모든

---

[54] Bruce, *The Galilean Gospel*, p. 136. 브루스는 초자연적인 사건을 믿지 못하게 하는 뿌리는 선험적으로 사색하는 추론 행위와 변화의 필요를 원하지 않고 낙관적인 세계관을 좋은 것으로 생각하는 태도라고 말하면서, 복음서에 나타난 초자연적인 사건들에 대해 위와 같은 이신론적인 불신의 태도를 비판하였다(Bruce, *The Miraculous Element in the Gospels*, pp. 13-20, 250).

[55] Bruce, *KG*, 3rd ed., p. 113.

[56] 브루스가 하나님의 보편적인 아버지 되심을 주창하게 된 것은 아마도 인간에 대한 최고의 가치를 전제했고 그것을 염두에 두었기 때문인 것 같다. 그에 따르면 인간은 하나님의 사랑을 받을 만한 가치가 있는 존재이다. 하나님에게는 모든 사람이 윤리적인 인격성을 지니며 말로 다할 수 없이 고귀한 가치를 지닌 존재라는 것이다(Bruce, *The Galilean Gospel*, p. 121). 그는 1885년 던디(Dundee)와 아버딘에서 있었던 주일 저녁 강의에서, 교인들이 사회적 문제에 관여해야 한다고 고무시킨 바가 있다. 여기서 그는 "우리는 더 이상 인간이 양이나 소 또는 말과 같은 존재일 뿐이라고 여겨서는 안 된다"고 말하였다(A. C. Cheyne, *The Transforming of the Kirk*, p. 137). 나아가 하나님에게는 가장 쓸모없는 자들이라도 아름답게 보일 수 있고 가장 더러운 자라도 성화될 수 있는 것이다. 그리스도는 약한 자, 병든 자, 힘 없는 자를 사랑하시는 분이시다. 더 나아가 인간은 이 세상에서 죽어 없어질 존재가 아닌 영원한 존재인 것이다. "그리스도의 가르침에서 발견되는 인간은 상당히 위대한 존재여서 불가피하게 그의 영원성을 상상하게 만든다"(Bruce, *KG*, 3rd ed., p. 131). 그러나 현대 과학은 인간의 존엄성을 제거한 나머지 인간이 원숭이 모양으로 되었다고 하며 나아가 영원히 죽어 없어질 존재일 뿐이며, 기껏해야 개보다는 조금 더 나은 존재라고 말한다(*The Galilean Gospel*, p. 122). 다윈주의자들은 인간을 비하시키는 이러한 오류에 책임이 있다. 이들은 약한 자, 병든자, 힘 없는 자들이 적자생존의 원리에 따라 사라져 갈 것이라고 생각하였던 것이다. 범신론과 유물론주의자들도 역시 브루스에게는 비판의 대상이 되었다. 이들도 역시 인간을 비하시켰기 때문이다(Bruce, *Apologetics*, p. 60).

죄인들을 위한 하나님의 사랑을 스코틀랜드 사람들에게 보여 주었다. 이것은 예정론에 관한 극단적인 칼빈주의적 교리와 모순된다. 이런 의미에서 그는 복음서가 말하는 무제한적인 부르심을 강조한 매로우(Marrow) 사람들,58) 모든 이를 위한 하나님의 은총에 주목한 캠벨, 그리고 1873-1874년에 모든 이를 위한 복음을 설교한 무디(D. L. Moody)를 뒤

---

57) Bruce, *KG*, 3rd ed., p. 110. "그러나 하나님의 아버지 되심은 예수님이 이미 선언하신 바와 같이 모든 이를 대상으로 생각해야 함에도 불구하고 필연적으로 모든 사람들을 똑같이 고려한다는 의미는 아니다. 하나님은 집에 남아서 신실한 믿음과 존경하는 마음과 사랑을 베풀면서 자기를 봉양하는 아들과 똑같이 지상의 부모 이상으로 탕자와 같은 자녀들의 아버지가 되실 수는 없다"(Ibid.). 그러나, 아버지로서의 하나님의 사랑을 두 개의 다른 시각에서 보는 것이 서로 조화를 이룰 수 없는 것은 아니라고 브루스는 믿었다. "예수님은 아버지 하나님을 은혜로운 하나님과 다정하고 관대하신 섭리자로 묘사하고 있다. …각각은 다른 나머지를 보완하고 있다. 전자는 하나님이 윤리적 신실한 자들에게 특별한 부성적인 기쁨을 가지고 있다고 가르친다면, 후자는 하나님이 모든 인류를 향한 자비를 행사하신다고 가르친다. 심지어 윤리적으로 볼 때 비출한 자들, 제멋대로인 자들과 순종한 자녀들 모두에게 선을 행하신다. …이 둘을 합하여 보라. 그러면 이 둘이 갖는 약점들이 제거될 것이다. 이뿐만 아니라 서로 대조적인 이 둘은 각기 서로를 해석하고 돕고 있다. 하나님이 갖는 윤리적인 특별한 관심은 그분의 관대한 마음을 강하게 보여 주어서 저주의 모습이 아닌 은총의 외관을 드러나게 한다. 다른 한편, 그다지 매력적으로 보이지 않는 하나님의 관대성은 오히려 무가치한 자들이라도 하나님의 참된 자녀, 하나님이 기뻐하시는 대상이 될 수 있다는 바람을 표현하는 것이라 이해되어야 한다"(Bruce, *With Open Face*, 2nd ed., pp. 193-4).

58) 오크테라더(Auchterarder) 노회에서는 다음과 같은 선언문 조항을 삽입하였다. '나는 그리스도에게 나아오기 위해 그리고 하나님과의 언약을 출범시키기 위해서는 죄에서 떠나야 한다고 가르치는 것은 적절하지 못하고 정통신학적이지도 않다고 믿는다'. 총회에서는 두 개의 진영으로 나뉘었다. 한 진영은 율법폐기론적 제안이라고, 다른 진영은 복음주의적인 것이라 하였던 것이다. 궁극적으로 총회는 이 조항을 율법폐기론적이라고 선언하게 되었다. 토마스 보스톤(Thomas Boston)은 이러한 총회의 결정에 이의를 제기하였다. 그는 그 조항이 1645년 잉글랜드에서 최초로 출판된 옥스퍼드(Oxford)의 에드워드 피셔(Edward Fisher)가 저술한 *The Marrow of Modern Divinity*라는 청교도적 신학 서적을 참고하여 만들어지고 설교되곤 하였던 하나님의 은혜의 복음이라고 주장하였던 것이다. 이 책은 하나님의 구속 사역 중 은혜를 특별히 강조하였던 것으로 유명하다. 매로우 사람들의 중심 주제 중 하나는 신론이었던 것이다. 즉 모든 사람들에게 들려질 수 있는 은혜의 복음, 온 세상을 위한 하나님의 무조건적인 은혜가 그것이다. "궁극적으로 그것은 신론이었고, 하나님은 바로 사랑이라는 사실, 이것이 중심 주제였다. …따라서 [매로우 사람들은] 예외 없이 남자건 여자건 모든 사람들을 위해, 즉 어떤 택함받은 사람들이 아니라 바로 잃어버린 죄인들 모두에게 복음이 전해지기 위해서는 하나님 자신의 궁극적 본질 안에서 성경적 근거가 발견될 수 있다고 믿었던 것이다"(T. F. Torrance, *Scottish Theology*, p. 242). 한편 이들은 여전히 계약 신학과 이중예정론에 충실하였다. 그러면서도 하나님의 무한한 은혜를 말하였던 것이다.

따랐다.59) 매로우 사람들은 모든 인류를 위해 충분한 그리스도의 죽음, 모든 사람에 대한 하나님의 무조건적인 은혜, 그리고 모든 이를 위해 아낌없이 제공되는 복음을 믿었다. 캠벨은 하나님의 사랑을 강조한 나머지 그리스도는 몇몇 사람이 아닌 모든 인류를 위해 죽었다고 하였다. 무디도 역시 모든 죄인들 '누구에게나 제공되는 복음'과 모든 인류를 향한 하나님의 사랑과 은혜를 설교하였다. 스코틀랜드에서의 그의 이러한 설교는 당시 많은 사람들에게 지대한 영향을 끼쳤다.60) 무디와 생키(Sankey)는 전통적인 칼빈주의에 도전을 주었다.

어떻게 하나님의 사랑이 발견될 수 있는가? 브루스는 예수님의 삶과 죽음이라는 공생애 사역, 수치를 당하신 예수 그리스도에게서 그것이 드러난다고 믿었다. "우리가 실제로 신령과 진정으로 하나님에 대해 아는 모든 것은 예수님을 통해 알게 된다."61) 브루스는 그의 설교에서

---

59) 브루스에게 선택론이란 많은 사람들을 축복하는 방편이라는 이름 아래 하나님의 인정 많은 계획을 전달하기 위한 중간적 역할이라 이해하였을 뿐, 피택자들이 배타적으로 구원받는다는 교리라고 보는 것에 대해서는 상당히 부정적이었다. 사실 후자의 선택론 견해는 스코틀랜드의 16세기 종교개혁 이래로 이미 스코틀랜드 신학을 지배해 온 교리였다. 그러나 브루스에게 "[예수님은] 배타적 구원의 성격을 지닌 피택자 개념이나 아니면 하나님이 자신의 기호를 따라 독점적인 지위를 즐긴다는 의미에서 피택자를 생각하지 않았다"고 보았다(*KG*, 3rd ed., p. 322). 그는 율법주의적 구조에 동의하지 않았다. 왜냐하면 그러한 교리는 "사랑의 본성을 무시하는" 것을 표명하기 때문이었다(Bruce, *TT*, 2nd ed., p. 298).
60) 무디는 1873-1874년에 스코틀랜드의 Free Church 교단에 속한 교회에 큰 영향을 끼쳤다. "잉글랜드에서 행한 그의 집회가 작은 사건에 불과하였다면, 스코틀랜드에서는 그 보다 훨씬 큰 일이었음에 틀림없다. …단순히 교회에서 수천명의 사람들이 회심하였으며 믿음의 생활을 근본적으로 뒤흔들기도 하였기 때문이 아니라 …덜 교리적이고 감정에 호소하는 복음주의적 움직임을 만들어내었기 때문이었으리라"(Ibid., pp. 13-4). 무디의 설교는 당시 교회에 엄청난 도전을 주어 수많은 젊은이들이 에딘버러 신학부에 들어오게 하였다. 케언스는 이러한 무디의 영향을 다음과 같이 회고하고 있다. "그 당시 신학부에 약 80여 명의 학생이 공부하고 있었던 것을 기억하는데 이는 오늘날 목회자를 배출하는 비율을 비교해 볼 때 상당히 많은 숫자였다고 생각한다. 평균치를 상회하는 많은 수효의 신학생은 무디의 스코틀랜드 방문 두 번째를 통해 끼친 그의 영향이 여전히 효과적이기 때문이라고 판단된다"(*David Cairns: An Autobiography with a Memoir by* D. M. Baillie, London: SCM, 1950, p. 123).
61) Bruce, *Apologetics*, p. 350.

그리스도 중심적인 신론을 다음과 같이 피력하였다.

> 정말로 그리스도와 같은 애정 어린 마음을 지니고 인간의 윤리적인 삶 가운데에로 나아가시는 하나님이야말로 우리가 충심을 다하여 섬길 수 있는 하나님이다. 우리는 이신론이 말하는 신성에서와 같이 단순히 하늘 높이 계신 하나님이 아니라 자신을 낮추시어 이 땅에 일어나는 일들에 주목하시는 그러한 하나님을 원한다.[62]

브루스는 전통적인 신조도, 이신론도, 아니 심지어는 성경도 아닌, 예수님의 수치스럽게 살아가신 그 삶만을 자신의 전 신학 체계에 중심에 두도록 권위를 부여하였다.

예수님이 하나님을 아버지라 부르셨을 때에 중요한 하나의 원리가 숨겨져 있다. "하나님은 인간들의 어떤 품행에 무관심한 분이 아니라 오히려 이들의 윤리적 행동에 지대한 관심을 지니고 있는 분이라는 것이다."[63] 인간들에 대한 하나님의 사랑은 단순히 인류를 일방적으로 사랑만 하시는 하나님만을 의미하지 않는다. 오히려 하나님의 사랑은 인류에게서 그 어떤 윤리적 반응을 요구하신다. 브루스는 예수님이 하나님에 대하여 언명한 것들을 다음과 같이 풀어서 말하고 있다. "하나님은 너희의 아버지요, 너희는 그의 아들들이며, 또한 너희의 아버지는 자신의 아들에 걸맞게 너희들이 행동하도록 이끌고 싶어하신다."[64] 인간들은 자기들의 아버지에게서 사랑받는 대상들이면서, 동시에 아버

---

62) Bruce, *The Galilean Gospel*, p. 114.
63) Bruce, *With Open Face*, 2nd ed., p. 184.
64) Ibid.

지의 윤리적 실제가 그리스도의 삶과 사역 가운데에서 발견되기에 윤리적으로 완전한 상태를 본받아 살아가는 주체이기도 하다. 인류는 모든 사람들을, 이들의 종교, 종족, 국적을 떠나서 열린 마음으로 사랑해야 한다. 이와 같은 원리에 따라, 브루스는 목회자들, 교회 직분자들, 평신도들을 포함한 교회가, 모든 인류를 위해 자신을 희생하고 스스로를 수치스럽게 함으로써 하나님의 사랑을 보여 주신 예수님을 닮아, 영적인 삶에 있어서나 신학 작업을 함에 있어 일취월장하기를 간절히 소망하였다. 그리스도는 우리의 모델이었던 것이다.

성육신의 윤리적인 의미

브루스는 예수님이 사용하신 용어인, 아버지로서의 하나님이라는 말을 사용함으로써 신론을 윤리화시킬 것을 그의 첫 번째 저서인 『열두제자훈련』에서 제안하였다. "[그리스도]는 사람들에게 신성에 대해서든지, 전능하신 하나님, 신적인 존재, 무한자, 절대자 등에 대해 언급하지 않았다. …그는 오히려 아버지에 대해서 …몇 번이고 말하였을 뿐이었다. …철학자들은 아버지라는 칭호를 싫어한다. 왜냐하면 이 말은 하나님의 인격성을 너무 부각시키기 때문이다." [65]

HC에서 브루스는 성육신하시면서 자신을 비우시고 온 인류의 구원을 위해 자신을 희생하신 수치의 예수님을 강조하였다. 선재하신 하나님은 인간의 삶을 따라 자연법에 충실히 사심으로써 자신을 수치스럽

---

65) Bruce, *TT*, 2nd ed., p. 392.

게 하셨다. 우리가 그분을 윤리적 범주에서 이해한다고 할 때, 바로 이러한 성육신의 삶을 하나님이 영위하실 수 있었다고 말한다. 이러한 윤리적 원리 아래에서 하나님은 인격적이며 그분의 자유 의사에 따라 우리와 같은 한 인간이 되기로 작정하셨던 것이다. 또한 하나님에게 있어 이러한 윤리적 특징이 수치를 당하게 하셨던 것이다. 그러므로 브루스에게는 케노시스 원리가 오직 윤리적 범주로만 수반되고 있었다.

성육신에 관한 이러한 윤리적 의미를 분석하기 위해 우리는 먼저 성육신의 가능성을 고찰하고 어떻게 브루스가 하나님을 윤리적 측면에서 보려 하였고, 하나님의 결정에 있어 어떻게 그의 자유의사에 따라 행동하였는지를 드러내 보일 것이다. 그런 후, 브루스가 그리스도의 신성을 확보하기를 진심으로 원했다는 것과 그가 그리스도의 인성을 강조한 것이 결코 그분의 신성을 축소시키는 일이 아님을 필자는 주장할 것이다.

성육신의 가능성

브루스는 HC에서 구체적으로 기독론의 윤리적 형성화 작업을 만들어 내기 전에 먼저 신론을 설명하였다. 그는 신에 대한 개념을 형이상학적 용어가 아닌 윤리적 범주에서 볼 것을 제안하였다.[66] 우리가 그리스도를 보는 방법은 반드시 우리가 하나님을 보는 방식과 관계가 있다. 그가 그리스도의 수치를 논하기 전에 신론을 다루는 것은 상당한 의미를 지닌다. 브루스는 윤리적인 관점에서 이해된 하나님을 통해 쉽게 성육신의 가능성을 설명할 수 있음을 보여 주고 싶었던 것이다.

66) Bruce, *HC*, 5th ed., pp. 10-5.

브루스는 형이상학적인 용어를 사용하여 신론을 발전시킨 전통적인 방법을 반복하고 싶지 않았다. 이 방법의 취약점을 확신하였기 때문이다. 그는 하나님이 알려질 수 없는 분이라든지 불변하시는 분이라고 믿지 않았다. 하나님은 알려지지 않고 모든 현상들에 기초가 되는 분이기는 하지만 알려질 수 없는 존재는 아니다.[67] 앞에 언급한 바와 같이 하나님은 인격적이고 자의식적이며 스스로 결단을 내리시는 분이다. 브루스는 여기서 범신론의 절대자라든지 무신론이 말하는 신에 대한 개념과 거리를 두면서 인격적인 하나님을 제시하였다. 하나님은 관계를 맺으시는 분이시다. 하나님은 애정이 없는 감정을 상실한 존재가 아니라 영원히 사랑하고 사랑을 받으시는 분이시다.[68] 심지어 브루스에게 이러한 윤리적인 하나님은 필요하면 자신이 사랑하는 백성들을 위해 마음을 바꿀 수도 있는 분이시다.

빌립보서에 호소하면서 그는 마음을 바꿀 수도 있는 하나님을 보여주었다. 그러기에 "하나님의 형상으로 계신 그분께서 자유의사에 따라 은혜로 말미암아 자신을 낮추시는 행동을 통하여 인간이 되신 것"이다.[69] 브루스는 자신을 낮추실 수 없는 그러한 하나님에 대해서 생각하기를 거부하였다.

> 나는 그러한 자신을 낮추시는 행위를 불가능하게 하는 혹은 의미를 부여하지 않게 만드는 그러한 신 개념을 받아들일 수 없었다. 나아가 자신의 위치에서 몸을 낮출 수 없는 절대적으로 높으신 지고의 존재로만 계

---

67) Ibid., pp. 10-11.
68) Bruce, *TT*, 2nd ed., p. 393.
69) Bruce, *HC*, 5th ed., p. 12.

신 하나님을 생각할 수도 없었다. 하나님의 영광은 단순히 높이 계시는 데에 있는 것이 아니라 지고의 존재요, 가장 위대한 존재인 그분께서 사랑으로 말미암아 자신을 겸비케 하여 가장 낮은 자가 될 수 있다는 데에 있다. 형이상학적인 모습이 아니라 윤리적인 행동, 이것이야말로 신적 존재에 있어 비록 특별한 존재로 나타나 보이지 않더라도 가장 지고의 모습인 것이다.[70]

하나님은 "사랑이 본인에게 실재 그 자체"이므로[71] 자신을 낮추어 인간으로 이 땅에 오실 수 있었던 것이다. 나아가 브루스에게 하나님은 스스로 마음을 자유롭게 바꾸게 할 수 있어서[72] 역사적인 인간이 될 수 있었다. 하나님은 어떤 것이든 하실 수 있는 분이시다. 하나님은 이러한 자기 변이가 자신의 윤리적 본질과 부합되기만 하면 언제든 다른 존재로 자신을 바꾸실 수 있는 분이시다.

그의 신론에서 브루스는 고대 기독교와 현대의 합리주의자들이 전개한 신에 대한 형이상학적 개념과 정반대로 윤리적인 하나님을 제시하였다. 그는 형이상학적으로 신학을 전개하는 것의 치명적인 약점을 부각시켰다. 여기서 그는 동시대 인물인 스코틀랜드에서 가장 반교조주의 신봉자인 틀럭(John Tulloch)과 이해를 같이 하였다. 틀럭은 "맹목적이고

---

70) Ibid., p. 14.
71) Bruce, *HC*, 5th ed., p. 12. 기적 역시 이러한 하나님의 본질에서 이해될 수 있다. 기적은 하나님의 사랑의 표현이기 때문이다. 기적을 부인하는 이신론자들은 하나님의 이러한 윤리적 본질을 볼 수 없었던 것이다. 다음의 글을 보라. Bruce, *Miraculous Element in the Gospels*, p. 18.
72) 브루스에게는 하나님이 마음을 변경하실 수 있다는 것이 곧 하나님이 하나님 되지 못한다는 의미는 아니었다. 오히려 마음을 변경하시는 것이야말로 하나님에게 있는 본질을 그대로 드러내 보여 주는 일일 것이다. 빌립보서를 주해한 그의 논의에서 보듯이 그는 "절대적인 변화가 아닌 로고스의 성육신 삶과 관련한 변화를"(*HC*, 5th ed., p. 20) 의미하였던 것이며, 그러므로 브루스는, 하나님이 지상으로 내려오실 때 그에게 어떤 변화가 필연적으로 일어났음에도 불구하고 '여기에서 그리스도가 존재론적으로 신적이신 분이었다' 라는 것을 보여 주려 하였던 것이다.

격렬한 교조주의는 영적인 전쟁을 수행하기 위한 무기가 되지 못하며 결코 진리의 근거가 되는 것들을 발견하여, 진작시킬 수 없다"고 주장한 바 있는데, 이러한 면에서 브루스는 그와 함께한다고 할 수 있다.73) 형이상학적 틀로 무장된 교조주의는 버려질 수밖에 없다고 브루스는 믿었다. "예를 들면, 그러한 것은 현실적이고 종교적인 관심에서 우리 마음을 멀어지게 하여 추상적인 교리가 되게 하면서 결국 내재적 삼위일체론과 같은 교리가 불가피하게 치명타를 입게 된다"는 것이다.74)

결국 '교조주의는 폐혜성을 낳는다' 라고 말할 수밖에 없다. 그 증거로서 브루스는 이러한 교조주의가 18세기의 독자들로 하여금 삼위일체와 그리스도의 신성을 무시하게 한 사실에서 찾았다.

> 교리적인 관심을 윤리적인 관심으로부터 분리시킨 그 결과는 지난 세기에 충분히 드러난 바 있는데, 여기에서 삼위일체와 이와 유사한 교의들이 비록 신조에 기록된 대로 그대로 남아 있기는 했어도 교회 안에 살아 있는 믿음의 자리에서는 조용히 자취를 감추고 말았다. 사람들이 이때 스스로 말하기를, '실천적인 것, 윤리적 용도가 되는 것, 이것만이 가치가 있는 것이지, 삼위일체라든지 그리스도의 신성이라는 교리들은 단순히 신학적인 신비일 뿐이며, 이에 따라 이러한 교리는 우리가 무시해도 좋은 것이다!' 라고 하였다.75)

형이상학적인 범주를 도입하려는 시도는 위험 요소를 안고 있는 것

---

73) John Tulloch, "Introductory Lecture delivered at St. Mary's College, St. Andrews, Nov. 21, 1864," p. 10. 채인(A. C. Cheyne)의 글에서 재인용(*The Transforming of the Kirk*, p. 81).
74) Bruce, *HC*, 5th ed., p. 6.
75) Ibid.

이다. 그러나 브루스는 자신의 신론이 이러한 약점을 피할 수 있다고 믿었다. 윤리적인 관점들, 즉 사랑 안에 있는 삼위일체의 내적인 관계와 같은 개념들을 도입할 때에는 삼위일체 교리를 잘 지켜낼 수 있다고 보았다. 브루스는 이러한 윤리적 개념을 통해 삼위일체론을 전개해야 할 것을 제창하였다. 하나님의 사랑과 같은 이러한 무한한 본질을 보고서 가족의 애정과 같은 개념이 삼위일체에 존재함을 우리가 알 수 있을 것이라고 그는 믿었다. 하나님은 이러한 사랑의 가족 관계 안에 있는 '셋 가운데 있는 하나의' 존재로 계실 수 있는 것이다.

나아가 그는 토마시우스와 게스 같은 사람들이 발전시킨 케노시스 기독론에 나타난 형이상학적 구도에 깊은 회의를 보였다. 이들은 전능하신 하나님이 어떻게 무능력한 육신이 되실 수 있었는지, 어떻게 전지하신 분이 제한된 지식을 지닌 단순한 인간의 상태로 변화하셨는지 그에 대한 질문에 사색적으로 응답을 했었다. 하지만 브루스는 자신의 기독론에서는 이러한 질문을 배제하였다.

본인이 생각하기에는 그러한 문제들에 대하여 미리 작심하고 선입견을 배제한 채 대하는 것이 최선의 길이라고 본다. 신적인 속성으로부터, 특히 신적인 불변성으로부터 선험적인 추론에 몰입하는 것은 절대로 신중한 행동이 아닌 것으로 여겨진다. 계시를 믿는 자라면 하나님이 자신의 윤리적 본질에 어긋나지 않는 한 그 어떤 것도 하실 수 있는 분임을 당연히 믿는 것, 그래서 하나님의 은혜로운 목적들이 들어서는 길에 발목을 잡게 하는 형이상학적인 어려움이 나타나지 못하게 하는 것, 나아가 사랑이 필요로 하는 한, 하나님이 이 땅에 내려오시고 자신을 비우실 수 있다고 주장하게 하는 케노시스 개념 지지자들과 견해를 같이

하게 하는 것이 보다 현명할 것이다. 그렇게 하지 않으면, 선입견을 갖는다고 비난받을 수 있을 뿐만 아니라, 신적인 속성으로부터 선험적인 추론을 하는 것은 위험에 빠지기 쉽기 때문이다. 이러한 방법을 취하는 한 우리는 적의 손에 무기를 넘겨주어 우리의 마음에 귀하게 와 닿는 교리들에 치명적인 영향을 주어 제멋대로 주무르게 할 것이다.76)

형이상학적 개념에 바탕을 둔 기독론적 이론들을 비판하면서, 그는 앞으로 우리가 자세히 논의하게 될 모종의 케노시스 형태 가운데 수치를 당하신 그리스도에 집중하였다. 물론 현대의 케노시스 기독론 역시 브루스가 기독론에 있어 사색적 형식을 취하는 것에 결사 반대하는 이유 때문에 그의 비판을 받게 되었다. 그러나 그는 모든 종류의 기독론 이론들을 분석하면서 그리스도에 대한 정통신학적인 가르침을 제거하려 하지는 않았다. 기독론을 전개하면서 윤리적인 틀에 맞추어야 한다고 제안하면서도 그는 항상 정통 기독론, 즉 한 인격에 안에 있는 그리스도의 참 신성과 참 인성을 지지하였다.

예수의 신성

브루스는 신성을 지닌 예수님을 믿었다. 이러한 확신 속에서 그는 그의 모든 저서에서 그리스도의 참된 인성을 묘사하는데 노력을 기울

---

76) Ibid., p. 171. 하나님의 불변성과 무제한성과 같은 형이상학적인 개념들은 도너가 비판한 바와 같이 성육신 그 자체를 부정하게 할 수 있을 것이다. 브루스는 도너의 말을 다음과 같이 인용하였다. "만일 하나님이 불변하시다면 어떻게 그분이 육신이 될 수 있다는 말인가? 만일 하나님이 본질적으로 무한하시다면 어떻게 그분이 우리와 실제로 같은 정도로 그리스도의 인성이 갖는 한계를 겪도록 하게 하실 수 있다는 말인가?"(Ibid.). 브루스가 인용한 도너의 글에서 재인용(*Doctrine of the Person of Christ*, div. ii. vol. i. p. 65).

였다. 그의 거의 마지막 작품(1896) 서문에서 자신의 기독론에 의심을 품는 사람들에게 던진 확고한 선언을 들어 보라. "본인이 오랫동안 가르쳐 온 바와 같이 저는 예수님은 신적인 분이며, 또한 승귀하신 '왕이요 구주' 이심을 믿습니다. 그러나 본인은 그분이 수치의 상태 아래 인간의 아들로 살아가신 족적들을 따라 밟아 보는 것을 항상 제일의 기쁨으로 여겨왔습니다." 77) 신성을 지닌 예수님에 대한 그의 확신은 초기 저서에서 보다 분명하게 드러난다. 그는 성육신에 나타난 윤리적인 의미를 도입함에 있어 필연적인 전제로서 성자 하나님의 출생을 강조

---

77) Bruce, *With Open Face*, 2nd ed., p. xii; 같은 책 pp. vi-vii도 보라. 우리는 브루스 당대의 많은 사람들이 논쟁적인 그의 작품인, 어린이를 위한 교리문답서 'The Christian Primer'가 예수님의 신적인 삶을 배제하였다고 비난한 바 있었는데, 브루스의 위와 같은 견해를 바탕으로 공정하게 평가해야 한다(3장 각주 21번을 참고하라). 맥퍼딘은 다음과 같이 브루스를 바르게 평가하였다. "어린이를 위한 이 교리문답서는 누구에게나 만족을 안겨 주지 못하였는데, 그 주된 이유는 기독교에 본질적이라 여길 수 있는 바로 그와 같은 진리들을 직접적으로 시인하지-어떤 사람들은 그가 간접적으로 이것들을 부인하였다고 생각하였다-않았다는 데에 있다. 그러나 이 교리문답서가 브루스 자신의 신조의 모든 면을 다 말하지는 않는다고 생각하는 것이 유일하게 내릴 수 있는 공정한 판단일 것이다. 이 교리문답서가 의도적으로, 초월적인 신비적 사건들을 비록 신뢰할 만하더라도 배제시켰는데 이는 어린아이들 마음에 이해될 수 없다고 해서 일부러 그리한 것일 뿐이었기 때문이다"(McFadyen, p. 98). 클라우도 역시, 그리스도께서 가지고 계신 그 아름다움 자체가 알려질 수 있기를 브루스가 얼마나 깊이 열망하고 있었는지, 알지 못하는 자들의 무지에 유감을 표현한 바 있다(Clow, p. 9, 이 교리문답서에 대한 비판서로는 "Short Notices" (about *With Open Face*)를 보라(CQR, xlv, Jan, 1898, pp. 497-8). 동시에 우리는 여전히 논쟁의 여지를 남긴 그의 글이라 할, 사후에 *Encyclopaedia Biblica*(1901)를 통해 발간한 그의 논문, "Jesus"를 보아야 할 것이다. 셸은 이 글이 그리스도의 무죄성을 브루스가 부인하고 있음을 보여 준다고 말한 니콜(Nicoll)을 언급한 후, 니콜의 평가가 지나치게 확대 해석된 것이라고 올바르게 지적한 바 있다(*Defending and Declaring the Faith*, p. 106). 만일 브루스가 자신의 기독론을 전개함에 있어서 수치를 당하신 역사적 예수를 놓치지 않으려 했다는 사실을 우리가 인식한다면, 이 논문을 공정하게 읽을 수 있을 것이다. 아니면, 다른 서평자들과 같이 아마도 이 글에 대하여 실망을 표시하지는 않았을 것이다(예를 들면, H. N. Bate, "A Review of 'Jesus' by Bruce," *Journal of Theological Studies*, vol. 2, London: Macmillan & Co., 1901, p. 469). 그러나 브루스가 예수님의 신적인 기원과 이 땅에서의 신적인 삶을 영위하셨다는 사실을 언급하지 않고 역사적인 예수를 보여 주는 등 부주의한 면을 보였다는 것은 틀림없는 사실이다. 결국 이렇게 함으로써 그는 공관복음의 상당 부분을 역사적 진리로 보면서도 사복음서는 예수님의 말씀과 사역에 관한 최소한의 신뢰할 만한 근거로 본다는 비판을 그의 이 논문에서 받아들였던 것이다("Jesus", p. 2435). 학문적 논술에 있어 브루스가 보여 준 부주의함은 본 장의 마지막 부분에서 더 논의될 것이다.

하였다. 그의 책 *HC*에서 그는 지상에 사는 동안 수치를 당하신 예수님은 필연적이기도 하지만, 동시에 예수님의 존재론적인 신성 역시 실제적임을 묘사하였다. 비록 전통적인 기독론에 익숙한 사람들을 만족시킬 만큼 그리스도의 신성을 충분히 전개하지 않았음에도 불구하고 그는 결코 그리스도의 신성을 포기하지 않았다.

그의 첫번째 저서인 『열두제자훈련』에서 브루스는 그리스도의 신성을 보다 분명하게 인정하였다. 요한복음 16:28, "내가 아버지께로 나와서 세상에 왔고…"라고 말했던 그리스도는 이 땅에서 자신의 정당한 임무를 수행하였다고 고백한 것을 인용하면서, 브루스는 다음과 같이 말했다. "이것이 바로 그리스도의 역사를 요약한 것이다. 이것이 바로 기독교 믿음의 본질이다. 이것이 바로 그리스도에 대해 단순히 인본주의적인 견해를 갖는 것이 실제 용납되지 않는 교리임을 주창하는 것이며 또한 그리스도의 신성이 신조에 있어 근본적임을 선언하게 한다."[78] 논쟁을 유발시킨 그의 또 다른 저서인 『하나님의 나라』(The Kingdom of God)에서도 역시 브루스는 예수님에 대한 전통적인 견해에 대해 비판적이었지만, 신성을 지니신 그리스도에 대해 자기가 얼마나 확신을 갖는지 잘 표현해 주고 있다. "예수님의 신성을 부인하지 않으면서 아니 오히려 그분의 신적인 존재를 인정하면서도, 우리는 그분이 사람의 아들임을 알 필요가 있다. 잘 알지 못하는 사람을 하나님이라 고백하는 것이 얼마나 도움이 되는가? 오히려 우리는 하나님이 누구에게나 알려진 이 사람이라고 고백하는 것이 매우 중요한 것임을 알아야 한다."[79] 바우어의 기독교의 기원에 관한 이론에 대해 비판할 때에도 브루스는 요한

---

78) Bruce, *TT*, 2nd ed., p. 432.
79) Bruce, *KG*, 3rd ed., p. 332.

이 그려 낸 하나님의 아들로서의 그리스도를 정당화하였다. "우리 주의 신성에 관한 교리를 충분하게 전개하기 위해 우리는 사복음서에 눈을 돌려야 할 것이다."80) 브루스는 예수께서 행사하셨던 기적과 병고침을 설명할 때 그리고 바울의 기독론을 해석할 때 그리스도의 신성을 분명하게 주장하였다. 브루스는 기독론을 전개함에 있어 그리스도의 신성을 축소하거나 제거하지 않았던 것이다. 그리스도에 관한 그의 관심과 강조점은 하나님이 바로 그 역사적인 예수님이라는 것뿐이었다.81)

그의 케노시스 기독론의 대표적 성경 구절인 빌립보서 2:7 주해에서, 그는 수치를 당하신 그리스도가 신성을 지닌 존재로부터 기원하고 있음을 발견한다고 주장하였다. 즉 "그는 사도 바울이 여기에서 인간 예수의 모범적인 겸손에 대해서 언급할 뿐만 아니라 선재하신 인격자 하나님의 아들이 놀랍고도 장엄하게 자기 수치를 드러내셨다고" 하였다.82) 빌립보서 2:5 이하의 구절이 갖는 주체는 삼위일체의 제2위이다. 그는 이러한 선재성에 대한 교리가 자신의 기독론에 있어 매우 중요하다고 생각하였다.

그래서 그는 선재하신 아들이라는 개념을 배제한 슐라이어마허를

---

80) Bruce, *Ferdinand Christian Baur and His Theory of the Origin of Christianity and of the New Testament Writings*, (London: The Religious Tract Society, 1888), p. 52. 초대 기독교 성도들과 요한의 신학 사이에는 간격이 없다. "사복음서는 사도 요한에게서 나온다"(Ibid., p. 50).
81) 그러나 1892년 이래(그의 책, *Apologetics*을 발간한 이래) 점차적으로 기능주의적인 의미에서 그리스도를 하나님이라 규정하는 경향이 있었던 것은 사실이다. 비록 그가 '하나님의 아들' 이라는 칭호를 부여하면서 예수님의 신적 존재를 선언하였어도 그 칭호에 걸맞는 의미를 드러내기보다는 오히려 소극적으로 다루었던 것이다. "하나님의 아들이라는 칭호는 하나님과의 절친한 관계에 대한 의식을 표현하는 것이어서, 예수님에게만 배타적으로, 아니면 다른 사람과 함께 예수님에게 역시 공통적인 개념이 될 수밖에 없는 것이 아니라, 하나님과 사람 사이는 본질적으로 유사하다는 것과 이에 따라 상호 사랑의 교제가 정말로 가능하다는 것을 분명히 보여 주는 것이다"(*Apologetics*, p. 52). 신성을 지닌 그리스도에 대하여 그가 보여 준 일관적이지 못한 면 혹은 불분명한 표현 등은 나중에 비판적으로 논의될 것이다.

비판하지 않을 수 없었다. 당연히 인간 예수로 만족한 슐라이어마허는 영원한 로고스에게서 자신을 겸비하게 낮추는 사랑의 계시의 모습을 보여 줄 수 없었던 것이다. 브루스는 슐라이어마허의 기독론이 갖는 치명적 결함을 보았다.[83] 이러한 확신에 따라 그는 그의 책 *HC*의 제2판부터(1881) "그리스도의 인격에 관한 현대의 인본주의적 해석"이라는 새로운 강좌를 덧붙였으며 여기에서 슐라이어마허의 예수님에 대한 이상적 인간 이론을 포함한 그리스도에 대한 다른 몇 개의 인본주의적 견해들을 비판하였다.[84]

여기서 우리는 아마도 그가 그리스도께서 단순한 한 인간이라고 주장하는 신학자로 불리기를 원치 않았을 것이라고 추측할 수 있다. 그리스도의 신성 혹은 선재성에 대한 그의 확신은 그의 신학이 리츨에 의해 상당히 영향을 받았다고 여겨지는 시기인 이 책(*HC*)이 4판째 발간된 (1894) 19세기 후반부에도 달라진 것이 없었다. 그는 사도 바울이 그리스도의 자기 수치를 지상에 내려오기 전의 상태에까지 확장하고 있다는 사실을 믿었다. 또한 이 땅에 그분이 태어나신 장면이야말로 장엄한 드라마 중 제1막으로 간주했다.[85] 앞으로 우리가 충분히 논의할 것이지만, 현대의 케노시스 기독론에 대한 그의 비판에 주목하여 보라. 그는 이 비판에서 케노시스 기독론이 그리스도의 신성 혹은 통일성을 확보하는데 어려움이 있다고 생각하였다. 그는 그리스도의 신성을 축소하려는 그 어떤 시도도 허락하고 싶지 않았다. 브루스에게 성육하신 그리스도는 단순히 한 인간이 아니었던 것이다. 그리스도는 삼위일체의

---

82) Bruce, *HC*, 5th ed., p. 12.
83) Ibid., p. 17.
84) Ibid., pp. 193-235.
85) Ibid., p. x.

제2위인 것이다. 그는 성육하신 그리스도 안에서 내재적 삼위일체를 보았다.

그러나 그리스도의 신성을 묘사하면서도 그 형태에 있어 전통적인 신학과 그 궤를 상당히 달리하고 있다. 그는 성육신한 예수님의 신성을 윤리적 하나님이라는 관점에서만 전개시켜 나갔다. 선재하신 성자 하나님이 자신을 비우셨기 때문에 "**윤리적인 무용행위**(moral heroism)가 하나님의 본질 영역에 자리를 차지하고 있음을 보여 주고 있다. 이러한 사랑이야말로 인간에게만이 아니라 하나님에게도 하나의 실질적인 모습임을 보여 준다."[86] 삼위일체론 자체는 신적인 본질에 대한 윤리적 이해를 바탕으로 도출된 것이었다.[87] 이러한 윤리적 하나님 이해에 기초하여, 비록 그리스도가 신적인 분이기는 하지만 자신을 겸비케 하여 종의 형체를 가져 그 고통을 겪을 수 있었다는 데에 초점을 두고 있다. "비록 그분이 성자 하나님이기는 했지만 그래도 그는 그분이 고통을 겪어야 한다는 사실들을 통해 복종을 배워 나갔을 것이다."[88] 그분이 신적인 영광과 능력을 행사하는 모습은 당연히 관심 밖이었다. 그래서 그리스도는 자신이 비록 하나님이기는 해도 신적인 능력을 행사

---

86) Bruce, HC, 5th ed., p. 12. 그는 바울에 대한 이해를 다음과 같이 덧붙이기도 했다. "바울은 빌립보 교회 앞에 이기적인 사람들의 마음과 정반대의 모습인 그리스도의 마음을 제시하기를 간절히 원했다. 그 결과 그는 그리스도를 보여 줄 때 그의 선재성을 포함시켰는데, 이는 여기에서 그가 제시하려는 그리스도의 마음이 적극적으로 나타난다고 믿었기 때문이다. 그리스도의 모습이 다만 지상에서 자신을 포기하는 삶을 살았던 위대한 모범적 인물 정도로 말한다면 실제 자신이 그리려는 그리스도의 마음이 장엄하게 표현될 수는 없었을 것이다"(Ibid., p. 15).
87) Ibid., p. 7.
88) Bruce, TT, 2nd ed., p. 175. "비록 그분이 성자 하나님이기는 해도 그분은 섬김을 받으러 온 것이 아니라 섬기러 오셨다. 성자 하나님이셨지만 그분은 자연법에 따라 사셔야 했다. 그러나 여기에서도 단순히 윤리적인 법에만 순종한 것이 아니라 유대 종교 의식을 준수하여야 했다. 예를 들면, 할례를 받아야 했으며 성전에서 예배를 드려야 했고 거룩한 절기에 참여해야 했고 희생 제물을 바쳐야 했다"(Ibid., 218).

하지 않았던 분으로89) 묘사하는 것이 어떤 면에서는 작가적 의도가 있음을 발견하게 된다. 물론 그리스도의 신성을 묘사하면서 이러한 윤리적 의미를 부각시킨 사실을 발견하는 것은 그 나름대로 흥미롭다.

브루스는 그리스도의 신성을 언급할 때면 신속하게 윤리적 함의를 제시하였다. 요한복음 6:41("나는 하늘로서 내려온 떡이다")을 해석하면서 그는 "인간의 본성을 취하신 신적인 존재의 입에서만 나올 수 있는 언어다"라고 말하는 동시에 신속히 다음과 같이 덧붙였다. "그러나 성자 하나님이 영생의 떡이라는 것은 바로 **단순히** 성육신하신 자로서 그렇다고 하는 것이 아니다. 누구든지 떡을 먹기 위해서는 반드시 쪼개져야 하는 것이다. 성육하신 분은 사람들이 진실로 그분을 먹을 수 있도록 희생 제물로 죽어야 한다." 90) 나아가 그리스도가 자신을 수치스럽게 하였다는 것은 그분이 참으로 신적인 분임을 보여 주는 것이다. "가장 위대한 이분이 자신을 겸손케 하여 가장 보잘 것 없는 자가 되었다. 즉 마구간에서 나시고 구유에 누이신 아이가 되셨으며, 이 세상에서 거의 존경받지 못하는 아주 불쌍한 사람이 되셨던 것이다. 그렇다. 십자가에 못박이시기까지 말이다. 바로 이러한 놀라운 자기 수치의 행동을 통하여 그는 자신의 신적인 위대함을 보여 주었다." 91) 브루스가 생각한 신적인 그리스도는 필연적으로 윤리적인 의미와 관련이 있다. 브루스는 윤리적 착상에 대해 흥미를 끌기 위해 수치가 갖는 능력에 주목하였으며 이를 통해 예수님의 신성이 모든 이로부터 수용될 만한 교리가 된다고 믿었다. 92)

---

89) Ibid., p. 220.
90) Ibid., p. 134.
91) Bruce, *TT*, 2nd ed., p. 195.
92) McFadyen, p. 94.

그러나 브루스의 가장 교리적인 작품인 HC를 포함하여 다른 책들 모두에서 보다 충분히 그리스도의 신성을 설명하려 하지 않았다는 것은 매우 유감이다. 왜 그랬을까? 반복하지만, 그의 관심은 오직 역사적인 예수, 우리와 같은 수치의 한 인간으로서의 그분을 묘사하려고 했기 때문이다. 그는 그리스도의 인격성을 정당화하기 위해 형이상학적인 사색을 동원하는 것이 아무런 도움이 되지 않는다고 생각했다. 그래서 그는 자신의 기독론, 즉 수치를 당하신 그리스도론만을 제안하였다. 단지 여기에서만 그는 케노시스 원리를 발견하였던 것이다.

케노시스와 수치를 당하신 그리스도

브루스는 자신의 케노시스 개념과 기독론에 대한 분명한 원리를 확신하였다. 물론 케노시스 원리는 그리스도가 한 인격 안에 동시에 신이면서 인간이라는 개념을 수반해야 한다고 보았다. 브루스가 케노시스 기독론을 위해 전제로 제시한 형태를 보라. "비움(exinanition) [혹은 kenosis] 교리는 인격의 통일성과 양성의 구별됨, 특히 인성의 실재와 그것의 완전한 상태를 필요로 한다."[93] 그리스도가 지닌 인간적인 면은 분명히 여기서 강조되었음을 알 수 있다. 그렇다고 그리스도의 신성을 과소평가한 것은 아니다. 위에 제시된 조건 아래 브루스는 그리스도의 수치스러운 삶에 관심을 집중했다. HC의 책 제목을 볼 때 브루스가 그리스도의 실질적인 인성을 보여 주려는 데에 집중하였던 것은

---

93) Bruce, HC, 5th ed., p. 65. [ ]는 필자의 삽입임.

그리 놀랄 만한 일은 아니다.[94] 그의 주요 저서인 *HC*에서 그는 그리스도의 수치에 관하여 윤리적이고 구속사적 관점을 묘사하였다. 본 단락에서 우리는 브루스가 전개한 그리스도의 수치 교리에 중심 구조를 이루며 윤리적인 범주를 갖는 케노시스 개념을 분석할 것이다. 이를 위해 먼저 그리스도에 대해 수치를 당하신 분으로 보는 그의 견해를 조사한 후 대제사장과 희생자로서의 그리스도를 그린 그의 논의를 고찰할 것이다.

윤리적 범주 안에서의 케노시스

'그리스도의 수치'에 대한 그의 강좌에서 그가 가지고 있었던 문제는 앞서 살펴본 바와 같이 수치를 당하신 그리스도에 대한 교리를 전통 기독론이 무시했다는 점이다. 이 주제를 무시한 결과 비우심 혹은 케노시스 교리가 논의의 대상이 될 수 없었던 것이다. 보다 더 정확히 말한다면, 전통적인 교의학자들은 아마도 케노시스 개념을 자신들 마음속에 일어나지 못하게 하였을 것이다.[95] 현대의 케노시스 기독론의

---

94) 그러나 브루스가 제시한 기독론은 균형을 상실한 점도 있었다. 즉 그를 비판한 몇몇 사람들이 지적한 바와 같이 브루스는 실질적으로 그리스도의 신성을 무시하고 그분을 너무 인간적으로 묘사하였다. 그럼에도 불구하고 "그리스도의 신성은 브루스 교수의 것 이상이다"라고 말하는 것은 옳지 않다 ("Short Notices [about With Open Face by Bruce]," CQR, xlv, Jan. 1898, pp. 497-8; see also "At the Literary Table [about *With Open Face* by Bruce]," *ExpT*, viii, 1896-7, p. 113). 이들은 브루스의 의도를 파악하지 못했다. 브루스는 실제적인 유익을 고려하여, 윤리적 관심을 드높임으로써 기독론의 새로운 접근을 통해, 스스로 수치를 당하신 그리스도를 강조하려고 했던 것이다. 그는 단순히 형이상학적인 사색보다는 윤리적인 범주에서 하나님의 성육신적 삶을 아는 것이 더 유익하다고 판단하였던 것이다. 그러나 브루스가 이러한 수치를 당하신 그리스도의 인간적인 면을 강조한 또 다른 이유가 있었다. 그것은 예수님의 신성에 관한 교리를 전개함으로써 전통적인 교의의 약점을 반복하지 않을까 두려워했기 때문이다.
95) Bruce, *HC*, 5th ed., p. 3.

경우도 그리스도께서 자기를 비우시는 삶을 영위하셨음을 보여 주려 하였음에도 불구하고 전통적인 교의가 갖는 똑같은 실수에서 자유롭지 못했다. 예를 들면, 브루스는 토마시우스도 그리스도의 인격과 사역에 관심을 집중한 전통적인 교의학자들과 다름이 없다고 보았다. 그 이유는 토마시우스가 그리스도의 인격을 고찰하면서 자신의 케노시스 기독론을 전개할 때 그리스도가 수치를 당했던 상태에 대해서는 심각하게 주목하지 못했기 때문이다. 토마시우스의 관심은 어떻게 삼위일체의 제2위께서 수치의 상태를 갖는 육신이 되셨는가였다.

브루스가 윤리적인 범주로 눈길을 돌린 이유는 바로 그의 실천적 관심 때문이었다.

> 나는 실천적 관심에서 얻게 된 기독론이 신학적으로 정당하게 평가되어야 한다고 보았다. 주님의 지상생활 전생애가 자기 수치라는 숭고한 행동의 결과요 과정이라고 보았기에 예수님에 관한 인격론은 당연히 최고의 윤리적인 관심으로 점철되어 있다는 것이다. 이러한 생각을 통해 얻은 유익은 우리의 이성을 설득하지 못하게 하는 신비로운 면을 가지고 있지만 신학적 진리를 탐구할 때 간과되어서는 안 되는 부분이다.[96]

형이상학적인 고찰에 의한 그 어떤 신학적 사색도 18세기 사람들을 설득하지 못하였다. 오히려 윤리적인 범주가 기독교 신학을 변호하는 데 유용하게 쓰일 수 있었다. "이러한 실제적인 방법은 우리의 가슴에 와 닿는 개념을 갖게 하고 우리의 믿음을 자의적으로 떠나지 못하게

---

96) Ibid., p. 6.

하며, 인간의 이해력을 뛰어넘는 진리를 주저하지 않고 받아들이게 하는데 유익한 장점을 가져오게 하는 것이다."[97]

그리스도의 수치라는 교리를 전개할 필요성을 인정한 후, 브루스는 우연하게 케노시스 논의에 관여하게 되었다. 그는 이 교리를 전개하는데 적절한 성경적 근거를 빌립보서와 히브리서 두 군데에서 발견하였다. 두 개의 이들 서신서들을 주해하면서 그는 여덟 가지 원리를[98] 밝혀냈는데 여기에서 그는 이 원리들 아래에 "역사적인 인물 예수 그리스도에 대한 참된 개념을 만들어 내야겠다고" 생각하였다.[99] 역사적 그리스도를 마음에 둔 상태에서 브루스는 하나님이 실제로 한 인간으로서 수치를 당하셨음을 성경 말씀을 통해 보여 주길 원했다.

그는 빌립보서 2:7에 나타난 케노시스 개념을 다루는 것이 쉽지 않다고 고백하면서 이 성경 구절에 표현된 케노시스에 대한 다양한 견해들을 다음과 같이 열거하였다. 스케노시스(skenosis, 여기에서 우리는 예수님의 신성을 발견할 수 있으나 온전한 의미에서 볼 때 확실하지 않다)와 역사적인 그리스도 안에 있는 변화된 신적 본질(여기에서는 성자가 그대로 남아 있지 않지만 영광이 숨겨져 있는 상태를 보게 된다), 신적 본질의 상실(여기에서는 단지 신성의 본질이 드러난 채 그대로 남아 있게 된다), 그리고 신적인 속성들에 대한 사용 포기(여기에서는 그리

---

[97] Ibid., p. 7.
[98] 빌립보서 2:5-11을 주해하면서 그는 여섯 개의 원리들을 다음과 같이 제시하였다. (1) 케노시스의 주체는 신적인 선재성을 지닌 분이다. (2) 자신을 비우는 이러한 행동은 신적인 인물에게 그 어떤 상태의 변화가 있었음을 말한다. (3) 비록 이러한 변화에도 불구하고 본래의 인격성은 그대로였다. (4) 그리스도께서 수치를 겪으셨음에도 불구하고 그분의 자의식은 그대로 변함없었다. (5) 그리스도의 지상 생활은 특별히 섬기는 삶이었다. (6) 그리스도의 자기 비우심은 그분이 자유로운 인물임을 확인시켜 준다. 브루스는 히브리서를 읽으면서 두 개의 원리를 추가하였다. 이들 두 원리는 다음과 같다. (a) 구원사역의 지휘자로서의 그리스도는 본질적 성격에서와 경험에 있어 우리와 똑같은 실제의 사람이었다. (b) 그리스도의 비우심 상태의 전 모습은 그 자체로 윤리적 장엄함과 위엄으로 점철되어 있었다(Ibid., pp. 22, 35).
[99] Ibid., p. 8.

스도가 기적을 통해 신적인 인간으로 드러나게 된다) 등이 그것이다.100)

위의 견해들을 분석한 후 그는 바울 서신에 있어 논쟁이 되는 구절들을 주해하였는데 여기에서 그는 그리스도의 선재성과 인류 역사에서 겪으신 수치의 삶 등을 바울의 의도와 유관한 적합한 해석이라고 강조하였다. 예를 들면, 바울은 그리스도의 선재성과 수치스러운 인간적인 삶을 염두에 두고 빌립보 교인들에게 그러한 그리스도를 본받을 것을 요구하였으며 바울 자신의 충고가 합리적임을 그들로 하여금 알 수 있게 하였다. 하나님의 형상으로 이미 선재하셨던 그리스도는 자신을 비워 종 곧 우리와 같은 사람이 되어 십자가에서 죽으심으로 스스로 수치를 경험하셨다. 이러한 그리스도야말로 빌립보 교인들에게는 본받을 만한 것이었다. 여기에서 케노시스는 분명코 그리스도가 영위한 인간적이고 수치스러운 삶 가운데 일어났음을 알 수 있다.

본받을 만한 가치가 있다고 할 수 있는 그분의 마음에 대해 사도 바울은 두 가지 행동을 취한 것으로 서술하고 있는데 이를 통해 그분의 마음이 나타났다고 보았다. 첫째는, 그가 인간이 되면서 자기를 비우신 행동이다. 둘째는, 성육신하신 분에게 일어난 자기를 수치스럽게 하였던 그분의 지속적인 행동 혹은 습관인데, 이 행동은 십자가에서 죽음의 고통을 참고 견디어 냄으로써 그 절정을 이루었다. 그가 자신을 비웠다는 헤아우톤 에케노센(Heauton ekenosen)은 첫 번째 위대한 행동이었으며 이를 통하여 성자 하나님의 마음이 드러나게 되었다.101)

100) Ibid., pp. 8-9.
101) Ibid., pp. 16-7.

그리스도께서 케노시스적으로 행동하셨다는 것을 인식했을 때 브루스는 그리스도가 그의 신적인 본질을 포기하였다고 생각하지는 않았다. 브루스가 '포기하였다'는 것은 신적인 본질 혹은 신적인 본성에 본질적으로 속해 있는 그 어떤 것이 아니었다. 그는 형상(morphe)과 본질(ousia)을 구분하였다.102) "이러한 측면에서 로고스는 그가 전에 경험한 적이 없는 상태가 되었을 때에도 자신의 신적인 과거의 모습을 그대로 보존하고 있었다. 즉 본질상(isos Theo) 하나님과 동등되었으며 한 순간도 그와 동등된 상태를(isa Theo) 멈추게 하지 않았던 것이다."103) 의심할 여지 없이 그리스도는 지상에 사시는 동안 신적인 인물이었음에 틀림없다. "케노시스란 자신을 스스로 **사라지게 한다**는, 혹은 신적인 존재가 단순한 인간으로 변환되어 버리는 것을 의미하지는 않는다."104)

그리스도의 케노시스적인 상태는 '종'의 형태를 말한다. "하나님의 아들이 인성을 취하여 한 인간으로서 종의 형체 가운데 사실 수 있게 되었던 것이다."105) 그리스도는 자유의사에 따라 자발적으로 자신을 포기하셨기 때문에 섬기는 종의 모습으로 살아가실 수 있었다. 그러므로 그리스도의 케노시스는 윤리적 함의를 내포하고 있다.

이 말이 암시하는 바와 같이 자기를 스스로 비우는 그분의 모든 극적인 상황을 통해 그리스도는 자유로운 인물임을 알 수 있다. 그분은 단순히

---

102) Ibid., p. 19.
103) Ibid., p. 20. 이러한 그리스도의 상태는 마르텐센이 밝힌 '이중적인 삶'에서 표현될 수 있을 것이라고 브루스는 믿었다. 즉 절대적으로 교환된 것이 아닌 로고스의 성육신의 삶에서 상대적으로 교환이 이루어졌다는 것이다(Ibid.). 더 자세한 것은 추후에 논의할 것이다.
104) Ibid., p. 22.
105) Ibid., p. 20. 우리는 다음에 그리스도의 '종'으로서의 삶을 보다 자세히 다룰 것이다.

케노시스와 타페이노시스(tapeinosis), 즉 자신을 비우고 자신을 낮추는 등의 경험을 한 것은 아니었다. 케노시스란 윤리적으로 생각되어야 한다. 다시 말하면, 단번에 케노시스의 주체가 하나님과 동등됨을 주장할 수 없는 물리적 상태로 전환된 것이 아니라 그분의 마음 가운데에서 자발적으로 고역을 겪도록 자신의 자리를 떠나서 그러한 동등됨을 주장하시지 않은 것이다. 그렇지 않다면 당연히 동등됨을 주장할 만한 분임을 염두에 두어야 한다.[106]

더 나아가 성자 하나님의 케노시스는 타페이노시스 혹은 수치의 삶을 가져왔다. 여기에서 그의 목적이 분명하게 나타난다. 즉 수치스럽게 살아가신 인간 예수가 그의 목적이었다. 이러한 목적은 그의 히브리서 주해에서 강하게 기술되었다. 브루스는 이 서신서의 저자에 의해서 그려진, 수치를 당하신 인간 그리스도를 적극적으로 인정하였다. 그러나 그는 그리스도의 참된 신성을 제거하지는 않았다. 그리스도의 케노시스와 타페이노시스는 그분의 선재성을 전제하고 있으며, 또한 케노시스는 기껏해야 신적인 영광을 포기하였음을 의미하였기 때문이다.[107]

'수치를 당하신 그리스도' 안에 연루된 케노시스 형태는 바울뿐 아니라 진젠도르프에게서도 역시 예시되었다. 브루스에 따르면 모라비안(Moravian) 형제단의 창시자인 진젠도르프에 의해 현대의 케노시스 제안이 기센-튀빙겐(Giessen-Tübingen) 논의와는 다른 형식을 취하면서 처음으로 제기되었다. 진젠도르프는 역사적인 성육신에 나타난 케노시

---

106) Ibid., p. 22.
107) Ibid., p. 21.

스에 대한 분명한 양식을 제안하면서 그리스도가 사랑 안에서 자신을 낮추는 행동을 통하여 자신의 형제와 똑같이 살았다고 주장하였다.

> 진젠도르프에 따르면 예수님이 결코 하나님이 되는 것을 멈추게 하지 않으시면서 모든 면에서 단순한 인간이라고 생각하였다. 여기서 우리는 위로를 그의 인간성에서 얻게 된다. 이는 단지 우리와 똑같이 그분이 연약하셨다는 것에서만이 아니라, 연약함의 극치를 보여 주셨다는 면에서 보아야 한다. 그리할 때에 아무리 처참한 환경 가운데 있는 피조물이라 해도 자신보다 그리스도가 더 연약한 존재였다는 사실을 생각할 수 있기 때문이다.[108]

성육신에 종교적 의미가 있다고 말한 진젠도르프를 평가하면서 브루스는 이러한 케노시스 기독론을 빌립보서에 나타난 바울의 의도에 적합한 것으로 여긴 것 같다. 그러나 진젠도르프의 케노시스 기독론은 19세기 중엽에 케노시스 기독론을 부활시키기 시작한 케노시스 학파를 연상시킨다고 생각하지는 않았다. 브루스는 이 학파가 관심을 기울인 것은 진젠도르프가 추구한 윤리적이고 종교적인 의미보다는 형이상학적인 형태로 케노시스 기독론을 구성하는 데에 있었다고 보았기 때문이다. 예외적으로, 브루스는 케노시스 기독론을 형이상학적인 구도 속에서 전개한 마르텐센의 입장 안에는 바울과 진젠도르프 그리고

---

108) Ibid., p. 165. 같은 책 다음의 내용도 보라. Note F, pp. 425f. 그러나 브루스는 진젠도르프를 맹목적으로 따르지는 않았다. 그는 케노시스 기독론과 위격적 연합의 조화를 제창한 진젠도르프의 제안에 불편함을 보인 바 있다. 궁극적으로 그는 진젠도르프의 케노시스 기독론에는 세심한 주의가 결여되었다고 비판하였다(p. 423). 이 내용은 본 장에서 마르텐센의 케노시스 기독론을 다룰 때 더 자세하게 논의할 것이다.

브루스 자신의 것과 비슷한 것이 있음을 인식하고 케노시스의 합당한 개념을 확인하였다.

마르텐센의 케노시스 기독론을(추후에 온전하게 논의할 것임) 바울 서신(빌 2:5 이하)에 표현된 윤리적인 범주와 유관한 것으로 읽고 또한 호의적으로 인정하면서 브루스는 로고스가 케노시스적으로 성육하신 자신의 삶 가운데에서 과거의 인격 상태를 지속하지 못하게 하지는 않았다는 사실을 발견하였다.109) 마르텐센의 것을 제외한 다른 형이상학적인 케노시스 이론들은 여지없이 브루스에 의해 비판받았다. 그 이유는 이들 이론들이 성경에 증거된 바 그리스도의 온전하고 실제적인 신적인 삶을 정당화시키지 못하였다고 판단했기 때문이다. 그는 그리스도의 신성에 해를 끼칠 수 있는 그 어떤 이론도 거부하였던 것 같다.

여기에서 그는 어떻게 성육신이 일어났으며 어떻게 그리스도가 실제로 인간인 동시에 온전히 하나님이신가를 설명하는 그 어떤 방법이 필요하였다. 그러나 그는 이 연구를 지속시켜 나가기를 거부하고 성육신을 설명하려는 시도를 포기하였다. 그는 이러한 설명이 신뢰할 만한 것이 못 된다고 믿었기 때문이다. 이러한 방식으로 그는 단순히 윤리적인 범주 아래에서 케노시스와 타페이노시스의 삶을 주목하였다. 그는 역사적인 성육신에 대해, 수치를 당하신 그리스도를 윤리적이고 구속사적인 관점에서 **묘사**하는 데에만 관심을 가졌으며 이에 따라 윤리적인 범주 아래에서의 케노시스 기독론을 제안하게 되었다.

---

109) Ibid., pp. 187-8.

수치를 당하신 인간 예수

빌립보서에 언급된 케노시스를 주해한 브루스는 사도 바울이 선재하신 로고스야말로 바로 이러한 케노시스의 주체가 되심을 알리고자 했다고 해석했다. 곧 그는 바울이 자기를 비우신 동시에 수치를 당하신 예수님을 말하고자 했다는 것이다.[110] 이 아들은 자신이 선재할 때 가지고 있었던 하나님의 형상 혹은 하나님과의 동등됨을 비우거나 포기함으로써 참된 인간이 되셨던 것이다.[111] 브루스는 그리스도의 선재성과 그분의 인성을 믿었다. 그러나 이 점에서 그가 전통적인 신학자로 남기를 원하였던 것은 아니다. 전통적인 기독론에서 가현설이라는 가장 심각한 약점이 나타난다고 믿었기 때문에 그는 자신의 기독론에서는 가현설적인 가능성조차도 노출되는 것을 배제하고 싶어했다. 이러한 확신을 기초로 하여 그는 예수 그리스도를 실제로 수치를 당하신 인간으로 보는 견해를 제안했던 것이다.

그러면 '그리스도가 실제로 수치를 당한 인간'이었다는 말이 무슨 의미를 지니는가? 그에게 이 개념은 종으로서의 그리스도를 그리는데 적합하도록 그분이 실제로 고통을 겪으셨고 실제로 시험을 받으셨으며 윤리적인 성장을 통해 자라나셨다는 것을 말한다. 브루스에게 수치

---

110) 이 서신에서 사도 바울의 목적은 "형식적으로 그리스도가 참으로 하나님이었다고 가르치는 것이 아니라… 오히려 하나님이신 그분이 신적인 존재의 상태와 관련하여 얻게 되는 유리한 점들을 유지시키려고 하지 않았다는 것을 가르치는 것이었다"(Ibid., p. 17). 브루스는 바울이 이 문장의 첫 번째 구절에 있는 서문의 형식을 취할 때 분사형을 사용하여(하나님의 형상으로 계시면서) 그리스도의 신성만 언급했다는 사실을 인정하면서도, 그리스도께서 이기심을 부정하였다는 사실에 상당한 무게를 두고 있다고 생각했다(Ibid.).
111) 이 구절을 주해하면서 브루스는 "하나님과 동등됨"과 "하나님의 형상으로 존재하심"을 같은 것으로 보았다. 물론 그는 이 두 구절을 신적인 본질이라는 측면에서 생각하지는 않았다(Ibid., p. 18). 그러므로 우리는 그리스도께서 이러한 두 가지의 것을 비우셨을 때 하나님이 되는 것을 멈추게 하셨을 것이라고 간주할 수 없다.

를 당하신 인간 그리스도라는 개념은 윤리적인 범주를 띠고 있는 것이다. 예수 그리스도는 '종'이었던 것이다.

여기서 우리는 '종'이라고 칭한 그의 의도에 주목할 필요가 있다. 브루스는 인간의 본성을 종의 형상과 구별하고 있다. "인간의 본성은 단순히 종의 형상을 배태할 수 있는 그러한 조건이 될 뿐이다."[112] 그리스도는 종살이와 같은 섬김이 없는 상태의 보통 일반인의 삶을 영위하지 않았다. 즉 "하나님의 아들은 인성을 취하심으로 인간으로서 종의 형상을 입고 삶을 사셨다."[113] 그리스도는 종살이와 같은 섬김의 삶 **안에서** 한 인간으로 살아가셨던 것이다.

> 그분은 우리가 생각할 수 있는 모든 의미의 종살이가 갖는 특징을 지닌 그러한 인간으로서의 삶을 영위하기를 열망하셨다. 그래야 그분의 전 생애 역사가 자신의 제자들에게 언급한 다음의 자기 고백을 요약한다고 할 수 있을 것이다. '나는 섬기는 자로 너희 가운데 있느니라.'[114]

브루스가 '그리스도는 팔레스타인에서 인간으로서 삶을 영위하셨다'라고 말했을 때 그가 여기서 강조하고자 한 것은 다음과 같다. 곧 그리스도는 수치를 무릅쓰고 인간으로서의 삶을 사셨다는 것이다. 빌립보서 2:8(*사람의 모양으로 나타나셨으매 자기를 낮추시고 죽기까지 복종하셨으니 곧 십자가에 죽으심이라*)을 읽은 브루스는 "여기서 강조된 바는 그리스도의 인간성이 아니라 그분이 한 인간으로서의 삶을 종살이와 고통 가운데 살

---

112) Ibid., p. 20.
113) Ibid.
114) Ibid., p. 21.

왔다는 점을 말하기 위함"이라 하였다.115)

　나아가 그는 히브리서 주해를 통해 훨씬 더 깊게 그리스도의 본성이 종살이 가운데 살아가게 한 실제의 인성이었음을 강조하여 서술하였다. "구주이신 그리스도는 반드시 우리와 한 **형제**여야 한다"고 그는 확신에 찬 제안을 제시하였다.116) 그리스도가 우리와 모든 면에서 똑같기 때문에 그는 우리와 같이 시험을 받게 된 것이다. 히브리서 2:9에 있는 바와 같이 그리스도는 천사들보다 조금 못하게 되셨다고 기록되었다. 그는 인류가 갖는 본성과 경험 모두에 있어 동일본질이 되었던 것이다.117) 그러므로 히브리서의 수신자들과 한 형제라는 사실이 그리스도를 믿는 이들로 하여금 믿음이 사라지게 하기보다는 오히려 이들의 믿음이 구원에 대한 깊은 감사의 마음으로 인하여 더욱 풍성해지게 한다는 것이다. 히브리서를 주해하면서 브루스는 수치라는 점을 들어 그리스도의 인성을 해석하였다.

　그리스도의 수치스러운 삶은 그분을 무시했던 자들과 마음이 상한 자들과 자신을 동일시하였다는 부분만 보아도 독특하였다. 그분은 세리와 죄인들과 함께하셨기에 실제로 그분의 이름과 명성 모두 고통을 겪으실 수밖에 없었다. 그리스도는 단순히 한 인간만은 아니셨다. 그분은 나다나엘이 주장한 바와 같이(요 1:46, "나사렛에서 무슨 선한 것이 날 수 있느냐") 하류민들이 거하는 지역인 갈릴리에서 태어남으로써 실제로 자신은 무시된 자들 중 하나가 되셨다. 성육신하신 이분에게 이러한 종류의 삶이 주어진 것은 바로 수치를 말하는 것이다. 더욱이 그리스도

---

115) Ibid.
116) Ibid., p. 25.
117) Ibid., pp. 27-8.

는, "잔인하고 수치스러운 경험의 상징인" 십자가에서 죽음을 겪으셨다. "십자가의 죽음은 구체적으로는 신학적이 아닌 윤리적인 것임을" 말하게 하는 것이며, 나아가 우리로 하여금 "경건한 자라면 모두 핍박을 겪어야 한다"는 것을 배우게 한다.[118]

그러나 그리스도가 지상에 사시는 동안 겪은 그분의 고통은 단순히 수치를 말하는 것이 아닌 영광도 포함된다고 브루스는 보았다. "왜냐하면 **죽는** 것은 수치이다. 하지만 **다른 사람들을 위해** 죽음을 맛보는 것 또한 영광스러운 일이기도 하다."[119] 브루스는 변증법적으로 이러한 영광의 개념을 발전시켰다. 그리스도의 수치는 그분의 실제의 인성을 보여 주는 중요한 것 이상의 의미를 담고 있는 것이다. 그 수치 자체는 성육신이 시작되면서부터 영광을 지니고 있었던 것이다.

그리스도의 수치는 동시에 아주 중요한 의미에 있어서 그분의 영광이다. 즉 그것은 빌립보서에서 보여 준 바울이 제시한 바에 따르면 단순히 승귀의 상태가 뒤따르는기만 하는 것을 말하는 것이 아니라 그 자체로서 이미 윤리적인 보상의 의미를 가져다준다. 그렇게 함으로써 우리는 그의 수치를 강조하는데 주저할 필요를 갖지 않게 되는데 이는 그 수치가 실제로 일어나고 또한 그 정도가 정말 대단하면 대단할수록 이와 같이 자신을 낮추신 이에게는 더욱더 그 영광과 영예는 위대해지게 되는 것을 알고 있기 때문이다.[120]

---

118) Bruce, *With Open Face*, 2nd ed., p. 264.
119) Bruce, *HC*, 5th ed., p. 30.
120) Ibid., p. 34.

더 나아가 그 영광은 하나님의 아들이 선재하실 때 지니고 있던 하늘의 영광을 버리셨을 때에 주어진 것이다. 다른 말로 하면 "그리스도의 수치는 형이상학적 위엄을 지니지만 그러나 윤리적인 측면에서 볼 때 상대적으로 쓸모없게 된 영광을 포기함으로써 독생하신 그분께서 얻으신 영광 그 자체인 것이다."[121] 이 영광은 존재론적으로 수치를 당하신 그리스도를 뒤따른다고 할 수 있다. 마찬가지로 "그리스도가 비웠던 그 상태의 전부는 승귀의 상태를 통해 곧이어 나타남으로써 보상을 받을 가치가 있다고 할 수 있다. 뿐만 아니라 그 자체로 이미 윤리적 장엄과 위엄으로 옷을 입고 있는 것이다."[122]

그리스도의 이러한 종으로서의 삶은 한 인간으로, 우리의 형제로서 실제로 그분이 살아가셨음을 말하며 이러한 방식의 삶을 통해 그분은 실제로 인간의 고통을 경험하셨다. '육신이 되었다'는 것은 그리스도가 실제의 고통을 느낄 수밖에 없다는 것을 말한다. 이러한 고통이야말로 복음서에서 표출된 바와 같은 필연적인 인성을 지니신 그리스도를 정당화한다.

그런데 그리스도가 겪었던 이 고통은 힐러리(Hilary)가 주장한 바와 같이 화살이 물을 꿰뚫듯이, 아니면 불을 찌르듯이 혹은 공기에 상처 입히듯이[123] 그저 단순한 감정이 아니다. 또한 그러한 것은 실제적인 고통도 아니다. 그는 그리스도의 몸이 기적적으로 성령의 능력으로 잉태되었기 때문에 인간의 몸이 갖는 일반적인 고통을 겪지 않도록 되어 있다고 믿었다.[124] 즉 그에 따르면 그리스도는 모든 인간들이 느끼는

---

121) Ibid., p. 35.
122) Ibid.
123) Bruce, HC, 5th ed., p. 237.
124) Ibid., p. 240.

것과 똑같은 고통을 느끼지 못하셨다. 그러나 그리스도의 고통에 관한 이러한 힐러리의 견해는 가현설적이라 할 것이다. 힐러리는 단지 "그리스도의 신성을 구하기 위해 그의 인성을 희생시켰다. 우리에게 하나님 **그분의 모습을 철저하게**(totus in suis) 제시하여 주었지만 반대로 그분에게서 형제로서의 **우리의 모습을 철저하게**(totus in nostris) 앗아가 버렸다." 125) 그리스도는 초기의 기독론에서 로고스이기만 하도록 되어 있었다.

그러나 브루스에게 그리스도는 실제의 한 인간이었다. 하나님은 복음서에 상술된 바와 같이 실제의 인간 형상으로 그리고 인성의 제한된 조건 아래 이 세상에 들어오셔서 모든 인류가 영위하는 윤리적인 삶을 경험하셨다. 126) 기독론에 있어 힐러리의 사상과 동일한 전통적인 신학은 그리스도가 겪은 실제의 시험을 정당화할 수 없었다. 그에게는 "[그리스도가] 시험에 대한 경험을 결코 그의 삶 가운데 겪지 못하셨고, 단지 극적인 장면만이 있을 뿐이다. 즉 가면을 쓰고 시험을 받는 한 인간의 역할을 담당하는 하나님의 모습이 전부였다." 127)

그러나 브루스는 자신의 신학을 소시니안주의와 양자론으로부터 차별화하였다. 그는 그리스도를 실제의 한 인간이었다고 제안한 그의 주장도 어느 정도 약점을 내포하고 있다는 것은 잘 알고 있었다. 그는 진젠도르프의 케노시스 기독론의 기여를 언급하면서 성자가 지닌 윤리적 실제로서의 케노시스적 특징이 가져올 수 있는 과오를 인정한 바 있다. 그러나 그에게 이러한 과오는 그리 심각한 것은 아니었다.

---

125) Ibid., p. 246.
126) Bruce, *Apologetics*, p. 52.
127) Bruce, *HC*, 5th ed., pp. 247-8.

과오는 복음주의적 목적을 두고 만들어진 이론에서는 즉시 사면받는다. 그리스도의 인격에 대한 견해가 소시니안적 이론에서 제시된 바와 비슷할 정도로 의심받는다고 하여도 우리는 소시니안적 이론을 지닐 수 없는 그리스도에 관한 전자의 견해를 지지하고 있음을 의식하고 있기 때문이다. 우리는 케노시스적인 그리스도가 다른 측면에서는 아무리 소시니안주의자처럼 보인다고 할지라도 할 수 있는 대로 자신의 신성을 버리신 이 신적인 존재에게는 그러한 케노시스가 값없이 주는 은혜의 결과이며 이로 인해 그분이 육신이 될 수 있었고 사람들 가운데 은혜와 진리로 충만하게 거하실 수 있었던 것이다.[128]

브루스는 자신의 기독론을 소시니안적인 그리스도에서 구별하려고 하였다. "케노시스의 그리스도는 인간의 수준으로 자신을 스스로 낮추신 하나님이셨다. 그러나 소시니안적 그리스도는 최고 수준의 인간으로 높아진 인간이었다."[129] 브루스의 그리스도는 하나님이면서 인간인 반면, 소시누스의 것은 단순한 한 인간이었을 뿐이다.

그는 또한 그리스도가 실제의 고통을 겪으셨다고 강조하였기 때문에 양자론자라고 비난받게 될지 모른다는 것을 알고 있었다. 이러한 비판을 피하기 위해 그는 자신을 양자론주의자들 예를 들면, 우겔리스(Urgellis)의 펠릭스(Felix), 그리고 양자론주의자들과 비슷한 신학자들인 브레멘(Bremen)의 멘켄(Gottfried Menken)과 스코틀랜드의 어빙(Irving)과 같은 사람들과의 구별을 나타내려고 애를 썼다. 그리스도의 인성을 정당화하는 데에 큰 관심을 보였던 양자론자들에게는, 그리스도가 한 인간,

---

128) Ibid., p. 166.
129) Ibid., p. 167.

우리의 형제, 입양을 통해 하나님의 아들들 중의 하나가 된 종이었다. 이들은 "[그리스도는] 세례가 필요하였기 때문에 세례를 받았으며" 또한 예수님은 "죄의 법에 따를 수밖에" 없었다고 생각했다.[130] 이와 비슷하게 멘켄은 예수 그리스도는 인성이 갖는 죄성과 죽을 수밖에 없는 성질을 취하였고, 이로 인해 그리스도는 죄를 지으실 수 있었고 고통을 겪으실 수 있었으며 죽으실 수 있었다고 주장하였다. 어빙도 비록 그리스도가 죄는 없지만 타락한 인성을 취하셨다고 말하고 있다.[131]

브루스는 양자론자들을 비판함으로써 양자론주의자라는 비난으로부터 자신이 결백함을 진심으로 보여 주려 하였다. 그는 그리스도가 신적인 선재하심에서 기원하였고 그분이 지상에 사시는 동안에도 여전히 내재적인 삼위일체의 한 몫으로 계셨다고 믿었기 때문에 양자론자는 아니었다. 양자론주의에 따르면 그리스도는 "일반적인 출생을 통해 아담에게서 나온" 사람일 뿐이고[132] 이로 인해 이 논리는 당연히 그리스도의 무죄성에 해를 끼치는 것이다.

무죄한 그리스도를 인정하지 않고 단지 그를 이상적인 완전한 한 사람으로만 보는 현대의 인본주의적인 이론들을 브루스가 비판한 것은 자연스러운 일이었다. 그가 비판한 현대의 인본주의적인 그리스도 이해는 일반적인 자연주의, 카임의 감상적인 자연주의, 베이슬락(Beyslag)의 이상적인 인간 이론, 그리고 바우어의 죄인인 그리스도 이론 등등이다.[133] 이들 모두는 그리스도를 놀랍도록 완전한 이상적 인격체로

---

130) Ibid., pp. 249-50.
131) Ibid., pp. 251-3
132) Ibid., p. 254.
133) HC의 제2판에서 브루스는 "그리스도의 인격에 관한 현대의 인본주의적 이론들"이라는 새로운 강좌를 덧붙였다(pp. 193-235, 제5판, pp. 192-235).

묘사하고 있으나 그분의 무죄성은 부인하였다.134) 이들은 성육신에 관한 성경적 진리를 받아들이지 않았던 것이다. 이들은 단지 그리스도라는 인격체는 상당히 신비적인 것이라고 하는 것만 인식하였을 뿐이다. 그들에 의하면 그리스도는 과학적으로 이해될 수 없는 사람이었다.

물론 브루스는 그리스도의 인격을 과학적인 접근 방법으로 이해한다는 것은 한계가 있다고 인식하였다는 점에서 이들과 견해를 같이한다. 그럼에도 불구하고 그는 우리가 그리스도에 관한 인격에 대해 현대의 인본주의적 이론들 모두에 만족해서는 안 된다고 강력하게 제안하였다. 오히려 우리는 전통적인 신조의 가르침을 따라야 한다고 말했다.

> 그러므로 우리는 비록 우리의 지성에 당혹감을 안겨 주고 혼란을 불러일으키는 것이 그분에게 있기는 하여도 우리 마음에 말할 수 없는 만족을 전해 주는 것이 또한 그분에게 있다는 사실을 부인할 수 없다. 즉 영광의 자리로부터 잃어버린 자들을 구원하기 위해 내려오신 그리스도, 그리고 자신을 낮추어 인간이 되시고 십자가에서 죽으신 그분을 생각할 때, 신조에 나타난 그리스도의 모습을 그대로 견지하기로 결단하게 된다.135)

이 주장에서 브루스는 비정통신학이라는 비난을 피하기 위해 자신

---

134) 슐라이어마허는 브루스의 이러한 비판에서 제외되었다. 슐라이어마허는 비록 그리스도를 이상적인 완벽한 인간으로 보았음에도 불구하고 예수님의 무죄성을 명백히 인정하였다. 슐라이어마허는 예수님은 다른 사람들과 같이 윤리적으로 결함을 지닌 인격체라고 생각하지 않았던 것이다(Ibid., pp. 206-7).
135) Ibid., p. 235.

의 신학을 변호하는 듯 보인다.136) 그는 그리스도에 대한 인본주의적인 견해에 호의적이었던 자유주의 신학과 자신의 신학이 다르다는 것을 보여 주려했다. 수치를 당하신 그리스도의 인간성을 강조하는 것이 그리스도에 대한 현대의 인본주의적 견해를 암시하는 것은 아니라는 것이다. 그는 이러한 비판적 강좌를 적어도 그의 책 *HC*의 제2판(1881)에 기고하였으며 그가 1890년 그의 신학 검증이 있던 해 바로 전인 1889년 제3판이 출고될 때에도 여전히 게재되어 있었다. 그가 리츨에 의해 상당히 영향을 받고 있던 때에도 제4판(1894)에 이 내용이 그대로 남아 있으며, 논쟁을 불러일으킨 그의 논문 "Jesus"가 출판되기(1901) 바로 전, 그의 사후에 출판된 제5판(1900)에서도 그대로 남아 있었다.

한편, 우리는 그리스도가 실제로 겪으신 시험이 그분의 무죄성과 얼마나 모순됨이 없이 서로 공존하게 될지를 고찰할 필요가 있다. 그리스도의 수치 교리가 어떻게 그의 무죄성과 조화를 이룰 수 있는가? 이 주제에 대처하기 위해 브루스는 먼저 "무죄한 결함과 허물들"(sinless infirmities and *vitia*) 사이의 구별을 하고 있다.137) 브루스에 따르면 힐러리가 그랬던 것처럼, 어빙은 이러한 구별을 하지 못하였으며 이로 인해 원죄가 그리스도 안에 남아 있었다는 것을 받아들여야 했다고 본다. "[힐러리]는 그리스도가 허물로부터 자유롭기 위하여 그리스도가 모든 이와 같이 결함을 나누고 계셨음을 부인한 반면, [어빙]은 우리가 갖는 결함에 그리스도가 두말할 나위 없이 참여하고 계셨으므로 그분이 우

---

136) 그의 후기 저서들을 읽으면서 사람들은 점차적으로 브루스를 비정통 신학자로 의심하는 듯 보인다. 그의 책 *ST. Paul's Conception of Christ*를 서평한 어떤 글에서는 이러한 경향을 인식하기는 했으나 브루스의 정통 신학에 대해서는 확신한다고 보았다. "[브루스]는 그의 본래의 모습에서 탈피하려고 무척 애를 썼지만 결국 그럴 수 없었다. 만일 피상적인 그의 모습을 좋아한다면 그는 비정통이다. 그러나 그의 신학의 본질과 그의 정신은 철저하게 정통 신학적이다" (*ExpT*, vol. 11, 1894-5, p. 114).
137) Bruce, *HC*, 5th ed., p. 255.

리의 본성인 악을 같이 나누고 계셔야 했다"고 말하였다. 138) 그러나 그리스도 안에 있는 결함을 지닌 상태는 필연적으로 그분이 죄를 지을 것을 말하여 주는 것은 아니다. 그리스도가 인간으로서 살아가시는 동안에 무죄하셨다는 것은 그분이 결함을 지니면서도 실제의 인간이셨다는 사실과 서로 모순되지 않는다. 브루스는 그리스도가 하나님의 섭리적 질서 방식인 자연법에 따라 육체 안에서 살아야 했다는 것을 보여 주려 했던 것이다. 139)

브루스는 그리스도가 완전하게 되셨다는 것을 그분의 윤리적인 성장을 다루면서 밝힌 바 있다. 그리스도는 그분의 아버지께 복종하는 것을 배우셔야 했고, 윤리적인 훈련의 과정을 겪으셔야 했으며, 이를 통해 참으로 마리아의 품 속에 있을 때보다 더 수준 높은 윤리적 상태로 계실 수 있었다. 이러한 방법을 따라서 그분은 승귀하실 때 완벽하게 '되셨던' 것이다. 그분은 윤리적인 과정이라는 측면에서 완전하게 '되고' 계셨던 것이다. 140) 윤리적으로 완벽하게 되기 위해 그리스도는

---

138) Ibid. 여기서 우리는 여전히 한 가지 질문을 던진다. 그리스도께서 무죄하시다는 것은 무엇을 의미하는가? *potuit non peccare*(그리스도는 죄를 지을 수 없었다)를 의미하는가 아니면 *non potuit peccare*(그리스도는 죄를 지을 가능성이 없다)를 의미하는가? 브루스는 여기서 마르텐센의 견해를 개혁주의적인 형태에 가장 가까운 것으로 지지하고 있다. 즉 "*potuit non peccare*이면서도 또한 non potuit peccare이다. 상호 배타적이라기보다는 서로 같이 함의하는 것이다. 그리스도께서 무죄하신 사실이 인정되어야 하는데 이는 그분이 시험에 대해 독립적인 자유의사에 따른 윤리적인 몸부림을 통해서만이 아니고 그분이 본래 거룩한 자연 발생적인 행동만을 통해서도 아닌 양자 모두의 연합적인 사건을 통하여 무죄하게 되었던 것이다"(Ibid., p. 272).
139) 브루스는 그리스도 안에 있는 실제의 인성을 설명하면서 자연법에 따른 이러한 성장의 과정을 전개하였다. 다음의 그의 책을 보라. *The Parabolic Teaching of Christ*, pp. 58, 122-6, and *POW*, p. 137.
140) Bruce, *HC*, 5th ed., pp. 274-9. 브루스에게는, 그리스도께서 완벽하게 되는데 있어 그분이 가지셨던 순종이라는 개념이 수치스러운 인간적인 삶 속에서 보여지는 윤리적인 의미를 이끌어내는데 중요한 용어였다. 이를 위해 다음의 글을 보라. Ibid., p. 275; *TT*, 2nd ed., pp. 175ff, 392. 한편, 그리스도의 수치스러운 삶 속에서 발견되는 이러한 윤리적인 개념은 브루스가 생각하고 평가하기에 그리스도 안에 있는 윤리적 성장의 실제를 바라본 안디옥 신학의 이해에서 발견된다(Bruce, *HC*, 5th ed., pp. 279-81).

스스로 시험과 타락에 맞서 승리하지 않으시면 안 되었다.

브루스는 윤리적 무흠의 상태(moral integrity)와 윤리적 완전(moral perfection)을 구별하였다.

> 전자는 죄의 성향과 습관으로부터 자유로운 원래의 상태에 있으나 시험과 타락의 가능성을 지닐 수도 있다는 것을 나타내는 표현인 반면에, 후자의 것은 그분이 성공적으로 시험의 모든 과정을 이기시고 윤리적으로 타락하지 않게 된 이후에 얻게 되는 그분의 마지막 상태를 말한다.141)

그리스도가 타락할 수 있다는 것은 그분이 죄를 짓게 될 수 있다는 것을 의미하지는 않는다. 하나님은 완전히 익은 과일을 **당장**(immediately) 요구하시는 것이 아니라 과일이 익는 **적절한 시기를**(in its season) 염두에 두셨다.142) 12세 소년의 지혜는 산상보훈의 말씀을 전한 설교자의 그것일 수는 없다.143) 그리스도는 존재론적으로 바로 우리와 똑같은 윤리적인 인간이었던 것이다. 그분은 실제로 시험을 받으셨고 육체와 정신에 있어 윤리적으로 자라나셨다. 하나님의 아들은 지상에서 실제의 케노시스를 겪는 삶을 영위하셨던 것이다. 과거에 하늘에 사셨던 그리스도께는 이러한 인성을 지닌 윤리적 지위가 수치였음에 틀림없다. 그

---

141) Bruce, *HC*, 5th ed., p. 285.
142) Ibid., p. 286. 브루스는 여기서 비유에 대한 그분의 해석을 마음에 두었을 것이다. 곡식의 성장은 자연법에 따라 점진적으로 이루어진다. 처음에는 낱알로, 그 다음에는 귀, 그리고 그 다음에는 완전히 익은 곡식으로 말이다(Bruce, *The Parabolic Teaching of Christ*, p. 122).
143) Bruce, *HC*, 5th ed., p. 287. 브루스는 불완전성과 죄를 구별하였다. 비록 예수 그리스도께서 12세의 나이에는 불완전하였어도 무죄할 수 있었다. 여기서 브루스는 죄란 어떤 사람에게 주어지는 의무를 수행하게 하는데 필요한 것이 부족할 때 존재하게 되는 것이지 이상으로서의 율법에 따른 필요가 부족해서가 아니다. 그러므로 "인생이 꽃피는 시기인 어린 시절에는 어린 아이로서 생각하고 말하는 것, 지혜롭지 못한 모습을 보이는 것, 그리고 성인이 갖는 윤리적인 감각을 지닐 수 없는 것이 죄는 아니다. 즉 깨끗하고 청순한 아이로서 생각하고 말하면 그것으로 충분하다"(Ibid., p. 286).

러면 왜 그리스도가 그러한 인간이 되셨는가?

대제사장과 희생자로서의 그리스도

브루스는 그리스도를 직분상 혹은 구원론적인 측면에서 '케노시스적으로 수치스럽게 살아간' 그리스도의 삶을 그렸다. 그러나 그리스도는 단순히 인간이기만 한 것이 아니라 **수치를 당하신** 분이며 궁극적으로 인류를 위해 죽게 되셨던 분이었다. 브루스는 수치를 당하신 그리스도가 고통을 느끼셔야 했고 죽으실 수밖에 없는, 그러나 그의 지상 삶 전체에 걸쳐 무죄하셨던 대제사장이라고 이해하였다. 브루스에게 그리스도는 인류를 성화시키기 위해 제사장 직책을 갖는 것이 당연하였다. 또 다른 의미에서 그리스도는 모든 사람을 구원하기 위해 세상의 죄를 담당하신 희생자였다. 그리스도는 죽음을 겪을 필요가 전혀 없었던 분이었으나 자신의 몸을 던져 많은 사람을 살리셨고 남을 위해 자신을 돌보지 않고 희생을 마다하지 않으셨다. 이러한 구원론적 사건을 이루기 위해서는 그분의 인격은 앞에서 살펴본 대로 우리와 같은 인간이어야 했다. 온전한 인간으로서 그리스도는 구원론 전개를 위해 매우 중요한 전제가 된다. 그리스도는 구원론적인 측면에서 볼 때 **순전한**(mere) 인간이어야 했다는 뜻이다. 이런 의미에서 바울이 "그리스도의 인성의 실제를 추상적 형식이 아닌 구체적이고 명료한 것으로 보았다. 즉 실제의 인간으로서의 예수는 혈통적으로 히브리 민족의 피를 가진 한 유대인이었으며 육체적으로도 히브리인이 갖는 몸매를 소유한 자라고" 확신했다. 이러한 브루스의 선언은 중요한 의미를 지닌다.[144] 그는 예수 그리스도가 구세주가 되어 우리를 구하기 위해서 연약한 한 인간이 되셔야 한다고 보았다. 그러므로 앞에서 브루스가 논의한 케노시스적으로 존재하신 인간 그리스도 개념이 그분의 구원론적 신학 전개에 있어 기본임을 보여 주었다고 할 수 있다.

제사장 직책을 통하여 그리스도는 은혜와 진리의 충만함을 보여 주었다. 그리스도의 희생적인 행동은 하나님의 사랑, 자비, 은혜의 표현일 뿐만 아니라 하나님의 거룩함의 표시이기도 하다. 브루스는 이들 두 개념이 서로 섞여 있는 모습을 다음과 같이 지적하였다. "잃어버린 자를 찾고 이들에게 하나님의 은혜를 가까이 가져다 줄 때에 구세주는 행동으로 매우 중요한 진리를 보여 주셨다. 곧 참된 거룩은 거룩하지 못한 이들에게서 그 자체를 분리시키지 않는다는 것을 증거하고 있었던 것이다."[145] 브루스에게 은혜와 거룩은 서로 배타적이지 않다. 그는 전통적인 안셀름적인 틀과는 다른 방법으로 은혜와 거룩이 조화를 이룰 수 있음을 말하였다.

만일 브루스가 전통적인 구속론 가운데 드러나는 법정적인 용어를 거절하였다면 그는 대제사장과 희생자로서의 그리스도를 생각하면서 무엇을 제안하였다는 말인가? 그는 그리스도의 죽음에서 대표성의 특징을 발견하였는가? 그리스도는 그 스스로가 대속물이셨는가? 브루스는 형벌론을 거절하였는가? 만일 그렇다면 그는 만족설을 지지하지 않았다는 말인가? 어떻게 그는 정의와 사랑이 조화를 이루게 할 수 있었는가? 우리는 이러한 질문에 답하면서 브루스의 기독론이 담고 있는 구원론적인 의미를 분석하고자 한다.

자신을 비우고 낮추셔서 잃은 자들을 찾아 나선 그리스도는 대제사

---

144) Bruce, *St Paul's Conception of Christianity*, p. 333.
145) Bruce, *HC*, 5th ed., p. 294.

장으로서의 직책을 통하여 대표자가 되셨다. 즉 "우리가 고백하는 대로, 대제사장으로서 그분은 하나님 앞에서 죄인들 가운데에서뿐만 아니라 죄인들을 **위하여** 지상의 사역, 곧 그로 하여금 이들의 대표로서 행동하고, 만사에 있어 그분의 백성들과 똑같이 되며, 죄인들의 이름과 유익을 위해 그분에 걸맞는 구원의 선물과 희생을 선사하며, 자신의 직임을 행사하셔야 했던 것이다." 146) 그리스도는 우리의 구원과 하나님의 만족을 정당화하기 위해 완벽한 인간의 형상 가운데에서 자신을 수치스럽게 만드셔야 했다. "[그리스도는] 그분이 대표로서 믿는 자들의 이름을 대신하고 이들을 위하여 대표적으로 고통을 겪으셨기 때문에 그분 안에서 그리고 그의 거래 덕분에 이들은 신적인 시각에서 성화되고 거룩하게 된다." 147)

그러나 그리스도의 대표성만으로는 충분하지 않다. 그분은 대제사장인 동시에 **희생자**였던 것이다. 모든 죄인들의 대속물이었다. "그분께서는 스스로 자신을 희생시킴으로써 죄를 제거하셨다. 제사장으로서 그분은 우리의 대표자인 한편, 희생물로서 우리의 대속물이었다." 148) 그리스도는 대속물로 혹은 어떤 의미에서 희생자로서 인류를 위해 십자가에서 죽으셨다. 이 점에서 브루스는 그리스도가 자신을 위해서가 아닌 남을 위해, 곧 인류를 위해 죽었다고 확신했다. 그러므로

146) Ibid., p. 291; cf. *TT*, 2nd ed., pp. 295-6. 브루스는 소시니안의 구원론과 자신의 것을 차별화하였다. 소시니안의 구원론은 그리스도를 선지자적 직분이라는 이름 아래, 믿음, 인내, 충성, 불굴의 정신의 실례로서 그려 내었고, 그리스도의 죽음을 단순히 용서의 실제적 근거가 아닌 우연히 일어난 사건으로 보았다. 이 이론은 그리스도의 제사장직을 무시하는 등, 단지 그분이 승귀의 상태에서만 제사장적 기능을 돌리게 하였다. 소시니안들에게는 그리스도가 단지 "반신성"(semi-Deity)을 지닐 뿐이었다. 그러나 브루스는 "우리는 승귀의 상태에서뿐만 아니라 또한 수치의 상태에서도 역시, 우리의 신앙고백이 갖는 바 그리스도를 대제사장으로 생각해야 한다"고 보았다(*HC*, 5th ed., p. 298, 다음의 글도 보라. Ibid., pp. 296-7).
147) Bruce, *HC*, 5th ed., p. 307.
148) Ibid.

브루스는 대속적 이론과 분리된 대표적 이론에 지지를 보내지 않고 있다. 이러한 이론을 지지하는 학자로 그는 슐라이어마허, 어빙 그리고 모리스(F. D Maurice)를 예로 들었다.

슐라이어마허는 소위 그가 말하는 '신비적' 이론을 주장한다고 브루스는 믿는다. 이 이론은 "그리스도가 하나님 앞에서 인류의 머리요 대표자로서 행동할 때 인류를 위해 자신이 행동한 것은 자신을 위해 행동한 것이기도 하다. 그러한 행동을 자신을 위해 함으로써 우리를 위해서도 그러한 행동을 한" 것이다.[149] 그러나 만일 그리스도를 대속물로 보기를 거절한다면 그때에 그리스도는 자신의 인성을 성화시키지 않으면 안 될 것이다. 당연히 보통 인간이 대리적 구속사역을 이루는 것은 미스터리가 된다. 왜냐하면 논리적으로 수용 가능하기 어려운 수수께끼처럼 들릴 수밖에 없는 구조라고 생각하기 때문이다.

브루스가 믿기에 어빙과 멘켄도 역시 이러한 이론을 전개시켰다. 어빙과 멘켄에게 그리스도는 "원죄로 인한 악행으로 상당 부분 타락되어 죄를 짓게 될 수 있는 상태를 취하였기 때문에 평생 애써서 자신을 깨끗하게 하는 필사의 노력을 경주함으로써 인성의 많은 부분을 거룩하게 하였다는" 것이다.[150] 모리스도 역시 약간은 그 형태를 달리하지만 이러한 '신비적' 인 구속론을 전개하였다. 그에 의하면, 그리스도는 하나님의 의지에 전적으로 자신이 굴복함을 보여 줌으로써 죄인들을 위하여 자신을 깨끗이 하셨다는 것이다. 그러나 이러한 희생은 그리스도의 헌신에 대한 상징을 보여 주는 법정적인 것일 뿐, 죄인들을 위한 대속물로서 제시하지는 못한다고 했다. 그에 따르면 그리스도는 "신 의

---

149) Ibid., p. 309.
150) Ibid.

지에 자신을 굴복시키는 자로서 그리고 헌신된 자로서의 완벽한 모범을 제시하였기에, 하나님은 이러한 그분의 희생을 한 개인에 의해 수행된 것이 아닌 모범적인 한 인간에 의해 대표된 인류 전체에 의해 이루어진 것으로 받아들였다"고 한다.151)

그러나 브루스는 그리스도를 죄인들의 대표자로 인식하면서 동시에 대속물로서의 역할은 부인하는 자들에 대해 비판을 가하였다. 왜냐하면 그리스도의 죽음에 대해 대속물로 여기는 것을 부인하는 행동은 곧 "그리스도의 죽음에 대하여 그 어떤 독립적인 실질적 가치를 부여하지 않는 것이며… 또한 그리스도의 제사장적 행위가 항상 대상으로서의 자신을 포함한다는 것을" 의미하는 것이기 때문이다.152) 브루스는 그리스도가 절대로 자신을 위해 죽지 않았다고 확실하게 믿고 있었다. 이와 관련, 그는 또한 '모범적 구속론' 도('redemption by example') 비판하였다. 이 이론은 그가 보기에 "어떤 식으로든 그리스도의 구속적 행위가 우리에게 유용하다는 사실을 분명하게 보여 주고 있지 못하는 등 모호함으로 가득찬 아주 나쁜 이론"이었기 때문이다.153) 또한 그가 이 이론을 반대한 이유는 이러한 이론을 통해 소시니안주의적인 경향으로 나아간다고 보았기 때문이다. "이들의 구속론은 단순히 윤리적 경향만을 갖는 한 형태에 불과한 것으로 드러난다"154)고 생각했다.

그가 대속 이론을 지지할 때 무엇을 염두에 두었는가? 그의 대속 이론은 전통적인 방식과 차이가 없는가? 그리스도의 고통이 형벌적인

---

151) Ibid., p. 310.
152) Ibid., p. 308. 브루스는 그리스도가 우리를 위해서뿐만 아니라 자신을 위해서도 죽으셨다고 주장한 리츨도 비판하였다(Ibid., pp. 311-3).
153) Ibid., p. 313.
154) Ibid., pp. 313-4.

가? 브루스는 자신의 대속 교리를 전개하되 형벌 대속적인 측면은 제외하였다. 왜냐하면 그는 하나님은 인류로부터 그 어떤 빚 상환도 요구하지 않으신다고 보았기 때문이다. 그에 의하면 그리스도는 빚 상환 능력이 없는 자들을 대신하여 자신이 스스로 그 빚 상환이 됨으로써 대속물이 된 것은 아니었다. 그는 안셀름에게서 나타나는 바 대속의 교리에서 드러나는 형벌 대속의 법정적인 의미를 거부하였다. 전통적인 교의학자들에게 "그리스도는 우리를 위해 죄를 지심으로써 그 결과 자연스럽게 우리의 죄에 대해 형벌을 취하게 되었던 것이다."155) 브루스는 마기(Magee)의 사상에서 발견되는 바와 같이, 그리스도의 고통이 법정적인 의미에서의 책임 전가를 의미하는 논리에 부정적이었다. "[그리스도의 고통은] 우리와 같은 범법자들에게 적합한 고통이 된다는 의미에서만 우리의 죄로 인하여 주어진 징벌이라 칭할 수 있기 때문이다."156)

브루스는 캠벨도 역시 전통적인 교의학자라고 믿고 있었다. 그 이유는 바로 예수 그리스도가 "인간이 짊어진 빚을 단순히 **고통**에 의해서만 갚을 수 있는 것이 아니라 **고백의 행동**에 의해서도 지불될 수" 있다고 보았기 때문이다.157) 브루스에 따르면 캠벨은 "그리스도께서 성부 앞에서 우리와 우리의 죄를 자신의 가슴에 담고 인간의 죄를 철저하게 고백하셨다"는 사실을 믿었다는 것이다.158) 브루스는 버스넬(Bushnell)이 비록 형벌적 구속론을 수정 이해하였음에도 불구하고 그를 비판하였다. 버스넬에게는 그리스도의 고통이 단순히 형사상의 처

---

155) Ibid., p. 316.
156) Ibid.
157) Ibid., p. 318.
158) Ibid., p. 317.

벌을 주는 것으로 훈련시키는 의미가 있다고 보았다. 비록 그 고통이 형벌적이긴 해도 재판에 의해 결정되는 법정적인 성질의 것은 아니었다는 것이다.159)

이러한 수정 이론도 브루스를 만족시킬 수는 없었다. 브루스에게 그리스도는 죄에 대한 징벌이나 책임 또는 상환 등을 요구하는 형벌적 의미를 갖게 할 하나의 대속물은 아니라고 보았다. 만일 그가 자신의 구속론에서 형벌 이론을 배제한다면 어떤 의미에서 그리스도가 대속물이 된다는 말인가? 브루스는 어떻게 그리스도의 사랑과 정의를 조화시킬 수 있었는가? 그는 구속론에서 만족설을 포기하고 있었는가?

하나님은 죄인들에게 참을성이 있는 분이셨다. 하나님께서는 은혜로우시고 자비하셔서 거룩하지 못한 인류에게 진노하시지 않는다. 하나님께서는 사랑 그 자체이시다. 앞에서 이미 언급한 바와 같이 브루스의 신학을 기초하는 것은 하나님의 사랑이다. 그 결과 그의 신학을 기초하는 또 하나의 개념이 있는데, 그것은 바로 하나님은 자신의 아들과 딸들을 징벌하지 않고 오히려 용서하시는 아버지라는 것이다. 어떤 자녀도 사랑 안에서 돌보는 부성 앞에서는 엄격한 정의의 대상이 되지 않는다. 하나님은 사랑이요 은혜가 많으신 분이시기에 그분은 죄인들에게 분노를 쉽게 나타내지 않으신다. "죄인의 세계에 하나님이 처음부터 참을성을 지닐 수 있었던 것은 그리스도 안에 그 **근거를** 두고 있기 때문이다."160) 하나님은 여전히 죄인들을 향해 인내하고 계시기 때문에 죄인들에게서 상환을 요구하고 형벌을 가할 준비를 하고 계시지 않는다. 브루스에게 하나님은 전통적인 만족설 교리에서와 같이

---

159) Ibid., pp. 321-3.
160) Ibid., p. 331.

금전적인 의미를 둔, 상품의 값을 요구하지 않기 때문이다. 하나님은 사업가가 아닌 것이다.

만족설 교리는 교회론적인 의미에서 보면, 하나님은 정의를 부르짖으면서 이런저런 것의 얼마를 요구하는 분으로 소개된다. 그러나 실제로는 무자비한, 터무니없이 값을 요구하는 베니스의 상인으로 보게 하고 있다. "하나님은 실제로 터무니없는 값을 많든 적든지 기어코 받아내고자 손을 벌리는 분은 아닌 것이다. 다시 언급하지만 죄인들을 향해 그분이 요구하시는 것은 어떻게 해서든지 **무엇이든지** 받아내겠다고 험상궂게 달라고 하시는 것이 아니라, 자신의 사랑스러운 아들을 마음에 두고 이들을 얻고자 하시는 것이다." 161)

브루스는 정의와 사랑을 조화시키려고 노력하였다. 만일 우리가 정의나 은혜에 일방적으로 치우치게 되면 우리는 진리 전체를 볼 수 없을 것이다. 브루스는 아놀드(Matthew Arnold)와 리츨 같은 신학자들이 전개한 논의에게서 보듯이 균형감을 상실한 논리를 피하고자 하였다. 전자는 구약성경에서 오로지 의를 만들어 내는 능력 외에는 아무것도 발견하지 못한다고 주장하였다. 반면에 후자의 경우에는 은총 이외에 그 어느 것도 발견하지 못하였다고 주장했다. 162) 지금까지의 교리적 전개에서는 양자가 모두 극단에 치우치고 말았다고 브루스는 믿었다. 특히, 하나님은 전통적인 교리의 관점에서와 같이 사법적이지 않다고 보았다. 그는 형벌의 의미로서 그리스도가 대속물이 되었다고 말할 수는 없다고 했다. 오히려 브루스에게 그리스도는 어떤 사법적인 의미가 배제된 것으로, 하나님이 보는 데에서 무참하게 살해된 어린 양으로서의

---

161) Ibid., pp. 326-7.
162) Ibid., p. 330-1.

대속물인 것이다. 이와 같은 이해를 통해 브루스는 정의와 사랑은 조화를 이룰 수 있다고 믿었다.

그러나 만일 하나님이 사법적인 존재가 아니고 죄인들에게 엄격하지 않은 분이라면 대속물은 하나님의 진노와 전적으로 무관한 것인가? 브루스에게는 죄인을 대신한 그리스도는 하나님의 진노 아래 있는 것이 아니었다. 왜냐하면 그러한 그리스도의 모습은 그리스도가 신뢰와 사랑 안에서 자신의 아버지와 교제를 가졌던 사실과 어울리지 않기 때문이다. 브루스는 "그리스도의 아버지가 갖는 불쾌함의 대상으로서의 구세주"라는 개념을 생각할 수 없었던 것이다.[163] 이 문제와 관련하여 그는 "우리는 하나님이 그리스도에게 적대적이라든지, 진노한다고 은근히 심어 주어서는 결코 안 된다"고 말한 칼빈의 주장에 호소하고 있다. "어떻게 하나님이 자신의 마음이 머물고 있는 자신의 사랑하는 아들에게 분노할 수 있겠는가? 어떻게 그리스도께서 자신의 중보적 행위로 자신과 적대적인 관계를 갖고 있는 아버지의 노여움을 가라앉힐 수 있는가?"[164] 결코 그리스도는 죄를 담지한 자가 아닌 듯하다. "왜냐하면 만일 그분이 죄를 담지한 자로 고통을 당하셨다면 그분의 고통은 형벌적인 요소를 내포하고 있기 때문에 그가 볼 때에, 이것은 죄에 대한 신적인 진노의 표현을 내포하고 있는 것이었다."[165]

비록 형벌적인 속죄론에 반대하고 있음에도 불구하고 브루스가 대리적 속죄론을 지지한 것을 보면, 궁극적으로는 하나님의 진노와 형벌이라는 개념을 부인하고 있지 않았다. 여기서 그는 다시 칼빈을 인용

---

163) Ibid., p. 334.
164) Ibid., pp. 334-5. 브루스의 인용. Calvin, *Institutes*, II, xvi. ii.
165) Ibid., p. 334.

한다. "이것은 바로 그리스도가 신적인 엄격한 요구의 중압감을 견뎌 냈다는 것이다. 왜냐하면 그는 하나님의 손으로 맞고 괴롭힘을 당할 때에 **분노하시고 벌을 주시는 하나님의 모습**(sign)**을 모두 경험하였기 때문이다.**"166) 하지만 그리스도의 고통은 그분이 자신의 아버지에게서 형벌을 받았다는 것을 암시하지 않는다. 오히려 그의 고통은 얼마나 하나님이 죄에 대해 엄격하신가를 보여 준 것이다. 이러한 의미에서 그리스도는 '죄 담지자' 로서 고통을 당하실 수 있었다. 이 죄는 온 세계를 다스리는 그분에 의해 구속주에게 전가된 것이다.167)

그러나 죄의 전가는 객관적이다. 캠벨에게서 발견되는 바와 같이 주관적이지 않다.168) 브루스가 주장하듯이 캠벨은 죄가 자신에 의해 그리스도에게 전가되었기에 죄에 대하여 비탄에 잠긴 고백을 하게 되었으며 이 고백을 하나님은 용서의 근거로 받아들였다고 믿었던 것이다. 그리스도의 속죄적 혹은 구원론적 사역들을 논하면서 브루스는 히브리서에 의존하기를 좋아했다. 그리스도는 인간의 죄를 자신에게로 성공적으로 전가시킨 위대한 대제사장이었다. 즉 인성을 지닌 그리스도의 전 생애는 하나님의 진노에서 벗어날 수 없는 존재였다.169)

브루스는 하나님의 진노와 대속물 사이의 관계를 두 가지 원리로 요약하고 있다. "그리스도는 아버지로부터 개인적인 불쾌감의 대상이 되어 본 적이 없다. 다만 그분이 고통을 겪은 것은 신적인 분노의—**영향**이 아닌, 그 **결과**(the effect, not the affection)—표시(signs) 일 뿐이다. 그리고 그분은 이러한 표시를 이런저런 형태로 한 시간 정도 겪은 것이 아닌

---

166) Ibid., p. 335. 브루스의 인용. Calvin, *Institutes*, II, xvi, ii.
167) Ibid., p. 351.
168) Ibid.
169) Ibid., pp. 337-8.

평생토록 겪으셨다."170) 이러한 의미로 브루스는 하나님의 정의 개념을 적용하였다. 하나님은 너무나 은혜로우셔서 죄인들에게서 사법적인 대가를 요구하지 않으시지만, 그렇지만 죄에 대해 너무나 엄격하시기 때문에 자신의 아들을 보내시어 신적인 진노의 **표시**를 겪게 하셨던 것이다. 이러한 행동에서 하나님이 만족하셨다고 브루스는 믿었다. 사랑과 거룩이 양립하게 될 수 있었다는 것이다.

브루스는 구속론에 관한 전통적인 개념으로서의 만족설을 거부하였다. 이 개념은 금전관계의 특징을 지니고 있다고 믿었기 때문이다. 이 이론이 의미하는 바는 하나님에게 빚은 반드시 청산되거나 아니면 죄인들이 반드시 벌을 받아야 그분이 만족할 수 있다는 것이다. 전통적인 교의에 의하면 하나님이 엄격하게 대하셨던 죄는 "죄인들이 받아야 하는 양만큼 똑같은 무게로, 아니면 적어도 같은 성질과 대가를 갖는 고통을 견디어 내야만 청산될 수 있는 빚"으로 여겨졌다.171) 이 주제와 연관하여 브루스는 그리스도가 겪은 고난의 성질과 목적을 구분한 찰스 핫지(Charles Hodge)를 다음과 같이 평가하였다.

> 이러한 고통이 그리스도가 죽어서 구원을 얻게 된 자들이 갖는 고통과 관련하여 그 **정도**에 있어서는 말할 것도 없고 심지어 똑같은 **종류**의 것을 요구하는 것이기 때문에 만족설에 대해 생각하는 것은 잘못된 일이다. "'형벌의' 그리고 '처벌'과 같은 단어들은 고통에 있어 그 어떤 특정한 종류 혹은 정도를 지시하는 말이 아니라 정의를 만족시키는 데에

---

170) Ibid., 338.
171) Ibid., 339. 소시누스는 금전 관계의 의미를 지닌 이러한 죄 개념을 개진하였다. 브루스는 정통 신학자들이 실제적으로 이 개념을 자신들의 적에게 전했다고 비판하였다(Ibid.).

있어 사법적으로 의미가 부과되는 그 어떤 종류 혹은 그 어떤 정도를 뜻하는 것이다. 그러므로 '형벌의' 그리고 '처벌'과 같은 단어들을 사용할 때, 그 의미는 우리가 감내해야 하는 고통의 정도를 의미하기보다는 단지 그 고통이 갖는 형벌의 목적만을 나타내 보이는 것이다."[172]

브루스는 이 논의와 관련하여 또 다른 미국 신학자인 아치볼드 핫지(Archibald Hodge)를 인용하여 자신의 견해를 정당화하고 있다. "[그리스도는 금전적인 의미로서의 만족을 이루지 아니하셨다. 또한 그분은 율법이 죄인에게 직접 부과하려는 고통과 같은 정도의 고통을 겪으신 것도 아니며, 그것이 갖는 똑같은 기간을 갖지도 않으셨다. 그리스도는 어떤 측면에서든지 같은 종류의 고통을 겪지 않으셨다."[173]

브루스는 "신적인 지혜에 기초한 확실한 심판을 이해하고 윤리적으로 고찰"함으로써[174] 사법적인 의미를 지닌 전통적인 만족설 교리와 다른 방식으로 만족에 대한 개념을 전개하였다. 그는 자신이 전개하는 만족설이 성경에 충실하다고 믿었다. 성경에서 발견되는 네 가지를 강조함으로써 하나님의 만족에 대한 자신의 견해를 보여 주었다. 네 가지는 다음과 같다. 고통을 겪는 자의 품위, 아버지의 의지에 대한 그리스도의 순종, 죄인들에 대한 그의 사랑, 그리고 자신의 고통 그 자체이다. 그리스도는 선재하신 하나님의 아들이었기에 그 고통을 받을 때도 신적인 위엄을 지니고 계셨다. 또한 아버지가 자신의 아들이 고통을 겪도록 의도한 그 의지에 순종하셨다. 무엇보다 하나님의 사랑이 그리

---

172) Ibid., p. 340. 브루스의 인용. Charles Hodge, *Systematic Theology*, vol. ii, p. 474.
173) Ibid. 브루스의 인용. Archibald Hodge, *The Atonement*, p. 28.
174) Ibid., p. 341.

스도로 하여금 실제의 고통을 겪게 하실 수 있었다. 브루스는 이러한 윤리적인 범주 아래에서 하나님의 만족을 그려 냈다. 브루스에게 사법적인 혹은 금전 관계에서와 같은 만족은 성경과 일치할 수 없었다. 만일 하나님이 보상을 요구하는 분이어서 자신의 아들이 형벌을 받도록 요청하셨다면 우리는 성경과의 조화를 발견할 수 없을 것이다. 다른 한편, 우리는 그리스도의 수치 안에서 만족설의 법률적인 개념보다는 윤리적인 의미가 더 훌륭한 가치가 있음을 찾아볼 수 있을 것이다. 여기에서 전통적인 것과 다른 구속론, 다른 형태의 만족설을 보게 된다. 브루스는 히브리서를 빌어 자신을 정당화하고 있다.

> 히브리서의 저자는, 부득불 잔인하게 희생된 자들이 흘리는 피가 단지 제의적인 의미만을 지닌, 즉 전혀 윤리적인 의미를 지니지 않는 율법적인 희생과는 반대로, 그리스도의 희생이 갖는 그 비교할 수 없는 가치를 보여 주고 있다. 하나님을 기쁘시게 한 것은 단지 자신의 아들이 피를 흘렸다고 하는 그 사실이 아니었다.[175]

브루스는 자신의 입장인 윤리적 의미를 담지한 만족설과 전통적인 구속론의 율법적인 이론과 구분하였다. 즉 선재하신 하나님의 아들은 그분의 은혜와 자발적이고 자유로운 의지에 따라 육신이 되셨고, 죄인들을 위하여 신적인 진노의 표시로서 고통을 겪으심으로써 희생자로 죽으셨던 것이다. 브루스는 다음과 같이 투레틴(Turretine)의 견해를 인용하면서 자신의 견해를 피력하고 있다. "만족이란 단순히 피의 외형적인 봉헌 때문이 아니라 내적인 행위—즉 그리스도의 자유롭고 가장

---

175) Ibid., p. 343.

견실한 의지로 인하여 주어진다―로 인해 우리를 죄에서 해방시켰다고 하는 그러한 특별한 행동 때문이다."[176)]

그리스도가 가졌던 지상에서의 전 경험은 "자기 수치의 긴 과정이며, 그가 성취한 구속은 자기 수치에 의한 구속이었음에" 틀림없다.[177)] 우리는 브루스가 묘사한 구원론적인 측면을 통하여 그리스도의 '실제적인' 케노시스를 볼 수 있다. 그리스도는 속죄를 이루는 자가 되기 위하여 그가 누릴 하늘 영광을 버리시고 이 땅에 오셨다. 뿐만 아니라 이 땅에서도 그가 사회적으로 누릴 모든 유리한 점들을 버렸다. 무엇보다 그는 진정한 인간으로서 죄와 더불어 실제의 전투를 벌였으며, 모든 윤리적인 악의 세력과 혈투를 벌인 끝에 승리하셨다.[178)] 구원론적인 의미로 볼 때 그리스도는 분명히 단순한 인간이었음에 틀림없다. 그러나 브루스는 그리스도가 정통신학의 기독론적인 의미에서 본 인간 '이상' 이어야 함을 부인하지 않았다. 그리스도는 언제나 변함없이 우리와 같은 단순한 인간은 아니셨다. 브루스가 믿기로는, 수치를 당하신 그리스도는 비록 케노시스의 방법을 통하여 실제의 한 인간이 되셨고 이로 인해 인간적 성장과 시험 그리고 인간의 고통을 겪으셨음에도 불구하고 그분은 참으로 하나님 자신이셨다. 브루스는 단지 "예수를 역사 속에 위치시키고 싶은 열망에 사로잡혔을" 뿐이다.[179)]

이제 이 주제와 관련하여 몇 가지 평가를 하면서 마무리를 하려 한다. 브루스의 구속론은 적어도 두 가지 약점이 있다. 첫째, 그의 구속론적 논리를 분석해 보면, 과연 하나님의 사랑과 정의가 진정으로 조

---

176) Turretine, *Institutio*, vol. 2, p. 394. 브루스의 인용. *HC*, 5th ed., p. 343.
177) Bruce, *St. Paul's Conception of Christianity*, (Edinburgh: T. & T. Clark, 1896), p. 329.
178) Bruce, *HC*, 5th ed., p. 300.
179) Sell, *Defending and Declaring the Faith*, p. 106.

화를 이루었는지 의심스럽다. 더욱이 그의 신학적 낙관주의가 그로 하여금 하나님의 정의에 대한 관심을 덜 갖게 하지 않았는가 생각된다. 브루스에게 사랑이신 하나님은 죄인들을 용서하시기 위해 준비하고 계시는 분이었다. 불행이란 인류에게 전혀 주어지지 않는다고 할 수 있다. 이는 아마도 그가 죄를 지은 인간과 의로우신 하나님 사이의 그 심각성을 놓쳤기 때문이 아닌가 생각된다. 그의 관심은 인류가 갖는 죄악된 성질일 뿐이었다. 이러한 의미에서 브루스는 그리스도의 죽음을 그분의 온전한 인격적인 상태로 간과한 채 잘못 바라보았다. 그는 거룩한 하나님이 인류를 바르게 고쳐 놓고 싶어하신 열망을 무시하였다.

둘째, 그는 속죄하는 일을 하는 자로서의 그리스도가 갖는 신적인 특징을 전개하지 못하였다. 인간은 자신이 온전하게 신적인 인물이 될 수 없는 한, 인류를 대표하는 자도, 그의 대속물도, 또한 그를 위한 희생물도 될 수 없는 것이다. 단지 하나님만이 구속의 역사를 이루실 수 있다. 브루스가 그리스도의 수치를 당하신 인간을 전개하면서 그분의 신성을 전제하였다는 사실을 상기한다면 아마도 그가 취한 방법론에 독자는 실망할 것이다. 역사적 예수에 너무 집착한 까닭에 그로 하여금, 다른 책에서 그가 바울을 해석한 바와 같이, 심지어 '그리스도가 하늘에서도 인간이었다' 라고 말하게끔 만들었다. [180] 역사적 예수에

---

180) Bruce, *St. Paul's Conception of Christianity*, p. 331. 이러한 주장은 대단히 잘못된 것이다. 왜냐하면 그의 초기 저서에서는 예수님이 신적인 상태를 지닌 선재성을 주창한 바 있었기 때문이다. 그가 마음을 바꾸었는가? 그것에 대한 충분한 증거는 없다. 이 주제와 관련하여 그의 후기 저서들에서 특히 분명하지 않지만 모순되는 글이 발견된다. 그의 책 *The Epistle to the Hebrews* (1899)에서 그는 그리스도의 명백한 신성을 언급하기를 주저하였다. 여기서 그는 말하기를 그리스도는 "하나님과 **본질**에 있어 매우 근접한" 인물이었다는 것이다(p. 440). 그러나 그는 같은 책에서 그리스도의 선재성이 갖는 그의 신적인 상태를 암시한 바 있다. 여기에서 그는 "스스로 헌신적으로 사셨던 한 분은 신적인 위엄의 지위에서 자신을 낮추시어 내려오시었다" 라고 말하였다(p. 441).

대한 이러한 관심이 집중된 것은 기록론을 전개하면서 그 실제적 유용성을 확신한 그의 의지에 따른 것이었다. 이러한 실용적인 관심 때문에 그는 그리스도의 신적인 실제(physical) 상태를 형이상학적으로 기술하려는 시도에 대해 비판적인 분석을 하게 되었다. 우리는 그의 케노시스 기독론을 보다 완전하게 이해하기 위해 그가 그리스도의 인격에 대한 형이상학적인 제반 이론들을 비판적으로 분석한 내용을 더듬어 볼 필요가 있다.

형이상학적 성육신론 비판

브루스는 성육신에 대한 형이상학적 이론들, 교부의 것이든 루터교 교리든, 개혁교회의 이론이든 현대의 케노시스 견해든 모두 이들이 갖는 약점을 부각시켰다. 이들 중 어떤 것들은 그리스도의 실제 인성을 정당화시켜 주지 못하는 것도 있고, 온전히 신적인 그리스도의 모습도 보여 주지 못하는 것도 있으며, 그리스도의 통일성을 확보해 주지 못하는 것도 있다고 믿었다. 위 이론들의 실패를 열거하면서 그는 성육신에 대한 형이상학적 설명에 대해 자신이 얼마나 비판적인지를 보여 주었다. 그의 저서 *HC*에서 여러 기독론을 논의하면서 그는 사색적인 방법으로 그리스도의 신적인 실제의 상태들을 설명하려는 것이 얼마나 무용한지를 기술하였다. 그 대신 그는 성경적 증거와 니케아 신조에서 선언된 정통신학에도 부합되는 것으로서 윤리적인 범주를 갖는 케노시스 개념을 지지하였다. 지금부터 우리는 그리스도에 대한 고대 교부들의 묘사, 루터파와 개혁파의 형식 그리고 현대 케노시스 기독론에 대한 브루스의 비판적인 평가에 주목하면서, 기독론의 형이상학적 이론들에 대한 그의 반대 견해와 케노시스 개념의 기준으로서의 형식을 제안한 그의 주장을 분석할 것이다.

그리스도에 대한 고대 교부들의 묘사

알렉산드리아 기독론과 안디옥 기독론을 비교하면서 브루스는 다음과 같이 양측이 실수를 범하였다고 지적하였다. 즉 "양측 모두는 인간이 되시는 하나님이라는 개념 안에 암시되는 양성의 일치 개념을, 인간을 취하시는 하나님이라는 개념에 따라 만들어지는 것과는 다른 모습으로 생각한 나머지, 실제적인 인간 경험을 지니는 것과는 전적으로 같이할 수 없는 것으로 가정한 것에서 출발했다는"181) 것이다. 알렉산드리아 신학에 속한 자들은 위격적 연합에(physical union) 만족한 반면 안디옥 신학에 속한 자들은 "윤리적" 연합에("ethical" union) 집착하였다.182) 전자에게 그리스도는 인격적 주체로서의 로고스였다면 후자에게는 로고스가 스스로 "거주" 혹은 "내재"한다는 의미에서, 수태될 당시 처음부터 인간에게로 연합하셨던 것이다.183) 그러므로 전자는 마리아에게 해당되는 말로서 데오토코스(theotokos, 하나님의 어머니)라는 용어를 선호하였다면, 후자는 마리아에 대해 크리스토코스(christokos, 그리스도의

---

181) Bruce, *HC*, 5th ed., p. 56. 비록 브루스가 양성의 일치에 관한 자신의 견해를 분명히 하지 않았음에도 불구하고 그는 모종의 양성 일치 개념을 암시하고 있었다. 그것은 아마도 동방의 윤리적인 일치의 개념을 넘어서는 듯하며, 서방의 위격적 연합과는 정반대의 양상을 나타내는 듯하다. 그는 다음과 같이 확고한 신념을 지니고 있었다. "양대 신학 경향은 각기 다른 측면에서 실패하였다. 동방은 인격의 통일성이라는 측면에서, 그리고 알렉산드리아 신학은 인성과 인간의 경험이 갖는 실제성이라는 측면에서 말이다"(Ibid.).
182) Ibid., p. 48.
183) Ibid. 다음의 글도 보라. Jaroslav Pelikan, *The Christian Tradition: vol. 1*, pp. 251ff.

어머니), 그리스도에 대해서는 데오포로스(theophoros, 하나님을 지닌 자)라는 표현을 즐겨 사용하였다. 그러나 이들 모두는 역사적인 그리스도의 실제 모습을 그리는데 성공할 수 없었다.

왜 그런가? 브루스가 보기에 이들은 성경에 나타난 사실을 받아들이지 않았기 때문이다. 그래서 알렉산드리아 사람들에게는 연합이라는 개념이, 안디옥 사람들에게는 예수 그리스도의 인성이 사실과는 너무도 동떨어지게 전개되었던 것이다. "이들 두 부류 사람들 모두에게는 사실 자체를 설명할 수 있건 없건 관계 없이 사실을 그대로 받아들였더라면 보다 현명하였을 것이다."184) 사실을 뒤로한 채, 이들은 이론만 추구하였다. "이들 두 부류 사람들 모두가 실패한 원인은 성육신의 조건과 가능성에 관하여 한 가지 단서에 지나치게 확신을 가진 나머지 교조주의적이 되어 버렸기 때문이다."185)

특히 여기서 브루스는 성육신에 대한 형이상학적 설명, 특히 시릴의 것을 거부하고 있음을 우회적으로 표현하였다. 그 이유는 그에게서 실제의 로고스와 실제의 인성을 동시에 "설명하는 것은 어려울 뿐만 아니라 불가능하기"186) 때문이다. 또한 그는 그리스도가 갖는 실제의 인격 상태의 모습을 기술하려 했던 네스토리우스 식의 방법도 분명 싫어했다. 안디옥 기독론이 이중의 인격체를 낳게 된다고 생각하였기 때문이다. 기독론에 있어 윤리적 연합을 제안하는 것은 "오로지 우리 인간과 상당히 가까운 윤리적인 유사성만을" 암시하고 있으며, "이에 따라 자연적으로 그가 어떤 분인지 짐작할 수 있게 한다. 또한 로고스가 그

---

184) Bruce, *HC*, 5th ed., p. 56.
185) Ibid.
186) Ibid., p. 57.

어떤 다른 사람보다도 예수 그리스도와 더욱더 친밀한 관계를 지니고 있다고 하여도 **인격적으로는** 그 어떤 다른 선한 사람 못지 않게 예수라는 분과는 구별된 존재가 되게 하는 것이다."[187] 이런 이유로 브루스는 성자가 갖는 실제의 인성은 안디옥 신학이나 알렉산드리아 신학 모두 성공적으로 제시할 수 없을 것이라 판단하였다.

비록 서방의 시릴이 자신의 기독론을 전개하면서 케노시스라는 개념을 가지고 그리스도의 인성을 보여 주기를 원하였지만 그는 실제로 역사적 예수를 확보하지는 못하였다. 시릴의 케노시스 형태는 안디옥 기독론에 대한 그의 비판으로부터 비롯되었다. 시릴에게 그리스도가 갖는 케노시스는 로고스가 인간이 된다면 아주 자연스러운 것으로 여겨졌다. 당연히 시릴은 안디옥 기독론의 주장에 문제가 있다고 보았다. 동방에서 로고스가 인간을 취하였다고 주장하는 논리에서 그는 한 인간의 고양됨 혹은 양자론 등의 개념을 발견하였기 때문이다. 시릴은 여기에서 그리스도 안에 있는 로고스와 그의 케노시스적인 삶을 찾아 볼 수 없었고 단지 하나님의 영광에로 들어 올려진 한 인간을 발견하였을 뿐이었다.

시릴에게 케노시스는 로고스의 지상 삶에 있어 신체적으로 필연적이었다고 보았다. 그러므로 위격적 연합을 제안한 그의 주장과 그리스도의 케노시스적인 삶 사이에는 그 어떤 모순도 없었다. 시릴에게는 로고스가 가난하게 되셨다든지(고후 8:9) 비우셨다든지(빌 2:7) 하는 것들이 위격적 연합을 해칠 수 있는 것은 아니었다. 그럼에도 불구하고 그는 어떻게 로고스가 가난하게 되신다든지 어떻게 성자 하나님이 인간의 연약함을 경험하실 수 있는지에 대한 문제를 무시해 버리지는 않았

---

187) Ibid., p. 50.

다. 그는 이 문제를 로고스가 경륜적으로 인간의 삶을 사셨다는 의미로 해결하였다. 그리스도는 육신이 인성에 적절한 방식으로 인간의 연약함을 겪도록 허락하시면서 인간으로서 혹은 경륜적으로 아파하시고 우셨다는 것이다. 이러한 방법으로 그리스도는 십자가의 잔을 거절하려 했다든지 십자가의 고통을 겪으셨다는 것이다. 그러나 브루스는 시릴의 이러한 주장에서 발견되는 그리스도의 케노시스 삶은, 실질적으로는 로고스가 인격적 주체로 계시게 되는 것과 같다고 보았다.

이와 반대로, 안디옥 신학자인 데오도렛(Theodoret)은 케노시스 개념을 실제적 필연성이라는 방식이 아닌 그리스도의 자발적인 행동으로서 그 의미를 해석, 발전시켰다.[188] 그는 시릴의 케노시스 개념이 그리스도의 의지가 결여된 모습을 제시하고 있음을 발견하였기에 시릴이 그리스도의 케노시스적인 삶 가운데서 위격적 삶이 강제적으로 주도하는 모습을 투사하고 있는 것에 반기를 들었다. 데오도렛은 필연성에 따라 종의 삶을 살아가신 그리스도의 모습에 대해서 만족할 수 없었던 것이다. 왜냐하면 그러한 그리스도는 천성적으로 배고파하기도 하고 잠을 자며 고통을 겪는 것을 의미할 수 있기 때문이다. 시릴이 제시한 모델에 나타난 케노시스 삶이란 박애주의적 행위에서 비롯되었다기보다 오히려 실제적인 필연성으로부터 나온 결과이다.

그러나 시릴은 그리스도의 케노시스 삶에 자발적인 행동을 철저하게 배제시키려고 의도하지는 않았다고 주장한다. 오히려 로고스는 자발적인 행동을 통해 인간이 되셨고 이러한 방법을 따라 신체적인 법칙이 경륜적으로 그분의 삶에 지배적인 요소로 제공되었다는 것이다.

---

188) Ibid., p. 52.

"인성이 갖는 그 어떤 법칙에 자발적으로 자신을 복종시키는 바로 이러한 행위 가운데 케노시스 개념이 놓여 있는 것이다."189) 더 나아가 로고스의 이러한 케노시스적인 삶 혹은 성육신은 그분이 전능하시기 때문에 하나님에게 가능한 것이다. 그러므로 한 가지 예를 들면, 성자 하나님은 일시적인 그분의 무지로 케노시스적인 삶을 사실 수 있었던 것이다. 그러나 그리스도가 지상의 삶을 영위하는 곳에서 그 어떤 신적인 존재가 사라지는 것은 아니다. 그런데 여기서 시릴에게 그리스도가 미래에 대해 무지하셨다는 것은 인성이라는 잣대를 놓고 분석해 보면 가능한 것이었다. 하지만 그리스도가 하나님으로서 모든 것을 알고 계셨기 때문에 실제적으로는 하나님으로서 그분의 전지성을 약화시키지는 않는다.

　브루스는 시릴이 제안한, 로고스가 자유롭게 강림하셨다는 주장에 동감하면서도, 시릴이 법의 영역에서 지적인 혹은 윤리적인 부분은 배제한 채 위격적인 범위로 제한시키는 부분에 대해서는 비판했다.190) 왜냐하면 로고스가 케노시스 행동을 하셨음에도 그리스도 안에 있는 지혜 혹은 성격에 있어 실제적인 성장 활동은 일어나지 않았으며 따라서 그리스도의 지적인 혹은 윤리적인 성장은 그렇게 보이는 것 이상의 그 어떤 것도 아니라고 생각했기 때문이다. 브루스는 시릴이 양성의 연합을 지나치게 강조한 나머지 실수를 저지르게 되었고, 이로 인해 그리스도의 실제적인 무지가 로고스 혹은 성육신한 그리스도에게서 발생될 수 없게 하였다고 믿었다. 그렇지 않을 경우, 연합은 그만 깨지고 말 것이라고 시릴은 생각했기 때문이다. 여기서 브루스는 시릴을 가현설주의

---

189) Ibid., p. 53.
190) Ibid., p. 54.

자라고 비판하였다. 왜냐하면 시릴은 그리스도의 지적인 혹은 윤리적인 삶에 있어 결코 그렇게 보이는 것 이상은 아니라고 생각했기 때문이다.[191]

따라서 어떤 의미에서, 브루스는 그리스도가 외형에 있어서뿐만 아니라 그분의 지식에 있어서도 성장하셨다고 믿었던 안디옥 신학을 좋게 평가하는 듯하다. 그럼에도 불구하고 그는 이들 안디옥 신학자들 또한 비난받아 마땅하다고 보았다. 그 이유는 이들이 인간적인 측면에서 시작하였으며 연합을 실제의 인성과 조화를 이루게 하지 못하였기 때문이었다.

브루스가 보기에 알렉산드리아 신학자든 안디옥 사람이든 이들 모두는 그리스도의 실제적 상태를 묘사하지 못하였다. 위에 언급한 바와 같이 이들은 사실을 심각하게 주목하지 않고 단지 형이상학적으로 로고스의 지상생활이 가능하게 된 실제의 형태를 설명하려고 했다. 이러한 해석 방법에 맞추어 칼시든 신조 역시 브루스는 비판의 대상에 올려 놓고 있다. 미래의 역사는 칼시든 신조가 실패하였음을, 곧 형이상학적 구성 노력의 실패를 증언하였다는 것이다. 그 증거로서, 이 신조가 의도한 바대로 교회가 하나되기보다는 오히려 그 후에 즉시 분열이 나타났기 때문이다. 단성론, 단일의지론, 그리고 양자론 논쟁이 칼시든 신조 이후 8세기에 이르기까지 계속되었던 것이다. "칼시든 공의회로부터 프랑크푸르트 공의회에 이르기까지는 기독론의 황량한 시기라

---

[191] "케노시스는 위격적인 부분에서는 실제적이지만 지적인 영역에서는 가현설적이다. 그리스도가 실제 지니셨던 위치는 이것이다. 케노시스가 갖는 기준이 그리스도로 하여금 무지한 **것처럼 보이게** 하고 있다. …이제 [시릴은] 그리스도를 심판의 날을 알지 못하는 **실질적으로 가장한 모습**을 지닌 자로, 이제 인성을 취한 자에게 **어울리도록** 무지성을 나타내는 것을 주저하지 않는 모습으로, 자신이 무지하다고 **말할** 때 그러한 인간의 행동이 **효율적이거나 계획적인** 모습으로 제시되고 있다"(Ibid., p. 55).

부를 만하게 되었다."[192] 브루스는 그리스도의 실제적인 삶을 형이상학적으로 묘사하는데 상당한 의구심을 표출하였던 것이다.[193]

루터교와 개혁파의 형식

시릴의 기독론을 따르는 루터 역시 브루스의 비판을 면치 못했다. 루터가 제안한 속성의 교류와(communicatio idiomatum) 그리스도의 몸이 갖는 편재성 등은 그리스도의 인성을 위협했으며, 이로 인해 우리는 그리스도의 수치를 역사적인 사실로 설명할 수 없게 되었다. 루터의 기독론은 논리적으로 인성의 신격화라는 개념에 도달하며, 이는 곧 실제적인 성육신이 큰 문제가 된다. 브루스는 루터가 그리스도의 인성을 충분히 보장하고 있는지 의심하고 있었다.[194] 루터의 이러한 약점은 그의 후계자인 브렌츠와 튀빙겐 학파의 신학에 여전히 남아 있다고 브루스는 믿었다. 또한 루터의 유산은 성만찬과 속성의 교류에 관하여 다른 견해를 밝혔던 켐니츠와 기센 학파에게서도 발견된다. 그러나 이들 후자의 다른 견해는 그다지 중요하지 않다고 보았다.

브렌츠에게 그리스도의 연합이란 그리스도 인성이 단순히 한 인격체 **안에**(in) 있는 것이 아니라 한 인격체 **안으로 들어가**(into) 존재하는

---

192) Ibid., p. 66.
193) "어떻게 이러한 일들이 가능한가, 형이상학적 설명은 아마도 어렵지 않은가. 아니 불가능할 것이다. 어떤 한 가지 이론 이상의 보다 많은 방법으로 설명하는 시도들이 있어 왔다. 그러나 우리는 이들 사실에 걸맞는 이론을 발견하게 될 때까지 그러한 사실들을 수용하는 일을 중단해서는 안 된다. 사실들을 먼저 받아들여야 하고 그런 다음 편안한 마음으로 우리의 이론을 찾아야 한다"(Ibid., p. 57).
194) "그러한 인성, 곧 신적인 위엄에 속한 모든 것으로 옷 입은 그 모습이 어떻게 그리스도가 지상 역사를 갖게 되었던 사실들, 즉 그분의 탄생과 지혜가 자라났다는 사실과 조화를 이룰 수 있는가? 다른 시간 대에 다른 장소에 속해 있었다는 것, 그리고 그분의 연약한 상태, 유혹, 죽음 등과 어떻게 어울릴 수 있는가?"(Ibid., p. 83)

것이며, 이로 인해 속성의 교류가 논리적으로 정립되는 것을 의미한다고 보았다. 그리스도는 지배적으로 로고스의 활동 아래 놓여 있으며 이로 인해 그분은 영광의 상태로 들어갔을 때뿐만 아니라 지상에 살 때 모두 편재하셨으며 현재에도 그러하다는 것이다.[195]

그는 한 인격 안에 참된 인성과 신성이 실제로 같이 존재한다고 주장한 것 외에는 그리스도의 역사적인 삶을 충분하게 전개하지 못하였다. 신적인 위엄이 그리스도의 삶이 갖는 자기 비우심(exinanition) 가운데 지배적이었지만, 이러한 상태를 감추면서 유지하셨다고 보았던 것이다. 즉 신적인 위엄이 충만하였지만 수치 가운데 받아들인 종의 형태를 통해 외견상 감춰였던 것이다.[196] 그러므로 그리스도는 자신이 지상에 사는 동안 신적인 위엄을 습관적으로 사용하셨으며 영광을 받으신 후에는 온전하게 사용하셨다. 이러한 루터교 기독론이 가능했던 것은 필연적으로 신의 속성이 인성으로 전달되게 하는 위격적 연합에 강조를 두었기 때문이다.

켐니츠도 또한 양성의 위격적 연합에 강조를 두었던 루터교 신학에서 출발하였다. 그러나 그는 신성과 인성이 각기 갖는 본질적 속성을 확보하면서 연합의 개념을 제한적으로 사용하였다. 그는 신적인 속성이 인성으로(인성이 위협을 받지 않게 하면서) '침투'한다는 개념을 사용함으로써 브렌츠와의 차별화를 시도하였다. 속성의 교류가 의미하는 것은 단지 인성에게 신적인 속성이 부여된다는 것이 아닌, 신성에 의한 인

---

195) 브렌츠에게는 그리스도께서 지상에 계실 때의 몸은 장소에 속하였다. 그럼에도 불구하고 그리스도는 실제로는 지상에 사는 동안 편재하셨다. 왜냐하면 그리스도의 편재성이란 장소에 속하는 것이 아니라 그것을 가득 채우는 것이며 또한 성격상 위격적이었기 때문이다(Ibid., p. 91). 성자가 인간의 삶과 연합한 후 그의 육체는 필연적으로 신적인 위엄을 입으셨으며, 이로 인해 수태될 때부터 편재하셨다는 것이다.
196) Ibid., pp. 95f.

성으로의 침투 혹은 능력을 말하는 것이었다. 로고스는 마치 불이 가열된 쇠를 통과하듯이 인성을 침투하시는 것이다. 켐니츠는 브렌츠에게서 온전하게 나타나지 않은 그리스도의 실제 인성을 확보하고자 하였다. 우리는 또한 켐니츠가 유한자는 무한자가 될 수 없다(finitum non capax infiniti)고 말한 사실에서 그가 얼마나 인성을 확보하려 했는지를 알 수 있다. 그리스도의 실제적 인성에 대한 그의 관심은 성만찬론에 있어서도 브렌츠와 견해를 달리하게 하였다. 켐니츠는 그리스도의 의지에 따라 주께서 편재하신다고 생각하였다. "그리스도는 어디든지 **계시지만**, 그분은 기뻐하는 **시기**와 **장소** 그리고 **방법**을 따라, 심지어는 불가시적인 형태로 **계실 수** 있다. 그는 필연적인 편재성을 가르치시는 것이 아니라 가정적으로 혹은 자유의사에 따라 여러 장소에 계신다고 했다."197) 그러나 그는 자신이 루터교 전통을 깨뜨렸다고 생각하지는 않았다. 그리스도 안에 '잠재적' 편재성이 있다고 확신하면서 자신이 루터교 신조를 따르고 있다고 믿었다. 로고스가 연합한 후에 육신 밖에 있지도 않았고 또한 육신이 로고스 밖에 있지도 않았다고 주장했다.

브루스가 보기에 그리스도에 대한 브렌츠의 견해는 성육신을 승귀의 상태 안에서 고려될 수 있는 방식으로 이해하고 있었다. 하지만 거기에는 수치로부터 승귀로의 연속적인 발전이 없었다.

그리스도의 비우심은 엄위하심을 습관적으로 은밀하게 사용하시는 가운데 일어났다. 다른 말로 하면 케노시스와 수치의 상태 가운데 계신 그리스도는 그분의 인성이 갖는 교통의 속성으로서 자신의 엄위하심을 사용하시지 아니할 수 없었다는 것이다.198) 그러나 켐니츠가 믿

---

197) Ibid., p. 99.

기에는 그리스도의 비우심은 종종 그러한 속성을 사용하는 가운데 존재하였던 것이 아니라 전반적으로 사용하지 않으면서 일어났다. 수치의 상태 가운데 계셨던 그리스도는 자신의 신적인 위엄을 사용하실 수 있었고 때때로 사용하기도 하셨지만, 일반적으로 그러한 속성의 사용을 원하시지 않았다는 것이다.199) 후에 콩코드 신조에서 케노시스 개념이 채택되었음에도 불구하고(크립시스 개념은 부인되었다) 루터 신학이 갖는 비우심의 개념은 복음서의 증거를 정당화시켜 주지 못하였다고 브루스는 믿었다. 루터 신학은 위격적 연합이 속성의 교류 개념을 포함하도록 하였지만, 결과적으로 인성을 사라지게 함으로써, 비우심에 대해서, 또한 역사적인 인물에 대해서도 생각할 여지를 남겨 주지 못하였던 것이다.200)

 그러나 브루스는 개혁주의 신학이 그리스도의 참 인성을 전개한 것에 대해서는 만족하고 있다. 개혁신학자들은 루터파 신학에 나타나는 바와 같이 어떤 식으로 하나님이 계속하여 존재하셨는지에 관심을 두기보다는 하나님이 어떤 존재가 되셨는지에 더 관심을 기울였던 것이다. 그는 구원론적인 틀에서 볼 때 개혁교회가 그리스도의 지상 삶 가운데에서 '희생의 제물'을 발견하려 노력하였다는 것에 대해 긍정적으로 평가하였다. 구주로서의 그리스도는 실제로 온전한 인간일 수밖에 없었다는 것이다. 개혁신학에 있어서는 성육신과 수치 혹은 비우심 사이에 그 어떤 낯선 측면을 발견할 수 없다. 그러므로 개혁신학은 기독론에 있어 사색적인 추론을 피할 수 있었던 것이다.

198) Ibid., p. 101.
199) Ibid., p. 102.
200) Ibid., pp. 106-14.

개혁신학은 루터교 '속성의 교류' 론의 대안으로 그리스도의 인성으로의 '은사의 교류' 개념을 제안한다. 이 개념은 성자 하나님이 인간의 육신을 갖고 있음을 확고히 다지게 하였다. 신성이 인성으로 교통할 때 그의 모든 천상의 능력과 교제가 그리스도의 육신에게로 전달된다는 것이다. 브루스는 이러한 개념이 우리와 동일 본질하다는 교리의 고상한 가치를 확립시켜 준다고 보았다. 그럼에도 불구하고 로고스가 인성에 행사하는 영향력이 실제적이지 않고 윤리적이라는 이유로 인하여 그리스도의 연합에 관해서는 그 정당성을 제고하지 못했다고 보았다.[201] 여기에 개혁교회 기독론이 갖는 심각한 문제가 발견된다고 그는 믿었다.

개혁교회 기독론은 그리스도가 하나의 본체를 지니신다고 하여도 연합에 대해서는 희미하게 묘사하는 것에 그치고 있다. 그리스도는 이중의 본질, 정신 혹은 지성, 의지, 작용, 지혜, 힘, 덕 등을 지니고 계신다. 그러므로 브루스는 개혁교회의 연합 개념에 대해, 양성이 마치 두 개의 판자가 서로간에 그 어떤 실질적인 교통이 없이 붙어 있다고 비판한 루터교 주장을 인정하고 있다. 나아가 이 신학은 위격적 연합을 지지함으로써 결국 그리스도의 실제적인 인성을 확보할 수 없었다고 브루스는 믿었다. 브루스는 실제적인 인성을 배제하는 그리스도의 연합을 생각할 수 없었다. 그런 까닭에 겟세마네 동산에서 그리스도가 기도할 때 가졌던 자연적으로 일어난 두려움을 통해 보여 준 그러한 케노시스적인 삶에 훼손을 가해서는 안 된다고 보았다. 위격적 연합에 반대를 표명한 슈네켄부르거(Schneckenburger)를 따르면서 그는 "그리스

---

201) Ibid., p. 124.

도의 무지와 불행의 경험 모두는 진실로 실제의 것이어야 하며" 연합이란 "반드시 '종의 형체'에 온전히 부합되게 하는 것으로 생각해야 한다"고 믿었다.202)

그리스도는 자신의 신성을 비우심의 상태 속에 감추었다가 그것을 변형된 방식으로만 드러내 보여 주었던 것이다.203) 이러한 방식의 논리를 통해 이들은 "브렌츠 식의 체계에서와 같이 [인성에 있어] 모든 부분 하나 하나를 실제적이지 않게"204) 하면서, 그리스도의 인성을 온전하게 발전시키지도 못하였고 또한 실제의 인성이 갖는 의미를 지키지도 못하였다. 개혁신학은 그리스도가 우리의 형제였음을, 혹은 망각할 수도 있는 한 인간이었음을(또는, 언제나 변함없이 전지하지는 않았던 한 인간이었음을) 확인시켜 주지 못하였다. 이러한 의미에서 개혁교회의 개념 혹은 케노시스를 도입시켰던 모든 방식은 브루스가 볼 때에 실제로는 '종의 형체'를 충분히 묘사하는데 성공하지 못했다.

> 케노시스 혹은 비우심은 어느 정도만 그렇다(quasi). 단지 사용과 명시하는 것을 비울 뿐, 소유 그 자체를 버린 것은 아니다. 신의 영광과 속성을 숨기기만 하지 이것들에 관해 **스스로 포기**(self-denunciation)하는 것을 의미하지는 않는다. 케노시스라 말해 줄 수 있는 표현이 있다면 그것은 엄폐(occultatio)일 것이다.205)

한편, 브루스는 기독론에 적절히 부합될 정도로서의 그리스도께서

---

202) Ibid., p. 130.
203) Ibid., p. 119.
204) Ibid., p. 129.
205) Ibid., p. 125.

갖는 참 인성을 요청하면서도 그가 인성을 확보하려는 의지만큼이나 확고하게 그리스도의 신성을 분명히 강조하고 있다. 단지 그는 그리스도의 위격적인 측면에 주목하면서 전통적인 형식이 갖는 약점, 즉 그리스도께서 갖는 실제의 인성은 희생시키면서 그리스도 인격을 단순화시켰던 약점을 지적하였을 뿐이었다.206) 정통신학은 그리스도의 신성을 필연적인 것으로 보는 것에 호의적이었으나, 그것은 논리적으로 "그의 인성을 모든 윤리적 의미가 비워진 하나의 단순히 형이상학적인 껍질로" 제한시키고 말았다.207) 브루스는 현대의 케노시스 기독론에서도 역시 형이상학적 노력을 동원하는 똑같은 경향을 발견하고 이를 비판적으로 분석하였다.

현대의 케노시스 기독론

그리스도의 인격에 관한 형이상학적 서술에 반감을 가진 브루스는 현대의 케노시스 기독론을 평가하면서도 그 적대감을 그대로 드러냈다. 비록 이 현대의 케노시스 기독론이 가장 논리적이고 심지어는 칭송할 만한 목적이 있다고 인정함에도 불구하고(종교적인 목적은 신적인 사랑을 정당화하는 것이고 과학적인 목적은 그리스도의 인성이 모든 역사적인 진리에 남아 있게 한다는 것이다), 그는 이 기독론이 불가피하게 비판받아야 한다고 믿었

---

206) "우리가 그리스도의 인격성에 관한 두 가지 관점을 화해시키는 것이 어려운 작업이라고 생각한다 할지라도 우리 주의 삶이 시적 감흥을 불러일으키며, 연민의 정을 느끼게 하며, 윤리적인 삶을 살게 하는 능력 등을 지니고 있음을 부정해서는 안 된다. 또한 그리스도에 관한 가장 중요한 사실들 중 일부인, 곧 인간적인 면을 나타내는 것 가운데 최소한의 것들이라도 희생하면서까지 그의 인격을 단순화하려고 생각하지 말아야 한다. 비록 우리가 그리스도의 인격을 불가해한 신비로-과학적으로 해결이 불가한 문제로-여겨야 한다고 하더라도 우리는 이러한 사실들을 확고부동하게 붙잡아야 한다"(Ibid., p. 132).
207) Ibid.

다.208)

한편, 우리는 브루스가 현대의 케노시스 기독론을 비판하고 있다는 사실을 분석할 때 주의를 기울일 필요가 있다. 어떤 사람들은 브루스가 단순히 케노시스 기독론을 비판하는데 일관하고 있다고 결론짓고, 이를 확신한 나머지, 앞서 이미 논의된 바와 같이, 브루스를 반(反)케노시스 기독론 지지자(anti-kenoticist) 혹은 케노시스 기독론자가 아닌 학자로(non-kenoticist) 잘못 분류한 사람들이 있다. 우리는 대륙의 케노시스 기독론에 상당히 비판적인 영어권 케노시스 기독론 지지자들에게서 그 실례들을 찾아볼 수 있다. 비록 브루스가 대륙의 케노시스 기독론을 심하게 비판하였지만 그는 케노시스 기독론 그 자체를 부정하거나 비판할 것은 아니다. 단지 그 형태를 비판하거나 제거하려 했다. 다시 언급하지만 현대의 케노시스 기독론을 비판하였음에도 불구하고 그는 실제로 케노시스 기독론 그 자체를 비판한 것이 아니라(그 이유는 이 기독론이 필연적으로 올바른 그리스도 인격론 전개를 위해 요청되기 때문이다), 윤리적인 모습에 주목하기보다는 형이상학적인, 사색적인 이론을 도모하였던 것에 대한 불만을 표출한 것뿐이다. 레드만이 정확하게 평가한 바와 같이 그는 현대의 케노시스 기독론이 갖는 충분한 의도를 진심으로 환영한 바 있다.209) 그럼에도 불구하고 브루스는 현대의 케노시스 기독론이 형이상학적인 범주에서 전개되었기 때문에 이 기독론을 무시하려고 했을 것이다. 그는 케노시스 기독론 지지자들이 제기한 형이상학적인 문제들에 대해서는 관심이 없다고 고백한 바 있다.210) 만일 하나님의

---

208) Ibid., pp. 164-70.
209) Redman, *Reformulating Reformed Theology*, p. 124.
210) Bruce, *HC*, 5th ed., p. 171.

전능성이 그의 윤리적인 본성과 함께할 수 있다고 믿는다면, 그래서 사랑이 요구하는 정도를 좇아 하나님이 강림하시어 자신을 **비우실 수 있다고**(can) 믿는다면, 이들이 형이상학적인 어려움을 무시하고 그저 케노시스 개념을 지지하는 자들과 함께할 것을 브루스는 권고하였던 것이다.

그러나 브루스는 대륙의 케노시스 기독론 이론을 읽으면서 이러한 종류의 케노시스가 갖는 윤리적 범주를 찾지 못하였다. 그는 토마시우스와 다른 케노시스 기독론자들도 현대의 케노시스 기독론을 최초로 만들어 냈다고 믿는 진젠도르프와 의견을 같이하기를 희망했다. 즉 현대의 케노시스 기독론이 진젠도르프가 전개한 윤리적 케노시스 기독론을 반영하기를 기대하였던 것이다. 그러나 현대의 케노시스 이론에서 윤리적인 형태를 발견하지 못했던 브루스는 당연히 이들에 대해 비판적일 수밖에 없었다.

하지만 약간 놀라운 것은, 브루스가 이 케노시스 기독론을 분석할 때 그 어떤 투명하지 못한 설명이나 모순된 내용을 전개하였다는 것이다. 왜냐하면 덴마크의 마르텐센이 전개한 케노시스 기독론이 형이상학적인 용어로 꾸며져 있었음에도 불구하고 브루스는 그의 기독론을 읽으면서 빌립보서 2:5 이하에서 전형적으로 발견되는 윤리적인 성격의 케노시스 개념과 비슷한 케노시스의 모습을 발견한 것처럼 말한 바 있기 때문이다. 여기서 그는 분명 형이상학적인 논리 전개에 대해 자신이 거부한 바 있다는 사실과 모순되는 주장을 하고 있음이 드러나고 있다. 무엇보다 황당하게 하는 내용이 곧이어 발견되었다. 그는 비판적으로 케노시스 기독론을 장황하게 분석한 다음 이 기독론에 대한 그의 심판을 궁극적으로 유보한 바 있다. 어려운 문제를 현대의 케노시스 기독론이 일시적으로 해결하고 있다는 사실을 인정하면서도 그는 어떤 형태의 현대 케노시스 이론이든지(그리고 도너의 '점진적인 성육신'과 같은 여타의 사색적인 성육신 이론도 포함하여) 믿음을 지켜주는 것이라면 선택할 수 있는 것이라고 했다. 그러나 그 선택은 강요될 성질의 것은 아니라고 고백하였다.[211] 당연한 이야기지만, 그의 이러한 불투명한 분석이 독자로 하여금 케노시스 기독론에 관한 그의 정확한 태도를 오해하도록 인도하였다. 아마도 그의 입장이 명확하지 않았던 것은 그가 자신이 그리고 있었던 수치를 당하신 그리스도의 모습이 부분적으로 이 기독론에서 발견되었다는 점이다. 또한 이것이 어느 정도 기독론에 공헌하였다고 보았기에 단순히 무시해 버리기에는 아깝다고 느꼈기 때문이 아닌가 생각된다. 본 장에서 우리는 그가 현대의 케노시스 기독론을 비판적으로 평가한 내용을 탐색할 것이며 이를 통해 우리는 그가 그리스도의 인격에 관한 형이상학적인 이론에 대해 얼마나 불만을 지니고 있었는지 그리고 그가 자신의 주장에 대해, 어떤 의미에서 명확하지 못하였고 모순적이었는지를 발견하게 될 것이다.

    브루스에게는 형이상학적인 이론이 비록 케노시스 기독론의 전개를 위해 도입된다고 하더라도 비판받아 마땅하였다. 그러므로 그는 그러한 이론 모두 성공하지 못할 것이라는 전망을 유럽 대륙에서 발전된 여러 종류의 케노시스 기독론 하나 하나를 비판적으로 논의하기에 앞서 제안하였던 것이다.

    우리는 당연히 이러한 새로운 이론이 반드시 실패로 드러날 것이라는

---

211) Ibid., p. 190.

생각과 어떤 이론도 모두 성공하지 못할 것이라는 확고한 신념을 가지고 연구에 임할 것이다. 우리가 확실히 믿는 바는 오로지 그리스도가 하나님이며 동시에 인간이라는 것과, 정통신학이든 이단이든 오래된 것이든 새로운 것이든 그 어떤 이론도 우리 주의 신비스러운 인격체를 구성하는 요소들 그 하나 하나에 대해 우리가 갖는 믿음을 빼앗아가지 못할 것이다. 그리고 우리의 비판적인 기능은 주로 우리 스스로를 그러한 결과를 낳지 못하도록 보호하려는데 쓰일 것이다.[212]

브루스는 대륙의 케노시스 이론을 포함한 그 어떤 형이상학적인 이론도 진리 혹은 성경이 담고 있는 역사를 묘사해 주지 못한다고 주장하고 싶어했다. 현대의 케노시스 기독론이 갖는 형이상학적 형태는 케노시스 기독론의 원조격이라 할 수 있는 진젠도르프의 그것과는 궤도를 달리하고 있었다. 나아가 이들 이론이 궁극적으로는 니케아 신조를 정당화할 수 없다고 보았다.

여기서 우리는 바로 앞선 인용문에서 기대하는 바와 같이 정통신학 혹은 니케아 신조에 충실하려는 그의 의지가 모든 기독론적인 이론들을 검토하는데 기준점이었음을 발견한다. 이같은 사실이 먼저 인정되어야 하는 이유는 그의 책을 읽는 독자들이 이 문제와 관련하여 그를 오해하지 않도록 하기 위함이다. 왜 이러한 언급이 필요했는지는 다음에서 그 이유를 발견할 수 있다.

브루스가 생각하기에 한 분 그리스도 예수 안에 참 하나님이면서 동시에 참 인간이라는 개념은 교부 시대나 루터교와 개혁교회 기독론에

---

212) Ibid., p. 170.

서나 그리고 현대의 케노시스 기독론 등 어디에서도 모두 충분하게 드러나지 않았다고 보았다. 그리스도에 대한 위격적인 모습들을 전개한 이들 이론들은 결과적으로 "큰 틀에서 보아 일부 기초적인 진리라 할 수 있는 인격의 통일성 혹은 인성의 실재 또는 인간에 거하는 신성 혹은 자발성과 수치의 상태가 갖는 윤리적인 가치 등을 분명히 하지 못했다는 것이다."213) 참다운 그리스도의 정체는 형이상학적인 틀 속에서는 드러나지 못한다(아울러, 실제로 그리스도가 어린 시절에 겪은 신체적인 발전과 관련해서는 이렇다 하게 보여 주지 못하고 있다). 그러나 역사적인 예수 안에 참으로 하나님이면서 참으로 인간인 분이 계신다는 이 진리는 성경을 통해서만 찾을 수 있기 때문에 이러한 사실들에 우리가 집중해야 할 것이라고 그는 주장한다.214) 브루스에게는 이러한 확실성이 그동안 무시되었다고 판단되었던 것이다. "즉 확실성은 불확실성을 위해 희생당해 왔으며, 사실은 가정을 위해, 그리고 믿음은 사색을 위해 희생당해 왔다."215) 이제 이러한 확실한 사실들이 우리 주를 묘사하는데 제일의 원천으로 인정되도록 재고되어야 한다. 이러한 생각을 바탕으로 그는 현대의 케노시스 기독론에 대해(그리고 교부의 기독론과 종교개혁자들의 기독론도 역시 마찬가지로) 특히 이 기독론이 사색에 의존한 것에 대해 실망하였음을 피력하였다. 그가 믿기에 이 기독론은 확실성을 추구하지도 않았고 그리스도의 인격이 갖는 위대한 진리도 확보하지 못하였기 때문이었다.

브루스가 제시한 이러한 기독론적 기준에 비추어 토마시우스는 로고

---

213) Ibid., p. 191.
214) "왜냐하면 우리가 갖고 있는 믿음의 확실성이, 불분명하고 의구심투성이인 여러 이론에 지나치게 의존하는 것은 좋지 못하기 때문이다. 무엇보다 우리는 성경 안에서 계시된 분명한 위대한 진리들과, 통찰력이 깊은 학자들이 이해하는 선 안에서보다 충분하게 보여 줄 목적으로 개발해 낸 여러 가정들 사이를 구별해야 할 것이다"(Ibid.).

스의 존재를 약화시켰다는 것과 이원론으로 이끌었다는 비난을 받았다. 브루스는 성자가 갖는 '상대적인' 속성들 예를 들면, 전능, 전지, 편재성 등을 로고스가 이 땅에 강림하실 때 포기하였다고 주장했다. 즉 그는 로고스가 갖는 신적인 본질을 상실하였음을 믿고 있었던 것 같다. 전능, 전지, 편재성은 하나님이 신적인 모습을 지니기 위해서는 본질적인 것이며 이에 따라 토마시우스가 본 그리스도는 당연히 하나님이 될 수 없는 것이라고 브루스는 받아들인 것 같다. 그는 토마시우스의 기독론에서 로고스의 존재가 약화된 것은 하나님의 사랑을 깊이 고려한 이유 때문인 것으로 보고 있다. 토마시우스에게 있어 그리스도가 케노시스하실 수 있었던 원리는 사랑이었다.216)

그러나 토마시우스에 대한 이러한 분석은 잘못된 것이다. 사실 우리가 토마시우스의 케노시스 기독론을 읽어 보면 하나님 자신이 케노시스적으로 성육하게 하였던 본질적인 동기는 하나님의 '의지'였는데 그는 이것을 발견하지 못하였던 것이다.217) 나아가 브루스는 현대의 케노시스 기독론의 대표적 작품인 토마시우스의 노력을 공정하게 취급한 것 같지는 않다. 그는 실용적인 정신을 염두에 둔 나머지, 비록 토마시우스가 로고스는 그리스도 안에 하나님의 절대적인 속성과 로고스의 '잠재성'이 남아 있다고 전제함으로써 로고스가 존재론적으로 약화되었다든지 그가 전능하지 못한 성질을 갖고 있었다든지 하는 문제들에 대하여 전면 부인하였음에도 불구하고, 토마시우스의 진정성을 인정하지 않았던 것이다.218) 물론 이러한 잠재성은 실재화될 수 있

---

215) Ibid.
216) Ibid., p. 141.
217) 토마시우스의 케노시스 기독론에 관하여는 본 글의 제2장을 참고하시오.
218) Bruce, *HC*, 5th ed., p. 174.

는 능력을 의미하는 것이 아니라 '수학적인' 범위를 취하고 있을 뿐이라고 믿었다. 따라서 로고스가 전능성을 상실하였다는 것은 곧 실제적으로는 그의 존재론적 약화를 의미하는 것이라 할 수 있다. 더 나아가 실제의 로고스는 그가 이미 존재론적으로 약화된 상태에 있고 전능하신 모습을 지니지 못하였기 때문에 인간의 경험을 취할 수 없었다. 그 결과 그리스도는 위격적으로 오로지 인간적인 삶을 살아가야만 했었다는 것이다. 무엇보다 그는 이러한 자기의 실존성이 약화된 로고스가 인간으로 살아가시면서 사랑이 넘치는 자유의지를 행사하신다는 것은 있을 수 없다고 생각했다. 토마시우스를 평가하기 위해 도너의 평가에 의존하였다. 그리고 그는 토마시우스의 케노시스 기독론을 이원론의 형태로 보고 이를 비판하였다.

   그러나 여기서 브루스는 토마시우스를 평가하면서 자기 모순에 빠진 듯하다. 왜냐하면 토마시우스가 궁극적으로는 루터교 신학을(육체를 떠나서는 말씀이 없고, 말씀을 떠나서는 육체가 없다, *nec verbum extra carnem, nec caro extra verbum*) 따랐다고 다른 곳에서 언급한 바가 있고, 그의 케노시스 기독론이 삶의 중심을 두 개 두고 있다고 판단한 바가 있기 때문이다.[219] 이 책의 제2장에서 이미 고찰한 바와 같이 토마시우스는 이원론적이기보다는 전형적인 루터교 성향을 띠고 있다.

   브루스가 믿기에 이러한 무기력한 형태의 로고스는 게스에게서 보다 분명하게 드러나는데 이는 게스 신학을 보면 로고스가 상대적 속성뿐만 아니라 절대적 속성까지도 포기한 것으로 나타나기 때문이다. 게스와 토마시우스를 비교해 볼 때 후자의 로고스가 소극적이고 수동적이었다면 전자의 경우에는 노골적이지만 수동적이었다고 말할 수 있

---

219) Ibid., p. 177.

을 것이다. 게스가 신적인 요소를 완전히 정지시켰다면 토마시우스는 로고스를 있으나마나 하게 만든 셈이었다.[220] 브루스는 로고스가 완전히 인간화된 모습, 곧 로고스가 한 인간으로 변모해 버린 것으로 보았다. 비록 게스가 전능, 전지, 편재성을 휴식의 상태에 두었음에도 불구하고 브루스가 판단하기에 그러한 형식의 논리는 신성이 인성에 의해 조정받을 수밖에 없다는 비난을 피할 수 없다고 보았다. 왜냐하면 '휴식' 이라는 것은 로고스가 그리스도의 죽음 직후 깨어나 자의식을 가질 때까지는 현실태로 되돌아올 수 없기 때문이다.[221] 결국 이러한 입장을 수용하면 성육신의 목적이 위기에 처하게 되고, 그리스도의 무죄성이 위험에 다다르게 되어 그의 구속사역이 위협을 받을 수 있다. 그리스도가 '죄를 지을 수 있었음'(potuit peccare)에도 불구하고 죄를 짓지 아니하였다는 사실을 볼 때, 브루스는 게스의 형식에서 그리스도가 과연 무죄한 상태로 존재할 수 있을지 의심하였다. 게스는 그리스도가 '죄를 지을 가능성이 없었다' 고 (non potuit peccare) 생각하지 않았기 때문이다.

한편, 에브라드(Ebrard)에게 신성은 잃어버린 것이 아닌 변장한 모습으로 존재하였다.[222] 그러나 그는 '변장' 의 개념을 도입하면서 개혁교회의 입장을 따르려 하지는 않았다. 신성의 변장은 개혁교회의 교의 발전에서 볼 수 있는 '엄폐' 의 개념을 포함하지 않고 있으며, 단지 그리스도가 지상의 삶이라는 범상치 않은 형태, 즉 '시간의 형태' 로 신성을

---

[220] Ibid., p. 175.
[221] Ibid., pp. 178-9. 게스에 대한 필자의 평가를 보려면 본 글의 제2장을 참고하라.
[222] 그는 게스와 개혁교회의 케노시스 개념 형태와 자기의 것을 차별화하였다. 그는 성자 하나님이 자신을 인간으로 바꾸셨다고 말하면서 게스의 견해에 일반적으로 동의하고 있다. 하지만 여기서 그는 신성의 상실은 수용할 수 없었다. 오직 그것의 '은폐' 만 있을 뿐이라고 생각했다. 로고스는 게스가 주장한 바와 같이 그 실체를 상실하지는 않았다고 믿고 있었기 때문이다.

지니고 있었다고 하였다.²²³⁾ 그리스도는 신적인 분인데, 위의 언급한 또 다른 형태 가운데 전능, 전지, 편재성을 보존하고 있었다는 것이다. 즉 이러한 견해를 수용하면 성육하신 성자 하나님은, "세계를 지배하는 전능성 같은 형태보다는 특정한 경우와 특정한 시간과 장소에 적용되는 전능성의 형태로" 전능성을 지니고 계셨다는 말이 된다.²²⁴⁾

에브라드에게 그리스도는 단순히 영원한 전능, 전지, 편재성을 지니고 있었던 것이 아니라 이러한 속성들을 "자신에게 주어진 특정한 대상에 따라" 소유하고 계셨던 것이다.²²⁵⁾ 영원하신 성자 하나님은 영원성의 형태를 포기하고 인성이라는 실존의 형태를 취함으로써 인간의 육체와 영혼이 그의 삶에 있어 중심이 되도록 하게 하면서 존재하기 시작했다. 그러므로 신성의 능력은 그리스도의 인성이 갖는 능력과 병렬하여 나타나기보다는 그리스도 안에, 즉 그의 인성이 갖는 능력 안에서 드러났다.

브루스는 이러한 에브라드의 케노시스 기독론 전개를 보고 그리스도의 연합에 관해 문제를 제기할 수 있을 것이라고 믿었다. 하지만 그는 에브라드의 기독론은 로고스의 상대적 인간화를 제안한 것이라고 보고 그를 비판하였다. 여기서 그리스도는 하나님도 아니고 인간도 아닌, 인간보다는 하나님에 좀더 가까운 중간적 존재라고 평가하였다. 이러한 존재는 단지 외형만 인간일 뿐이어서 그의 케노시스 기독론은 가현설이라고 비난받을 수 있을 것이다. 그의 기독론은 심리학적인 어려움, 즉 어떻게 그리스도가 한 인격체 안에 신적인 의식과 인간의 의식을 동시에 지닐 수 있는지, 그 해답을 얻는데 어려움을 안고 있다고

---

223) Bruce, *HC*, 5th ed., p. 153.
224) Ibid.
225) Ibid.

하겠다.²²⁶⁾ 브루스는 에브라드가 제안한 로고스의 영원한 신성의 포기 개념에 대해, 비록 로고스의 영원한 형태를 중단시키는 것을 의미하지는 않는다 해도 그러한 주장에 만족하지 않고 있다. "엄밀히 말해 우리는 성자 하나님이 **자의식의 형태**를 **포기하였다고** 말해서는 안 된다. 왜냐하면 그분에게는 영원히 자의식에 관한한, '포기'란 결코 없기 때문이다."²²⁷⁾ 이 케노시스 이론은 철학적인 조화를 유지하기는 하지만 그리스도에 대한 성경적이고 역사적이며 모든 교회가 받아들일 수 있는 모습을 보여 주지는 못했다.²²⁸⁾

한편, 그는 마르텐센을 읽으면서 에브라드가 지닌 문제점, 즉 한 인격체 안에 동시에 신적인 의식과 인간 의식이 공존하는 문제를 해결할 단서를 발견한 것 같다. 마르텐센은 로고스가 마리아의 몸 안에 있을 때, 신적 자의식을 소유한 신적 자아로 있지 않았다고 했다. 즉 미성숙 아적 존재를 소유하고 있었을 것이라고 보았다. 태 속에서 그리스도는 자신이 인간적인 자아라고 의식하였을 것이라고 믿었던 것이다. 그러나 로고스는 후에 신성을 의식하게 되었으며 자신이 신이면서 인간적인 자아라는 사실을 알게 되었다. 이상과 같이 그리스도에 대한 심리적 성숙을 정리하여 양성론을 이해한 마르텐센에게서 브루스는 케노시스의 진정한 형태를 찾은 듯하였다. "위의 주장을 볼 때 케노시스가 어떻게 이해될 수 있는지를 아는 것은 어렵지 않다. 즉 로고스는 성육

---

226) 비록 브루스가 한 인격체의 정체는 의식의 지속성과 무관하다고 말하면서 에브라드와 견해를 같이 하고 있기는 하지만 한 인격체가 실존의 두 양태를 결합시키는 것은 여전히 어려운 문제로 남아 있다. 브루스는 어린아이 예수가 온전히 자의식을 지니지 못하였을 때도 로고스가 자의식을 지니고 있었는지 묻는 질문에 에브라드가 회피하였다고 비난한 바 있다. 에브라드는 이 문제와 관련하여 긍정적인 답변을 제시했어야 한다.
227) Ibid., p. 158.
228) Ibid., p. 183.

하면서 자신의 신성을 인간의 의식이라는 제한된 형태 안에서 지니고 있었다는 말이다. 또한 이러한 모습에서 그분이 참 하나님임이 드러난다고 말할 수 있을 것이다. 단, 계시 자체인 그리스도 안에서 그 참된 신성은 결코 참된 인성을 벗어나서 존재하지 않는다." [229)]

여기서 마르텐센은 그리스도의 '이중적 삶'을 제안했는데 이것을 브루스는 지지한 바 있다. "그는 **이중적 삶**을 사신다. 온전히 신적인 로고스로서 그분은 자신의 완전한 사랑을 계시하기에 적합한 조건을 조성하면서 자연계 구석 구석을 움직여 나가신다. 그리스도로서 그분은 또한 은혜와 구속의 나라를 통하여 일하신다." [230)] 브루스는 마르텐센의 케노시스 이론을 분석하면서 그에게 매우 관대하였으며 또한 그의 케노시스 기독론에 만족한 듯하였다. 그래서 브루스는 마르텐센의 케노시스 이론을 비판하는데 주저하였다. 그는 오히려 로고스의 케노시스적인 성육신적 삶은 자발적인 그분의 행위였다고 확언한 마르텐센의 주장에 대해 이것은 아주 성공적 제안이라고 좋게 평가하였다. 나아가 그가 보기에 이 이론은 "성경이 가르치는 바 **윤리적인** 케노시스의 요구를 만족시키는 듯하였다. [바울]이 제기한 바와 같이 로고스가 자기를 비웠다는 것은 필연적으로 절대적인 물리적 실체 상실을 요구하는 것은 아니다. 단지 로고스가 성육신의 상태와 관련해서는 자신을 제한하셨다는 것이다. 그런 까닭에 스스로를 그러한 상태의 제한을 겪게 할 수 있다고 본 것은 타당하다." [231)]

브루스는 마르텐센의 케노시스 기독론과 바울의 케노시스 개념을(빌 2:5-7) 조화시키는데 별 어려움을 발견하지 못하였다고 판단하고, 마르

---

229) Ibid., p. 161.
230) Ibid., p. 162.
231) Ibid., p. 188.

텐센이 바울에 충실하였다고 평가하였다. 바울은 로고스가 종의 형태 가운데에서 본래의 자기 자신의 모습을 철저하게 유지시키지 못하였다고 생각하지는 않았다. 이와 같이 마르텐센은 바울이 제시한 케노시스의 그림을 그대로 따랐다. 그럼에도 불구하고 브루스는 마르텐센이 제안한 그리스도의 '이중적 삶'이 바울의 글 내용과 차이를 지니고 있음을 발견하였다. 바울은 이러한 제안을 하지 않았다고 생각했기 때문이다. 그러나 브루스는 바울이 이러한 제안과 관련하여 침묵을 지켰다고 판단했기 때문에 마르텐센의 제안을 받아들이는데 주저하지 않았다. 오히려 그는 바울의 글이 마르텐센의 제안에 꼭 맞는다고 해석하면서 이 개념을 지지하였다. 단지 브루스는 이중적인 삶이 연합의 개념과 어떻게 조화를 이룰 것인지에 대한 의문에 관해서는 설명이 미흡하다는 사실을 지적했다.[232]

그러나 이 이론이 갖는 약점에 대한 그의 지적은 그리 큰 타격을 주지는 않는 듯 보인다. 여기서 그는 기독론에 있어 진정한 케노시스 형식으로 마르텐센의 케노시스 기독론을 선언한 것 같다. "이러한 모습의 존재는 적절하게 검토되었다고 본다. 이러한 존재에게서 우리는 곧 실제의 케노시스와 성육하신 성자 하나님이 신적인 영광을 감추지 않고 사용하고 있었음을 드디어 발견하게 될 것이다."[233] 그럼에도 불구하고 브루스는 여전히 신적인 자의식과 무의식 사이의 연합에 대해 의문을 품고 있었는데 이는 그가 해결하기에는 어려운 그 자신의 문제임을 암시하였던 것 같다. "물론 이것은 어려운 문제이다. 그러나 자신의 실체를 상실하지 않은 로고스의 실제적 성육신을 믿는 모든 이들에게

---

232) Ibid., p. 189. 다른 곳에서 브루스는 그리스도가 갖는 인간의 영혼에 관해 설명이 부족한 약점 한 가지를 더 지적한 바 있다(Ibid., p. 162).
233) Ibid.

는 어떤 식으로든 나타나는 문제라는 사실 또한 고려해야 공정하게 말할 수 있을 것이다." 234)

브루스는 과연 케노시스 기독론을 정당하게 비평하였는가? 먼저, 현대의 케노시스 기독론의 전형적인 대표적 인물인 토마시우스에 대한 그의 비난은 공정하지 못하다. 그는 왜 전능, 전지, 편재성이 하나님에게 있어 신적임을 가능케 하는 본질적인 것들인지를 고려하지 않고 있다. 이 문제는 토마시우스의 케노시스 기독론을 평가함에 있어 매우 중요하다. 나아가, 그는 한 인격체 안에 참된 신성과 참된 인성 모두가 필요함을 순진하게만 역설한 채 로고스가 인간의 삶을 가지면서 필연적으로 겪게 되는 부분에 대한 형이상학적인 고찰을 무시하였다. 그는 오직 어린아이 예수가 분명히 신적인 자의식을 지니지 못하셨다는 것과 다른 한편, 로고스는 그 아이에 대한 의식을 갖고 있었다는 암시를 제공하기만 하였다. 그러나 그는 이러한 두 개의 삶을 조화시키려 노력도 하지 않았고 또한 그리스도의 신적-인간적인 삶이 갖는 그 어떤 형태의 모습을 깊이 있게 다루지 못했다. 그는 과연 케노시스 기독론을 명쾌하게 분석하였는지 의심스럽다. 심지어 (앞으로 다루게 되겠지만) 진젠도르프의 케노시스 기독론에 관해서도 마찬가지이다. 왜 브루스는 케노시스 기독론을 형이상학적인 이론에 기초하여 논의를 전개하였음에도 마르텐센에 대해서는 비난을 가하지 않았는가?

브루스가 해석한 현대의 케노시스 기독론과 바울 서신에 대한 주해를 보면 우리는 그가 생각하고 있는 케노시스 기독론은 중도적이라 말할 수 있을 것이다. 수치를 당하신 인간 예수에 초점을 두면서 그는 우연적으로 케노시스라는 모티프를 발견하였다. 이 개념이야말로 복음

---

234) Ibid., pp. 189-90.

서에 나타난 바와 같은 그리스도의 역사적 수치와, 그리스도가 자발적으로 종의 삶을 사신 것에서 드러난 하나님의 사랑과 같은 것들을 정당화한다고 본 것이다. 그러나 그는 그리스도의 신적-인간적인 삶에 대한 형이상학적인 범위를 고찰하려 하지는 않았다. 단지 그는 신적인 그 어떤 것이라도 손상을 입어서는 안 된다는 생각만을 보여 줄 뿐이었다. 나아가, 그 어떤 기독론적인 탐구도 양성의 연합과 양립하지 못하게 해서는 안 된다고 믿었다. 그리스도의 신성 혹은 연합이 도전을 받는다고 생각되면 언제든지 그러한 시도에 대해 비판 하기를 주저하지 않았다. 현대의 케노시스 기독론을 비판적으로 다루면서 그는 적절한 기독론을 위해 필요한 이러한 근본적인 기준을 암시하였다. 그리고 이 기준에 현대의 케노시스 기독론이 부합되지 않는다고 보았다. 단지 그는 바울의 빌립보서와 마르텐센에게서 발견되는 바와 같이, 진젠도르프에게서도 케노시스 기독론의 진정한 양식을 찾게 되었다고 인정하였다.

진젠도르프는 "종교적인 특징[하나님이 인간이 되셔서 구속사적 희생을 하시고 구원의 길을 제시하신 것을 보여 주시고, 가능한 한 인간과 똑같이 되셔서 철저하게 보통 인간과 하나된 모습을 보여 줌으로써 주님은 신적인 사랑을" 나타내 보여 주었다고 했다.[235] 진젠도르프는

---

[235] Ibid., p. 166. 비록 브루스는 진젠도르프가 케노시스 기독론을 전개하면서 종교적인 의미를 부여했다는 점에서 그를 칭송하고 있었음에도 불구하고, 궁극적으로 그의 책 *HC*의 부록 F에서 진젠도르프의 케노시스 기독론에 만족하고 있지 않음을 보여 주었다. 놀라운 것은, 케노시스 기독론과 위격적 연합이 조화를 이룬다는 개념과 로고스의 이중적인 삶을 지적한 진젠도르프의 케노시스 기독론의 특징을 열거한 후 브루스가 그를 비판하였다는 점이다. 여기서 결국 그는 스스로 모순된 모습을 보였다. 그는 마르텐센을 다루면서 로고스의 이중적인 삶을 지적한 바가 있었기 때문이다. "분명하게 드러난 것은, 진젠도르프는 그리스도의 인격에 관해 일관된 입장을 주의 깊게 피력하지는 못했다는 점이다. 특히 이 케노시스 개념이 갖는 어떤 내용이든 종교적인 감정과 일치한다고 생각한 모든 것에 강한 어조로 무책임하게 표현했다. 이로 말미암아 쉽게 그 이론과 관련한 여러 주장들 사이에 타협점을 찾지 못하게 하였고 케노시스 이론의 다양한 형태와 쉽게 대화할 수 없게 하였다는 것이다" (Ibid., pp. 422-3). 브루스가 불만을 갖게 된 것은 아마도 참된 신성을 확보하기가 어렵다고 생각한 진젠도르프의 절대적인 케노시스 기독론 때문이었을 것이다. 브루스에게는 진젠도르프의 그리스도

그리스도를 연약함의 극치를 특징으로 하는 단순한 인간으로서, 그러면서 결코 하나님으로서의 삶을 상실하지 않는 존재로 보려고 하였다.236) 진젠도르프를 따르면서 브루스는 윤리적인 범주 안에서 케노시스 기독론의 초보적인 한 형식을 제안하였을 뿐이었다. 케노시스 기독론을 우연적으로 발견함으로써 그는 그리스도의 수치를 당하신 삶을 묘사하는데 관심을 기울였던 것이다. 비록 브루스가 체계적으로 자신의 케노시스 기독론을 정립하지는 못하였지만 어느 정도 긍정적으로 평가받을 만한 부분은 있다. 우선 그가 영어권 세계에 수정 케노시스 기독론을 처음으로 제안하였다는 것과 이로 인해 아마도 영국 신학자들에게 영향을 주어 윤리적 범주를 지닌 케노시스 개념에 눈을 돌리게 한 것은 그의 공적이라고 할 수 있다. 이러한 윤리적 범주를 지닌 케노시스 원리는 얼마 후 맥킨토쉬에 의해 가장 체계적인 모습으로 그리고 수정된 양식을 지니면서 다시 떠올려지게 되었다.

평가

우리는 지금까지 '수치의 그리스도' 교리를 전개한 브루스의 논의를 분석하면서 그리스도의 케노시스에 대한 그의 관심을 살펴보았다. 브루스는 그동안 무시되었던 수치의 그리스도론이 부활되어야 한다고 제안했다. 또한 그는 지금까지 하나님의 성육신을 설명한 많은 노력이 있었지만 성경에 증거된 바대로의 수치스러운 그리스도의 삶, 즉 그가

가 그저 단순한 인간일 뿐이며 성령의 도우심을 입은 자요, 나사로의 죽음을 알고 영적으로 번민에 싸인 존재처럼 보였던 것이다(Ibid., pp 421-5).
236) Ibid., pp. 165, 423f.

육체와 지성, 영혼에 있어 점진적 성장의 과정을 거쳐야만 했다는 것과 십자가에서 실제로 고통을 겪으셨다는 사실들을 정당화시킬 수 있는 이론을 제시한 적이 (물론 정당화하지도 못하였지만) 없었다고 믿었다.

브루스는 자신의 제안이 그리스도의 정체를 전통적인 성육신 이론보다 더 적절하게 밝힐 것이라고 생각하였다. 브루스는 전통적인 기독론이 위에 제기된 그러한 '사실들'을 바로 보지 못하였고, 나아가 수치를 당하신 그리스도가 어떤 분이었는지를 살피기보다는 하나님이 **어떻게** 한 인간이 되었는가에 대한 문제에 집중함으로써 결국 그리스도의 실제 삶을 조명하지는 못하였다고 믿었다. 이러한 실수를 피하기 위해 우리는 성육신 교리를 이론화하기보다는 그리스도의 수치스러운 삶을 묘사하는데 노력을 기울여야 할 것이라고 그는 주장하였다. 수치의 그리스도를 재발견해야 한다고 주장하는 가운데 브루스는 그리스도가 겪은 그러한 수치의 과정 중 필연적이었던 것으로 케노시스의 원리를 찾아냈다.

그러나 그는 이러한 원리를 제한적으로만 적용하였다. 그는 자칫 케노시스 개념을 이론화하는데 관심을 둘 경우 다시 한 번 더 성육신이 어떻게 일어나게 되었는가를 설명하였던 전통적인 시도를 답습하게 되기 때문에 그는 형이상학적인 개념으로 케노시스를 이론화하는데 동의하지 않았다.

그 대신에 그는 하나님의 윤리적인 삶을 인식한다면 성육신에 있어서 케노시스의 원리를 찾아낼 수 있다고 주장하였다. 하나님의 윤리적인 본성을 들여다볼 때 우리는 수치스러운 그리스도의 삶 가운데에서 필연적이고 실제적인 케노시스를 발견할 수 있다는 것이다. 하나님은 사랑이며 스스로 결정하고 자유로우신 분이다. 그러므로 하나님이 인간으로 살아가신다는 것은 그분의 윤리적인 성품으로 보아 불가능하지 않다는 것이다. 그리스도는 한 때 선재하신 분이었고 이제는 '종'이 되셨다. 이러한 케노시스적으로 성육하신 그리스도의 삶은 이미 복음서에서 그 증거를 찾을 수 있다. 그리스도는 점진적으로 육체와 지식, 영적인 면에서 자라나셨으며 겟세마네에서 버림받음을 겪으셨고 십자가에서는 실제의 고통을 맛보셨던 것이다. 이제 우리는 브루스가 기독론에 얼마나 공헌하였는지 평가하고 그의 신학적 탐구는 어떤 면에서 약점을 지니는지를 살펴보아야 할 시점에 이르렀다. 먼저 그가 공헌한 점을 평가해 보면 다음과 같다.

브루스는 하나님의 윤리적인 성질을 재발견하도록 도와주었다. 이러한 시도는 고대의 기독교 신학과 스코틀랜드 장로교에서는 무시되어 왔다. 하나님은 인격적이고 관계적이며 애정을 가지고 온 세계를 돌보며 섭리하시는 분이시다. 하나님은 우리의 기도를 들으시는 우리의 아버지시다. 그는 사랑 그 자체이시다. 하나님은 알려지지 않으신 분도 아니요, 알 수 없는 존재도 아니며, 범신론에서와 같은 절대자도 아닌, 인격적이고 관계적 존재인 것이다. 그러므로 하나님의 불변성 교리는 하나님의 이러한 인격적인 삶을 이해하는데, 특히 그분이 영위한 지상의 삶을 이해하는데 전혀 도움이 되지 못한다. 우리는 하나님을 인격적이고 윤리적인 의미로 생각하지 않는 한 그리스도의 수치스러운 삶을 깨닫지 못한다. 하나님께서는 자연의 점진적인 모든 과정 가운데 계시는 분이신 하나님의 윤리적 성품에 대한 브루스의 열렬한 호소는 19세기 스코틀랜드 장로교에 큰 영향을 주었다. 몇몇 사람들은 고대의 교리 가운데 어떤 면들에 대해 그가 부정하였던 시도에 동의하기도 했다. 브루스는 아마도 리츨 신학이 알려지지 전에 이미 학생들과 독자들에게 영향을 주었을 것이다.

　우리는 그리스도를 쳐다볼 때 하나님의 윤리적 본성을 발견하게 된다. 그리스도의 수치스러운 삶은 곧 자비로우시고 자기 결정적인 하나님을 증거하기 때문이다. 하나님께서 스스로 자연적 조건 아래 지상의 삶을 사신 것은 곧 그가 윤리적임을 계시하신 것이다. 하나님은 그분의 본성이 사랑이시므로 육체와 영혼에 있어 성장해야 했던 수치스러운 삶을 영위하실 수 있었다. 그리스도가 케노시스적으로 성육신하신 삶은 모든 사람들에게 하나님의 사랑을 계시한 것이다. 성육신은 바로 이러한 하나님의 윤리적인 본성 때문에 가능하였던 것이다. 이러한 측면에서 브루스의 신론에 대한 윤리적 접근 방법은, 성육신의 가능성과 관련하여 교의적이고 형이상학적인 접근에 대해서 혹시라도 불만족한 사람들을 설득할 수 있으리라 본다.

　또한 브루스의 기독론은 구원론적인 관심을 강하게 부여한다. 성자는 인류를 구속하기 위해 성부께 복종하여 '종' 혹은 '케노시스적인' 인간이 되었다. 성자는 자신이 실제의 한 인간이 되어 실제적인 '희생물' 혹은 '대속물이 되어야 한다는 사실을 알고 있었다. 그리고 그분은 이러한 수치스러운 삶을 기꺼이 용인하고 자연법에 따른 인간의 삶을 영위하셨다. 그분은 유아 시절부터 성년기까지 윤리적인 훈련의 과정을 몸소 겪으셨다. 실로 그는 윤리적으로, 영적으로 자연적인 인간의 성장 조건을 따라 성숙해 가셨고 부모에게 순종하셨으며 능력과 지식을 제한하셨고 참으로 시험을 받으셨으며 십자가에서 실제의 고통을 겪으셨다. 이와 같이 케노시스적으로 성육하신 삶은 인간의 구속을 위해 적합한 희생이었다. 브루스의 기독론은 강력한 구원론적 목적을 분명히 제시한다.

그러므로 우리는 브루스가 그리스도의 인간적 삶에 대한 믿을 만한 그림을 성공적으로 제안하였다고 말할 수 있다. 하나님의 수치에 관해 그가 강조해 온 노력은 그리스도의 완전한 인성에 대해 충분히 설명할 수 있도록 신학적 발전을 이룩하게 하였다. 이러한 점에서 그의 공헌은 존중되어야 할 것이다. 그는 가현설의 그 어떤 흔적도 남기지 않았다. 선재하셨던 성자 하나님은 우리의 구속주가 되기 위해서 참된 인간, 곧 육체와 지혜가 실제로 자라나는 과정을 겪으셨고, 고통을 겪으셨으며, 타락할 수 있는 존재가 되셨던 것이다. 그는 죄 없으신 사실을 제외하고 모든 면에서 우리와 같은 분이었다. 그리스도는 제한적이고, 우연적이며, 전지하지 않으시고, 죽으실 수 있는, 그러한 분이었다. 그리스도의 인성은 종으로 사신 그리스도의 수치와 다름없었다.

브루스의 또 다른 신학적 기여는 케노시스 원리가 갖는 윤리적 의미를 구현시켰다는 것이다. 비록 그는 케노시스 기독론을 적절하게 발전시킬 능력이 부족하기는 하였지만 영국 신학에 있어 이러한 접근을 시도한 사람들의 선구자 역할을 한 것은 높이 평가할 만하다. 나아가 브루스의 케노시스 기독론은 비록 그 형태가 초보적인 모습에 지나지 않아도 (우리가 다음에 논의하게 되는 바) 맥킨토쉬가 전개한 보다 체계화된 접근을 할 수 있도록 기여했다고 할 수 있다. 브루스는 케노시스 기독론을 윤리적 범주 아래 최초로 전개했다. 그런 까닭에 스코틀랜드의 케노시스 사상이 어떻게 진행되었는지를 이해함에 있어 그의 기독론은 매우 중요한 단계로 고려되어야 할 것이다.

그러나 브루스의 실수는 기독론을 단순히 윤리적인 범주 아래에서만 전개하였다는 데에 있다. 그 결과 기독론 전개에 있어 형이상학적인 고려는 아예 포기하고 말았던 것이다. 비록 그의 기독론은 실용적인 면에서 얻은 것이 있지만 신학 작업에 있어 필연적으로 연루되어 있는 형이상학적 측면을 버리지 말았어야 했는데 아쉽다. 이렇게 함으로써 그는 신적-인간적인 그리스도의 삶에 대한 적절한 설명을 어떤 식으로든 제공할 수 없었다. 그런 까닭에 그는 그리스도의 신성과 또한 양성의 일치 형태 모두를 확실하게 논증하지 못했다. 분명한 것은 그는 유럽 대륙의 신학적 결점을 도출하지 않으면서도 형이상학적인 문제를 회피하지 않고 잘 다룬 케노시스 기독론을 개발하지 못하였다. 결국 그는 중요한 문제점들을 해결하지 못한 채 남겨 두었다. 당대의 정통신학적인 비판자들에게 납득할 만한 만족을 안겨다 주지 못하였다.

브루스는 그리스도의 신성에 관해 충분히 토의하지 않았다. 비록 셀이 말한 바와 같이 신성을 경시하였다고 비난을 받을 만한 분명한 증거가 없음에도 불구하고[237] 그가 그리스도의 신성을 조금이라도 진지하게 다루려 하지 않았다는 것은 틀림없는 사실이다. 어떤 의미에서 그는 스스로를 "학자로서의 기술적인 능력을" 지닌 인물로 나타내 보여 주지 못하였다.[238] 무엇보다 그는 그리스도가 육체와 지혜에 있어 윤리적인 성장을 거쳤다는 데에 만족한 나머지 그리스도의 참 신성에 대해서는 진지하게 분석하려 들지 않았다. 그리스도가 윤리적인 완전

---

[237] Alan Sell, *Defending and Declaring the Faith*, p. 105. 어떤 서평자는 브루스가 그의 기독론에서 신성을 무시하였다고 비난하였다. 그리고 또 다른 서평자는 브루스가 그리스도를 일방적으로 인간화한 모습으로 나타내고 있다고 분석하였다(*CQR*, xlv, Jan, 1898, pp. 497-8).

[238] W. M. Macgregor, "Professor A. B. Bruce," p. 401. 브루스는 『그리스도의 수치』(*The Humiliation of Christ*) 제2판(1881)에서 자신의 기독론에 약점이 있다는 사실을 스스로 고백한 바 있다(*HC*, 2nd ed., 1881, p. viii; 5th ed., p. xii). 그는 자신의 그러한 약점들이 구체적으로 무엇인지는 밝히지 않은 채 다음과 같이 계속 언급만 하였다. "비록 본인의 이런 유형의 연구는 약점이 있지만 우리의 주요 구세주이신 예수 그리스도를 이해하는데 도움이 되기를 기대한다. 또한 이러한 부족한 소견을 통해 다른 사람들이 이 고상한 주제를 보다 더 가치 있게 취급하기를 희망한다"(Ibid.).

한 상태에 있었으면서도 그가 갖는 존재론적인 신성을 브루스는 확보하려 하지 않았던 것이다. 이러한 경향은 그의 후기 저서들, 예를 들면, St. Paul's Conception of Christianity 같은 책에서 보다 분명하면서도 급진적인 색체를 보여 주고 있음이 발견되었다. 이 책에서 그리스도는 선재의 상태에서조차도 인간으로 계셨다고 묘사하였으며 그가 하나님이라 불리게 된 것은 성령이 예수 안에 거하셨기 때문이라고 하였다.[239]

이와 비슷하게 그는 그리스도가 갖는 인격의 통일성을 학문적 차원에서 논의하지 못하였다. 비록 그가 HC에서 그리스도의 신적인 선재성과 신성과 인성을 지닌 한 인격체를 인식하고 있음을 보여 주었음에도 불구하고 위격적 연합에 동의하지 않았다. 또한 독자를 설득하기 위해 인격의 통일성에 대한 그 어떤 논의도 전개하지 않았다. 왜냐하면 브루스에게는 위격적 연합이 단성론적인 형태를 띠고 있다고 느꼈기 때문이다. 또한 안디옥 신학이 갖는 윤리적 연합에서 그는 예수에게서 로고스를 구별시키도록 만든다고 생각하였기 때문이기도 하였다.[240] 서방 신학적 해석에 거부감을 느낀 그는 당연히 안휘포스타시스 (anhypostasis, 예수의 비인격성) 개념에 반대 입장을 보였다.[241]

---

[239] 이 주제는 이미 논의된 바 있다(본 장의 각주 180을 참고하라). 다음의 책도 참고하라. St. Paul's Conception of Christianity. pp. 331-7.
[240] 그는 '위격적 연합'이라는 개념이 알렉산드리아(Alexandria) 신학자들 예를 들면, 알렉산드리아의 시릴과 다마스쿠스(Damascus)의 요한(John)으로 하여금 단성론적인 경향 혹은 하나의 본체라는 도식을 만들어 내도록 하였다고 믿었다. 브루스는 "다마스쿠스 신학의 체계 안에서 그리스도의 인성이 생명을 상실한 존재로 남아 있음을" 보았던 것이다(HC, 5th ed., p. 70). 다마스쿠스의 요한을 분석하면서 그는 인격의 통일성을 이루려면 별개의 혹은 독립된 인간 인격체를 반드시 구성시켜야 한다고 암시한 바 있다(Ibid., p. 69). 그는 또한 안디옥의 '윤리적 연합' 개념에 대해서도 비판적이었다. 그 이유는 로고스가 예수 안에 거주하신다는 주장 때문이다. 이러한 연합은 결국 "로고스가 마치 그 어떤 다른 실재하는 사람과 완전히 구별되듯이 예수님에게서도 역시 인격적으로 구별된다"라고 자연스럽게 추론하게 만들기 때문에 그는 비판할 수밖에 없었다. 나아가 이것이 논리적으로 볼 때 "본질적으로 인성을 지닌 실재와 다름 없는" 존재가 되기에 더욱 그럴 수밖에 없었다(Ibid., p. 56).

또한 그리스도가 갖는 양성의 일치에 대한 교부들의 논의 전개를 비판하면서 브루스는 자신이 훌시우스(Hulsius)와 슈네켄브루거를 따르고 있다고 하였다. 그에 의하면 훌시우스는 다음과 같이 주장했다고 보았다. 즉 "그리스도는 죄를 제외한 모든 면에서 우리와 똑같으며, 이에 따라 필연적으로 죄에 이르게 하지 않는 지식을 불완전하게 가졌다는 면에서도 우리와 꼭 닮았다"고 주장하였다.[242] 여기서 우리는 그리스도가 잠시라도 신적인 뜻을 망각하는 것은 가능하다고 생각해 볼 수 있다. 브루스는 훌시우스의 이러한 견해가 슈네켄브루거의 주장을 정당화시켜 준다고 믿었다. 즉 "[그리스도의 인성에 대해 로고스가 끼치는] 영향은 실재적이지 않고 윤리적일 뿐이며 곧 로고스의 의지에 의존하는 정도여서 그리스도가 성장의 과정을 거치게 할 수 있을 만큼 여지를 남겨 두었다"[243]고 본다. 무엇보다 그리스도의 양성 연합은 이러한 '종'의 삶을 완전히 수용한 상태에서 만들어졌을 것이다. 그러나 브루스는 궁극적으로 훌시우스와 슈네켄브루거가 말하는 양성 연합 이해가 과연 성공적이었는지에 대해서는 답변을 유보하였다. 단지 그는 참 인성과 신성 모두를 보여 주고 있는 성경의 증거를 보아 양성의 연합이 분명하다는 자신의 확신을 선언할 뿐이었다.[244] 그러나 그가 양성의 연합에 대한 자신의 확신을 성공적으로 보여 주었는지는 회의적이다. 그는 오직 복음서에만 호소할 뿐, 그리스도가 갖는 하나의 신적-인간적인 삶을 진지하게 고려하지 못하였다. 단지 브루스는 역사

---

241) 슈네켄브루거를 인정하면서 브루스는 그리스도의 인성이 비인격성을 갖는다는 생각을 허용하고 싶지 않았다. 그 이유는 이러한 개념은 인간으로서의 자의식을 갖는 그리스도를 정당화시켜 줄 수 없기 때문이었다(Bruce, *HC*, 5th ed., Appendix, Lecture III의 Note E, pp. 384-5).
242) Ibid., p. 130.
243) Ibid., p. 131.
244) Ibid., pp. 131-2.

적 예수 안에 계신 로고스를 상실하지 않으면서 인간 예수의 실제적 인격성을 확보하려는 열망만을 보여 주었을 뿐이었다.

그는 위격적 연합에 대해 오해하였다.245) 만일 한 인격체 안에 양성을 가진 그리스도와 동시에 또한 그의 선재성을 믿고 싶다면 우리는 위격적 연합 개념을 피하기 어려울 것이다. 나아가 성육신 하면서 로고스가 인간으로 변해 버렸다고 하는 주장에 반대하고자 한다면 역시 우리는 위격적 연합 개념을 받아들여야 할 것이다. 그렇지 않다면 성육신 교리는 위험에 처해질 것이다(인간화된 상태가 일어날 것이고). 이는 성경적이지 않다. 상황이 이렇다면 과연 우리는 인성이 안휘포스타토스적인(anhypostatos) 상태에 있으면서 어떻게 인간의 의지 혹은 의식을 지니고 있다고 확신할 수 있을 것인가? 우리는 위격적 연합에서 실제로 인간적인 그 어떤 것도 필연적으로 찾을 수 없는가?

여기에서 우리는 그리스도가 갖는 실제의 인간적 삶과 위격적 연합을 별 어려움 없이 조화시켰던 토마시우스가 이들 질문에 올바로 답하였다고 생각할 수 있다.246) 성자는 토마시우스가 표현한 것처럼 인간이 아닌 인간의 본성을 취하였다. 그리스도는 자신을 비움으로써 인간의 의식과 의지를 지닌 것이다. 그러나 이러한 케노시스적인 삶은 결코 로고스로부터 독립한 삶을 상정하게 할 수는 없다.

---

245) 위격적 연합에 대해 그가 오해한 것은 아마도 *hypostasis*를 후에 'person'으로 영역된 라틴어 'persona'로 번역하면서 생긴 언어학적 문제에서 기인하였을 것이다. 여기서 번역상의 어려움은 결국 '위격적' 연합이 그리스도의 '실제의' 인성을 소멸시키는 것을 의미하였을지도 모르겠다. 이와 비슷하게, 예수님의 인성이 *anhypostatos*를 갖는다고 할 때 이는 인간의 의식과 결심하는 행위 등을 지니지 않는 그리스도로 잘못 이해되었다(다음을 보라. *HC*, 5th ed., pp. 382-5). 그러나 실제로 이 개념은 그리스도의 인간적 삶을 부인하는 것이 아니라, "그의 인성이 독립적이고 자율적인 실존을 지니고 있다"는 것을 부인하는 것이었다(Macleod, *The Person of Christ*, Leicester: IVP, 1998, pp. 200-1).

246) 이에 관한 논의는 제2장을 참고하라.

브루스가 오해한 위격적 연합은 아마도 역사적인 관심에서 비롯되었을 것이다. 비록 전통적인 신학이 이 개념을 취하면서 그리스도의 인성을 충분히 확보하지 못하였음에도 불구하고 이 개념은 그의 실제적 인간 경험으로부터 그리스도를 필연적으로 분리 제거하지는 않는다. 이 개념은 기독론이 이원론 혹은 인간으로 변형된 모습을 주장하는 이론으로 빠지지 않도록 그리스도에 대한 올바른 이해를 보존하게 한다. 그가 위격적 연합을 반대한 것은 그 자신이 보기에 이 개념이 역사적 예수의 일생을 로고스의 삶으로 규정하게 한다고 생각했기 때문이다. 또한 그러한 그리스도에게서 인간적 삶을 보장하기가 어렵다고 판단되었기 때문이다. 그러나 그는 위격적 연합을 거부함으로써 성자 하나님의 역사적 성육신을 파괴하는 위험을 간과하였다. 그는 단지 신비적 연합을 믿었을 뿐 그것을 보여 주지는 못하였다.

　우리는 브루스가 그리스도의 신성에 대해 논의를 전개하지 않은 이유를 설명할 필요가 있다. 아마도 두 가지 가정을 해 볼 수 있을 것이다. 그것은 그의 기독론이 기능적이라 의심을 살만하였든지 아니면 전혀 사려 깊지 못한 것이라고 생각할 수도 있었을 것이다. 이것에 대해 더 자세히 살펴보면, 먼저, 그는 자신의 기독론 전개를 기능적인 측면에서 고려하였을 수 있다. 비록 그가 소시니안주의와 양자론을 거부하였음에도 불구하고 그의 기독론은 애매모호한 점이 드러난다. 비록 불분명한 점이 있었지만 자신의 모든 저서에서 그는 그리스도의 선재성을 다루었다. 그러기에 그가 기능주의적 기독론자이었는지 아닌지 단정짓는 것은 쉽지 않다. 비록 그의 초기 저서들에서는 그 증거를 거의 찾을 수 없지만 그러나 그의 기독론이 점차적으로 기능주의적 경향을 보여 왔다고 말할 수는 있다. 예를 들면, 그는 둘째 사람을 "신적 칭호"

보다는 "기능을 표시하는 칭호"로 보았다.[247] 나아가 브루스는 변증학의 방법론은 반드시 "사람을 통해 하나님에게로" 지향해야 한다고 주장하였다.[248] 그 이유는 과학 시대에 살고 있는 사람들은 선재하신 로고스 개념과 같은 존재론적 관념들을 믿을 수 없기 때문이다. 이러한 점에서 그는 기능주의적 기독론자라 할 수 있을 것이다.[249] 나아가 그

---

[247] Bruce, *Paul's Conception of Christianity*, p. 334. 브루스는 계속하여 말하기를, "이 개념은 그리스도가 첫 번째 사람이 저지른 범죄로 인해 주어진 불행을 되돌리기 위해 부름받은 존재라는 것을 의미하는 것으로 보아야 한다고 했다"(Ibid.). 이것을 통해 보면 19세기 말엽에는 그가 보다 더 분명하게 리츨의 신학적 경향으로 옮기지고 있었던 것 같다. 주해적 연구로부터 변증적 관심으로 탐구의 영역을 옮기면서 그의 주해적 색채는 변증적 틀에 맞추어 그러한 신학적 경향을 더욱 심화하였던 것 같다. 그의 최후 저작인 *The Epistle to the Hebrews*(1899)에서 또 다른 실례를 찾아볼 수 있다. "그리스도가 제사장적 소명을 가졌다는 것은 그 자신의 인격이 갖는 고상한 개념을 보여 주는 것이라 하겠다. 종교의 위대한 목적인, 인류를 하나님에게로 가까이 데려오게 하는 기능을 소유하신 그리스도는 그 자신의 인품과 본성에 있어 스스로 하나님과 매우 흡사하지 않으면 안 될 것이다. 따라서 그리스도는 히브리서에서 이와 같은 모습으로 등장하셨던 것이다. 그래서 그분은 품격에 있어 '죄 없으신'(4:15) 하나님과 거의 가까운 존재로 표현되고 있었던 것이다. '거룩하게 하는 자'라는 바로 이러한 칭호는 신적인 존재와 윤리적으로 거의 가까운 존재임을 의미하는 것이다"(pp. 439-40). "그리스도는 또한 그 본성에 있어서 하나님과 상당히 가까운 존재로 묘사되었다. …[그러니] 그리스도의 신성은 히브리서에서 구현된 사고의 체계가 제시하는 바 자명한 것이라 할 수 있을 것이다. 이 위대한 교리는 기독교에 있어 절대적이고 완전하기 때문에 궁극적 본질을 지닌다. 그러나 기독교는 믿음의 창시자요 완성자이신 예수 곧, 그리스도인이 신뢰하고 경외하는 대상이신 그분이 믿음을 위해 하나님이라는 종교적 가치를 지니지 않았다면 절대적인 종교가 될 수 없었을 것이다"(pp. 440-1).
[248] Bruce, *POW*, p. 16.
[249] 그렇다면, 브루스는 현대의 양자론적 견해와 '아래로부터의' 기독론적 방법론에 비추어 수정 케노시스 기독론을 제안한 맥쿼리에게서 인정받을 수 있을 것이다. 맥쿼리는 케노시스 기독론이 수정된 현대의 양자론을 가지고 기능주의라는 이름으로 재고될 수 있을 것이라 주장하였으며, 이를 통해 온전한 인간 안에 있는 예수님의 신성을 가정할 수 있다고 제안하였다. "다른 사람들을 위해 자신을 비운 이 위대한 인간을 실존적으로 만나는 것에 대해 신학적 사색을 해 보는 것은 우리로 하여금 이러한 만남이 얼마나 존재론적인 깊이를 주는지 자연스럽게 설명할 수 있기 때문이다"("The Pre-existence of Jesus Christ" in *ExpT*, April, 1966, p. 200). 기능주의에 관해서는 맥쿼리가 하비(Harvey)의 말을 인용한 바 있다. 그에 따르면, "우리는 대체로 존재론적으로는 전혀 사고하지 않고 기능주의적으로 또한 실존주의적으로 사고하기 시작한다"(Ibid., p. 199). 브루스와 비슷하게 생각하였던 신학자인 맥쿼리는 "우리는 그리스도의 지상의 인간적인 삶 가운데 드러난 그의 수치, 십자가로 순종하며 걸어간 인간 예수의 자기 포기 행위로부터 시작한다"고 제안하면서 수정 케노시스 기독론을 전개하였던 것이다("Kenoticism Reconsidered," *Theology*, vol. 77, 1974, p. 123; 그의 또 다른 책 다음의 글도 보라. *Jesus Christ in Modern Thought*, p. 250). 그의 새로운 케노시스 기독

는 이미 우리가 발견한 바와 같이 바울 서신과 히브리서를 해석하면서 그리스도를 그의 선재하신 상태에서조차도 인간으로 생각하였다. 하지만 성령이 거한다는 측면에서 그를 하나님이라 보았다.

만일 그가 기능주의자라고 결론 내린다면 우리는 필연적으로 브루스의 신학적 일관성에 의심을 가질 수밖에 없다. *The Providential Order of the World*와 *Apologetics* 같은 그의 후기 저서들이 그의 초기 저서들인 *Training of the Twelve*와 *The Humiliation of Christ*과는 신학적 차이가 있음을 발견할 수 있기 때문이다. 후기 저서들은 예수님의 품격을 기능주의적 관점에서 기꺼이 드러내 보여 주고 있다. *Apologetics*에서 브루스는 로마서 1:3-4을 예수님의 거룩성과 그분의 부활을 통하여 하나님의 아들로 인정되었다는 식으로 해석하였다.250) 그러나 그는 그의 초기 저서인 *HC*에서 달리 생각하고 있음을 보여 주었다. 빌립보서 2:5이하를 주해하면서 "빌립보서에 나타난 바울의 교리에 의하면 [영광]은 단순히 승천한 후 이어서 주어진(followed) 것이 아니었다"고 브루스는 주장한 바 있다.251) 주해 작업에서 출발하여 변증 작업으로 자신의 신학을 바꾸면서 그는 일관성을 상실하였던 것이다. 나아가 그는 그리스도의 신적 기원과 지상에서의 신적인 삶에 관한 논의를 보다 분명하게 거절

론은 제임스(Graham James)에 의해서 지지된 바 있다("The Enduring Appeal of a Kenotic Christology," *Theology*, vol. 86, Jan., 1983, p. 10).
250) "[바울이 의미하였던 것은] 거룩의 영을 말하는 것이었으며, 또한 예수님의 부활은 하나의 사건이며 이를 통해 그분이 하나님의 아들로 '능력 있는' 존재로 인정되었다는 기능적인 측면을 언급하려고 했던 것이다. 여기서 우리가 알게 되는 것은 예수님의 거룩하심과 죽은 자에게서 다시 살아나심 등이 구원사적 죽음 못지않게 그리스도의 인격에 대한 바울의 개념 발전에 중요한 역할을 하였다는 것이다. …윤리적 순결성에 기초하여 바울은 예수님을 적어도 하나님과 윤리적으로 동등됨을 포함한 신적인 아들이라 하였던 것이다. 사도에 의하면 그리스도의 지상의 모든 삶을 통해 그분이 거룩함을 드러내 준 결과 예수님이 부활함으로 확고하게 그분은 하나님의 아들로 선임되었다 (*constituted*)". (*Apologetics*, pp. 403-4).
251) Bruce, *HC*, 5th ed., p. 34.

하였음을 보였다. 그의 신학적 일관성 이탈은 그의 마지막 작품에서 절정을 이루었다. 그는 *Encyclopaedia Biblica*에 그의 사후 게재된 논문 "Jesus"에서 그리스도의 선재성을 언급하지도 않으며 예수 그리스도를 하나님의 아들로 묘사하지도 않았다. 그 이유가 무엇일까? 비록 자신은 그의 주 관심사가 수치를 당하신 역사적 예수라는 것을 알고 있음에도 불구하고 그는 1890년대 말에 리츨의 신학에 의해 그 전보다 더 상당히 영향을 받았기 때문이 아닌가 필자는 생각한다.[252]

둘째로, 브루스가 기능주의적이지 않았다고 해도 그의 신학 작업은 전혀 사려 깊지 못하였다고 비난받을 수 있다.[253] 특히 그의 학자적 자질에 의심을 품을 수 있다.[254] 용감하지만 그의 사려 깊지 못한 작품들은 어느 정도 독자들에게 실망을 안겨 주었다.[255]

---

252) 브루스의 논문, "Theological Agnosticism"(1897)에서 리츨에 대한 그의 존경을 찾아볼 수 있다.
253) 그의 신학이 부주의했던 것은 비단 그의 신론과 기독론에서만이 아니었다. 예를 들면, 교회에 대한 그의 견해도 마찬가지이다. 앞에서 언급한 바와 같이 그는 3세기에 키프리안(Cyprian)이 명명하고 칼빈에 의해서도 지지를 받은 '교회 밖에 구원이 없다'(*extra ecclesiam nulla salus*)라는 교회적 선언을 거부하였다. 물론 보이는 교회가 불완전하고, 교회를 전혀 다녀 본 적이 없이 죽은 영아들이나 교회를 전혀 모르고 죽은 자들에게까지 적용하기는 무리일 것이다. 그럼에도 불구하고 칼빈이 주창한 바, 어머니로서의 교회 역할을 그가 무시함으로써 위 선언이 의도하였던 사실, 곧 우리가 보이는 교회 안에 있어야 함을 간과하였던 것이다(다음을 보라. Calvin, *Institutes*, IV, I, 4).
254) 니콜과 데니는 브루스의 학구적 능력에 회의를 가진 사람들이었다. 니콜은 자신의 의구심을 1896년 도즈(Marcus Dods)에게 편지로 남겼다. 니콜은 브루스의 책, *Synoptic Gospels*이 학문적이지 않은 저서라고 생각하고 이에 실망하였던 것이다. "이 책은 톡톡 튀고 언제나 거의 멋그러진 모양을 드러낸다. 하지만 이 책이 대가로서의 그의 이름에 부끄럽지 않게 순수한 주해를 담은 것인지는 의심스럽다. …이 책은 분명 아주 훌륭한 책이지만, 신약성경은 브루스가 생각하는 책이 결코 아닌 온 세계 교회를 위한 책이다. 나는 브루스가 진정한 의미에서 학문성을 지닌 과학적 탐구 방법으로 이 책의 내용을 다루고 있다고 결코 생각하지 않는다"(T. H. Darlow, *William Robertson Nicoll: Life and Letters*, London: Hodder and Stoughton, 1925, pp. 132-3). 브루스에 의해 가장 크게 영향을 받은 데니도(니콜에게 쓴 편지에서) 역시 자기 선생의 학문성에 대해 의심을 한 바 있다. "브루스가 율법주의를 증오한 것은 실수가 아니었다. 더욱이 그의 윤리적 감각이 그의 최대 강점이기는 했다. 하지만 나는 그가 교회의 그러한 망각증상에 대항하여 교회를 지키고자 한 그의 신학 작업에서 무엇이 더 요구되는지를 충분히 파악하지 못했다고 생각한다"(W. Robertson Nicoll, *Letters of Principal James Denney to W. Robertson Nicoll, 1893-1917*, London: Hodder and Stoughton, 1920, p. 6; p. xv도 보라).

또 하나의 약점이라면 그는 신론을 전개하면서 너무 단순화시켰다. 그는 오직 윤리적 접근 방법에만 기초하여 성육신 사건을 케노시스 원리로 제한시킴으로써 하나님을 설명하려 하였다. 그에게 하나님은 아버지요 사랑 그 자체였다. 이러한 방법으로 그는 불행하게도 사랑의 다른 면을 보지 못하였다. 하나님이 자신의 백성들이 죄를 범할 때 벌주실 수 있음을 알지 못했다. 참된 아버지는 자신의 자녀들을 혼낼 수 있으며 또한 그래야 한다. 때때로 하나님은 자신의 자녀에게 벌을 주어야 할 경우 이를 마다하지 않으신다. 그러나 그것은 사랑이라는 동전의 뒷면일 뿐이다. 더욱이 그가 시도한 바는 아니었지만 구속론에 있어 사랑과 정의가 조화를 이루도록 논의를 전개하지 못했다. 앞에서 이미 언급했듯이 그는 하나님의 거룩하심과 죄를 지은 인류라는 실존의 세계를 간과하였다.

끝으로, 그는 기독론에 대한 형이상학적 접근을 공정하게 평가하지 못하고 있다. 기독론을 전개함에 있어 모든 형이상학적 시도를 제거하여 버렸던 것은 그에게 큰 실수였다. 단순히 윤리적인 영역 속에 그리고 그리스도의 수치 교리 가운데 자신의 케노시스 기독론을 가두어 버림으로써, 그는 형이상학적 논의가 그리스도의 신성과 또한 그의 신인성을 하나되게 하는 개념을 전개하는데 도움이 될 수 있음을 깨닫지 못하였다. 그 이유를 살펴보면 아마도 그가 그리스도의 인격론에 대한

---

255) 레이니(Rainy)에 대한 심슨(Simpson)의 회고록에 따르면 레이니가 브루스의 신학에 대해 매우 흡족해하지 않았음을 알 수 있다. "레이니 교장은 브루스 신학에 대해 일반적인 문제제기에 대해서는 관용을 표했지만 순수한 양심을 헤치는 경우라면 상당히 민감하게 반응하였다. 본인이 기억하기로 한번은 신학교 교수들 중 하나여기서는 아마도 브루스를 지칭하는 듯하다가 언급한 몇몇 부분에 대해 본인에게 다음과 같이 말한 바 있다. '그가 하는 말은 우리와 같이 믿음 좋은 사람들에게는 오로지 마음을 아프게 하는 것들임에도 불구하고 그가 깨닫지 못하고 있다네'" (Simpson, *The Life of Principal Rainy*, vol. 2, pp. 118, 293).

사색적 서술을 두려워하였기 때문이 아닌가 추측된다. 그는 거룩하게 하는 자로 적합한 참 인성을 지닌 그리스도를 확보하는 데에만 관심을 가졌던 것이다. 반복되는 이야기이지만 비록 우리는 그가 그리스도의 수치스러운 인간 됨에 의도적으로 몰두하였다는 사실을 인식한 상태에서 그의 책을 읽어야 한다고 해도 형이상학적 사고에는 무관심하면서 그리스도의 신적-인간적인 삶에 관계된 중요한 내용들을 아예 다루지 않기로 한 것은 잘못된 것이다. 이 점에서 브루스는 맥킨토쉬와 차이를 보이고 있다. 비록 맥킨토쉬는 브루스와 마찬가지로 신학의 사색적 구성에 반대하였음에도 불구하고 자신의 케노시스 기독론에 있어 형이상학적 문제를 무시하지 않았다.

제4장
맥킨토쉬의 케노시스 기독론

맥킨토쉬의 케노시스 기독론

앞 장에서 우리는 브루스가 '실제적이지만 윤리적인' (real but ethical) 케노시스 개념 하에 기독론을 전개하였음을 발견하였다. 비록 그의 케노시스 기독론이 학문적 깊이에 있어 부족한 면을 지니고 있지만 수정 케노시스 기독론을 영어권 세계에서 논의하게 한 기여는 높이 평가할 만하다. 수치를 당하신 그리스도의 윤리적 특성을 강조함으로써 그는 아마도 고어, 포사이스, 포레스트, 그리고 맥킨토쉬 같은 후기 영국의 케노시스 기독론 학자들에게 처음으로 영향을 끼쳤을 것이다. 그럼에도 불구하고 브루스의 영향은 그가 취한 입장이 불분명하거나 심지어 모순되어 보였기 때문에 극히 제한적이 되고 말았다. 비록 유럽 대륙의 케노시스 기독론을 분석한 브루스가 이들에게 학문적으로 상당한 매력을 끌게 하였음에도 불구하고 고어와 가비를 제외한 영어권 세계의 케노시스 신학자들이 그의 글을 거의 인용하지 않았던 것은 이상한 일이 아니었다. 또한 20세기 초반인 1930년대까지 최후의 위대한 스코틀랜드 케노시스 신학자였던 맥킨토쉬가 그 한 예이다. 그는 브루스가 현대의 케노시스 기독론을 분석한 내용 외에는 그의 기독론을 거의 고려의 대상으로 삼지 않았다.[256]

브루스와 달리 맥킨토쉬는 케노시스 기독론을 전개하면서 스스로 혼동을 일으키게 할 정도로 우왕좌왕하지 않았다. 오히려 보다 세련되고 균형을 갖춘 기독론 체계로 다듬어 나갔다. 브루스와 다른 면들 중 하나는 맥킨토쉬가 제기한 '그리스도 안에 계신 하나님' 이라는(God in Christ) 생각이었다. 맥킨토쉬에게는 예수님이 지상에 사시는 동안 자기의 신성을 존재론적으로 소유하고 있었다고 보았던 것이다. 단순히 예수님이 믿음의 대상만이 아닌 바로 하나님 자신이었다. 그의 기독론에는 하나님이신 그리스도가 결코 피상적으로 다루어지고 있지 않음을 알 수 있다. 하나님께서는 우리의 구세주가 되기 위해 자신을 비움으로써 스스로 몸을 낮추어 이 땅에 육체로 내려오셨다. 이와 같이 케노시스적으로 성육하신 그리스도는 하나님의 계시였음에 틀림없다. 역사적 예수 안에서 우리는 하나님의 현재를 목도할 수 있으며 또한 죄인을 위해 십자가에서 고통을 겪으신 역사상 그 유명한 그리스도 안에서 자신을 희생하는 하나님을 발견할 수 있는 것이다.

신적인 희생이라는 점에 민감해하면서 맥킨토쉬는 브루스와 달리 자신의 기독론을 윤리적인 범주 안에서만 전개하려 하지 않았다. 그리스도의 신적–인간적인 삶에 대한 지적인 사고를 지속적으로 포기하지

---

[256] Mckintosh, *DPJC*, p. 267. fn. 3. "[유럽 대륙의] 주요 학자들과 이들의 [케노시스 기독론] 견해에 대한 영어로 된 해설과 비판서 중 가장 가치 있는 부분은 브루스의 *Humiliation of Christ* 제4장일 것이다" (Ibib.).

않았던 것이다. 그러나 이러한 지적인 범주는 제한적으로 고려되었다. 소위 '양심'의 형이상학(곧이어 논의될 것임)이라 불리는 것이 그것이었다. 그의 케노시스 기독론은 철학적이지도 않고 단순히 윤리적이지도 않았다. 단지 하나님에 대한 윤리적 특징들을 이해하는 가운데 주어지는 형이상학적이었던 것이다.

맥킨토쉬는 '지적이면서-윤리적인' 범주에서 케노시스 기독론을 전개하였다. 그가 주장한 것은 우리가 기독론 연구를 위해 거룩한 사랑을(holy love) 지닌 하나님 개념으로부터 출발해야 한다는 것이다. 하나님에 대한 이러한 윤리적 특성이 우리의 양심과 의지를 설득하기 때문이다. 이러한 윤리적 특성으로 말미암아 성자께서 자신을 비워 이 땅에 내려오시어 우리의 구원을 이루었던 것이다. 하나님의 이러한 윤리적인 삶은 우리로 하여금 엄청난 감격을 갖게 한다. 나아가 이러한 윤리적 범주를 바탕으로 신적-인간적인 그리스도의 삶을 묘사하는데 지적인 속성 또한 차용하여 이해해야 한다. 비록 성자께서 자신을 비우셨어도 케노시스적으로 성육하신 그리스도는 하나님이 아닐 수는 전혀 없는 것이다.

그러면 그리스도가 온전한 인간이면서도 완전한 하나님 됨을 잃지 않았던 모습은 어떤식으로 묘사될 수 있는가? 맥킨토쉬는 여기서 사색적 이해를 도입한다. 하나님 자신이 이 역사적 예수 안에 잠재적으로 농축되어 있기 때문에 그렇다는 것이다. 이러한 방식으로 맥킨토쉬는 그리스도의 '실제적이지만 인간으로 변질되지 않은'(real but non-metamorphic) 케노시스 개념을 제안하였다. 맥킨토쉬의 이러한 케노시스 기독론을 분석하기 위해 우리는 먼저 그의 삶을 탐구하고, 그 다음에 맥킨토쉬의 기독론적 원리, 그리고 윤리적 범주 아래의 케노시스 기독론을 살펴보고,

끝으로 그의 기독론을 평가하고자 한다.

맥킨토쉬의 생애와 신학

맥킨토쉬는 성경적 진리에 충실하고자 노력한 사람이었다. 그에게 성경 이상의 기준이 되는 것은 없었다. 어떤 교리도, 신학적인 이론도, 그것이 전통적이건 현대의 산물이건 관계없이 모두 성경을 통해 검증되어야 한다고 믿었다. 그래서 그는 모든 신학적 전개에 비판적이었다. 이로 인해 그는 그 어떤 특정한 신학 학파에 속하지도 않았으며 또한 자신의 신학 학파를 만들어 내지도 않았다.

생애

맥킨토쉬는 자넷 로스(Jannet Ross)와 파슬리(Paisley)에 있는 겔릭(Gaelic) 자유교회 목사인 알렉산더 맥킨토쉬(Alexander Mackintosh)의 아들로 1870년 10월 31일 태어났다.257) 아주 어렸을 때 맥킨토쉬는 부모를 여의는 아픔을 겪었다. 2살 때 로스셔(Ross-shire)에 있는 에더톤(Edderton) 자유교회에서 목회하고 있던 그의 삼촌 다니엘 포브스(Daniel M. Forbes) 목사님 댁으로 보내졌다. 맥킨토쉬는 스코틀랜드의 아름다운 하이랜드

---

257) 다음의 글을 보라. D. M. Baillie, "Hugh Ross Mackintosh" in Dictionary of National Biography, (1949 발행), (Oxford: Oxford University Press, 1995, CD-ROM). "Professor Mackintosh: A Noted Theologian" in *The Times*, June 10, 1936, 그리고 *Sermons by Hugh Ross Mackintosh with Memoir by Alexander Beith Macaulay*, and A. N. Boggle, "The Moderator-Designate," *LW*, 1931.

(highland) 지역에서 삼촌의 자상한 보살핌을 받으며 자라나게 되었다. 그는 파슬리에 있는 닐슨 초등학교와(1877-1880) 타인(Tain)에 있는 로얄 아카데미(Royal Academy)와 그리고 에딘버러에 있는 왓슨 칼리지(Watson's College)에서 공부하였다(1886-1888). 1888년에 그는 에딘버러 대학교에 들어가 고전어와 철학을 전공하고 이들 과목에서 최우등으로 졸업하게 되었다. 졸업 후 에딘버러에 있는 뉴 칼리지(New College)에서 신학을 공부하여 목회자가 되려 하였던 꿈을 이루게 되었다. 후에 그는 여름 학기를 이용 독일에 있는 프라이부르크(Freiburg), 할레(Halle), 마르부르크 대학교 등에서 신학을 더 연구하였다. 에딘버러의 라이들로(Laidlaw) 교수를 승계한 후에는 32년 동안 뉴 칼리지에서 가르쳤다. 이 신학대학에 봉직하면서 그는 유명하게 되었고 세계적으로 존경받는 교수가 되었다. 어느 신문에서는 자기 나라뿐만 아니라 미국 그리고 유럽 대륙에서도 인정하는 탁월한 신학자라고 보도한 바 있다.258) 1897년에 그는 에딘버러 대학교에서 철학박사 학위를 받았다. 그 외에 그는 자기 나라에서뿐만 아니라 독일에서도 명예 학위를 더 받기도 했다. 1908년 에딘버러 대학교에서 명예 신학박사 학위를 받았다. 또한 옥스포드 대학교에서는 1929년에, 독일의 마르부르크 대학교에서는 1930년에 각각 명예 박사학위를 받았다. 학문적 공헌 외에 그는 1932년에 '스코틀랜드 교회' 교단을(Church of Scotland) 위해서 총회장으로 봉사하기도 하였다. 말년에는 다른 이유도 있었지만 스코틀랜드 교회를 위한 일로 과로한 나머지 건강이 급속히 나빠졌다. 그로 인해 1936년에 타계하게 되었다.259)

---

258) "Professor Mackintosh: A Noted Theologian" in *The Times*, June 10, 1936.

교회를 위한 활동

맥킨토쉬는 목회자로서 두 개의 교회를(1897-1904), 총회장으로 스코틀랜드 교회를(1932) 섬겼다. 라스(Largs)에 있는 왓슨(Watson) 박사의 조사로 출발하여 1897년에 안수 받은 타이포트(Tayport)에 있는 퀸 스트리트(Queen Street) 교회를 섬겼다. 4년 후, 그는 아버딘에 있는 비치그로브(Beechgrove) 교회의 담임 청빙을 받아 1901년부터 뉴 칼리지의 주임교수로 부름을 받게 된 1904년까지 그 교회를 섬겼다. 맥킨토쉬는 목회할 때뿐만 아니라 신학교에서도 역시 타고난 설교자로 정평이 나 있었다. 그는 자신의 생애 대부분 매 주일 거의 설교를 하였으며 스코틀랜드 전 지역에 걸쳐 여러 교회로부터 초청을 받아 설교하였다.

맥킨토쉬가 설교할 때 항상 강조한 내용은 우리를 구원하기 위해 십자가에서 고통을 겪으신 그리스도의 희생이었다. *The Heart of the Gospel and the Preacher*라는 팜플렛에서 그는 다음과 같이 말했다. "만일 교리 설교를 하려면 반드시 분명하고 힘 있게 전해져야 함은 철칙이라 할 수 있을 것이다. 왜냐하면 그러한 설교는 기독교 복음의 중심을 제시하고 있기 때문이다. 이러한 설교는 바로 죄로 가득 찬 세상을 위하여 그리스도께서 죽으셨다는 사실 안에 실제 다 들어 있다고

---

259) 건강 악화의 또 다른 이유가 있다면 맥콜레이가 말한 바와 같이 개신교인들이든 가톨릭교인들이든 상관없이 이들이 독일에서 유대인들과 교회에 대해 핍박했던 일과 이로 인하여 가족을 잃게 된 많은 사람들에 대한 슬픔이 바로 또 한가지 이유일 것이다. "독일의 많은 친구들이 겪는 아픔으로 그 또한 괴로워하였다. 이들의 슬픔을 같이 나눔으로써 그는 건강이 악화되었다"(Macaulay, p. 18). 또는 여기서 맥콜레이가 제1차 세계대전(1914-1918)을 언급하고 있다. 이러한 관점에서 본 어떤 사람은 맥킨토쉬가 이 전쟁에 영향을 받아 그의 케노시스 기독론을 출현시켰을 것이라고 추측할 수 있을 것이다. 그러나 이 전쟁이 그의 케노시스 기독론을 만들어 냈다고 말하는 것은 합당하지 않다. 그의 케노시스 기독론은 이 전쟁이 발발되기 몇 해 전, 1912년에 출간되었기(*DPJC*) 때문이다.

할 수 있다."²⁶⁰⁾ 출판된 거의 모든 그의 설교집에서 십자가에 달리신 그리스도를 통한 죄 사함, 구속론 등이 설교 주제였던 것으로 나타났다. 심지어는 구약성경을 본문으로 한 설교에서조차도 이러한 주제가 쉽게 발견될 정도였다. 어떤 의미에서 그가 강조한 구속론은 그의 설교와 무관하게 발전되지 못하였으리라 짐작된다. 맥킨토쉬의 동료 중 하나인 웰치(A. C. Welch)는 "목회 활동 경험이 공부하는데 쏟은 시간 못지않게 신학 교수로서 갖추어야 할 능력에 일조하였다"고 평가한 바 있다.²⁶¹⁾

그는 학문으로서의 신학과 또한 설교 사이에 그 간격을 좁혀 놓은 학자일 뿐만 아니라 교단 일에 적극적으로 관여함으로써 교회를 섬겼다. 그는 연합자유교회(United Free Church) 교단(1921, 1926), 스코틀랜드 교회(Church of Scotland) 교단의 한 분과위원회의장으로, 그리고 스코틀랜드 교회 교단의 총회장으로 섬겼다.²⁶²⁾ 분과위원회의장으로서 그는 1921

---

260) *The Heart of the Gospel and the Preacher*, (Stirling: Drummond's Tract Depot; London: S. W. Patridge & Co., 1913), p. 6. 이 팜플렛에서 그는 구속론이 복음의 진리와 설교 모든 것을 위한 중심 주제가 된다고 강조한 바 있다.
261) Riddell, p. 7. '[웰치 박사는] 맥킨토쉬가 아버딘에서 목회하는 동안 그리고 특별히 교회 성장과 교회 건축을 위해 힘을 쏟으며 활기 넘치게 목회하였던 것을 공예배 설교에서 언급한 것을 여러 번 회상하였다. …목회자로서 사역한 경험을 추억하며 가르쳤다는 사실을 알 수 있다. 우리 가운데 몇몇 학생들이 다른 사람들을 위한 기도가 실제로 어떤 의미를 지니는지 또 그런 기도가 효과적일 수 있는지에 대하여 관심을 가지고 있을 때 그는 강단에서 겪은 일을 회상하며 이야기를 들려 주곤 했다. … '이분들은 나를 위해 항상 기도해 주셨습니다.' … '제가 바라기는 그러한 경험이 여러분 교회의 성도들 앞에 설 때에 여러분에게 그대로 주어지기를 바랍니다. 그때 여러분은 기도의 능력이 얼마나 강력하고 도움을 주는지를 알게 될 것입니다' 라고 말했다"(Ibid.).
262) 연합 자유교회 교단은 자유교회 교단과 연합 장로교회 교단이 1900년에 연합하여 생긴 교단이며, 1929년에는 기존의 큰 교단이었던 스코틀랜드교회 교단과 재연합하게 되었다. 맥킨토쉬는 자연적으로 양 교단을(물론 그는 19세기 말에 교구 목사로서 자유교회 교단을 섬기기도 하였다. 이런 의미에서 그는 3개의 교단을 섬긴 셈이다) 섬기게 되었다. 그에게, 분과위원회의장직은 상당히 기쁘고 영광스러운 일이었다. 왜냐하면 그 역시 스코틀랜드교회의 연합을 지지하였기 때문이다. 그는 1929년 10월 2일에 두 개의 장로교회 교단이 연합하던 날에 이 연합을 "종교개혁 이래 스코틀랜드교회

년 총회가 명한 『교회의 신앙 고백문 요약』(a Brief Statement of the Church's Faith)의 책임자로, 1926년에는 『신조요약집과 신앙고백 전문 초안』(a Draft of a Short Creed and a Draft of a Longer Statement of Faith) 구성의 책임자로 임명되었다. 1930년에는 새롭게 연합한 교단을 위해 기독교 신앙고백을 만들도록 위탁을 받아 스코틀랜드 교회 교단을 위해 한 번 더 총회 분과위원회의장으로 봉사하였다. 『교회 신앙 고백문』(Short Statement of the Church's Faith)은 그 뒤 1935년에 출간하여 호평을 받았다. 잉글랜드의 어떤 서평가는 "스코틀랜드 교회(Church of Scotland)는 기독교 신앙을 이해하기 쉽도록 표현함으로써 이 교단 모든 교회가 근본적으로 동의할 수 있는 틀을 마련해 주었다"라고 평가한 바 있다.263) 분과위원회의장으로서 교회에 봉사한 것 외에 그는 앞에 언급한 바와 같이 1932년에 총회장으로 봉직하였다. 그가 총회장으로 선출되었을 때 어느 일간지에 의하면 "그는 대인관계에 있어 놀라운 재능과 국내외 많은 지인들을 알고 있다. 사람을 다룰 때 그리고 어떤 일을 함에 있어 예리한 관찰력을 보여 주고 있으며 뛰어난 화술과 일류급의 골프 실력을 갖춘 사람이라 할 수 있다"고 하였다.264)

역사상 가장 위대한 사건"이라고 평가하였다(Mackintosh, "The Great Church Union in Scotland," *ExpT*, p. 41, 1929, p. 15). 그는 이 연합이야말로 "신앙인의 당연한 행동"이라 믿었다(Ibid., p. 19). 한편, 그는 교회는 국가로부터 독립해야 한다고 확신하였다. 이에 따라 교회의 헌법은 국회를 통하여 국가가 제정하게 하는 것이 아니라 다만 인정되는 것이어야 한다고 보았다. 나아가 이전에 교회의 동의 아래 힘을 행사해 왔던 것을 이제는 스코틀랜드교회 교단 정치 아래에서 교회가 권리를 새롭게 인식하게 된 것에 만족을 표했다(Ibid., pp. 16-7).

263) *The Britsh Weekly*, June 4, 1936. 리들의 글에서 재인용, p. 8.
264) "Professor Mackintosh: A Noted Theologian" in *The Times*, June 10, 1936.

학자로서의 활동

맥킨토쉬는 그의 강의에서 거의 모든 교리를 다루었다. 어떤 교리에 관한 강의든지 먼저 이 교리에 대한 성경적 근거를 탐색하고, 그 다음에 그 교리와 관련한 역사적 발전 상황을 추적해 본다. 그 다음에야 비로소 그는 각 교리를 세워 나가는 작업을 새롭게 하였다.[265] 그는 학생들로 하여금 주어진 성경 신학적 지식과 교회사적 이해를 바탕으로 자신들이 스스로 결론을 내리게 하였다. 강의할 때에는 강의를 시작하기에 앞서 강의 요약 내용을 나누어 주곤 하였다.[266] 토랜스(Torrance)가 명명하길, 맥킨토쉬의 강의는 일종의 "합리적 논리와 함께한 예배"(rational worship)라 하고 다음과 같이 그의 선생을 회고하였다.

> [그의 강의는] 그 내용에 있어 항상 복음적이고 구속사적인 것이었다. 신학생이 되고자 하는 사람들이 때로는 깊은 의문에 빠져 절망스러운 기분을 느껴 분노를 갖게 하곤 해도 그의 강의를 통해 회심한 사람들이 꽤 많았다. 맥킨토쉬는 상당히 겸손한 분이어서 결코 격노하는 경우는 없었다. 다만 그의 강의가 우리로 하여금 그리스도 안에 성육신하신 하나님의 거룩한 사랑에 비추어 사색하게 하는 것과 관련하여서는 그 어떤 타협도 허용하지 않았다. 맥킨토쉬는 십자가에 매달려 죽었던 예수님 안에 계신 성부 하나님의 윤리적인 열정에 너무 감동한 나머지 강의

---

[265] 이러한 형식의 글이 *DPJC*에서 발견된다.
[266] 어떤 주제들은 바꾸지 않았다. 하지만 맥킨토쉬는 이들 주제를 다루면서 지속적으로 새로운 시각으로 조명하기도 하고 학문의 더 깊은 지식을 제공하였다. 한편 오래전부터 내려온 교리들 특별히 죄의 본질, 기원, 전가 등과 같은 교리에 관해서는 수시로 개정을 거듭하였다. 이에 관해서는 다음을 보라. Macaulay, p. 13; T. F. Torrance, "Hugh Ross Mackintosh: Theologian of the Cross," *The Scottish Bulletin of Evangelical Theology*, No. 5, 1987, pp. 161-2.

실에서 종종 우리는 하나님의 거룩하심과 가까이 오심을 구분할 수 없을 정도로 어떤 거룩한 신전에 들어와 있는 느낌을 받았다.[267]

죄의 용서는 그의 강의에서 강조되어 온 부분이다. 그에게 "기독교의 믿음은 바로 예수 그리스도를 통하여 죄를 용서하시는 하나님을 믿는 것이었다."[268] 토랜스는 맥킨토쉬의 신학 중심 주제가 바로 그것임을 올바로 지적한 바 있다. "그의 신학이 중심을 갖는 부분은 기독론 그리고 구원론과 관계가 있다. 하지만 그 모든 것 중 핵심은 예수 그리스도 안에서 말로 다할 수 없는 엄청난 대가를 치르게 하면서 하나님이 직접 베푸셨던 죄용서이다."[269] 맥킨토쉬에게 이 주제는 복음의 핵심이라 여겨졌으므로 당연히 자기 강의에서 강조하며 가르쳤다. 강의실뿐만 아니라 이 복음이 보여 주는 죄용서 사건은 그의 저술 활동에서 더욱 공개적으로 소개되었다. 이러한 노력의 결실 중 하나로 『죄용

---

267) Torrance, "Hugh Ross Mackintosh: Theologian of the Cross," p. 162. 그의 옛 제자 중 하나가 맥킨토쉬의 구속론 강의 도중 생긴 일에 대해 다음과 같이 글로 밝힌 바 있다. "조금씩 조금씩 그는 우리로 하여금 우리가 지은 죄로 인하여 얼마나 처참하게 되었는지를 알도록 그리고 우리의 죄보다 훨씬 더 깊은 하나님의 사랑에 대해 생각할 수 있도록 이 교리의 깊은 단계로 인도하였다. 강의가 끝난 후, 몇몇 학생들이 강의에 감동한 나머지 바닥을 발로 쿵쿵 치면서 환호하기 시작했다. 맥킨토쉬 교수는 침울한 표정을 보이며 얼른 그만두라는 손짓을 했다. 그 즉시 환호성이 사그라지자, 그는 겸손하게 말하기를, '학생 여러분, 저는 이러한 내용의 주제를 감히 다룬 것에 대해 하나님께 회개해야 할 것 같은데요' 라고 말했다고 한다. 그의 옛 제자 중 또 다른 한 사람은 이와 비슷한 사건을 다음과 같이 회상했다. 맥킨토쉬 교수가 고개를 저으면서 '학생들 우리 소리 내어 환호하지 말고 오히려 그분께 경배해야 되지 않을까요' 라고 말했다 한다. '그는 우리로 하여금 이러한 모든 행동을 그만두게 하고 강의를 지속하였는데, 아마도 이는 하나님만을 쳐다보도록 하기 위해서였을 것이다. 학생들은 그를 훌륭한 분이라 생각하고 존경하며 사랑하였다'" (Macaulay, p. 14).
268) Mackintosh, "The Place of Forgiveness in Christianity," Exp, Series 8, vol. 23, 1922, p. 17. "죄용서는 의심할 여지 없이 기독교 진리가 갖는 모든 내용을 보게 할 수 있는 강력한 형태 중 하나이다. …신약성경적 의미로 보아, 죄용서를 받지 않고는, 또한 그의 삶에 있어 하나님과의 관계를 갖기 위해 결단하는 순간이 있었다고 확신할 수 없는 자는, 결코 그리스도인이라고 간주될 수 없다는 것이다"(Ibid.). 맥킨토쉬의 구속론에 관해서는 나중에 언급될 것이다.
269) Torrance, "Hugh Ross Mackintosh: Theologian of the Cross," p. 160.

서에 대한 기독교적 경험』(The Christian Experience of Forgiveness)이라는 저서
가 출판되었다.

　교의학 주제 중 그가 관심을 기울인 것은 기독론이었다. 가장 크게 명성을 얻은 작품은 모두 그리스도의 인격과 사역에 관해 저술된 것들이었다. 영어권 세계에서 여전히 기독론에 관한 유용한 참고도서로 분류되는 『예수 그리스도의 인격론』(The Doctrine of the Person of Jesus Christ, 1912)과 맥킨토쉬의 신학을 이해하는데 가장 중요한 저서 중 하나인 『죄용서에 대한 기독교적 경험』(The Christian Experience of Forgiveness, 1927)이 바로 그것들이다. 많은 독자를 확보하였던 이들 작품 외에 그는 다른 저서들과 많은 논문을 주로 익스포지터리 타임스(The Expository Times)와 익스포지터(The Expositor)를 통해 발표하였다. 유감스럽게도 그가 나중에 저술을 희망하였던 주제인 교회와 성령에 대한 연구가 출판되지 않았다. 이들 저서들은 다음과 같다. 1911년 7월 기독교 학생 운동(Student Christian Movement)이 주최한 모임에서 행한 강의가 『예수 그리스도의 인격』(The Person of Jesus Christ, 1912)이란 제목으로, 1920년 3월 미국 오하이오 주 오버린 칼리지(Oberlin College) 신학교에서 행한 강연은 『기독교 메시지의 기원』(The Originality of the Christian Message, 1920)이란 제목으로, 1921년 휴가 중인 선교사들을 대상으로 강의한 내용은 『하나님의 주도권』(Divine Initiative, 1921)이란 제목으로, 1928년 3월, 버지니아 주 리치몬드에 있는 유니온(Union) 신학교에서 행한 강연은 『하나님에 대한 기독교적 이해』(The Christian Apprehension of God, 1929)란 제목으로, 1932년 총회에서 행한 강연은 『현대인을 위한 복음과 그것의 전달』(The Gospel and Its Communication in the Modern World)이란 제목으로, 1933년 기독교 학생 운동이 주최한 강연은 『하나님은 어떻게 알 수 있는가?』(How Is God Known?)

라는 제목으로, 1933년 가을 크롤 트러스트(Croall Trust) 강연회에서 행한 강의가 『현대 신학의 유형』(Types of Modern Theology, 1937)이란 제목으로 각각 출판되었다. 그 외의 다른 책들은 Studies in Christian Truth(1913), The Heart of the Gospel and the Preacher(1913), Immortality and the Future(1915), Some Aspects of Christian Belief(1923) 등이 있다. 설교집도 출판하였는데, 타이포트와 아버딘에서 행한 설교를 묶은 Life on God's Plan(1909), 그리고 The Highway of God(1931) 등이 그것이다. 이들 저서에서 그는 우리의 구원을 이루기 위해 십자가에 달려 죽으신, 예수 그리스도 안에 계셨던 하나님의 죄용서 하시는 그 사랑에 초점을 맞추고 있다. 그가 생각하기에 이러한 논지는 다 우리가 갖게 되는 모든 신학적 문제를 총괄한다고 보았다.[270]

그는 아마도 보수적 신앙이 묻혀 있는 스코틀랜드 북부 산악 지역인 하이랜드적 경건의 숨결이 여전히 그의 신학적 틀을 관통하고 있었던 것 같다. 죄용서하시는 하나님의 사랑에 대한 설교를 하고 이 주제를 신학교에서 가르치면서 그는 이 복음이 이 세상에 반드시 선포되어야 할 성경의 중심 메시지라고 몸소 느꼈을 것이다. 그는 만일 우리가 성숙한 그리스도인으로서의 삶을 살기 원한다면 우리는 그리스도를 매일 생각해야 할 것이라고 설교한 바 있다.[271] 나아가 기도는 기독교적 삶

---

[270] 예를 들면, 악의 문제는 그리스도의 희생을 보면 해결할 수 있을 것이다. "선과 악이 부단히 투쟁하고 있음을 보게 될 때 우리는 하나님이 우리의 흥망성쇠에 전혀 관여하시지 않고 계심을 보여 주는 것처럼 느껴진다. 고통을 못이겨 하나님이 선하시다는 사실을 의심하게 된 사람에게 …적절한 답을 줄 수 있는 것이 있다면 무엇인가? …나는 그러한 삶의 고통을 견디게 할 수 있는 유일한 해결책을 알고 있다. 그것은 바로 '하나님이 우리와 함께 계시다' 는 '임마누엘' 이라 하는 나사렛 예수 그리스도이시다. 만일 하나님이 정말로 우리 일에 개입하시어 우리의 짊을 져 주시고 당연이 우리가 져야 할 십자가를 스스로 견디어 내신다면 그리고 나아가 우리 편에 서시어 형제애를 보여 주시면서 우리와 같은 삶을 사시고 우리 대신 죽으셨다면, 아무리 인간이 슬픔을 겪는다 해도 그것은 이미 슬픔이 아니다. 또한 아무리 인간의 죄가 참혹한 것이라 해도 우리에게 절망은 아닌 것이다"(Mackintosh, "Is Christ Son of God?", *The Christian World Pulpit*, Dec., 1903, p. 398).

에 중요한 훈련이라고 하였다. 특히 그는 자신의 목회 기간에(1897-1904) 기도의 능력을 확신한 바 있다고 하였다. 뉴 칼리지에 있는 동안 그는 자신의 교회 성도들이 자신을 위해 기도하였던 경험을 되새기면서 기도의 효과에 대해 언급하곤 하였다. 학생들에게 자기가 겪은 경험을 이들이 강단에 섰을 때에도 역시 같은 경험을 갖도록 하기 위해 자신을 영육간에 강건하게 하는 기도의 능력을 알게 되기를 소망한다고 말하기도 했다.272) 맥킨토쉬에게 기도는 아주 기본적인 경건의 훈련이었다. 왜냐하면 자신의 신학은 단순히 '알려지지 않는' 그리고 '논리적인' 하나님이 아니라 '인격적인' 그리고 '윤리적인' 하나님에 대한 탐구이기 때문이다. 기도란 살아계신 하나님을 참으로 믿는다는 증거이다. 그러한 훈련은 하나님에게서 응답이 곧 도래할 것을 가정하기 때문이다. "아버지 하나님이 계신다면 당연히 기도는 가능하다. 그리고 아버지 하나님이 계시는 한 기도는 온갖 종류의 모험을 경험케 하는 가장 합리적인 수단으로써 하나님과 인격적인 대화를 가능케 해 주는 것이라 하겠다 …기도 생활 없는 기독교인의 믿음은 없는 것이나 마찬가지라는 것을 먼저 생각하여야 한다. 그 다음으로, 기도 자체는 이미 하나님과의 직접적인 교제를 신뢰하는 것을 의미한다고 보아야 할 것이다."273)

---

271) Mackintosh, *The Highway of God*, (Edinburgh: T. & T. Clark, 1931), p. 178. "우리는 보통 우리가 생각하는 것 이상 아주 자주 예수 그리스도를 생각해야 할 것이다. 당신은 어제 얼마나 그분에 대해 생각하고 또 생각하였는가? 아니 그 전날에는, 그 전전날에는 어떠했는가? …만일 여러분에게 호주에 사랑하는 친구가 있는데 그에 대해 생각해 보지 않는다면 그는 더 이상 사랑받는 자가 아닐 것이며 지금 그 사람은 당신에게 이미 죽은 자처럼 여겨질 것이다" (Ibid.).

272) Riddell, p. 7.

273) Mackintosh, "Concerning Prayer," *Exp*, Series 8, vol. 12, 1916, p. 304; "Miracles and the Modern Christian Mind," *Exp*, Series 7, vol. 9, 1910, p. 423. "그러므로 본능적으로 필요에 의해 기도하는 사람 모두는 하나님과의 교제가 갖는 참된 본질을 이미 알고 있는 자이다. 그러한 사람은 하나님의 마음과 자신의 마음 또한 서로간의 행동이 실제의 관계에 있다는 것을 인식하는 자이다. 요점을 밝히면, 그러한 교제야말로 본질적으로 초자연적인 것이다"(Ibid., p. 424).

기도는 기독교에서 과학적으로 설명해 줄 수 없는 초자연적인 것이라고 그는 언급하였다. 그러므로 맥킨토쉬는 예수님의 부활을 부인하고 예수님을 단순한 한 인간으로 생각하였던 자유주의 신학 사상을 비판하였다.[274] 자유주의는 논리에 너무 매인 나머지 그리스도의 인격 문제를 풀 수 없었다. 자유주의자들에게는 과학적인 판단을 통해 관찰해 볼 때, 그리스도에게 그 어떤 신적인 속성도 부여할 수 없었던 것이다. 그러나 예수 그리스도를 위에서 내려오신 분으로 묘사하는 성경 본문을 통해 알 수 있듯이 신비적이고 초현상적인 특징들에 만족감을 표시하지 못하는 이러한 자유주의적 해석에 대해 맥킨토쉬는 비난을 퍼부었다. 그럼에도 불구하고 그의 신학적 강조가 단순히 성육신의 신비적 특징에만 만족하고 있었다는 것을 의미하는 것은 아니다.

> [자유주의 신학의 경우] 신적인 계시의 참 본질과 구원의 복음이 갖는 참 실체가 위협을 받기 때문에, 아예 처음부터 맥킨토쉬는 예수 그리스도를 이해함에 있어 심리학적이거나 윤리적인 범주보다는 오히려 주로 존재론적인 범주 안에서 보아야 할 것을 강하게 느꼈다.[275]

그러나 신학적인 문제를 사색적으로 해소하려는 것에 반대하였다는 점에서 그는 전통적인 경향으로부터 자신의 기독론적 접근 방법을 달리하였다. 칼시든 정통신학에 암시된 바와 같은 신학을 전개하면서도 그는 형이상학적 추론을 거부하였다는 점에서 반전통적이었다고 할 수 있겠다.[276] 그는 기독론적 문제가 단순히 논리로 해결될 문제가 아

---

274) Mackintosh, "The Liberal Conception of Jesus in Its Strength and Weakness," *AJT*, vol. 16, 1912, pp. 416-22.
275) Torrance, "Hugh Ross Mackintosh: Theologian of the Cross," p. 163.

니라고 믿었기 때문이다. 양성론에 대한 전통적인 이론은 기독론에 본질적이라 할 수 있는 윤리적인 측면을 간과하였다고 보았던 것이다.277) 기독론의 전통적인 형태는 이원론, 혹은 단성론을 낳아 결국 양자를 서로 화해시키지 못하고 단지 극히 신중한 문구를 채택함으로써 각각의 반대적 입장이 감추어지게 하였을 뿐이었다.278) 그는 기독론을 전개하면서 이러한 사색적 접근 방법은 포기하고, 역사적 예수 그리스도의 희생적인 삶 그 뒤에 있는 하나님의 사랑에 주목해야 할 것이라고 보았던 것이다. 우리가 역사상 유명한 그리스도 그분 안에 나타난 하나님의 구속사역과, 자기 희생에 눈을 돌려야 한다는 의미에서 그는 실용주의적이었다. 그가 보기에 우리 주 그리스도에 대한 지식은, 역사상 유명한 그리스도의 희생적인 삶 안에서 추구되고 또한 구속의 경험을 통하여 얻어질 수 있다는 것이다. "그리스도에 대한 우리의 지식은 선험적이거나 단순히 무조건 받아들여야 하는 것이 아니라 구속을 경험함으로써 주어지게 된다."279) 인류를 구원하기 위해 십자가를 지신 역사적 예수 안에서 하나님의 아들은 자발적으로 희생하셨다. 말로 다할 수 없는 하나님의 사랑이 갖는 이러한 윤리적인 행동이야말로 그분의 케노시스를 통해 전형적으로 표현되는, 가장 고상한 형이상학적 실재인 것이다.

한편, 우리는 맥킨토쉬가 케노시스 기독론을 일관되게 지지하였는

---

276) 그러나 그는 항상 신학이 형이상학적인 구성을 갖지 않는다고는 생각하지 않았다. 특히 그는 계시론에 있어 그러한 것이 필요함을 인정한 바 있다. "그리스도 안에 하나님이 자신을 계시하신 사실에서 우리는 확실히 형이상학적인 실체를 다루고 있는 것이다. 살아 있는 하나님이 그의 그리스도 인격 안에서 우리와 만나시는 것이다"("God in Christ: (1) Christ's relation to Faith," *LS*, Sheet 11, 1927-1929년 판의 미출판 원본).
277) Mackintosh, *DPJC*, p. 214.
278) Ibid., pp. 214-5.
279) Mackintosh, LS, Sheet 11, "God in Christ: (1) Christ's relation to Faith."

지에 대해 관심을 가질 필요가 있다. 레드만이 맥킨토쉬는 "[그의 저서
인 『그리스도의 인격론』에] 이어서 자신의 기독론 강의 중 케노시스 이
론을 분명하게 거론하기를 포기하였다"라고 주장하였기 때문이다.[280]
물론 맥킨토쉬가 그의 주 저서인 DPJC를 제외한 자신의 다른 저서에
서 케노시스 기독론을 언급하지는 않았다. 그러나 맥킨토쉬가 1927-
1929년에 한 그의 강의에서 케노시스 기독론의 원리를 강론하였다는
사실을 인식한다면 레드만의 주장은 그릇된 것이라 말할 수 있겠
다.[281] 마틴 레이드(Martin Rade)의 기독론에 대한 비판적인 논문에서
(1926) 맥킨토쉬는 케노시스 기독론을 여전히 모든 그리스도인의 마음
이 수용하는 원리로 간주하였다. 즉 하나님이 자신의 아들 안에서 우
리를 복 주시려고 자신을 낮추어 이 땅에 내려오시어 무한한 자기 희
생을 통해 이를 이루셨다는 진리를 보여 주는 것으로 지지하였던 것이
다.[282] 만일 맥킨토쉬가 '하나님이 자신을 낮추어 이 땅에 내려오시었
다'는 어구를 케노시스적 의미로 보고 중요하게 받아들였다면 우리는
쉽게 이러한 어구를 그의 후기 저술에서 찾아볼 수 있을 것이다.[283] 그

---

280) Robert Redman Jr., "H. R. Mackintosh's Contribution to Christology and Soteriology in the Twentieth Century," *SJT*, vol. 41, 1988, p. 525. 맥클라우드는 그의 최근 저서에서 레드만의 주장을 그대로 인용함으로써 잘못을 반복하였다(Donald Macleod, "Christology," p. 173; *The Person of Christ*, p. 208).
281) 에딘버러 대학교의 뉴 칼리지 도서관에 소장된 고든(James C. Gordon)이 원래 소장했던 그의 강의 안에(1927-1929) 따르면 케노시스 개념에 대한 강의가 여전히 학생들에게 제공되고 있었음을 알 수 있다. 다음을 보라. Mackintosh, *LS*, Sheet 16, "Speculative Questions: The Divine-Human Life."
282) Mackintosh, "Recent Foreign Theology: Christology, Review of Martin Rade, Glaubenslehre," *ExpT*, vol. 38, 1926, p. 23.
283) 그가 행한 설교 하나를 보라. "그리스도는 우리와 매우 가까운 존재가 되기로 작정하셨다. 즉 그분 안에 계신 하나님이 몸을 낮추어 이 땅에 내려오셨을 때 외향적으로는 우리의 운명을 나누어 가지셨다. 하지만 실제로는 그리고 아무도 몰래 그러한 조건에서 초연하시고 회피하시면서 반인간적인 삶을 영위하셨던 것이다. 그는 인간들 가운데 계신 한 보통 인간, 곧 우리 모두의 맏형이었다"(*Sermons by Hugh Ross Mackintosh with Memoir by Alexander Beith Macaulay*, p. 85, 이 다음부터는 *Sermons*라고 약칭할 것임).

의 거의 마지막 글이라 할 수 있는 "자기 부인"(Self-Denial, 1935)에서 비록 '케노시스' 개념 그 자체를 언급하지는 않았어도 그가 케노시스 개념을 지지하는 것으로 인용되는 전형적인 케노시스 개념 어구 중 하나인 고린도후서 8:9의 말씀이 언급된 것을 볼 수 있을 것이다. 284) 맥킨토쉬는 종종 학생들에게 배포된 강의안 요약본을 조금 수정할 것을 요구한 적이 있었다고 한다. 하지만 케노시스 기독론에 관해서는 수정하지 못하게 했다고 토랜스는 그의 선생의 강의를 추억하였다. 285) 나아가 토랜스는 맥킨토쉬의 거의 마지막 재임 기간 중에도 케노시스 기독론을 계속 강의하였다는 것을 기억하고 있다. 286) 맥킨토쉬는 그리스도의

---

284) 이 작은 글은 성도를 위해 쓰인 것처럼 보인다. 그런 까닭에 맥킨토쉬는 신학 전문 용어를 사용할 필요를 느끼지 않았다. 그 결과 자신의 케노시스 기독론을 굳이 여기서 설명할 필요가 없다고 생각한 것으로 추정된다. "돈을 가치 있게 쓰는 법은 강물에 던져버리는 것은 아닐 것이다. 부요하시나 우리를 위해 **가난하게 되신**[고후 8:9] 주님께 감사하는 기도를 드리며 헌금하는 것일 것이다." 계속하여 말하기를 "자기 자신만을 위해 자신을 부인한다는 개념은 자칫 아무런 감동도 주지 못하지만 어느 정도 포기한 대가로 그리스도에게 바치는 헌금은 마음을 흡족하게 만든다"(Mackintosh, "Self-Denial," *LW*, vol. 6, 1935, p. 123). 강조체는 필자의 것임.

285) Torrance, "Hugh Ross Mackintosh: Theologian of the Cross," p. 162.

286) 토랜스의 논문은 맥킨토쉬가 지속적으로 케노시스 기독론을 강의하고 있었다고 밝히고 있다 ("Hugh Ross Mackintosh: Theologian of the Cross," p. 165). 필자의 요청에 따라 고맙게도 그의 아들을 통해 보내 준 그의 편지가 이를 더욱 뒷받침해 주고 있다. 그에 의하면 맥킨토쉬는 케노시스 기독론을 전혀 포기하지 않고 강의하고 있었다는 것이다. 편지에서 밝힌 토랜스의 기억에 따르면 "성육신하실 때 하나님은 자신에게서(*ex heautou*) 어떤 것도 비우지는 않았지만 스스로를 비우시되(*heauton ekenose*)―내가 기억하기로는 수업 시간에 이와 관련한 토의가 있었던 것 같다―종의 형체를 취하면서 그리하셨던 것이다"(Letter from T. F. Torrance to Iain Torrance, 1998년 1월 22일자). 이 내용은 맥킨토쉬의 강의안에서 인용된 듯하다. 여기서 우리는 원본의 내용을 인용하는 것이 더욱 도움이 될 것이라 생각한다. 그 내용은 다음과 같다. "이러한 케노시스 원리의 상세한 논의는 차치하더라도 지금까지 수용되어 왔음에 틀림없는데 이러한 이해를 바탕으로 우리는 그리스도 안에서 하나님이 자신을 포기하여 인간의 삶으로 내려오신 모습을 보게 되는 위대한 종교적 직관을 얻을 여지를 발견한다. 하나님께서 자신을 제한하시는 행동은 계시를 내려주시는 첫 번째 조건이 된다. 즉 하나님은 인간이라면 누구나 겪게 되는 것만큼 똑같이 충분하게 그러한 인간이 되셨던 것이다. 그러므로 예수님의 삶은 약함으로 드러나는 것이 아닌, 곧 자신을 제한하신 그분의 능력을 보여주시는 최고의 모범적 행위인 것이다. 과연 신적인 속성이 인간의 운명에 종속될 수 있었는가에 대해서는 우리는 말할 수 없다. 이런 의미에서 구케노시스 이론들은 이 한계의 선을 벗어났다고 할 수 있다. 그러나 신적인 절대성이 지상계와 어느 정도는 모종의 관계를 맺었던 것은 틀림없다. 예수님

인격에 관한 케노시스 원리를 포기하지 않았던 것이다.

기독론의 원리

맥킨토쉬의 케노시스 기독론을 이해하기 위해서 우리는 그의 기독론에서 기초를 이루고 있는 몇 가지 신학적 원리를 살펴볼 필요가 있다. 이 원리를 통해 우리는 그의 기독론 탐구의 산물이며 그리스도에 대해 이해 가능하도록 설명된 케노시스 기독론이 더 분명해질 것이다. 그에게 예수 그리스도를 안다는 것은 근본적으로 역사적 예수, 그리고 구속의 경험, 성경 중심, 그리고 거룩한 사랑을 지니신 하나님을 기본 전제로 하여야 한다는 것이었다. 특히 직관적인 믿음이 이러한 원리를 충족시키는 기초적 역할을 한다고 보았다.[287]

역사적 예수

맥킨토쉬의 기독론이 갖는 중심 원리는 그리스도의 생애와 사역을 역사적인 사실로 받아들이는 것이다. 역사는 신학 탐구에 있어 출발점

은 성령 충만함으로 살아가셨다고 주장하는 모든 견해는 역시 같은 방향에서 살펴보게 한다. 그리스도 안에서 우리는 하나님의 인간적인 삶, 우리의 경험 속에 아주 깊숙하게 자발적으로 내려오신 것을 의미하는 그러한 인간적인 삶을 보게 된다. 전지하지 않으시고 편재하지도 또한 전능하지도 않으셨지만 – 하나님이라면 본질적으로 전지, 편재, 전능해야 한다 – 인간적인 말로 표현할 때 완전한 사랑과 거룩하심 그리고 자유이신 그분 안에 하나님의 인격적 현존이 있었다"(*LS*, Sheet 16, "Speculative Questions: The Divine-Human Life").

287) 이러한 원리(직관적 믿음)를 통해 그는 당대의 신학 준거틀이었던 '인간으로부터 시작하는' 방식에 대해 비판하였다. 믿음은 "하나님으로부터 시작하며, 또한 그를 통해 우리 자신을 이해하게 된다." "믿음은 통찰하는 것이다"(Mackintosh, "Recent Foreign Theology: The Swiss Group," *ExpT*, vol. 36, 1924, p. 74).

이 되어야 한다. 그 이유는 역사적 예수 없는 기독교란 아무런 의미도 없기 때문이다. "[역사]란 분명히 정확한 출발점이 된다. 왜냐하면 이것은 과거에 알려진 활동들에 접근하기 위해서 맨 처음 우리가 필요로 하는 발판이기 때문이다. 사색의 큰 체계를 세우는 것은 우리의 목적이 아니다. 그러한 것은 단지 우리 인간의 논리가 오류를 낳기 쉽다는 것을 너무도 잘 알려주고 확신시켜 줄 수 있을 뿐이다." [288] 사색은 그리스도를 믿음의 대상으로 이해하게 하는데 실제 큰 역할을 할 수 없다.

한편, 이 주제와 관련하여 맥킨토쉬는 그리스도의 역사성에 대한 질문을 제기하였던 19세기의 몇몇 신학자들과는 차이를 두었다. '역사적 예수 탐구' 학자들은 예수님의 생애를 수학적인 혹은 과학적인 방법으로 연구하였다. 그러나 맥킨토쉬에게 역사적 예수는 실제로 성경을 통해, 특히 예수님의 자의식을 통해 발견될 수 있는 분이다. 그는 바로 여기에서부터 기독론이 출발될 수 있다고 보았다. 예수님에 대해 개인적으로 스스로 확신을 가짐으로써 자신의 기독론을 만들어 낼 수 있다고 했다.[289] 신적인 존재로서 그리고 만백성을 위한 희생제물로서의 예수님의 자의식이 기독론 수립의 중요한 자료가 되는 것이다.

따라서 역사적 연구가 '역사적 예수 탐구' 학자들에게 합리성을 추구하는 것이었다면 맥킨토쉬에게는 영적인 것이었다고 할 수 있다. 그는 그리스도의 생애와 하나님의 사랑을 통해 주어진 죄용서를 주목하

---

[288] Mackintosh, *PJC*, (London: SCM, 1912), p. 114. 맥킨토쉬는 신학의 이론화 작업을 위해 사색적 훈련을 도모하는 것에 비판적이었다. "추측한다는 것 자체는 지적인 유희로서 매력을 지닐 수 있을 것이다. …그러나 얼마 동안 강렬한 유혹에 못이겨 만들어 낸 것이 이론 이상의 아무것도 아닌 단지 추상적인 이론에 불과하다면 그저 부서진 갈대일 뿐이다. 그것을 기대한다면 그만 손이 찔러 독이 퍼지고 말 것이다" (Mackintosh, "Dogmatic Theology: Its Nature and Function," p. 424).
[289] Mackintosh, "Is Christ the Son of God?" *The Christian World Pulpit*, Dec., 1903, p. 395.

였다. "만일 그리스도가 우리 모두의 하나님이 되시고, 인간의 영혼이 갖는 모든 통곡의 소리와 의무 사항을 수용하셔서 우리의 죄를 용서해 주시고 거룩하게 해 주신다면, 우리가 그분의 본성과 기원에 대해 그 어떤 결론을 내리지 않고 그분을 생각할 수는 없다."290)

그가 보기에 역사적 예수 탐구의 노력은 출발부터 틀렸다. 이것은 예수님에 관한 지적인 연구 여정이지만 이들이 종교의 영적인 특성을 무시한 것은 분명 잘못된 것이다. 무엇보다 이들은 기독론에서 역사적 예수가 갖는 영적인 실체를 전개하지 못하였던 것이다. 이들은 그리스도에게서 단순히 한 인간인 모습 혹은 천재만을 볼 수밖에 없었던 것이다. 그러나 맥킨토쉬의 역사적 예수는 천재 이상이다. 우리가 정직한 눈을 가지고 신약성경을 고찰해 보면 예수님은 분명히 신성을 지니셨음을 고백하지 않을 수 없기 때문이다.291) 이러한 진리는 역사적 탐구 노력에 의존한 이들이 얻을 수 없는 것이다.292)

그러면 우리가 어떻게 역사적인 그리스도를 구속주로 알 수 있는가? 맥킨토쉬는 과학적 분석을 통해서는 알 수 없고 단지 직관적인 믿음을 통해서만 가능하다고 생각하였다. 우리가 그분의 능력에 의해 압도되고 조정되며 사로잡힐 때 우리는 그분을 역사적인 구속주로서 인식할 수 있다고 보았다. 오직 우리의 경험만이 역사적인 그리스도에 대한

---

290) Ibid., p. 398.
291) 그리스도에 대한 인본주의적 견해를 비판한 그의 글을 보려면 다음을 참고하라. DPJC, pp. 287ff; "[신약성경]은 예수님이 구세주라고 증거하고 있다. 그는 선생일 뿐이라든지, 영웅 혹은 천재 혹은 아주 경건한 좋은 사람이 아니라, 진실로 구주라고 성경은 결론짓고 있다" (Mackintosh, "The Name of Jesus," *ExpT*, vol. 26, 1914, p. 154).
292) 다음의 책을 참고하라. Mackintosh, *SACB*, pp. 14f. 이런 의미에서 맥킨토쉬는 예수님에 대해 신뢰할 만한 모습을 얻기 위해서 역사적인 연구 방법이 유용하지 않다고 주장했다. 오히려 역사적 예수는 성경에서 발견할 수 있다고 제창하였던 캘러(Martin Kähler)를 따르고 있다. 캘러의 다음 책을 보라. *The So-called Historical Jesus and the Historic Biblical Christ*, tr., ed., by Carl E. Braaten, (Philadelphia: Fortress Press, 1964), p. 72ff.

지식을 제공하여 줄 수 있다는 것이다. 우리가 우리를 위해 희생을 당하신 예수님을 주목할 때 그리고 우리의 죄인 됨을 느낄 때 우리는 거기서 바로 역사적인 예수와 '예수님 안에 있는 하나님'을 만날 수 있게 된다는 것이다.[293]

구속의 경험

맥킨토쉬는 경험을 그리스도의 인격에 대한 교리를 분석하는 중요한 지침이 된다고 강조하였다. 역사적 그리스도 안에 있는 하나님의 구속 행위는 우리의 경험을 통해 알 수 있다. 즉 "구원이란 단순히 신적인 사역만이 아니다. 그것은 또한 인간의 경험이기도 하다."[294] "성육하신 그리스도의 생애와 사역은 역사상 모든 일들 가운데 가장 위대한 일이다. 그뿐만이 아니라 모든 역사 가운데 최상의 경험적인 사건으로 남아 있다."[295] 그러기에 예수님의 인격은 우리가 경험해야 알게 된다.

---

[293] '예수 안에 계신 하나님'이 나중에 논의되겠지만 여기서 간단히 이에 관한 맥킨토쉬의 설교를 통해 그의 말을 들어 보자. "하나님은 정확히 예수님과 같다, 그리고 브루스 박사가 말한 바와 같이 '만일 하나님이 예수님과 같다면 이 세상은 말할 나위없는 기쁨을 갖게 될 이유가 있다.' …전능하신 하나님의 마음을 이해하기 위해서 우리는 예수님을 곰곰이 생각해야 할 것이다. 역사적인 그분의 모습, 나사렛 출생의 신적인 인간이신 그분을 연구해 보라. 그런 후 여러분의 영혼과 상상력을 일으켜 세워 영원하신 하나님이 계신 곳, 도저히 가까이 할 수 없는 저 높은 곳에 이르기까지 거닐어 보자. 또한 믿음으로만 살 수 있게 해 주시고, 보이지 않고 말로도 표현할 수 없는 그 능력이 있는 모든 곳을 음미해 보라. 그러면 여러분은 여러분의 구주가 어떤 본성을 지니는지 그 흔적을 볼 수 있을 것이다. 우리 모두 이렇게 생각해 보자. 분명 우리가 하나님의 사랑이 무엇인지 알고자 한다면 우리가 할 수 있는 최선의 일은 바로 예수님의 사랑을 분석하는 것이다. 그런 후 우리가 발견한 것을 가져가면 된다"(Sermons, pp. 141-2).
[294] Mackintosh, *The Originality of the Christian Message*, (London: Duckworth, 1920), p. 93.
[295] Torrance, "Hugh Ross Mackintosh: Theologian of the Cross," p. 166. "그래서 바로 맥킨토쉬는 그리스도를 로고스와 구주로 아주 생생하게 '경험하게 되는,' '느끼게 되는' 혹은 '손에 닿을 수 있는' 실체라고 말할 수 있었다"(Ibid.).

그러면 우리는 어떻게 구속주를 경험할 수 있는가? 이와 관련하여 그는 사색적인 노력을 경주하는 것에 대해 회의적이었다. 사변적 훈련 대신 어린아이처럼 순수한 믿음을 갖고 하나님을 신뢰해야 하며, 또한 동시에 자신의 연약함을 깨닫고 하나님을 두려워하는 마음을 가져야 비로소 그 구속주를 알게 된다고 했다. 그는 어느 설교에서 신뢰의 중요성에 대해 다음과 같이 언급한 바 있다. 우리가 어린아이의 태도에서 늘 보듯이, 하나님을 두려워하고 순진한 마음으로 그분을 받아들이는 것이 곧 그리스도를 알아가는 첫 번째 단계임을 강조한 바 있다.[296] 결국 그러한 믿음을 통해서만 우리가 성육하신 그리스도의 실재를 경험할 수 있으며 나아가 그분에게 복종하고 굴복함으로써 구주를 알게 된다는 것이다. 맥킨쉬에게 바울 사도는 이러한 종류의 경험을 겪은 좋은 본보기가 되었다.

> 사도 바울의 기독론이 갖는 살아 있고 역동적인 중심은 바로 그에게 나타난 영광의 우리 주님을 그가 직접 경험한 것에 있다. …[그는] 뒤가 아닌 위를 쳐다보았다. 그의 사상을 고정시켜 준 것은 메시아에 대한 고정 관념이 아니라 그리스도의 위대한 은총에 의해 지배되는 놀라운 내적인 인식에 의해서이다.[297]

그리스도를 우리의 구주로 경험하게 하는 또 다른 요소가 있다면 그것은 바로 성령의 역사이다. 맥킨쉬에게 성령의 중개적 역할은 매우 중요하였다. 그리스도를 믿는 믿음이 생기는 것은 하나님에 의해 직관

---

296) Mackintosh, *The Highway of God*, pp. 100-9.
297) Mackintosh, *DPJC*, pp. 52-3.

적으로 주어질 바로 그때이다. 맥킨토쉬는 이 점을 매우 강조한다. "믿는 자의 마음속에 있는 하나님의 영 외에는 그 어떤 것도, 우리로 하여금 역사 안에 발견되는 그분은 다름 아닌, 참 하나님이시라는 사실을, 그리고 자신을 드러내시고 자신의 구원사역 목적을 선언하기 위해 가까이 나아오시면서 말씀 안에서 말하시는 바로 그분이야말로 우리의 유일한 구세주라는 사실을 깨닫게 할 수 없는 것이다."[298]

맥킨토쉬는 안셀름의 논리와 같은 전통적인 구성 양식으로부터 자신의 것을 차별화시켰다. 안셀름의 논리적 호소가 구속의 가능성을 하나님에게서만 이루어질 수 있다고 주장하는 것과 그리스도의 신성과 인성의 필연성에 집중하였다면, 맥킨토쉬는 구속받은 사람들과 이들이 신적인 그리스도를 주저함 없이 즉각 믿는 믿음에 주목하였다. "기독론은 항상 실험에서 얻어지고, 또한 이러한 경험은 실제의 사실을 접함으로써 빛이 난다는 것은 기본적 원리에 속한다고 하겠다."[299] 예를 들면 그에게 있어, 그리스도의 신성은 그리스도에게로 회심하지 않는 자에게는 받아들여질 수 없는 것이었다. 이들에게 단지 그리스도의 신성은 "그저 신화에 불과할 뿐이라고 여겨질 것이다. 실제로 그것은 경험이 가져다주는 복사물일 뿐이다."[300] 나아가 그리스도의 신적인 활동은 하나님이 이 역사적인 그리스도 안에 내재적으로 현재하였기에 결코 기능적이 아닌 존재론적이라 하겠다. 이러한 진리는 복음서를 정직하게 주목한다면 발견할 수 있다는 것이다. 맥킨토쉬는 교리적인

---

298) Mackintosh, "The Reformer's View of Scripture" in *The Doctrine of the Infallible Book*, by Charles Gore, (London: SCM, 1924), p. 56. 그는 이 논문에서 종교개혁가들이 단순히 성경을 역사적인 문서로 취급한 것이 아니라 성령에 의해 기록된 하나님의 말씀이라는 사실을 믿었다고 밝히고 있다.
299) Mackintosh, *DPJC*, p. 408.
300) Mackintosh, *PJC*, pp. 75-6.

태도보다는 성경 그 자체를 주목해야 한다고 계속 강조하였다.

성경: 신학적 판단의 기준

어떻게 예수님의 실제 인성, 그분의 존재론적인 신성, 그리고 죄의 용서 등에 확신을 가질 수 있는가? 그것은 오직 성경을 통해서만, 예수님의 독특한 삶과 사역에 대해 교리적인 지식에 도달할 수 있을 것이다. 역사적인 예수 그리고 구속의 경험 등 진리에 이르게 하는 이러한 두 개의 통로는 성경 없이는 그 어떤 의미도 찾아볼 수 없다. 맥킨토쉬가 리츨 신학을 비판한 이유 중 하나는 바로 유관 신학 작업에 있어 기초적인 잣대인 성경 때문이었다. 리츨이 성경적 믿음을 강조하였음에도 불구하고 그는 궁극적으로 성경을 떠났던 것이다. 토랜스는 얼마나 맥킨토쉬가 성경적인 기초를 강조하였는지를 회고한 바 있다. 맥킨토쉬는 성경에 기초하여 "어떻게 그가 '성경의 비교할 수 없는 지고의 권위'에 반응할 것인가에 관심을 두었다. 그래서 그는 종종 어떤 신학자가 취한 방법론이 살아계신 하나님의 말씀 속에서 말씀하시는 하나님의 소리에 귀를 기울이기보다는 오히려 자신의 마음을 내적으로 성찰하거나 스스로 이해하고자 하는 행동에 의해 제시되고 있는지를 검토하곤 하였다."[301]

우리가 만일 성경을 양심에 따라 읽는다면 우리는 반드시 그리스도를 하나님으로 경배할 것이다. 맥킨토쉬에게 신약성경은 누구에게든지 역사적인 예수가 참으로 신적인 인물로서 보여 줄 뿐이지, 단순히 어떤 영웅 그리고 믿음의 대상 정도를 알려주는 것은 아니라고 확신

---

301) Torrance, "Hugh Ross Mackintosh: Theologian of the Cross," p. 172.

했다.

이러한 의미에서 믿음에 대한 고전적인 표현을 담고 있는 것은 신약성경이다. 각 페이지마다 예수님은 종교의 중심에 서 계신다. 처음부터 끝까지 우리가 경배할 때 해당되는 말인, 경외, 사랑으로 점철된 그분임이 드러난다. 그 어떤 성경 저자들에게도 이것은 설명이나 혹은 변론을 필요로 하는 것이라고 여겨지지 않았다. 우리는 성경에서 당혹스러운 느낌을 안겨 줄 그 어떤 흔적도 발견할 수 없다는 것을 알게 된다. 왜냐하면 각 페이지마다 성경은 직접 각 개인의 경험으로부터 우러나온 말을 하고 있으며 그리스도에 대해 느낀 똑같은 느낌을 다른 사람들에게도 전달하려고 애쓰고 있기 때문이다.[302]

우리가 복음서의 이야기에 기록된 역사를 통해 예수 그리스도를 바라볼 때 우리는 경외하고 존경하는 마음을 가지게 되며 예수 그리스도를 하나님으로 경험할 수 있게 된다. 그런데 이것은 "추론이 아닌 직관의 문제이다. 즉 논리적 결론에 이르는 과정이 들어 있지 않다. 왜냐하면 우리의 두 눈이 열리게 되어 우리는 그의 신성을 고백하지 않고는 달리 표현할 수 없기 때문이다."[303]

그러나 다른 한편, 성경은 분명히 그리스도의 실제적 인성을 "단순히 어떤 특별한 인간"(not only Man) 이 아닌 **"실제의 인간"**(a man)임을 강조하였다.[304] 그러므로 맥킨토쉬에게는 엔휘포스타시아(enhypostasia)

---

302) Mackintosh, *DPJC*, p. 348.
303) Ibid., p. 350.
304) Ibid., p. 385.

[인성의 인격성]와 안휘포스타시아(anhypostasia) [인성의 비인격성] 같은 개념들은 복음서에 묘사된 바와 똑같은 의미를 지닌 예수 그리스도의 실제적 인성을 정당화할 수 없었다.305) 왜냐하면 이들 개념들은 신적인 로고스의 인격 안에 경륜적으로 드러나게 된 인성을 강조하였을 뿐, 역사적 인물이 갖는 인성에 충분한 관심을 갖고 있지 않았기 때문이다. 그러나 성경은 명료하게 예수님이 진정한 한 유대인이었음을 보여 주었다. "복음서를 열린 마음으로 읽는 모든 사람에게 예수님은 완전한 인간이라는 것이 명백히 드러날 것이다."306)

맥킨토쉬에게 가장 호감이 가는 주제로 여겨지는 죄용서 교리에 있어서도 위와 같은 원리에 따라 전개된다. 누구든지 이와 같은 죄용서의 놀라운 실재를 참으로 경험하려면 성경을 그 안내자로 삼지 않으면 안 된다. 죄용서는 그 어떤 교리보다도 하나님의 말씀에 귀를 기울임으로써 직관을 통해 주어지는 사실이다. 누구든지 복음서를 들여다보고 주의 깊게 하나님의 말씀에 귀를 기울인다면 성자 하나님의 이루 헤아릴 수 없는 희생을 무시할 수 없을 것이다. 만일 수치 가운데 살아가시고 다른 사람들을 위해 십자가에서 죽으신 그리스도를 향해 참으로 우리의 마음을 열고 우리의 죄인 됨을 솔직하게 인정한다면 우리는 그분의 손길을 느낄 수 있으며 또한 그분이 우리를 싫어 내어 버리지 않으리라는 것을 확신할 수 있을 것이다. 그분의 희생적인 사역은 의심할 여지없이 우리에게 죄용서를 허락하시는, 하나님의 말로 다할 수

---

305) Ibid., p. 386. 이 점에 관한 맥킨토쉬의 오해는 후에 논의될 것이다.
306) Ibid., p. 395. 비록 복음서가 예수님은 참으로 인간이었음을 묘사하지만 이와 동시에 신적인 그리스도 역시 분명하게 제시하고 있다. 이러한 의미에서 맥킨토쉬는 니케아 신조가 성경에 충실하였다고 주장하였다. 그리스도는 성부 하나님과 동일 본질이시며 참으로 하나님인 것이다. 맥킨토쉬는 DPJC에서 신약 기독론을 분석하면서 주저함 없이 참으로 하나님이신 그리스도를 받아들이고 있음을 보여 주었다.

없는 사랑, 곧 사랑의 본질을 구체화시킨 것이다.

거룩한 사랑의 하나님

기독론 전개에 있어, 특히 맥킨토쉬의 케노시스 기독론에 있어 가장 중요한 원리는 하나님의 거룩한 사랑이다. 하나님의 거룩한 사랑으로 인하여 성육신과 구속 행위가 가능하게 되었으며, 또한 그것은 우리가 성육하신 그리스도의 수치스러운 삶을 이해하는데 제일 큰 도움을 제공하였다. 거룩하심과 사랑은 얼핏 보기에는 서로에 대해 상호 배타적인 것처럼 보일 것이다. 보통 사람이라면 거룩하신 하나님이 우리의 죄를 용서할 수 있다고 상상할 수도 없을 것이다. 그러나 이 두 개념이 하나님에게 필연적으로 실현 불가능할 수는 없다.

왜냐하면 하나님은 전능하시기 때문이다. 누구든 이 두 개념을 함께 고찰할 때에는 하나님의 전능성에 대해서도 함께 고려해야 한다고 맥킨토쉬는 제안한다. "하나님은 거룩한 사랑 이상이다. 즉 **전능하신** 거룩한 사랑이다."[307] 그리스도의 구속사적 사역에서 누구나 자연스럽게 하나님의 전능하심을 발견하게 된다. 이러한 확신은 수학적 추리로 얻어질 수 없다. 논리로 이러한 어려운 문제를 풀 수는 없다는 뜻이다.

---

307) Mackintosh, "The Revelation of God in Christ," *ExpT*, vol. 27, 1915-16, p. 348. "기독교인이 '하나님' 이라고 말할 때 그 하나님은 단순히 '거룩한 사랑' 을 지닌 존재가 아니라 절대적인 혹은 전능성을 기초한 거룩한 사랑을 지닌 분을 의미한다. 그리고 전능성이라는 용어는 하나님이 하나님 되게 하는 중요한 특징을 상징한다"(Mackintosh, *The Christian Apprehension of God*, London: SCM, 1929, p. 146). 이러한 신 개념 이해는 맥킨토쉬가 포사이스를 따르고 있음을 보여 준다. "신성의 본질은 거룩한 사랑이다. 그리고 여기에는 전능성이 자리를 차지하고 본질이 되며 또한 규범을 이루고 있다. …사랑이 스스로 제한시킬 수 있다는 의미에서 전능한 사랑이라 할 수 있으며, 또한 사랑은 수단이 되기도 하면서 사랑이 갖는 무한한 목적에 걸맞도록 목적 지향적이기도 하다"(P. T. Forsyth, *The Person and Place of Jesus Christ*, p. 313).

오히려 이러한 생각은 "직관적으로 믿게 되는 믿음의 움직임이다. 예수님 안에 계신 하나님의 구속적 능력이야말로 자연법의 주인임을 보여 주는 것이다."308) 하나님은 전능하시기 때문에 거룩하시며 동시에 사랑이신 것이다. 더 나아가 하나님의 거룩성은 필연적으로 사랑 없는 상태에서 함께 나타날 수 없다. 오히려 하나님에게 이들 모두는 각각 서로를 드러내 보여 준다. "성부의 거룩성이 갖는 영광은 그 거룩성이 기꺼이 용서한다는 것이며, 또한 그 용서를 통해 우리로 하여금 그러한 거룩함을 따르게 한다. 그는 거룩하시며 사랑이 많으신 분이다. 이러한 분이 바로 우리가 예수님 안에서 만나고 경배하는 하나님인 것이다."309)

하나님의 거룩하심과 사랑에 대한 변증법적 이해는 하나님의 불변성 교리가 얼마나 부적합한 이론인지를 보여 준다. 이 교리는 기도의 효과와 신적인 구원의 행위를 부인하게 되는 것을 암시한다. 특히, 신적인 불변성 개념은 우리로 하여금 성육신을 부인하게 할 수 있다. 그러한 논리라면 하나님은 복음서에서 보여 주는 그러한 실제의 인간이 될 수 없을 것이다. 이러한 잘못된 교리를 우리가 따른다면 아폴리나리스(Apollinaris)에게서 보는 바와 같이 참 인간으로서의 예수님을 생각하지 못할 것이다.310) 그리스도의 오심과 그분의 수치스러운 삶을 본다면 불변성 개념을 정당화할 근거를 찾을 수 없다. 이러한 의미에서 맥킨토쉬는 브루스의 견해를 연상케 한다. 이외의 다른 곳에서도 맥킨토쉬는 하나님의 불변성에 반론하였던 브루스의 견해를 따르고 있었다.311)

만일 불변성이 있다면 그것은 바로 하나님의 거룩한 사랑일 것이다.

---

308) Mackintosh, *"The Revelation of God in Christ"*, p. 349.
309) Mackintosh, *Sermons*, p. 79.
310) Mackintosh, *DPJC*, p. 200.

이제 그리스도가 하나님 안에서 계시하는 것은 잃어버린 자들을 구원해야겠다는 것과, 자신의 윤리적 본성과 부합되는 것이라면 어떤 일이든 행하고야 말겠다는 의지를 보여 준 것이다. 또한 이 모든 것은 절대적 은총이 무한하게 작동한 결과라고 말하는 것은 전혀 지나치지 않을 것이다. 하나님에게 불변하는 것이 있다면 그것은 바로 자신의 본질을 구성하는 거룩한 사랑이다. 312)

거룩한 사랑은 하나님이 자신의 형태에 있어 변화의 양식을 가지고 성육신하실 때에 하나님의 불변적인 본질로서 나타날 수 있다. 나아가 우리는 하나님이 살아계시는 분이시기에 그분이 불변적이라고 제안할 수 없다. 313) 하나님의 지상생활이 갖는 변화는 완전한 그분의 사랑을 통해서만 실현되었다. "사랑이란 초시간적인 말씀인 로고스와 이 세

---

311) Mackintosh, "The Revival of Kenoticism," *ExpT*, vol. 21, 1909-1910, p. 107. 다음의 브루스 책도 보라. Bruce, *HC*, 5th ed., p. 171. 맥킨토쉬가 불변성 교리를 일관적으로 부인하였는지는 분명하지 않아 보인다. 그의 강의안 *LS*(1927-29)는 이 개념이 믿음을 갖게 하는 중요한 부분이라고 말하고 있다. 그는 토마시우스와 게스의 케노시스 기독론을 비판하면서 이 개념에 긍정적으로 공유하고 있음을 보여 주었다. "이들 이론이 갖는 극단적인 형태는 하나님의 불변성, 곧 믿음을 이루는 매우 중요한 항목을 심각할 정도로 위협하고 있다"(*LS*, Sheet 10, "Modern Christology (3)"). 한편, 전통적인 기독론에서 발견되는 불변성 개념을 비판하면서 기독론 전개시 필연적으로 변화의 개념을 상정하였다(*LS*, Sheet 1, "History and the Gospel"). 필자가 판단컨대, 맥킨토쉬가 여기서 의미한 바 하나님의 불변성이란, 그리스도의 신성이 불변의 위치를 점하고 있다는 의미에서 참으로 성경적이라는 것이고, 반면에 그럼에도 불구하고 하나님은 지상생활을 하시는 동안 새로운 모양을 지닌 자신의 실존을 지니신 것을 볼 때 변화하셨다는 것이다. 그리스도는 잠재성의 양식 아래에서 일관적으로 신적이었으며, 이로 인해 그분이 지상에 계실 때 전능할 수 있었다는 것이다. 이와 관련한 보다 자세한 논의는 본 장의 "잠재화된 신의 속성"에서 이루어질 것이다.
312) Mackintosh, *DPJC*, p. 473.
313) "살아계신 하나님은 분명히 의지를 소유하신 하나님이며 그 의지를 행동으로 표현하는 분이다. 그분은 자신의 세계에서 일어나는 모든 변화와 무관하지 않으시다. 만일 이들 변화와의 관계가 긍정적이라면 우리는 그분에 대해 불변하신 분이라고 간단하게 말할 수 없다. 왜냐하면 보다 깊은 의미에서 변화해서는 안 되는 경우가 있다 해도 그분은 날로 발전하는 이 우주 세계에서 활동하시기 위해서는 변화하셔야 하기 때문이다"(Mackintosh, *SACB*, p. 50).

상에서 살고 죽는 예수님을 연결하는 고리이다."314)

성육하셔서 갖게 된 인간의 삶만이 하나님에게 있어 변화를 겪게 되는 것은 아니었다. 하나님의 용서하시는 행동 역시 변화를 상정한다. 하나님은 죄를 용서하실 때 자신과 우리와의 관계에서 이미 변화를 만들어 내었던 것이다. 이러한 의미에서 전통적인 구속론은 그 어떤 시간 구조 질서와 긍정적인 혹은 직접적인 관계를 충분히 맺지 못했다.315) 이 교리는 불변하는 실체로서의 하나님 개념만을 제시하였을 뿐이다. 하나님이 용서하실 때 일어나는 이와 같은 변화는 결코 이 자연 세계에서는 발견될 수 없다. 하나님의 용서하시는 행동을 우리가 경험한다는 말은 하나님이 우리 가운데 초자연적으로 개입하시는 것을 의미한다. 그러므로 우리는 죄용서에 대한 개념을 논리라는 기계적 관계부터가 아닌 초자연적인 능력에 대한 직관적인 경험 혹은 믿음에서 유추할 수 있다.316)

하나님에게 있는 거룩한 사랑과 변화를 통해 우리는 하나님이 갖는 그의 성격이 어떠함을 알 수 있다. 하나님은 윤리적이라는 것이다. 그러므로 성육신에 대한 이해는 자연적으로 이러한 윤리적 유형을 따라 추구되어야 할 것이다. 성육신 사건은 우리에게 주어진 구원하는 사랑의 복음인 것이다. "하나님이 그의 사랑으로 인하여 자신의 몸을 굽혀 이 땅에 내려오셔서 죽기까지 하시고 예수 그리스도의 십

---

314) Mackintosh, *DPJC*, p. 479.
315) Mackintosh, "The knowledge of God Mediated by Forgiveness," *Exp*, Series 8, vol. 24, 1922, p. 65.
316) 여기서 맥킨토쉬는 리츨을 비판했다. 그 이유는 리츨이 '믿음보다는 사색을 더 존중하였기' 때문이다. "리츨이 학교에서 다음과 같이 가르친 사실에서 그 증거가 나타난다. '죄용서를 받았다는 어느 사람이 말하기를, 자신에 대한 하나님의 사랑을 통해 자신을 더 이상 정죄하려는 생각을 바꾸어 그의 자비하심을 따라 자신을 받아들여 죄용서하셨다고 하는데, 이는 단순히 주관적인 판단일 뿐이다.' 이 사실에서 우리는 그가 리츨을 비판한 이유를 더 상세히 알 수 있다"(Ibid.).

자가 안에서 생명을 주고자 하시는 우주적 메시지를 보내셨다는 사실이다. 그런 까닭에 여러분은 그 깃발(복음), 그것도 높이 세워 거의 소리 없는 미풍에라도 펄럭거리려야 할 그 깃발을 소유하고 있는 것이다." 317) 같은 방식으로 맥킨토쉬는 케노시스 기독론을 윤리적 범주 아래에서 전개하였다. 케노시스가 하나님의 사랑을 잘 표현한다고 믿었기 때문이다. 누구든지 십자가를 쳐다보고 죄용서의 경험을 한 사람이라면 당연히 그리스도의 실제 인격이 어떠한지를 알 수 있을 것이다. 하나님의 거룩한 사랑으로 인하여 그분이 하늘에서 이 땅으로 자신의 몸을 낮추어 내려오게 되었다는 사실은 우리에게 큰 은혜이다. 구속을 향한 하나님의 영원한 목적은 역사적인 예수 안에 그분이 오심으로써 나타나게 되었으며, 케노시스는 이 모든 일을 가능하게 하였던 것이다. 이제 그의 케노시스 기독론에 대해 구체적으로 살펴보도록 하자.

그리스도의 케노시스

맥킨토쉬의 케노시스 기독론을 살피기에 앞서, 먼저 그가 유럽 대륙의 케노시스 기독론을 어떻게 평가하고 있는지를 알아볼 필요가 있다. 대륙의 옛 케노시스 기독론과 맥킨토쉬의 새로운 케노시스 기독론 사이의 유사점을 발견할 수 있기 때문이다. 318) 맥킨토쉬는 초기의 케노시스 기독론 전개를 브루스보다 긍정적으로 평가하였다. 319) 유럽 대륙

---

317) Mackintosh, *Sermons*, p. 66.
318) 피인스트라는 토마시우스와 맥킨토쉬가 공동의 목적이 있음을 밝히려 하였다. 다음의 그의 글을 보라. *Pre-existence, Kenosis, and the Incarnation of Jesus Christ*.

신학자들은 케노시스 개념을 기본적으로 그리스도에 대한 성경적인 묘사와 신적인 희생의 경이로움으로부터 창안해 냈다.320) 이들은 복음서에 나타난 예수님이 우리와 똑같은 성질을 지닌 인간이라는 증거에 주목하였다. 나아가 이들은 부요한 자로서 가난하게 되셨으며(고후 8:9) 이러한 원리가 극적으로 드러난 십자가, 그 희생적 사역에 의해 압도되고 말았다. 인류 구원을 목표로 정하신 성자 하나님은 자신을 포기하고 스스로 비하시킴으로써 이 땅으로 자신의 몸을 낮추어 내려오셨던 것이다. 이러한 종교적 동기를 통해 우리는 성육신 사건 뒤에 놓여 있는 가장 심오한 목적을 발견하게 된다. 이러한 의미를 이해하면 누구든지 자신의 피조물을 구원하려는 하나님의 사랑이 얼마나 깊은지를 알 수 있게 될 것이다.

더 나아가 맥킨토쉬는 옛 케노시스 기독론을 변호하되 이 이론이 마치 그리스도의 하나밖에 없는 인격적인 삶을 보장하기 위하여 신적인 속성들 일부 혹은 전부를 제거하여 버린 것처럼 논박하는 주장에 대해서는 반대하였다. 토마시우스에게 그리스도는 전능, 전지, 편재성 등 소위 상대적 속성들을 포기하였다고 여겨졌고, 게스는 성육하게 되는 순간부터 절대적 진리, 사랑, 거룩하심 등 소위 내재적 속성들이 제거된 것으로 보았고 심지어는 자의식도 실제로 잃어버렸다고 하였다. 고데는 성부가 성자를 대신하여 우주적 통치 기능을 하였다고 주장하기도 하였다.

그런데 이러한 케노시스 이론들은 맥킨토쉬가 보기에 단점보다는 장점이 더 있다고 보고, 이것들은 버려야 할 이론이 아닌 변호되어야

319) Mackintosh, *DPJC*, pp. 264-71.
320) Mackintosh, "The Revival of Kenoticism," p. 105.

할 것으로 여겼다. 이 이론에 비판적인 사람들은 케노시스 기독론 자들의 이러한 노력이 신적인 희생을 밝혀낸 것으로 간주해야 했었다고 맥킨토쉬는 주장하였다. 정통신학자 중, 이 이론에 적대적인 사람들은 게스가 단지 그리스도를 "**단순히** 인간의 의식을 지닌 삶"을 지닌 자로 여겼다고 비난하였다. 이에 대하여 맥킨토쉬는 "이 이론이 제시한 내용을 검토하면, 예수님 자신이 한때 인간 이상이었으며 언젠가는 다시 처음에 가졌던 고상한 지위로 돌아갈 것이라는 것을 알고 있다고 제시한 부분을 보면, 예수님은 다른 사람들이 갖는 경험을 초월하는 삶을 지닌 것으로 여겨진다"고 변호적 답변을 한 바 있다.[321] 물론 성자 하나님의 우주적 통치 기능과 신적인 삶에의 실질적 참여 등이 잠정적으로 중단되었다고 주장한 부분에 대해서는 심각한 비판을 면할 수 없다는 것을 맥킨토쉬는 잘 알고 있었다. 그럼에도 불구하고 그는 이 옛 케노시스 기독론을 조심스럽게 변호하였던 것이다.

그가 생각하기에 이 이론은 두 가지 경우, 곧 삼신론이라 비판하는 견해와 불가지론적 제안이라는 부분에서는 살아남을 수 있을 것이라 하였다. 첫째, 비판은 "삼신론에로 기울고 있다는 것인데 이는 우주와의 신적인 관계를 성자 하나님 자신만이 분명한 모습을 보이며 유지할 수 있으며 따라서 그가 자신을 포기한다면 그 관계가 붕괴될 위험에 처한다고 가정하는 한," 그러한 논리가 적절함을 보일 것이다.[322] 그렇지 않다면 삼신론 비판은 근거 없는 주장이라는 것이다. 둘째, 맥킨토쉬는 브루스와 고어의 견해를 떠올리게 하면서 다음과 같이 제안하였다. 만일 누구든지 성자 하나님이 인간이 되면서 실제로 자신을 제한

---

321) Mackintosh, *DPJC*, p. 268.
322) Ibid., pp. 270-1.

하셨음에 동의한다면 보다 먼 장래에서나 제기될 문제에 대해 그 어떤 해답을 제공할 필요는 없다는 것이다.

> 우리는 역사적 증거에 따라 아무런 구속감 없이 자연스럽게 성육하신 성자의 삶이 참된 인간이 갖는 모든 조건과 조화를 이루고 있다는 사실을 믿게 된다. 그러기에 신약성경이 그 어떤 자료도 제공하지 않은 주제들을 가지고 사색 작업을 해야 할 부담을 가질 필요가 없다. 하지만 바로 이 주제와 관련하여 불필요한 신학적 사색 작업이 있었다. 그것이 바로 전통적인 기독론이 슬프게도 적대적으로 대하였던 현명한 불가지론과 같은 것이다.[323]

그러나 그는 옛 케노시스 기독론에서 발견되는 형이상학적 형식에는 만족하지 않았다. 그는 점차적으로 이러한 형이상학적 케노시스 기독론에 상당히 회의적이 되어 갔다. 이 주제에 대한 그의 강의안, 특히 그의 마지막 활동 시기에 제공된 내용을 보면 우리는 이러한 케노시스 이론을 상당히 비판하였음을 알게 된다.[324] 그는 유럽 대륙의 케노시스 기독론자들은 성육신의 문제를 다루는데 있어서는 성경에서 벗어났다고 보았다. 그런 까닭에 그들이 만든 이론은 쓸데 없다고 생각했다. 왜냐하면 우리는 복음서가 증거하는 성육신이라는 사실에 전적으로 만족하기에 구태여 이들이 이러한 역사적 사실에 대한 이론을 만들어 낼 필요는 없었기 때문이다. 단지 우리가 할 일은 성경에 드러난 케노시스 원리를 들여다보기만 하면 되는 것이다.

323) Ibid., p. 271.
324) Mackintosh, *LS*, Sheet 16, "Speculative Questions: The Divine-Human Life."

원리와 이론

케노시스는 이론이 아닌 원리로 여겨져야 한다. 맥킨토쉬는 옛 케노시스 기독론과 새로운 수정 케노시스 기독론을 이와 같이 구분하였다. 유럽 대륙의 옛 케노시스 기독론이 형이상학적 이론인 반면, 영국의 케노시스 기독론은 신적인 희생의 원리라 할 것이다. 그리고 그는 이론적 접근은 실패하였다고 확신했다. 따라서 그가 볼 때 옛 케노시스 기독론은 성육신의 실제 모습을 제공하지 못하였던 것이다.

케노시스 기독론은 반드시 그리스도 안에 계신 하나님이 인간을 구원하기 위해 자신을 희생하였다는 사실 안에서 고찰되어야 한다. 성육신 교리는 하나님의 희생이 갖는 원리를 **묘사**하는 것이다. 영국에서 새롭게 부활한 케노시스 기독론은(이미 앞에서 논의한 바 있다) 그가 믿기에 엄청난 종교적 의미를 제공한다고 보았다. 즉 "그리스도 안에 계신 하나님이 우리를 위해 가난하게 되시면서 자신의 위대함을 우리의 삶이 지닌 좁은 기준에로 축소시켜 버렸다." [325]

초기의 케노시스 기독론은 성육신이 어떻게 일어났는지를 설명하였다. 이 노력은 성육신의 진리를 과학적 세계에 중개시키기 위해 케노시스 개념을 도입, 성육신의 발생을 이론화하게 하였다. 성육신의 가능성을 변호하기 위해서는 케노시스 개념이 적절함을 설명하고 이 논리에 따라 그리스도가 참으로 하나님이면서 동시에 인간임을 보여 준다고 보았던 것이다. 특히 옛 케노시스 개념은 선재하신 그리스도가 자신을 비워 희생물이 되었다는 것을 보여 주려 하였다. 이런 의미에서 옛 케노시스 이론은 분명히 가치를 지닌다.

---

[325] Mackintosh, *DPJC*, p. 466.

그럼에도 불구하고 이러한 이론 대신 맥킨토쉬는 영국의 수정 노력을 따르면서 기독론을 위한 적합한 장치로서 케노시스 원리를 제안하였다. 기독론의 참된 목적은 성육신이 어떻게 일어나게 되었는가에 대한 이론을 만드는 것이 아니라 성자 하나님의 지상 삶이 어떠하였는지를 묘사하는 것이라 믿었기 때문이다. 후자의 개념은 케노시스 기독론을 성경 해석에 입각하여 이해하고, 기독교 진리를 해석학적 입장에서 설명하는데 목표를 두고 있다. 이러한 면에서 최근의 수정 케노시스 기독론 진술은 성육신을 사실적으로 이해하게 하는 유익한 점을 제공한다. 신약성경, 특히 복음서에 입각한 케노시스 원리를 개발시킴으로써 비로소 우리는 역사상 가장 위대한 삶을 살아가신 분의 신비한 인격이 갖는 난해한 문제를 해결할 수 있는 열쇠를 제공받을 수 있기 때문이다.[326]

그러므로 맥킨토쉬가 신약성경에 분명하게 나타난 사실들을 가지고 먼저 시작하는 것은 자연스러운 일이었다. 그에게 있어 케노시스 기독론은 신약성경이 제공한 역사적인 사실들에 기초한다고 보았던 것이다. 역사적 사실 중 가장 놀라운 것은 하나님의 희생이었다. "그리스도가 그처럼 지존의 자리에서 오셨고 그처럼 바닥을 알 수 없는 낮은 자리에 오셨다는 성경의 메시지를 듣는 순간 가슴이 얼마나 저미어 오는지 알 수 없었다!"고 고백하였던 것이다.[327] 맥킨토쉬는 바울 서신에만 주로 의존하였던 옛 케노시스 기독론 자들과 차별을 두었다. 그는 바울 서신서들 못지않게 복음서가 기독론 작업을 위해 중요한 자료가 된다고 보았다.[328] 그는 그리스도를 자율적인 인간이면서 구속주라 할

---

326) Ibid., p. 468.
327) Ibid., p. 467.

수 있는 기본적 개념은 바로 복음서를 통해서 얻어낼 수 있다고 했다.

> 복음서의 중심 사상을 취하여 보라. …그리스도 안에 계신 하나님이, 고통을 겪는 인간의 수준으로 내려오시어 이들 인간을 들어올릴 수 있었다고 믿을 수 있지 않겠는가. 가난과 부끄러움과 연약함으로 내려오시면서 주께서는 모든 명예를 벗어 버리고 모든 특권을 빼앗긴 채 사회적이고 역사적인 치욕의 깊은 자리에까지 낮아지셨다. 하나님이 이렇게 자신을 낮추셨기 때문에 인간이 구속을 얻을 수 있었던 것이다.[329]

기독론 전개를 위해 성경을 그 기본으로 삼을 경우 어느 누구도 성육신론 문제를 단순히 과학적 해결 방안에 의존하지 않을 것이다. 성경을 통해 우리는 성자 하나님의 자기 제한이 필연적이라는 것을 보여주기에 충분한 자료를 발견하게 되기 때문이다. 도우가 맥킨토쉬의 케노시스 기독론을 포함한 영국의 케노시스 기독론을 정확하게 분석한 바와 같이, "영국의 케노시스 기독론은 복음서에서 발견되는 예수님에 대한 그림들을 종합해서 만든 성경적 교리였다. 이 교리의 기본적 권위는 그 어떤 신학적 문제를 푸는 행동에서 도움을 받아 생긴 것이 아니라 성경 안에 그 뿌리를 두고 있다."[330]

---

328) 맥킨토쉬는 기독론적 근거로서 바울의 케노시스 구절들에 의존하지 않았다(DPJC. p. 469). 그는 케노시스 어구가 빌립보서 2:5-11과 고린도후서 8:9에 제한되어 있지 않다고 주장한 포레스트와 견해를 같이하고 있다(Ibid., p. 265, 포레스트의 다음 글을 참고하라. *Authority of Christ*, p. 98).
329) Mackintosh, *DPJC*, pp. 466-7.
330) Dawe, *FS*, p. 128.

성육신에 있어 케노시스의 필연성

복음서의 역사성을 기본적으로 받아들인다면 우리는 성육신을 설명함에 있어 케노시스라는 수단을 가정하는 것 외에는 그 어떤 대안도 거의 발견할 수 없을 것이다. 맥킨토쉬는 우리가 그리스도를 다음과 같이 생각하는 기독교적 주장을 받아들인다면 케노시스 기독론이라는 형태를 불가피하게 상상할 수밖에 없을 것이라고 말한다.

(1) 그리스도는 오늘날 믿음과 예배의 대상이 되시는 하나님이시다. 그러기에 믿는 이들은 그분과 더불어 직접적인 교제를 하게 된다. (2) 인격적인 의미에서 그분의 신성은 시간이 경과되어 얻어진 것이 아닌 영원성을 지닌다고 말할 수 있다. 왜냐하면 신성 자체가 정의하는 바와 같이 무에서 나올 수 있는 것이 아니기 때문이다. 그러므로 그분의 초월적 존재는 실재적인 것이지 단순히 이상적인 것은 아니다. (3) 그분의 지상 삶은 두말할 나위 없이 인간적인 것이다. 예수님은 보통 인간, 곧 1세기의 한 유대인으로서 인간의 자의식을 기질적으로 지닌 분이셨기에 몸이 제한을 받고 편재할 수 없는 삶을 사셨다. 또한 능력의 제한을 겪고 있었기에 끊임없이 믿음을 갖지 못하도록 방해를 받을 수 있었다. 그리고 제한된 지식을 지니고 있었던 인간이어서 그는 점차적으로 경험을 쌓아 갔으며 이 때문에 그는 놀라거나 실망을 표현할 수밖에 없었다. 또한 성장을 경험해야 하는 윤리적 본성을 지닌 인간이었기 때문에 평생 동안 시험에 노출되기도 하였고, 순간 순간 하나님을 의지하는 등 경건의 사람으로서 개인적으로 종교생활을 견지한 인간이었다. 요약하면, 비록 무죄한 특징을 지닌 유별난 분이었지만 그분은 항상 기질

적으로 보통 인간이 겪는 경험의 범위 안에서 움직이셨다. 그분의 신적인 삶은 인간적 기능, 곧 인간적 환경을 매개로 하는 자의식과 활동을 통해서 표현되었다. (4) 우리는 그분이 두 개의 의식이나 두 개의 의지를 지니고 있다고 가정할 수 없다. 신약성경은 그러한 종류의 그 어떤 모습도 나타내 보여 주지 않으며, 또한 당연히 심리학적인 지식에도 어울리지 않는다. 그분의 인격적 삶이 통일을 이루는 것은 자명하기 때문이다.331)

그리스도는 인류 구원사역을 위해 적합한 참된 인간으로 살아야 했으며, 동시에 우리가 직관적으로 그리고 즉각적인 믿음을 통해 발견되는 바와 같이 영원하시고 참되신 하나님이셔야 했다.332) 만일 그리스도가 영원히 그리고 참으로 신적이신 분이고 또한 실제로 인간이셨다면 어떻게 이것이 가능하였을까? 맥킨토쉬가 보기에 이 진리를 가능케 하는 추론은 성자 하나님이 필연적으로 자신을 낮추어 한 인간이 되시는 것 외에는 상상할 수 없었다.333) 그분은 성육신하시면서 분명히 자기 스스로를 포기하는 종교적 행위를 일으키셨던 것이다.

---

331) Mackintosh, *DPJC*, pp. 469-70.
332) Ibid., pp. 345-426.
333) 따라서 그는 그리스도 안에 실제의 인성이 필연적으로 존재했음을 보여 준 옛 케노시스 기독론에 대한 파우트(S. Faut)의 논박을 비판할 수 있었다(Mackintosh, "German Christology: Review of 'Die Christologie seit Schleiermacher, ihre Geschichte und ihre Begr?ndung' by S. Faut", *ExpT*, vol. 19, 1908, p. 158). "토마시우스와 게스에 대한 파우트의 비판은 매우 타당하다고 할 수 있다. 그러나 그는 이들이 표현하려 하였던 근본적 개념이 신약성경 그 자체에 뿌리를—상당히 많이—두고 있다는 사실을 발견해 내지 못하였다. 케노시스 개념을 신화적인 것으로 평가절하 하는 것은 이미 진부한 이야기다. 그럼에도 불구하고 그리스도인은 누구나 다음의 두 가지에 대해 마음에 확신을 가질 것이다. 즉 '그리스도는 베들레헴에서 태어나시기 전에 신성을 지니고 사셨으며, 또한 베들레헴에서 출생한 이후로는 진정으로 인간이었다'는 것이다. 이런 측면에서 케노시스 기독론은 일반 가설로서 영향력을 계속 지닐 것이며 또한 충분히 그럴 수 있다"(Ibid.).

우리는 그리스도가 신적인 자기 포기 행위를 감행하여 복종, 시험, 죽음 등을 겪게 되었음을 알게 된다. 따라서 기독교라는 종교는 비록 이 개념이 갖는 방식에 어떤 어려움이 있더라도 케노시스라는 사실과 엄청난 관계를 지니고 있다고 하겠다. 신성을 스스로 미리 조정하지 않고는 하나님이 그 어떤 인간의 삶을 영위할 수는 없다. 성자 하나님은 반드시 자신을 비워야 하며 이를 통해 인간으로서 그분이 아버지를 선언하고, 엄청난 희생을 겪으며, 죽음을 이겨야 했다.[334]

이러한 종교적 의미를 말해주기 위해서는 케노시스 개념이 필수적이다. 선재하신 하나님은 필연적으로 자신을 제한하시어 우리의 죄를 짊어질 희생물로서 실제의 어린 양이 되어야 했다. 진정으로 종교적인 생각을 근본적으로 고려한다면 우리는 불가피하게 케노시스 개념을 상정하지 않을 수 없다.[335] 맥킨토쉬는 이러한 신적인 희생이 자기를 비우는 중요한 동기가 되었다고 보았다. 이는 곧 그가 전통적인 교리 가운데 하나님은 고통을 겪지 않는다고 하는 신무고통성(impassibility of God)에 동의하지 않음을 의미하기도 한다.

신적인 희생은 하나님이 거룩한 사랑이므로 가능하였다. 하나님의 본성상 성자 하나님이 우리와 같은 유한한 삶을 살고 자신의 전능성을 제

---

[334] Mackintosh, *DPJC*, p. 470. "케노시스 원리에서 우리는, 그 자세한 내용은 차치하고 그리스도 안에서 하나님이 자신을 부인하시며 하감하시어 인간이 되셨다는 사실을 알게 된다. 그리고 이 원리가 이러한 위대한 종교적 직관을 얻게 할 여지를 남겨 주었음을 우리는 충분히 인정해야 한다. 하나님의 자기 제한은 계시가 갖는 첫 번째 조건이다—하나님은 스스로 그러한 인성을 지니게 하여 인성이 겪는 방식을 따라 사셨던 것이다"(Mackintosh, *LS*, Sheet 16, "Speculative Questions: The Divine-Human Life").

[335] Mackintosh, "Christologies Ancient and Modern," *ExpT*, vol. 21, 1910, p. 488.

한하시는 것은 이상한 일이 아닌 것이다. 그가 강림하실 때, "거룩한 사랑은 그의 실제 삶을 규정하는 마지막 잣대였던 것이다." 336)

거룩한 사랑이 하나님의 본성 중 하나이므로 그가 스스로 자신을 변하게 할 수 있었다. 그 결과 그는 자신의 하늘 영광을 벗어 버리고 이 땅에 오셨다. 일관된 하나님의 사랑 때문에 그는 자발적으로 자신을 비워 타락한 인류를 구원하게 되었던 것이다. 맥킨토쉬에게 변화라고 하는 것은 신적인 그리스도가 역사적인 삶을 영위하신 한, 하나님에게는 필요한 조건이었다. 337) 하나님은 거룩하시고 사랑이시기 때문에 그가 자신을 인간적 특성에 맞추어 적응하시는 것이 불가능한 일은 아니었다.

이러한 확신은 그로 하여금 전통적인 '신의 불변성' 개념에 반론을 제기하게 하였다. 그러나 여기서 조심스럽게 보아야 할 점이 있다. 그것은 맥킨토쉬의 케노시스 기독론이 전통적인 신의 불변성 개념에 언뜻 반대하는 것으로 드러난다고 해도 그는 하나님이 영원하지 않다고 생각한 것은 아니었다. 오히려 그는 일관적으로 하나님은 여전히 하나님이라고 주장하였다. 케노시스의 필연성을 제기하면서도 그리스도의 실제 신성을 부인하려는 의도는 없었다. 이런 의미에서 하나님은 불변한 것이다. 그러므로 케노시스 기독론 전개에 있어 신의 불변성에 대립하는 적대적 의미는 그의 이론에서 전혀 찾아볼 수 없다고 하겠다.

---

336) Mackintosh, *DPJC*, p. 506.
337) Ibid., p. 492. 맥킨토쉬는 하나님의 불변성을 윤리적인 의미로 새롭게 정의하고 있다. "하나님에게 불변적인 것은 그의 본질을 구성하는 사랑일 뿐이다. 우리는 무한하신 분이 윤리적인 수단 안에서 진정으로 무한하신 분이 되도록 해야 한다"(Ibid., p. 473). 그러므로 그는 불변성과 케노시스가 서로 같이 할 수 없다고 생각한 도너와 달리 "함께 가야 한다"고 생각하였다(Redman, "H. R. Mackintosh's Contribution to Christology and Soteriology in the Twenty Century," p. 524).

물론 신적인 그리스도는 전능, 전지, 편재성 등을 갖추신 분으로 생각하였던 것은 당연하였다.

 그렇다면 신의 불변성에 대한 그의 견해가 전통적인 그것과 어떤 차이를 두고 있는가? 예를 들면, 어떻게 그리스도가 전능하면서 동시에 무기력할 수 있는가? 설명하기 어렵지만 맥킨토쉬에게는 자기를 비우신 그리스도는 신적인 실존의 새로운 형태 가운데에서 신적인 분으로 계실 수 있었다. 이런 식의 논리에 따라 그는 '실제적이지만 인간으로 변질되지 않은' (real but non-metamorphic) 케노시스 개념을 제안하였다. 나아가 그의 케노시스 기독론은 '지적이면서-윤리적인' 특성을 취하였다. 그는 자신의 케노시스 기독론의 기본 구조를 윤리적인 범주 안에서 전개하였다. 이와 동시에 그는 그리스도의 신적-인간적인 삶에서 어떤 형이상학적인 원리를 발견하였던 것이다.

잠재화된 신의 속성

 그리스도가 지상에 사시는 동안 여전히 신적인 분이었다는 것은 그분이 선재하신 이전 상태로부터 종의 형체를 취하셨을 때 신의 속성을 잠재화시켰다는 것을 의미한다. 성자 하나님의 실존 형식이 성육신하실 때 새로운 형태의 삶으로 전이되었으며, 이때 전능, 전지, 편재성 등이 그리스도가 지상에 살기 시작하면서 압축된 잠재성으로(condensed potency) 수정되었다는 것이다. 이런 의미에서만이 그분이 신적인 분으로 계셨다고 말할 수 있는 것이다.

 그분에게 있어, 전능, 전지, 편재성이 사라진 것은 아니었다. 왜냐하면 이러한 속성들은 하나님에게 있어 본질적인 것이기 때문이다. 이러한 의미에서 그는 자신을 토마시우스와 구별하려 하였다. 토마시우스는 자신의 케노시스 개념이 신의 불변성 교리와 충돌한다고 하는 비판에 답변하면서 그는 절대적, 본질적, 혹은 내재적 신의 속성들과, 상대적 속성들 사이를 구별하였다. 그러나 맥킨토쉬는 이러한 구별이 필요하다고 생각하지 않았다. 소위 상대적 속성들은 그리스도의 삶에서 제거될 수 있는 것이 아니었다. 전능, 전지, 편재성은 상대적이라기보다는 오히려 하나님에게 있어 본질적이었던 것이다. 그의 말을 직접 들어 보자.

> [그러한] 구별을 주장할 수는 없다. 하지만 한 가지 가능한 경우가 있다. 즉 창조가 영원하지 않을 때에만, 통치할 수 있고 그에 대한 지식을 갖고 있으며 어디든 접근할 수 있는 그러한 우주 세계가 항상 존재하지 않을 때에만 상대적이라는 용어가 인정받을 수 있다. 이 경우를 제외하고는 없다. 그리고 이 세상이 시간 안에서 시초를 지닌다고 생각한다면, 또한 일단 이 세상이 이미 존재한다고 주장되어야 한다면, 전능, 전지, 그리고 그밖의 다른 신적인 관계는 실제로 은혜 등과 같이 본질적인 것이라 하겠다. 각각의 속성은 신성을 필연적으로 결정짓는다.[338]

---

[338] Mackintosh, *DPJC*, p. 476. 하나님이 인간과 화해하는 것에 관심을 두고 있던 바르트에게는 신성은 필히 보존되어야 했다. 이러한 의미에서 그는 토마시우스의 케노시스 기독론이 화해론에 위해를 가할 것으로 믿었다. 바르트에게 "하나님은 피조물이 되면서 하나님 되심을 포기한 것"이 아니었다 (*Church Dogmatics*, IV/1, p. 185). 그러므로 "만일 그리스도가 베들레헴의 말 구유에 나시고 골고다의 십자가에 못박히신 자신의 수치스런 모습 가운데에서조차도 하나님이 불변하시지 않고 온전하지 않으신 하나님이라면, 이러한 수치스런 분 안에서 하나님이 이루어 놓으신 세계와의 화해에 대해 우리가 말할 수 있는 모든 것은 허공에 매달린 채 그대로 있을 것이다"(Ibid., p. 183). 케노시스 기독론에 적대적이었던 바르트는 소위 상대적 속성도 하나님에게 본질적인 것이라고 이해하면서 토마시우스를 비판한 것은 옳다. 그러나 그가 만일 맥킨토쉬가 그리스도의 실제 인성을 정당화하기 위해 그러한 상대적 속성들을 제거하지 않았다는 사실을 안다면 아마도 그를 논박할 수는 없었을 것이다. 이들 속성은 하나님에게 본질적이라고 말하였기 때문이다.

맥킨토쉬가 생각할 때, 그리스도가 이러한 전능, 전지, 편재성을 지니지 않을 경우 더 이상 하나님이 될 수는 없었다. 그리스도가 스스로 자신을 비우기는 하였지만, 그때에도 이러한 속성들은 포기되지 않았다는 것이다. "단순히 신적인 자의식을 실제로 스스로 포기할 때에만 아니라 심지어는 전능성과 같은 특성이 버려질 경우에도 역시 그분은 하나님이셨다." [339]

그러나 맥킨토쉬는 예수님에 대한 복음서의 증언, 곧 전능하지 않고, 전지하지 못하며 편재하지 않은 참 인간이었던 그분을 부인하거나 무시하고 싶지 않았다. 그는 역사적 예수가 실제로 무기력하고 전지하지 못하며 장소에 매여 있었다는 사실을 믿고 있었다. 그러므로 앞으로 우리가 찾아볼 것이지만, 그는 케노시스 개념에 적대적인 세력으로부터 엄청난 비판을 받던 토마시우스를 어느 정도는 변호할 수 있었던 것이다. 여기서 맥킨토쉬는 같은 질문에 상이한 두 개의 답변을 제시하는 등 일관성을 상실한 것처럼 보인다. 그가 볼 때, 자신을 비우신 그리스도는 전능하지 않으시고 전지하지도 못하시며 편재하지도 않으신 분이지만, 그러나 동시에 그분은 전능하시고 전지하시며 편재하신 분이었다는 것이다. 어떻게 그는 이와 같이 상호 모순되는 사실들을 화해시킬 수 있었는가?

이 문제에 대해 맥킨토쉬가 제시한 해답은 다음과 같다. 즉 그리스도가 자신을 비우셨음에도 불구하고 전능, 전지, 편재성을 지니셨던 것은 사실이지만, 그것들은 실제적이 아닌 잠재적 능력 안에서만 그리스도 안에 존재할 수 있었다는 것이다. 자신을 비우신 그리스도는 새로운 형식을 취하여 이러한 신의 속성들을 지니고 계셨다. 이에 따라,

339) Ibid., p. 477.

그분은 전능하면서 동시에 무능할 수 있었던 것이다.

> 신의 속성들이 버려지지 않고 어디로든 전이되었을 것이다. 이들 속성들은 각 속성이 갖는 새로운 조건에 순응하여 새로운 방식으로 그 기능을 하고 그 행동 양식을 새롭게 취하였을 것이다. …성자 하나님이 사랑에 이끌려 키가 자라야 하고 모든 면에서 점점 나아지는 과정을 겪게 되었지만, 그래도 이분은 완전한 현실태가 아닌 농축된 잠재성(concentrated potency), **힘의 행사**가(energeia) 아닌 **능력**의(dunamei) 형식으로, 신성이 갖는 **모든** 특성들을 소유하고 있었다고 생각할 수 있다.340)

맥킨토쉬는 그리스도의 신적인 상태를 잠재성 안에 내재되어 있다고 묘사하였다. 그에게 있어 그리스도는 전능, 전지, 편재성이 잠재되어 있는 상태 속에 있다고 보았다. 여기서 우리는 전능, 전지, 편재성에 대해 그가 다시 정의한 내용을 분석할 필요가 있다. 우선, 우리는 전능성에 대하여 그가 수정 정의한 내용을 주목해 보자.

포사이스를 따르면서 맥킨토쉬는 하나님이 자신의 전능하신 능력을 제한하게 할 수 있는 '거룩한 사랑'이라는 관점에서 전능성을 주목한다. 이 관점에서 하나님의 전능성을 정의하려 할 때, '하나님은 **단순히** 전능하신 분이다라고 하는 것은 옳지 않다'는 것이다('It is not true that God is omnipotent *simpliciter*'). 이 말을 더 정확히 이해하기 위해서는 그의 상세한 설명을 더 들어보아야 한다.

---

340) Ibid.

하나님은 자신이 원하는 한 무엇이든지 할 수 있는 능력을 지니고 있다는 의미에서 전능하시다. 하나님이 자신의 자녀들인 인간을 위해서 의도적으로 자신의 전능을 제한하여 우리가 겪는 경험에 적합한 모양으로 바꾸고자 했다. 우리의 지성만으로 이것을 이해하기란 쉽지 않다. 하지만 거룩한 사랑이라는 지고지상의 명제를 믿는 자들에게는 쉽게 이해될 수 있을 것이다. 역사상 위대하신 이분 예수님 안에는 인간들의 본성과 영혼에 영향을 미치는 능력, 곧 신성의 능력이 수정된 형태로 내재되어 있다. 그렇지만 그는 단순히(simpliciter) 전능한 모습만을 지닐 수 없었다. 무엇보다 그가 이 땅에 계실 때는 인간으로서 한계를 나타내었다. 예를 들면, 부활하신 주님께서 "하늘과 땅의 모든 권세를 내게 주셨으니"라고 말하실 때는 전능하신 분으로 소개되지만 역사적 종말을 말할 때는 ["마지막 날과 그 시간은 아버지만 아신다고" 하실 정도로 제한된 능력을 소유한 자로 나타나셨다(막 13:32).]**341)**

엄청나게 큰 거룩한 하나님의 사랑으로 말미암아 하나님은 죄인된 인류를 구원하기 위해 스스로 자유의지에 따라 이 땅에 내려오게 되었던 것이다. 이러한 거룩한 사랑 때문에 그는 육체와 정신이 점진적 성장을 거치는 과정을 겪도록 허용하였다. 하나님은 단순히 문자적인 의미에서만 전능한 것이 아니라, 그분의 자의적 결정에 있어 전능하신 것이다.

그리스도가 전지하셨다고 하는 것은 농축된 잠재성을 소유하고 계셨다는 의미에서 그리고 지식을 점진적으로 풍성하게 쌓아가는 구도 아래에서 하나님의 본질적인 지식을 소유하셨다는 뜻이다. 맥킨토쉬

---

341) Ibid., p. 478.

는 그리스도의 전지성을 다음과 같은 논리로 재정의하고 있다.

> …영원 형식으로는 하나님의 절대적인 지적 능력이 모든 사물에 대하여 직관적이고 동시적인 지식을 지니도록 하게 하지만, 영원이 시간에 침투한 후로 그가 갖게 되는 지식은 논변적이고 점진적인 특징을 취하고 있음에 틀림없다. 이는 마치, 자신의 능력을 이미 검증한 사람이 비록 실제로 자기 직분에 맞게 필요한 정도의 지식만을 터득했음에도 불구하고 잠재적으로는 모든 수학적 지식을 완전히 소유하고 있음을 알고 있는 것과 같다.[342]

그리스도는 선재할 때 모든 지식을 장악하고 있었지만 지상에 사는 동안에는 그의 부르심에 본질적인 것만을 취하였으며 이에 따라 당대의 인간이 갖는 지식과 무지성을 공유할 수 있었다. "그가 하나님에 대해 독특하게 갖고 있는 지식을 바탕으로 오로지 부수적인 일들을 구체적으로 아는 것 외에는 상대적으로 그 다른 어떤 것도 알지 못한다는 것을 인식하고 있었다. 이것이 바로 복음서에서 보여 준 그리스도 자신에 대해 말할 수 있는 일종의 '영적인' 전지성인 것이다."[343] 맥킨토쉬가 볼 때 자신을 비우신 그리스도는 어떤 상황에도 항상 전지하지는 않았다. 그러나 아마도 그리스도는 하나님에 대한 가장 중요하고 본질적인 지식을 지니고 계셨을 것이다. 그럼에도 불구하고 성경을 볼 때 비본질적인 문제인 마지막 날과 그 시간은 알 수도 없고 알 필요도 없었다고 한다(막 13:32). 이것이 소위 '영적인' 전지성이라 불릴 수 있는

---

342) Ibid., p. 477.
343) Ibid., pp. 477-8.

것이다.

맥킨토쉬는 자기를 비우신 그리스도에게서 편재성에 대한 수정된 개념은 큰 어려움 없이 발견할 수 있다고 다음과 같이 주장하였다.

> 편재성을 다룰 때에는 다른 속성보다 더 황당할 것이다. 그러나 아마도 이러한 현상은 이 개념을 처음 대할 때에만 그럴 것이다. 우리는 편재성 개념을 이신론적 혹은 범신론적인 잘못된 관념으로 이해해야 한다는 생각을 벗어 버려야 한다. 하나님에 대한 우리의 믿음이 확신하는 바, 그분은 무한하게 넓은 이 우주 가운데 모든 곳에 실제적으로 마치 유기화합물인 에테르처럼 편재한 것은 아니다. 그분은 장소와 거리의 한계를 절대적으로 초월하고 있으며 그것들에 의존하지 않는다. 그러나 영원이 시간 안에 들어온 것과 마찬가지로 그분은 우리가 살고 있는 이 장소와 공간과의 적극적인 관계를 지닐 수 있다. 이러한 적극적인 관계를 맺으면서도 공간적 한계를 초월한 사실이 그리스도의 구속사역 가운데 현존하여 있거나 혹은 암시되어 있다. 즉 팔레스틴에서 "이곳, 저곳"이라는 장소에 제약받음이 없이 우주적이고 영원히 유효한 사역을 완수하셨다. 그분이 승리를 거두게 된 바로 그 능력 때문이라고 할 수 있다. 역사의 일부로서 분명히 그분의 사역은 일시와 장소를 지니고 있다. 하지만 그분의 능력은 이러한 시공을 훨씬 초월하는 것이다.[344]

맥킨토쉬는 자기를 비우신 그리스도가 갖는 편재성이란 범신론에서와 같이 모든 장소에 실제적으로 현존하는 그러한 종류의 것이라 생각하지 않았다. 오히려, 그리스도는 자유롭게 어느 곳이든 현존할 수 있

---

344) Ibid., p. 478.

는 능력을 가진다는 의미에서 편재하셨다는 것이다. 이와 같이 수정된 편재성 개념은 또한 그리스도의 구속사역이 이 세상 어느 곳에 사는 그 누구에게든지 유효한 효력을 미친다는 측면에서도 찾아볼 수 있다.

비록 맥킨토쉬가 새로운 형식으로 신성의 양태를 정교하게 묘사하였음에도 불구하고 몇 가지 의문점이 남는다. '농축된 잠재성' 이라는 개념을 제안할 때 과연 의미 전달을 명료하게 하였는가? 잠재성이란 무엇을 의미하는가? 그리스도는 언제 자의식을 지니게 되었는가? 과연 그리스도가 잠재적으로 신적인 분이었다고 한다면 이것은 신격화와 같은 개념을 가능하게 하고 있지는 않은가? 공정하게 그를 평할 때 맥킨토쉬는 이러한 질문에 분명하게 답하고 있다고 할 수는 없다. 그는 과학적 논리라는 관점에서 형이상학적 해결을 구하는데 관심을 두고 있지 않았기 때문이다. 그는 복음서가 성육신 혹은 그리스도의 신적-인간적인 삶을 성공적으로 묘사하였다고 생각했다. 그는 복음서에 그려진 그리스도의 모습에 걸맞는 그분이 새로운 형식 아래에서 전능, 전지, 편재성을 지니고 있었다는 것을 밝혀낸 사실에 만족하였다. 그는 이러한 방법 아래에서만 형이상학적인 몇 가지 내용을 상상하였던 것이다. 그러므로 그는 그 이상의 사색적인 문제들에 대해서는 침묵하였고 단지 몇 가지 가능한 이견에 대해서는 변호성 답변을 제시한다든지 아니면 초기의 케노시스 기독론에 대한 비판적 소고를 곁들이는데 만족할 뿐이었다. '잠재성' 이 갖는 의미를 좀더 충분히 알기 위해서 우리는 농축된 잠재성 가운데 계셨던 신적인 상태에 대한 맥킨토쉬의 견해를 분석할 필요가 있다.

먼저 그는 신격화에 대한 반론을 펴냄으로써 자신을 변호하였다.

잠재성이라는 개념은 엄밀히 말해 인간 예수가 정도에 있어 조금씩 조금씩 느린 속도로 하나님이 **되었다**는 것이라고 말하는 사람이 있을지 모르겠다. 하지만 이러한 논박은 내가 생각하기에 훌륭한 것이라 할 수 없다고 본다. 이 개념이 뜻하는 것은 단순히 인간일 뿐인 자가 종국에는 신적인 영예에까지 오르는 경우는 아니기 때문이다. 이러한 속성을 지닌 그분은 일생토록 하나님의 삶을 지속적으로 살아오신 분이며, 무한히 흘러나오는 샘과 같이 예수님이 그렇게 성숙하게 될 그 모든 것이 영원히 그분에게 실존하고 있었음을 말하는 것이다.[345]

신적인 그리스도 안에 있는 농축된 잠재성 개념을 그가 제안하였다면 그 의미는 무엇인가? 그는 이 개념을 더 깊이 전개하지는 않고 다만 영원하신 하나님을 반복하여 고백하는 것으로 대신하였다.

> 그리스도가 잠재성을 통해 존재하였다고 하는… 이론은 곧 하나님은 실제로 영원하신 분이라는 점을 말하는 것과 같다. …처음부터 끝까지 그분의 인격에 있어 일관성이 깨진 일도 없었으며 또한 철저하게 인간적인 속성이 위대한 경지에까지 상승하지도 않았다. 물론 그분의 인성이 그러한 경지를 얻을 권리도 없고 그것을 휘두를 능력도 없다.[346]

그는 잠재성의 상태가 신성과 그 어떤 모종의 관계를 지닌다는 방식으로 잠재성 개념을 생각한 것 같지는 않다. 또한 잠재성이 **어떤** 의미에서는 '현실태'를 가져오게 하지 못하는 경우도 있을 것이라 생각하

---

345) Ibid., p. 479.
346) Ibid.

지 않았다. 이러한 부분들을 주목하는 대신 그는 단순히 하나님의 영원한 신성과 승귀하실 때 실현된 신적인 잠재성만을 언급하였을 뿐이었다. "절대적 신성이 갖는 그러한 속성들이 이 땅의 변화와 그림자가 갖는 삶 속에서 수정되어 의도적으로 잠재화되어 있다가 그 잠재된 신의 속성들이 나중에 진지한 노력을 기울인 끝에 성취한 승리를 통하여 승귀하신 주 안에 충만하게 거하게 된 삶으로 대체되도록 되어 있었다는 것이다." 347) 맥킨토쉬는 신성의 '농축된 잠재성' 안에서 그리스도가 참으로 신적인 분이심을 확신하였으며 영원하신 하나님이라는 관점에서 이를 보게 하였다. 이런 의미에서 그의 논리는 신격화라든지 양자론이라는 비판을 받을 수는 없었다.

둘째로, 맥킨토쉬는 그리스도가 자신의 육체적 정신적 성장을 하면서 점차 신적인 자의식을 지니게 되었다고 믿었다. 즉 그리스도는 이 땅에 내려오실 때 성부와 자신의 관계에 대해 알지 못하였지만 인성을 지닌 이 땅에서 성숙한 상태에 이르면서 신적인 자의식을 가지게 되었다는 것이다. 그는 농축된 잠재성의 상태에서는 자신을 알 수 없었지만 궁극적으로는 자신에 대해 알게 되었다는 것이다. 그에 의하면 "그리스도가 자신의 신성을 알게 된 것, 즉 이 세상에서 삶을 다하기까지 자신이 **믿음**의 대상이었음에 틀림없다는 의식은 성숙한 인성에 이르렀을 때에야 비로소 그리고 아마도 간헐적으로 인식하게 되었다"고 했다. 348) 즉 여기서 맥킨토쉬가 의미한 바는 그리스도가 성숙한 인성에 도달하기 전에는 자의식에 대해 무지하였다는 것이다. 따라서 "그가 유한의 영역으로 내려오심으로써 그로 하여금 전혀 알지 못하게 성부

347) Ibid.
348) Ibid., p. 481.

와 자신과의 영원한 관계가 가려졌다고 생각할 수 있을 것 같다"349) 이러한 생각은 칼빈이 주장한 바와 같이 자기를 비운 그리스도에게서 신성이 가려졌다고 말하는 내용과 매우 유사하다.350) 어린아이 때에 신적 자의식을 느끼지 못한 것은 그분의 신성이 사라져서가 아니라 육신의 휘장 아래 가리어 있었기 때문이었던 것이다.

그러나 이러한 생각은 그리스도가 자의식에 무지하였을 동안에는 존재론적으로 하나님이 아니었다는 의미가 아니다. 역사적 예수는 영원한 하나님이다. 그의 의지는 영원히 성부 하나님의 것과 동일한 것이다. "성자로서의 그리스도가 갖는 의지는 부분적으로 혹은 간헐적으로 혹은 비유적인 방법으로 하나님의 의지와 하나가 되는 것이 아닌, 모든 점에서 똑같은 것이라 하겠다."351) 그리스도는 자신의 신적인 자의식을 갖는 시점에 관계없이 영원히 하나님인 것이다. 어떤 의미에서 그리스도가 자의식을 온전히 얻을 때까지는 자신의 궁극적인 지위를 베일에 가리게 하였다고 볼 수 있다. 그러나 이 베일은 점진적으로 사라졌음에 틀림없다. "만일 그가 지금 영광 중에 살아계신다면, 그리고 이 땅에서 단 한 순간도 단절되지 않고 양성이 하나가 되어 현재의 위엄과 이 세상 생애를 동시에 지녔다면, 우리는 그리스도가 적어도 신적인 역사가 고조에 이르는 순간에야 비로소 자신이 이 땅에서 성자로서 사는 조건으로 인성 안에 그리고 인성을 통해 주어졌음을 알게 될 것이다. 무엇보다 그때 그는 자신을 감싸고 있는 이 베일이 점점 희미해지고 속이 거의 다 보이게 되었음을 틀림없이 인식하게 되었을 것이다."352) 이것은 신적인 경험이 성장하였음을 암시한다. '성장'이라

349) Ibid.
350) Calvin., *Institutues*. II.xiii.2.
351) Ibid., p. 417.

는 개념은 다음에 곧 분석될 것이지만 오해의 소지를 안고 있을 내용만 하나 논의하여 보고자 한다.

맥킨토쉬는 자신의 케노시스 기독론이 그리스도의 고상한 속성을 베일에 가리웠다는 것을 암시하는 '크립시스'와 전혀 다르다고 말한다. 그리스도가 이 땅에 사는 동안 줄곧 반복적으로 자신을 제한하고 그리고 난 다음에는 자신을 다시 취하였다고는 말할 수 없다는 것이다. "이러한 생각은 그리스도 안에 있는 신적인 자아가 한때는 보다 적게 다른 때는 보다 많이 자신의 고상한 속성들을 가리게 하여 각각의 상황에 따라 교훈적인 목적을 두고 드러나게 하였다는 사상이다. 이것은 옛날 한때 도입되었지만 우리가 지지할 수는 없는 크립시스 개념으로 되돌아가는 것을 의미한다."353) 오히려 자신을 비우는 행동은 단번에 일어났고 이로 말미암아 "삶의 영원한 조건과 상태"를 출발하게 하였던 것이다.354)

셋째로, 신성의 '농축된 잠재성'이라는 개념은 그리스도 안에 신성과 인성이 갖는 여러 특징들을 심리학적으로 그 관련성을 찾아보게 하려는 그러한 종류의 것은 아니다. 그리스도 안에 있는 신성과 인성 사이의 관계를 심리학적으로 설명하려는 노력을 비판하면서 그는 샌데이(Sanday)의 심리학적 이론은 실패할 수밖에 없음을 보여 주었다. 샌데이는 그리스도 안에 두 개의 특성, 즉 의식적인 부분과 (인성) 무의식적인 부분 (신성)을 각각 아래 위로 나누었다. 그리고 그리스도의 인격은 인성(의식적인 부분)이 '좁은 목 (두 부분을 연결하는 길)'을 통해 그 인격의 무의식에 놓여 있는 신성으로 들어올 때 드러난다는 것이다.355)

352) Ibid., p. 481.
353) Ibid., p. 482.
354) Ibid.

이러한 샌데이의 견해에 대해 맥킨토쉬는 그가 두 개의 특성을 혼합시켰다고 정확하게 비판하였다. 즉 그는 "그렇게 나타난 그리스도의 인격은 인간적인, 완전히 인간적인 것이다. 아니, 인간적인 것만도 아니고 신적인 것만도 아닌, 신적인 것과 인간적인 것이 융해된 혹은 혼합된 모습이다"356)라고 했다. 이 이론은 완전한 인간의 모습도 확보할 수 없고 또한 그리스도의 신성이 드러나게 할 수도 없다. 당연히 우리는 이 이론에서 종교적 의미를 확인할 수 없을 뿐 아니라 사랑으로서의 하나님이라는 개념을 실재화시킬 수도 없다. 맥킨토쉬는 이 이론에서 사랑이, 잠재된 상태에 현존할 수 있는지 의심이 든다고 했다.

그는 또한 샌데이의 논리에서 이원론을 발견하였다. 물론 각각의 특징이 "각각에게로 분명히 전이가 이루어진다"는 샌데이의 주장을 인정하지 않은 것은 아니었다. 그러나 그는 "이들 각각의 특징이 살아 있는 하나의 존재 안에서 분명히 확인할 수 있는 것은 아니라"고 하였다.357) 이 심리학적인 이론은 미국 철학자인 토마스 모리스(Thomas V. Morris)의 '두 마음' 기독론에358) 비슷하게 투영된 바 있다. 이들 모두는

---

355) Ibid., p. 487. 다음의 글도 보라. William Sanday, *Christologies Ancient and Modern*, (Oxford: Clarendon Press, 1910), p. 159; H. R. Mackintosh, "Christologies Ancient and Modern," *ExpT*, vol. 21, 1910, Sep., p. 554.
356) Mackintosh, *DPJC*, p. 487.
357) Ibid., p. 489.
358) 다음을 보라. T. V. Morris, *The Logic of God Incarnate*, (Ithaca and London: Cornell University Press, 1986), pp. 102-7, 153-62. 모리스는(여기서는 토마시우스의) '케노시스' 기독론의 대안으로, 하나님의 불변성과 그리스도가 이 땅에서 갖는 의식 모두를 정당화하기 위하여 '두-마음'('two-minds') 기독론을 제안하였다. '두-마음' 기독론은 '성자라는 뚜렷한 신적인 의식과 자신의 뚜렷한 인간적 의식이 상호간에 비대칭적 관계를 갖는다'라는 측면에서 생각한 것을 말한다. 전자는 후자에 온전하게 접근이 가능한 반면, 후자는 전자에게 그렇지 못하다. 이러한 방법으로 성자 하나님은 자신의 신성을 포기하지 않으시고 인성을 취하셨다는 것이다. 모리스는 이 이론을 뒷받침할 몇 가지 비유를 들었는데, 그 중 두 개의 컴퓨터 프로그램과 꿈이 그것이다. 자세한 것은 위 책을 참고하라. 한편, 이 이론은 네스토리우스주의라고 비판받을 수 있다. 폴킹혼(John Polkinghorne)은 이 이론에서 구원론적 논리를 정당화하는데 몇 가지 어려움이 발견된다고 지적한 바 있다. "만일 인간으로서

네스토리우스주의적 논리임이 분명하다.

'농축된 잠재성'에 비추어 그리스도의 신적-인간적인 삶을 전개하면서, 맥킨토쉬는 윤리적이고 종교적인 의미에만 맞추어 그리스도의 이러한 삶을 사색하도록 허락하였다. 하나님의 거룩한 사랑과 그리스도의 자기 희생은 우리로 하여금 필연적으로 그의 신적-인간적인 삶을 '농축된 잠재성'이라는 의미에서 사고하게 한다는 것이다. 이러한 '양심의 형이상학'을 제외한 모든 사색활동은 철저하게 금지하였다. 예를 들면, 그는 성자 하나님의 선재하신 상태가 갖는 면과 로고스가 지상의 삶을 영위하는 동안 이 세계를 하나님이 어떻게 지탱하였는지에 대해 논의하는 것을 거절하였던 것이다.

그는 이러한 종류의 실재에 대해서는 억지로 사색을 일삼으려 하지 말고 침묵을 지켜야 한다고 주장했다. 우리는 성자 하나님을 구속의 역사를 이룬 독특하신(historic) 그분, 승천하신 그리스도 안에 나타나신 그 모습으로만 알 수 있을 뿐이라는 것이다. 물론 여기서 맥킨토쉬가 성자 하나님의 선재성을 부인하는 것은 아니다. 단지 신약성경을 읽다 보면 직관적으로 위의 사실을 받아들일 수 있다는 것이다. "우리는 로고스의 실재가 바로 예수님이라는 인물과 동시대적이라는 사실 이외에는 로고스의 실존에 대해 아는 바가 없으며, 또한 이러한 주제에 대한 교의적 차원의 진술로는 우리의 마음에 실제로 와 닿지 않는다고 분명히 고백해야 한다."359) 성경은 성자 하나님이 이 땅에 내려오시기

의 우연성[즉 예측 불가능성]을 그리스도가 철저하게 취하시지 않았다면 과연 어떻게 그러한 성질이 그분에게 드러날 것인가? …모리스는 여전히 네스토리우스주의자로 보인다"(John Polkinghorne, *Science and Christian Belief: Theological Reflections of a Bottom-Up Thinker*, The Gifford Lectures for 1993-4, London: SPCK, 1994, pp. 142-3).

359) Mackintosh, *DPJC*, p. 485.

전의 삶에 대해 그리고 예수님이 신적인 자의식을 어떻게 가졌는지를 구체적으로 언급하고 있지 않다. "사도 요한도 '말씀이 육신이 된 사실'을 예수님에 대한 이야기를 모른 상태에서는 무슨 말인지 알지 못하였을 것이다. 그러므로 우리는 사도 요한이 성육신하지 않은 상태의 말씀에 관해 사색을 기울이고 싶었을 것이라고 추론하는 것은 전혀 개연성이 없다고 할 수 있다." [360]

나아가, 육신 밖에 있는 로고스와 같은 '말씀'이라고 전통적으로 주장하는 내용은 자칫 그리스도의 통일성과 삼위일체에 대한 인식론적 이해를 위협할 수 있다. 이러한 주장은 말씀이 우주 지배 사역을 멈추게 되면 이 세상은 혼돈에 빠질 것이라고 생각했기 때문에 생겨났는데, 이 주장은 결과적으로 성육신의 삶이 두 개의 중심을 갖도록 만든다. 또한 이 세계를 지배함에 있어 성부와 성자가 서로 나누어지게 한다는 비판을 가져오게 한다. 더욱이 위의 주장은 성육신이 갖는 종교적 의미를 위협하게 하여 삼위일체론을 위태롭게 만든다. 그럼에도 불구하고 이 세상은 로고스가 지상에 사는 동안에도 하나님이 세워 나가신다는 것은 틀림없는 사실이다. 그러나 "신약성경에 그 어떤 자료도 이것에 관해 충분한 설명을 하지 않기" 때문에 이 정도 이상 말해서는 안 된다. [361]

그는 자신의 케노시스 기독론이 성경적 자료에 기초하므로 정당하다고 믿었다. 그리스도 안에 참 하나님이면서 동시에 실제의 인간이셨다고 묘사한 복음서를 특히 주목했기 때문이다. [362] 그는 케노시스 기독론에 관해서는 성경이 말하는 그 이상으로 나아갈 필요가 없다고 보

---

360) Ibid.
361) Ibid., p. 484.
362) Ibid., pp. 466-7.

았다. 나아가 성경의 내용을 과학적으로 분석할 필요도 없다. 단지 성경에서 묘사하는 내용을 있는 그대로 전하면 되는 것이다. "간단히 말해서 그 어떤 것이든 비논리적인 요소가 있는 것이고, 논증에 호소하는 잣대만 가지고는 측량될 수 없는 것이 있는 것이다." [363]

그럼에도 불구하고 그는 그리스도의 인격에 관해 사색적인 구성을 세우려고 하는 시도를 전적으로 포기하지는 않았다. 그러나 그는 이러한 형이상학적인 구도를 오로지 하나님의 거룩한 사랑을 통해 얻게 될 윤리적이고 종교적인 의미 아래에서만 세워 나가도록 제한하였다. 하나님의 희생적인 삶은 인간의 마음을 일깨우고 설득하면서 양심을 압도하게 한다. [364] 그는 자신의 케노시스 기독론을 '양심'의 형이상학이라는 기준 아래 전개하였다. "양심의 형이상학은 항상 있을 것인데, 여기에는 [형이상학적 개념으로서의] 실체가 아닌 거룩한 사랑이 최상의 자리를 차지한다." [365]

거룩한 사랑이야말로 성자 하나님이 이 땅에 내려오시어 신적인 잠재성 가운데 살고 또한 자신을 희생하게 한 중요한 동기가 된다. 성자 하나님이 이 땅에 사시는 동안 신적인 삶을 유지하실 수 있었던 것은 오직 실제적인 인성 안에서만 가능하였다. 이러한 인간으로서의 삶을 떠나서는 성자 하나님이 자신의 신적인 삶을 영위하지 않으셨다. 이제 우리는 케노시스 기독론이 갖는 가장 큰 유익이라 할 수 있는 측면, 즉 그리스도의 참된 인성을 고찰하도록 하고자 한다.

---

363) Ibid., p. 471.
364) Ibid., p. 472.
365) Ibid.

인성을 지닌 그리스도

맥킨토쉬에게 자신의 케노시스 기독론에서 그리스도의 인성을 전개하는 것은 어려운 일이 아니었다. 역사적 예수는 의심할 여지 없이 신약성경에 나타난 바와 같이 실제의 한 인간이었다. 그리스도의 완전한 인성이 없다면 성육신은 아무런 의미도 없는 것이다. 케노시스 원리는 이러한 성경적 메시지를 선포하는 것이다. 그러나 그가 믿기에 전통적인 기독론은 그리스도 안에 있는 완전한 인성의 실제를 묘사하지 못하였다. 그리스도에 대한 이러한 왜곡된 그림을 비판하면서 맥킨토쉬는 신약성경의 증거에 의존하여 그리스도의 실제 인성을 밝히 드러내 보이려 하였다.

신약성경은 역사적인 그리스도가 실제의 한 인간이었음을 확실히 보여 주었다. 복음서와 여러 서신서들의 저자들은 그리스도가 우리와 같은 진실한 한 사람이었음을 확신하고 있었다. 복음서 저자들에게는 그리스도의 인성이 너무 분명하기 때문에 인성에 대해 증명할 필요를 느끼지 않았다.[366] 복음서에 증거된 바와 같이 그리스도는 마리아에게서 나서 갈릴리에서 교육을 받았다. 크리스마스가 주는 교훈은 그리스도가 참으로 유아기와 어린 시절을 보내셨다는 것이다. 이러한 성장의 과정을 거치면서 우리가 알 수 있는 것은 그분이 인성에 제한을 받으셔야 했다는 것이다. 그리고 그분은 분명히 반 인간이(half-human) 아니셨다는 사실, 오히려 온전한 인간이셨다는 것이다. "그리스도는 정말로 우리와 동일한 모습을 지니고 계셨다. 그분이 이 땅에 자신의 몸을 낮추어 하감하시어 우리 곁으로 오셨을 때, 한편으로는 실제로 그리고

366) Ibid., p. 10.

비밀리에 인간의 조건을 초월하고 거기서 떠나있곤 하면서 동시에 외향적으로는 우리와 운명을 같이 나누는, 반 인간적인 삶을 살아갔다는 것을 상상하게 하지는 않는다."367) 누구든지 그리스도의 종교적인 혹은 영적인 삶과 그의 인간적 경험에 근거하여 그가 실제의 인성을 지니고 있었다고 생각할 수 있을 것이다.

> 그분의 기도하는 행동과 그분의 죽음은 그분이 우리와 하나였음을 보증한다. 그분은 하나님의 삶을 공유하였을 때조차도 하나님을 필요로 하였다. 기도하실 때 그분은 매일 매일 자신을 찾고 있었던 것이다. 그리고 우리 인간이 겪는 가장 실제적인 일인 죽음의 문제도 마찬가지였다. 그가 온전한 인성을 지닌 분이셨기에 예수님은 죽어야 할 시간이 도래하였을 때 이 운명을, 당연히 간여할 수 없는 것으로 받아들였던 것이다.368)

그리스도는 하나님을 필요로 하셨으며, 이에 따라 경건하게 되셨다. 즉 그분은 의존적인 존재이어서 신앙을 소유한 자가 되셨던 것이다. 그리스도의 심리 상태에 이르면 누구든지 그분이 갖고 계셨던 실제의 인성을 뿌리칠 도리가 없었을 것이다. 여기서, "우리는 예수님의 경건에 대해 보다 심오한 의미를 알게 된다. 그분은 온전한 믿음과 사랑 그리고 희망 안에서 하나님과 함께 거하고 계셨다. …그리고 우리는 우리로 하여금 이 사실을 그 어느 때보다 더 생생하게 확실히 보게 하고, 기도하는 예수님을 응시하게 하며 또한 얼마나 많은 기도가 그분에게

---

367) Mackintosh, "The Name of Jesus," p. 152.
368) Mackintosh, *DPJC*, p. 480.

생명을 주는 맥박이 되는지를 상고하게 하였던, 현대인들에게 빚을 지고 있다."[369] 분명히 예수님의 기도는 그분이 하나님을 의존하고 계셨음을 보여 주는 것임에 틀림없다. 그분은 우리와 마찬가지로 무능한 존재요, 걱정을 하는 실제의 인간이셨던 것이다. "기도하는 모습에서 예수님은 우리와 하나라고 할 수 있다. 분명히 자신의 아버지를 바라보면서 그분은 우리 인간에게 당연한 종교적 경외심과 겸비함을 똑같이 느끼셨던 것이다. …그분은 기도할 필요를 느끼셨기 때문에 기도하셨다."[370]

그러나 그는 여기서 역사적 예수가 흠이 있어서 혹은 죄를 지어서 하나님께 기도하였다고 말하려는 것은 아니었다. 그가 믿기에 히브리서 저자는 죄 지은 그리스도를 그리지는 않았던 것이다. 맥킨토쉬는 위 서신서 저자가 의미하기를 그리스도가 "잘못 혹은 결함을 극복하였다고 한 것이 아니라 자기가 그러한 존재라고 하는 것을 온전히 깨달았다는 것을" 말해 주었다고 확인했다. "그리스도는, 마치 싹이 꽃을 피움으로써 완전해지듯이, 경험을 통해 완전하게 되었던 것이다. 절대적인 선의 잠재성은 그분으로 하여금 인간을 위한 대제사장으로 만들게 한 윤리적 훈련을 통해 노출되었다."[371] 그리스도는 무죄하셨다. 물론 그분은 일반적으로 갖게 되는 본능, 감정, 그리고 욕망에 노출되어 있음을 인식했다. 따라서 그리스도는 자동적으로 거룩한 존재가 되도록 되어 있지 않았기 때문에 복종을 배우셔야 했던 것이다.[372] 그러나 이것은 그리스도가 유혹을 받는데 노출되어 있기 때문에 혹은

---

369) Mackintosh, "The Liberal Conception of Jesus in Its Strength and Weakness," p. 412.
370) Mackintosh, SACB, p. 63. 이 내용은 다음의 제목 하에 개제된 논문을 재발행한 것이다. "Jesus Christ and Prayer," *Exp*, Series 8, vol. 20, July 1920, pp. 31-47.
371) Mackintosh, *DPJC*, p. 80.

유아기에는 불완전하였기 때문에 죄를 지었다라고 말하는 것은 아니다. 맥킨토쉬는 예수님이 하나님 안에 있었기 때문에 완전할 수 있었다고 제안함으로써 이러한 어려운 난제를 해결하고자 했다. 그의 생각을 더 들어보자.

> 분명이 이 문제는 결코 자명하게 해결되지는 않는다. 우리가 보다 깊이 분석하고 더 다듬어야 한다. 거듭 깊이 생각하면 할수록 이 문제를 해결할 근거 혹은 논리는 우리 주께서 하나님과 독특한 관계를 지니고 있다는 측면에서 고찰되어야 함을 발견하게 될 것이다. 예수님의 삶이 갖는 윤리적 초월성은, …거룩하신 성부 하나님과 생명을 유지케 하는 유기체적 관계를 통해서 기원하였고, 또한 성장하였다는 것을 무시하고는 이해될 수 없다.[373]

인간적 노력으로 그분이 완전하게 된 것은 아니다. 그분은 하나님이셨기 때문에 죄가 없으셨던 것이다. 이런 의미에서 우리는 처음부터 그러한 존재가 될 수 없기 때문에 그리스도를 닮을 수는 없을 것이다. 그분은 죄를 지을 수 없었지만, 동시에 죄를 지을 수 있는 능력을 갖고 있지도 않았다(*potuit non peccare; non potuit peccare*). 케노시스 기독론은 그

---

[372] Ibid., p. 402. 여기서 그는 죄와 유혹을 구분하는데 성공하였다. 다른 곳에서도 역시 그는 죄와 불완전을 구별하였다. "우리가 유아기 시절에서 소년기로 접어들 때 선천적으로 불완전한 모습을 드러내는 것은 두말할 나위 없이 분명하다. 우리에게 있는 죄라는 것은 철저하게 의식을 지닌 의지에서 나오기 전에는 자연적으로-우리 선조들과 주위 환경에서 발견되는 지극히 사회적 자연환경에서-생기는 것이라 하겠다"(Ibid., p. 413).

[373] Ibid., pp. 403-4. "다른 말로 하면, 처음부터 그리스도 안에는 환경의 부패한 모습이 영향을 끼치지 못하도록 철저하게 완벽한 저항을 하도록 되어 있었다. 또한 그는 영적 성장을 온전하게 이루는데 방해되는 요소를 제거해 주는 능력도 소유하고 있었다. 그리고 감정과 의지를 낳게 하는 내면적 마음의 샘이 모든 더러운 것으로부터 보호를 받도록 되어 있었다"(Ibid., p. 413).

리스도의 이러한 독특한 삶을 이해하는데 도움을 준다.

그리스도는 우리와 근본적으로 다름에도 불구하고 그분은 스스로를 천사보다 조금 못하게 하시고 말 그대로 철저하게 수치를 겪으셨다. 그는 "[히브리서] 저자가 성자 하나님이 이 땅에 오실 때 어중간한 방법으로 멈추지 않고 참으로 우리와 같은 운명을 지시기로 작정하셨다고 주장한 사실을 상기시키면서 [히 2:14-16], 그 어느 곳에서도 이 저자보다 우리의 마음을 저미게 하는 종교적 감정을 불러일으키게 한 곳은 없다"374)고 했다. 그분은 실제로 수치를 당하셨던 것이다. 사복음서 역시 로고스-예수는 인간의 유약함을 겪으실 수 있었다는 것을 명백히 한 바 있다. 그리스도에 대한 요한의 묘사는 "처음 공관복음서보다도 자신의 글에서 훨씬 더 생생하게 예수님의 인성을 명백하게 기록하였음"을 보여 준다.375) 예수님의 실제 인성에 대한 이와 같은 증거들은 상당히 중요한 의미를 지닌다. 맥킨토쉬는 이와 관련하여 네 가지로 그 의미를 제시하고 있다.

(1) 예수의 인성은 진정한 성육신임을 보증한다. 만일 그리스도의 인성이 그 어떤 극단적인 경우에라도 비실제적이라면 하나님은 인간과 하나가 되어 참으로 자신을 낮추어 내려오신 것이 아니라 하겠다. …그러나 우리를 구원하시기 위해 하나님이 단순히 자신을 표현해야 하는 것만이 전부는 아니다. 무엇보다 우리 자신이 갖는 경험을 통해서 자신을 표현해야 하는 것이다. (2) 예수의 인성은 구속론의 본질적 기초를 제공한다. 구속론에 관한 모든 진정한 기독교적 개념은 예수님이 죄인들과 자

---

374) Ibid., p. 81.
375) Ibid., p. 99.

신을 하나로 여기셨다는 관점에서 살펴보아야 한다. …그는 우리의 조건으로 온전하게 들어오시고 또한 우리를 위하여 실제로 구원의 능력을 발휘하여 죄에 대한 하나님의 심판의 고통을 하나님의 손으로부터 그가 받아들였다. 그러기에 예수님의 인성은 화해의 모퉁이 돌인 것이다. (3) 예수의 인성은 완벽한 모범적 실례임을 확신시킨다. 예수님의 신앙과 기도생활은 우리가 가져야 할 표본이 된다. …인간 그리스도는 자신의 제자들에게 한 모델을 제공하기 위해서 한 것이 아니었다. 오히려 그분에게 기도는 내면적 필요와 의무였다. (4) 예수의 인성은 우리의 영원한 운명을 정하여 준다. 우리도 역시 죽음에 대해 궁극적으로 승리할 수 있는 것은 인간 예수가 무덤에서 일어나 하나님과 함께 초월적 삶에로 들어가셨기 때문이다.[376]

신약성경은 분명하게 이러한 실제적 인성이 우리의 구원을 위해 합법적인 구속을 가능하게 하였다고 말한다. 그러나 맥킨토쉬가 보기에 전통적인 신학은 이러한 인성의 실재를 무시하고 있었다. 이는 곧 구속의 실재를 위태롭게 하는 것이나 다름없었다.

그는 그리스도의 인성에 관한 교부들의 견해,[377] 특히 알렉산드리아적 신학 논술에 비판적이었다. 알렉산드리아의 클레멘트는 신성을 너무 강조한 나머지 그의 기독론은 가현설적인 경향을 나타냈다. 즉 "[그리스도는] 전혀 고통이나, 슬픔, 감동을 알지 못하였으며, 또한 그것들을 습득할 필요도 없었다"[378]고 주장했다. 그리스도의 인성에 관한 시

---

376) Ibid., pp. 404-6.
377) 그러나 맥킨토쉬는 안디옥의 순교자 이그나티우스(Ignatius)의 기독론에 대해서만큼은 긍정적으로 평가하였다. "이그나티우스에 따르면 육신은 영원히 그리스도의 본성이 되었다고 했다. 심지어 하늘에서까지도 말이다. 기독교 교리 전체의 고귀한 가치는 그리스도가 참다운 인간의 삶으로 들어오셨다는 것을 부인할 때 사라지게 될 것이다"(Ibid., p. 130).

릴의 견해 역시 비인격적인 경향을 드러낸다. "신-인 안에 있는 인격은 영원하신 말씀이 갖는 하나의 삶의 연장에 다름 아니기 때문데-성육신의 결과로 주어지는 것이 아니다-그의 견해에 따르면, 바로 그리스도의 인성은 비인격적이라는(impersonal, anhypostatos) 것이다." 379) 맥킨토쉬가 보기에 그리스도의 인성에 관한 이러한 견해들은 복음서 안에 제시된 그림을 반영하고 있지 않았다. 그리스도의 인성에 대한 이들의 이해에는 인격성이 전혀 드러나지 않기 때문이다.

한편, 그는 종교개혁자가 제시한 기독론을 분석하면서 긍정적으로 평가한 바 있다. 특히 그는 루터가 그리스도 안에 있는 인성의 실제성을 강조한 부분에 대해서 높이 평가했다. 그는 루터가 전통적인 기독론의 형식을 버리고 '아래로부터의' 기독론을 시작하였다고 주장했다. "우리 주님의 인성을 이와 같이 이전에 취하지 않은 방법으로 고수하게 한 동기는 언제나 종교적이고 실용적인 의미를 담고 있기 때문이다. 만일 우리가 '이 사람이 하나님이다' 라고 말할 수 없다면 우리는 제대로 그를 이해한 것이 아니다." 380) 맥킨토쉬는 그리스도의 신성에 대해 먼저 생각하지 말고 인간으로 살아간 그분의 실제적 사실로부터 우리의 기독론적 관심을 출발시켜야 할 것을 제안하고 있다. 381)

---

378) Ibid., p. 163.
379) Ibid., p. 207.
380) Ibid., p. 233. 그러나 그는 후에 루터가 그리스도의 인성을 신격화시켰다고 비판하였다. 루터는 그리스도 안에 있는 인성은 신적인 것이 된다고 믿었던 것이다. 루터에게는 유한자는 무한자가 될 수 있는 것이다(*finitum est capax infiniti*.). 루터는 그리스도의 인성이 갖는 실제성뿐만 아니라 신적인 그리스도 또한 정말로 놓칠 수 없었던 것이다. 한편, 루터에게 속성의 교류와 양성의 실제적 일치는 필연적으로 케노시스의 주체가 개혁파 신학에서 주장한 선재하신 로고스가 아닌 하나님-인간이라는 개념을 낳았다. 로고스는 신적인 위엄의 그 어떤 것도 상실당하지 않았다고 믿었기 때문이다. 그러나 이러한 생각은 비성경적이다. 또한 이러한 개념은 궁극적으로 그리스도의 온전한 인성을 손상시킨다. 맥킨토쉬가 보기에 루터의 이러한 기독론적 이해는 결국 그의 초기 그리스도 인식과 배치되었다(Ibid., pp. 239-43).

맥킨토쉬에 의하면 케노시스 기독론은 그리스도 안에 있는 실제적 인성을 묘사한 성경의 그림을 정당화시켜 줄 수 있으며 또한 전통적인 기독론을 대체할 생생한 논리를 제공할 수 있다고 믿었다. 선재하신 성자 하나님이 자신을 비우시고 이 땅에 사는 동안 그는 실제로 개별적이고 인격적인 모습을 지닌 삶을 사셨다. 그는 복음서가 자신을 부인하였던 이러한 그분의 인격적인 삶을 잘 나타내 보여 주고 있다고 보았다.

> 인간의 삶을 택한 후 성자 하나님은 자신에게 주어진 조건들을 떠나서는 그 어떤 행동이나 지식을 취하지 아니하셨다. 매 순간마다 그분의 경험은 인성에서 우러나는 참다운 특성들을 통해 주어졌다. 그분의 생각, 감정, 의지, 언사 등을 볼 때 그분이 유한한 삶을 살고 있었음이 확실하다. 더욱이 인간 예수와 성부 하나님 사이에, 우리의 참 형제이신 그분과 그의 형제들 우리들 사이에 주어지는 관계를 제한적으로 그리고 지속적으로 재정립하고 있었다는 사실은 두말할 필요 없는 진실임을 확실하게 알 수 있다.382)

성자 하나님이 실제적 인성을 지니지 않고는 신의 '농축된 잠재성'으로 살아가는 것 자체도 존재론적으로 불가능하였기 때문에, 맥킨토

---

381) Ibid., pp. 468-9; 329-41. 맥킨토쉬는 '위로부터의' 형식에 의존하지 않았다. 그는 이 형식이 갖는 약점을 파악하고 '위로부터의' 정통 신학을 비판하였다. 왜냐하면 이러한 입장을 수용하면 "그리스도께서 이 땅에 내려오시면서 어중간한 상태에 머무셨다고 느끼게 할 수 있을 뿐 아니라 로고스의 옷을 입은 인간 모양은 신적인 능력으로 확실히 충만하여 있어서 인간계에 속하지 못한다고 할 수 있기 때문이다"(Mackintosh, *DPJC*, p. 467). 그러나 이러한 그의 비판은 그리스도가 신성을 종교적인 사역을 통해 취득하게 되었다는 것을 의미하지 않는다. 존재론적으로 그리스도가 신적인 면을 지니고 있다는 생각은 올바른 기독론 작업에 필수적임을 그는 알고 있었다.

382) Mackintosh, *DPJC*, p. 479.

쉬는 그리스도의 실제적 인성이 필연적으로 성육신의 양태에서 표현되어야 했다고 주장했다. 나아가 그리스도가 받아들인 실제적 인성은 궁극적으로 "하나의 확실히 정해진 행동으로서 영원한 또는 초월적인 영역"에 속하게 되었다.383)

그러나 자신을 비우신 그리스도는 단순히 한결같이 유한한 인물인 것만은 아니었다. 신적인 잠재성을 지니고 있었기 때문에 그분은 또한 하나님이라 불릴 수 있었던 것이다. 그분은 신적인 현실태 혹은 자기실현, 곧 플레로시스를 기다리며 인간으로 살아갔으며, 이로 인해 그분은 부활하실 때와 승천하실 때보다 어린 시절에 덜 신적인 인물로 '나타나실' 수 있었다. 케노시스 기독론은 그리스도의 유한한 삶에 머무르는 것이 아니라 그분의 자기 실현을 포함한다.

그리스도의 플레로시스 혹은 자기실현

그리스도의 실제적인 인성은 말할 것도 없이 전통적인 기독론은 일반적으로 그리스도의 전 생애 과정 가운데 그분의 신성의 실현, 곧 그리스도의 인격에 있어 성장 부분에 대한 이해를 무시하였다. 물론 칼빈이 신성의 성장에 주목한 것은 예외일 것이다. 그에게 그리스도의 신성은 완전한 그분의 인간 안에서 드러난다고 믿었고, 그것은 자연적으로 인간의 성장에 따라 신성이 함께 발현되는 것으로 이해했던 것이다.384) 우리는 위의 글에서 칼빈이 얼마나 케노시스적인 그리스도를

---

383) Ibid., p. 482. 그는 계속하여 말하기를 "유일의 그리고 종국적인 행위로 초월적으로 취하게 된 자기 제한은 오직 한번 겪은 변화와 고통의 와중에 생의 영원한 조건과 상태를 출발시켰다."

염두에 두었는지 확인할 수 있다. 그러나 이후 이러한 칼빈의 생각이 발전되지는 않았다. 칼빈과 같이 맥킨토쉬도 역시 그리스도의 정체는 육과 혼이 성장하고 발전함에 따라 점차 드러난다고 보았다. 맥킨토쉬는 이러한 플레로시스 개념을 가지고, 자신을 비우셨으나 신성을 '농축된 잠재성' 안에 두었다는 개념을 보다 충분하게 보여 주었다.

성육신하신 그리스도의 성장

플레로시스는 성육신하신 그리스도의 인성과 신성 모두에 있어 되어감, 움직임, 그리고 발전을 포함한다. 만일 우리가 그리스도의 지상 삶에 있어 "먼저는 그분의 활동 현장을 그리고 다음에는 사역 종결 상황을 깊이 숙고한다면 양자 사이의 비교를 통해 이들 두 시점 사이에 그 어떤 움직임이 있었음을 분명히 인식할 수 있다. 곧 이러한 움직임의 과정에서 그리스도의 인격이 담지하고 있는 중요한 의미가 보다 확실하게 드러나게 되었다는 것을 알 수 있다."[385] 케노시스 기독론은 그리스도의 자기 실현을 중시한다. 케노시스 원리에 관한 논의를 전개한 후 맥킨토쉬는 이러한 개념을 고찰하기 시작했다.

> [케노시스 원리에 대한] 이러한 일반적 견해는 다음과 같은 사실, 곧 하나님이 역사 속에서 지속적으로 인간의 형태 안에서 자기 실현 혹은 자기 표현이라는 대단한 목적을 향하여 움직여 나아가고 있었다는 사실을 통해 지지받을 수 있다. 이러한 과정을 통해 인간으로서의 예수님에

---

384) Calvin, *Institutes*, II.xii.1. 이 주제와 관련하여 최근에 출판된 필자의 논문을 참고하라 ("칼빈의 기독론 : 그리스도의 양성 연합 원리", 「개혁신학」 20권, 웨스트민스터출판부, 2008, pp.41-66).
385) Ibid., p. 493.

게는 점진적으로 신적인 삶을 받아들일 수 있는 강력한 능력이 나타났던 것이다. 그리스도 안에서 신성은 인간 예수님의 영적인 삶 가운데 바로 그 내용이 되었다.386)

자기를 비우신 예수 그리스도에게서 육신뿐만 아니라 영적인 면에서도 역시 그분의 성장 과정을 거쳐서 신성이 점진적으로 드러났다는 사실을 발견할 수 있다. 그러므로 "이러한 플레로시스 혹은 이 구세주의 인격이 갖는 성장과 정점은 처음에 시작할 때 주어졌던 이 위대한 케노시스에 대해 영적으로 대응하는 사건 혹은 사실인 것이다. 이들 두 과정은 윤리적 상호 관계를 형성하고 있는 것이다."387) 맥킨토쉬는 포사이스의 플레로시스 개념을 수용하면서 이 개념을 보다 더 발전시켜 나갔다.

이 개념에 따르면 그리스도는 실제로 자연법에 따라 성장하셨다는 것이다. 그분은 아기로 요람에 내려오셨고 소년기를 경험하셨으며 또한 오랜 기간 기다린 끝에 성인이 되셨다. 그분은 육신으로서 완전하게 '되어' 가셨다. 나아가, 그리스도는 육체뿐만 아니라 정신적으로도 역시 성장을 거듭하셨다. 그분은 지혜에 있어서도 성장을 하셨다. 그런 까닭에 어린아이 때보다는 성인이 되어서 보다 더 지혜로우셨다. 더욱이 그리스도는 신체와 지혜에 있어서뿐만 아니라 영적으로도 성장을 계속하셨다. 영적으로 완전해지는 시기, 곧 세례 시에 절정에 이르도록 하기 위해 30년을 기다려야 했다. 광야에서 시험을 받으실 때보다도 세례를 받을 때 그분은 보다 확실하게 자신을 알게 되는 등 신

---

386) Mackintosh, *LS*, Sheet 16, "Speculative Questions: The Divine-Human Life."
387) Mackintosh, *DPJC*, p. 494.

앙이 성장하고 있었다는 증거를 보여 주었다. 이 세례는 그분으로 하여금 "성부와 자신이 부자지간의 관계를 상실하지 않고 그대로 유지하고 있다는 것과, 또한 오랜 노력 끝에 윤리적인 삶을 온전히 이루어 나갈 수 있는 능력을 소유하고 있음과 아울러 완전히 독립적으로 그러한 삶을 영위할 수 있는 분임을" 확실하게 보여 주었다.388) 그리스도는 세례받기까지 성숙해야 했다. 그리고 세례받을 때보다는 죽으시고 부활하실 때 영적으로 더 완전하셨다. 맥킨토쉬는 말하기를 "그리스도는 어린 시절 시므온의 팔에 안길 때보다는 죽음을 겪은 후에 보다 더 **그 자신이**-그리스도라는 이름이 나타내는 바 보다 충분하고 온전하게 그 모든 것이-되었다."389) 우리는 첫 번째 부활절 아침에 온전하게 신적이신 그리스도를 볼 수 있었다. "오직 그때에만 그리고 그 이후에야 비로소 그의 아들 됨이 온전하게 그리고 실제적으로 명료해지게 되었다."390)

여기서 맥킨토쉬는 서방 기독론에서 잘 받아들이지 않았던 인격에 관한 역동적인 개념을 발전시킴으로써 의도적으로 인격에 대한 전통적인 정적 개념을 이러한 케노시스 기독론적 개념으로 대체시켰다. 그에 의하면 인격에 대한 정적인 사고를 버려야 하며, "본질상 잠재성으로부터 성취로 움직이는 영적인 존재를 고려하는 법을 배워야 한다"391)고 했다. 이러한 견해를 취할 때 인격은 '이루어진 존재'(being) 개념이 아닌 '이루어질 존재'(becoming) 개념을 띠게 된다. 역사적 예수에게는

---

388) Ibid., p. 493.
389) Ibid., p. 494. 여기서 맥킨토쉬는 그리스도가 육신과 영적으로 성장하였음을 강조한 브루스의 견해를 떠올리게 한다. 그러나 맥킨토쉬가 그리스도 안에 있는 이러한 수치스러운 삶을 그려 낸 브루스의 개념을 인정했는지 그 사실에 대해서는 분명하게 알 수 없다.
390) Mackintosh, "For the Quiet Hour: The Risen Christ" in *LW*, 1930, p. 145.
391) Mackintosh, *DPJC*, p. 496.

신적인 사랑으로 말미암아 이러한 발전적 형태의 실존이 가능하게 되었기 때문에 이러한 특징이 자연스러웠다. 즉 그것은 단순히 신적인 사랑이 갖는 본질이었던 것이다.392) 한편, 예수님 안에 있는 신적인 특징의 성장은 그분의 인성이 성장함에 따라 이루어졌다.

> 어린 시절부터 성년기까지, 사람으로 살다가 승천의 영광에 이르기까지, 그리스도가 성장한 것을 보면, 우리는 그분 안에 신적인 현재성이 분명하게 성장하였다고 할 수 있다. 즉 이전보다 온전하게 그러한 특징을 받아들임으로써 이전보다 더 풍성하게 신적인 교통이 이루어지게 되었다고 주장할 수 있다.393)

이러한 방법에 따라, 그리스도는 자신의 인간 부모에게 순종하면서 성부 하나님을 섬기는 것을 익히고 있었으며 점진적으로 신적인 분이 '되어' 가셨다.

맥킨토쉬에게 있는 이러한 윤리 지향적 개념은 포사이스뿐만 아니라 도너에게도 역시 영향을 입어 발전되었던 것으로 보인다. 맥킨토쉬는 도너가 주창한 그리스도의 경험에서 발견된다는 소위 '발전' 이론에 공감하고 있다고 밝힌 바 있다.394) 그러나 도너가 양성론에만 의존

---

392) Ibid.
393) Mackintosh, LS, Sheet 16, "Speculative Questions: The Divine-Human Life."
394) 도너는 하나님과 인간 사이에 존재하는 유사성 개념이 성육신을 이해하는데 기초가 된다고 한다. 인류는 신적인 존재로의 수용성을, 또한 하나님은 인간에로의 수용성을 지니고 계셨다는 것이다. 이러한 수용성에 따라 성육신하신 그분은 인간의 특징을 지니며 성장하셨던 것이다. 그러므로 누구든지 성육신은 갑자기 단번에 완결되었다고 생각할 수 없다. "오히려 성육신은 지속적이고 점증적인 특징을 지니고 있었기에 로고스로서의 하나님이 참 인간적인 발전을 통해 만들어지는 새로운 국면들을 파악하고 수용하였던 것이다" (Dorner, *System of Christian Doctrine*, vol. iii. 328, 재인용 Mackintosh, *DPJC*, pp. 273-4. 다음의 글도 보라., pp. 497f). "그리스도 안에 있는 신적-인간적인

한 채 이 개념을 시작한 것과는 달리 맥킨토쉬는 케노시스 기독론을 통해 그러한 서방 전통적 형태를 대체하려 하였다는 의미에서 도너와 차별성을 두고 있다. 도너는 이 개념을 사용하여 전통적인 양성론 입장에서 하나님의 인간 경험의 실제를 수호하려 하였지, 성육신에 있어 역사적인 일을 이루신 그리스도가 취한 수치스러운 삶을 묘사하려고 하지 않았다. 그러나 맥킨토쉬는 플레로시스 혹은 농축된 잠재성의 상태로부터 점진적으로 신적인 분으로 실제화되었다는 사실, 즉 그리스도의 자기 실현을 주목하면서, 이 개념으로부터 윤리적이고 종교적인 측면을 나타내 보여 주었던 것이다.

그리스도의 전 생애는 육신과 영적인 면에서 보다 완전한 상태를 지향하며 점진적으로 나아갔다. 그분은 육체적으로, 정신적으로 그리고 영적으로 모든 면에서 성장을 거듭하여 보다 고상하고 완전한 상태에 도달하셨다. 이러한 그의 논지는 앞에서 논의하였던 바와 같이 토마시우스와 브루스를 연상케 한다. 그리스도는 어린 아기 시절에는 성부에 대해 온전하게 자식으로서의 의식을 지니지 못하셨다. 그러면 어떻게 그러한 그리스도를 하나님이라고 생각할 수 있는가? 이것을 이해하기란 쉽지 않지만 그리스도가 신적인 잠재성이라는 새로운 형태를 지녔기 때문에 하나님이라고 할 수 있는 것이다. 신적인 활동, 곧 그리스도의 신적인 자의식은 어느 정도 시간이 지난 다음에 신적인 잠재성으로부터 자기충만으로 드러나게 되었다. 그러므로 그리스도가 이러한 상태에 있는 동안 하나님이 되실 수 없었다고 말하는 것은 분명히 잘못된 것이다. 케노시스적으로 성육하신 그리스도는 신적인 **속성**을(divine

삶이 연합을 이룬다는 이러한 생각은 참으로 가치 있는 것이라 하겠다"(Mackintosh, *LS*, Sheet 10, "Modern Christology (3)").

attributes) 버리신 것이 아니라 신적인 **실현**을(divine actualization) 제한하신 것이다.395)

그러나 성장 혹은 플레로시스라는 개념과 관련하여 한 가지 의문이 생긴다. 즉 우리가 완전하게 되지 아니한 그러한 그리스도를 어떻게 하나님으로 부를 수 있는가라는 것이다. 얼핏 보면 이러한 두 개의 대립적인 상태가 한 인격체 안에 존재하는 것이 불가능할 것처럼 여겨진다. 이러한 문제제기에 대해 맥킨토쉬는 불완전(imperfection) 개념을 다시 정의하면서 대응하고 있다. 여기서 그는 앞 장에서 우리가 발견한 바와 같은 브루스가 전개한 불완전 개념을 연상케 하면서, 다음과 같이 변론하였다.

> 정말로 결함이 있다면 그 잘못은 우리 인간이 갖는 말에 있다. 불완전하다는 것, 즉 완성되지 않았거나 부적절하게 실현되었다고 하는 의미인 이 개념은 죄 혹은 악을 드러낸다는 뜻으로 혹은 비논리적으로 유출된 윤리적 연상을 하도록 만들었다. 그러나 최고의 상태에 못 미치지만 발전의 한 단계를 거치고 있다는 것 자체가 이러한 윤리적 의미에 비추어 결함이 있는 것은 아니다.396)

하지만 그는 이러한 상태를 표현할 언어가 현재 우리에게 없다는 것을 인식해야 할 것이라고 주장했다. 그는 불완전에 대한 새로운 정의에 만족하였다. 씨와 나무를 비유로 들면서 그는 자신의 논지를 전개하였다. "우리가 나무를 먼저 실체의 기준으로 삼을 때에만 씨를 그 나

---

395) 이 주제에 대해서는 다음 장에서 상세하게 논의될 것이다.
396) Mackintosh, *DPJC*, p. 497.

무와 비교하여 불완전하다고 보고 구별한다. 마찬가지로 불완전이란 유한성 혹은 한계를 지닌 것들을 나타내는 이름일 뿐이며, 궁극적으로는 그 자체가 실현되면서 완전하게 될 수 있는 것이라 하겠다."[397] 그리스도는 점진적으로 '불완전한' 혹은 '유한한' 상태로부터 완전하게 '되셨다.' 이러한 방식으로 그는 밑바닥에서 꼭대기까지 스스로를 움직여 나가는 과정을 겪으셨던 것이다.

그러나 이러한 상태를 인정하면서도 우리는 또 다른 질문, 곧 그리스도가 어린 시절과 유아기 때에 과연 무죄하였는지 의문을 갖게 된다. 이 문제와 관련하여 맥킨토쉬는 솔직히 어려움을 지니고 있다고 케언스에게 편지로 고백한 바 있다. 다만 그는 이 문제에 대한 답으로서 그리스도 안에서 존재론적 신성을 인정하면서 플레로시스는 결코 신성에로의(toward divinity) '성장'을 의미하지는 않는다고 말했다. "맥킨토쉬는 그 어떤 면에서도 그리스도가 우리와 다른 조건 아래 있었다는 것, 그분은 그저 성자라는 자신이 갖는 특별한 지위에 따라 살았다고 답하지 않으면 안 된다고 생각했다."[398] 그에 의하면, 우리는 단순히 육신으로 있는 반면에 그리스도는 육신적으로도 하나님의 아들로 계셨기 때문에 독특하신 분이라 할 수 있고 바로 이로 인해 그리스도와 우리 사이에 근본적인 차이가 있는 것이라고 하였다. 다른 말로 하면, 그리스도가 유한한 실존으로 살아가신 것은 "근원적으로(in nuce) 본래 존재하는 특성들을 드러낸" 것이었다고 할 수 있다.[399] 유한한 인간이 자신의 유전적 잠재 능력에 따라 유한한 실존의 삶을 영위하도록 되어 있다면, 자신을 비우신 그리스도는 유전적으로 무한한 잠재성을 지니면

---

397) Ibid.
398) Letter from Mackintosh to David S. Cairns, 29th Nov., 1912.
399) Mackintosh, *DPJC*, p. 497.

서 유한한 삶을 영위하셨던 것이다.

맥킨토쉬는 자기를 비우신 그리스도가 겪은 플레로시스 혹은 발전 또는 자기실현에 대한 또 다른 오해인 신격화 비판(즉 그리스도가 인간으로서 갖는 신적인 것에 대한 수용성에 따라 신적인 분이 되었다고 케노시스 기독론이 궁극적으로 함의하였다고 비난하는 것)을 불식시켰다. 맥킨토쉬는 이러한 비판이 '점진적 성육신' 이라는 불명확한 용어를 사용한 데에서 기인하였다고 인식하였다. 그러나 여기서 그가 의도한 것은 플레로시스 개념은 "본래적으로 신적-인간적으로 사시도록 형성되신 그의 삶이 발전 혹은 자기실현의 양식이라는 윤리적 매개 행동을 겪었다는 데에 주의를 갖도록 단순히 요청하는 것"이었다.400)

이러한 주장은 종교개혁자들의 기독론 전개, 곧 루터교적 그리스도의 인격론에 드러난 속성의 교류와 개혁파에 드러난 양성의 병렬 형태 등에 만족하지 않은 데에서 기인한 것으로 보인다. 맥킨토쉬는 그리스도의 인격을 윤리적인 용어로 표현하기를 원했다. 예수님 안에 있는 인간으로서 갖는 신적인 수용성이 자신을 나누어 드러내게 하는 신적인 운동에 응답하면서 점점 더 그러한 형태의 기능으로 자신을 적응하셨다는 것이다.401) 그러므로 당연히 그리스도가 그분의 지식에 있어서 성부와 나누어 갖는 관계를 지니지 못하는 때가 있었을 것이다. 그러나 점진적으로 그분은 죄로 말미암아 영생을 잃어버린 사람들을 구원하고자 하는 행동을 통하여 개인적으로는 구속주라는 자아 인식과 아울러 자신이 타고난 신적인 능력을 지니고 있음을 깨닫게 되셨다.402)

---

400) Ibid.
401) Ibid., p. 498.
402) Ibid., p. 499.

그리고 이러한 자아 실현은 그리스도의 윤리적인 행동 및 영적 성장을 통해 나타났다. 그리스도의 이러한 성장이 궁극적으로 그로 하여금 자신이 주이심을 인식하도록 인도하였던 것이다. 신약성경은 그리스도가 순종을 통해 얻는 이러한 보상에 대해 증언하고 있다. "모든 이름 위에 뛰어난 이름"(빌 2:9)이 그것이다. 그러나 그것만으로 그리스도가 주가 되었다는 것을 의미하지는 않았다. 오히려 예수님 안에 현재하신 하나님이 영원히 정초된 기초를 이루고 있기 때문에, 그분의 신적인 행동은 실현될 수 있었던 것이다.

> 그러한 시대에 그리고 그와 같은 땅에 살면서 그분은 전형적인 인간 경험에 의해 채색된 그 어떤 사고 형태를 통하여 자신이 시간과 역사에 있어 특출한 신분을 지니고 있음을 깨달을 수 있을 뿐이었다. 그러나 다른 한편, 그분은 메시아로서 자신에게 주어진 능력을 자기 자신의 소유물로서 향유하고 계셨다. …마침내 죽음이 그분을 더 이상 지배할 수 없을 때, 혹은 그 능력이 절대적이고 최종적으로 그분을 충만케 할 때까지 점차적으로 그 능력을 소유하게 되었다.403)

한편, 맥킨토쉬는 플레로시스 개념을 명료화하기 위해서 좀더 설명할 필요를 느꼈다. 그는 인격의 통일성을 통해 플레로시스 개념을 보다 더 충분하게 설명할 수 있다고 믿었다.

---

403) Ibid.

인격의 통일성

맥킨토쉬는 그리스도의 신적이고 인간적인 삶이 두 개의 운동 안에 하나가 되어 있다고 믿었다.[404] 성육신하신 분은 점진적으로 자신의 타고난 신적인 특질을 자신의 신체적, 정신적, 영적인 성장, 곧 그분의 인간적 성장과 더불어 그리고 그 안에서 현실화시켰다. 한 인격 안에 있는 그리스도의 신성과 인성은 "보다 역동적이고 상호작용의 형식 안에서" 발견될 수 있다는 것이다.[405] 신성은 인성으로 움직이고 있었으며, 그리고 역으로도 마찬가지였다.

인간을 향한 하나님의 창조적인 일차적 움직임은 위에서 온다. 물론 이러한 하나님의 행동은 그분의 거룩한 사랑에 따라 주어진 구원 목적이 빚어 낸 것이다. 아래로부터는 믿음, 소망, 사랑 안에서, 하나님을 향해 인간이 갈망하는 움직임이 온다. 이러한 두 개의—구원을 제공하는 것과 교제를 갈망하는 것의—인격적인 흐름이 예수 그리스도라는 한 인격체 안에서 철저하게 구체적이고, 역사적이며 또한 감지할 수 있는 형식으로, 서로 연합하고 상호 침투한다.[406]

그리스도의 통일성은 성육신이 시작할 때부터 현재하였다. 신적인 사랑, 진리, 거룩함, 능력을 점진적이며 의도적으로 예수님에게 사용하게 함으로써 그 통일성이 주어졌으며 이러한 틀 속에서 인간 예수는 성부가 스스로 내어주는 구체적 실체가 될 수 있었다. 그리고 인간 예

---

404) 맥킨토쉬는 자신의 케노시스 기독론을 전개하면서 이러한 통일성이 실제적임을 확실히 하고 있다. 다음의 글을 참고하라. *LS*, Sheet 16, "Speculative Questions: The Divine-Human Life."
405) Robert R. Redman, Jr., "H. R. Mackintosh's Contribution to Christology and Soteriology in the Twentieth Century," p. 520.
406) Mackintosh, *DPJC*, p. 500.

수에게 신적인 특질들이 이동하게 되는 경우는 육체와 혼이 성장하는 속도에 따라 정해졌다. 통일성은 실제적인 역사적 인격체 안에서 표현되었던 것이다. 맥킨토쉬에게 이 통일성은 알렉산드리아 신학에서 발견되는 바와 같은 위격적 연합과 같은 종류의 것도, 안디옥 신학 사고에서와 같은 일종의 윤리적 연합도 아닌, 그리스도 안에 있는 하나님이라는 특질이 인간적인 '인격체'를 통해서 표현되는 그러한 종류의 것이다.

맥킨토쉬는 양성 연합을 '윤리적'이고 '종교적인' 특질을 갖는 것으로 인식하셨기에 '인격체' 개념을 지닌 것으로 정의하기를 원했다. "'인격체'라는 말에는 윤리적, 종교적 특성을 갖고 있기 때문에 우리가 이것을 제거하면 아무런 내용도 없게 된다."[407] 케노시스가 이러한 통일성을 가능케 하였다. 즉 이러한 통일성이 플레로시스라는 그림을 설명한다는 것이다. 그리스도 안에 있는 하나님은 점진적으로 가능태에서 현실태로 자신의 인격적 경험과 사역을 통하여 표출되었던 것이다.

이러한 통일성 아래에서 그리스도는 지속적으로 무한한 로고스로서 이 세상과 관계를 맺으며 사셨다. 예를 들면, 인간 예수가 로고스와 하나를 이룬 것은 존재론적으로 실제적이었으므로 십자가에서 실제적으로 혼자 괴로워하며 고통을 겪지는 않으셨다. 이러한 의미에서 맥킨토쉬는 자신의 설교에서 성부 하나님도 예수 그리스도가 십자가 위에 겪으신 고통으로 희생을 당하시고 또한 괴로움을 가지셨다고 선언할 수 있었다.[408] 맥킨토쉬가 보기에 "성부고난설은 [비록 인정될 수는 없어

---

407) Ibid., pp. 495-6.
408) Mackintosh, *Sermons*, pp. 171-3. "기독교에서 발견되는 모든 것이 얼마나 하나님의 자기 희생으로 귀결되는지 주의 깊게 관찰하라. 그리스도 안에서 우리를 맞부딪히고 우리의 심장을 멎게 하는 것은 바로 하나님이 우리를 위해 포기하시는 것을 보는 것이다. '자신의 아들을 남겨두지 않으신 그분,'

도] 참으로 …한편에서 보면 예수 그리스도 안에서 하나님 자신이 우리의 구원을 위해 인격적으로 현재하고 계셨다는 기본적인 확실성을 적극적으로 긍정하는 것과 같은 것이었다."[409] 맥킨토쉬는 예수님의 십자가에서 하나님의 희생을 바라보았던 것이다. 이 점이 바로 케노시스 기독론이 갖는 위대한 가치를 나타내 보여 준다. 참된 인간 경험을 바탕으로 그리스도가 삶을 유지하시고 자신을 완전케 하셨다. 이에 부응하여 하나님도 이러한 인간 경험에 나타나셨다는 것이다.

맥킨토쉬는 인성의 비인격성이라는 전통적인 개념을 극복하려 하였다. 그리고 그 대안으로 '인격성' 개념을 제공하는 케노시스 기독론을 제시하였다. 이 기독론 안에서 하나의 인격을 '양성'의 형식이 아닌 인격성이라는 의미로 제시하였다. 맥킨토쉬는 그리스도의 양성 연합을 역사적 그리스도 안에 본체적이 아닌 윤리적으로 연합된 인격성 개념을 가지고 파악해야 한다고 제안하였다.[410] 그러나 이것은 인간이라는 인격체가 이 연합에 결정적으로 대체되었거나 혹은 흡수되었다는 것을 의미하지는 않는다.

맥킨토쉬는 신성과 인성의 연합은 "외양으로 신적인 면에서는 실제

즉 이것은 복음이라 할 수 있는 모든 것 뒤에 존재하는 것이며 구원하는 그 사랑의 무게와 능력을 제공한다. 오늘의 본문은 성자이신 그리스도 안에 그리고 그 뒤에 계신 성부를 볼 수 있게 한다. 이것은 바로 우리로 하여금 우리의 모든 희망이 담겨 있는 그리스도의 희생이 실제로는 하나님 자신의 희생임을 되새기게 한다"(Ibid., pp. 171-2).
409) Mackintosh, *DPJC*, p. 151. 그러나 그는 브루스와 달리 성부고난설을 최종적으로 지지하지 않았다. 맥킨토쉬는 이 교리에서 가현설을 발견하였기 때문이다. "이 교리는 균형을 유지하는데 실패하였다. 프락세아스(Praxeas)에게서 우리는 그가 가현설에 상당히 가깝게 나아갔다는 것을 발견한다. 그는 예수님 안에서 그 어떤 인간의 혼도, 육체도 인식하지 못하고 있다"(Ibid.). Cf. Bruce, *With Open Face*, 2nd ed., p. 205, "인자는 잃어버린 자들을 찾으러 오셨다. 그 안에서 만일 그분이 신적인 분으로 계셨다면 성부가 그 잃어버린 자들을 찾아오신 것이다. 그러기에 성부고난설은 전적으로 이단이라 할 수는 없다" (p. 205).
410) A. C. Headlam, "Short Notices of 'The Doctrine of the Person of Jesus Christ' by H. R. Mackintosh," *CQR*, vol. 78, 1914, p. 185.

적이지만 시간 속에서 인간적으로 현실화" 되었다고 보았다.[411] 역사적 예수는 이 연합으로 인하여 신적인 삶을 영위하였다. 다른 한편, 성자 하나님은 육신의 연약함 안에서만 사셨던 것이다.

[연합은] "사역을 통하여 운명을 극복하고 완전으로 나아가는" 그분 안에서 꽃을 피게 한다. 지상의 삶을 갖는 동안에 우리가 보게 되는 것은 피조물과 같이 불완전한 모습이고, "언뜻 보면" 완전하게 되어 가는 모양이다. 그러나 부활에 이르러서는 이러한 생명 안에 얼마만큼이나 정말 태생적으로 그분에게 항상 숨기어 있었는지 알게 된다. 또한, 믿음의 눈으로 본다면, 하나님의 활동적이고 구속하는 삶이 얼마나 온전하게 그리고 되돌이킬 수 없을 정도로, 이제는 인간이 갖는 중요한 내용이 되었는지를 명료하게 보여 준다.[412]

인간적이고 신적인 그리스도가 가졌던 이러한 독특한 삶은 우리의 지성으로는 인식하기 어려울 뿐 아니라 모순처럼 보일 수 있다. 그러나 이러한 연합은 그리스도인의 구속이라는 측면에서 보면 필연적이었고, 우리가 겪은 구속의 경험을 돌이켜볼 때 가능하였다라고 말할 수 있을 것이다.

구속의 경험은 이러한 연합을 증거한다고 맥킨토쉬는 믿고 있다. 여기서 그는 구속받은 자들에게서 직관적으로 주어지는 신비적 연합(unio mystica)을 고려하고 있다. 구원받은 모든 사람들은 만일 스스로 구원의 확신을 실제적으로 갖는다면 '하나님과의 연합' 이 내포하는 신비로움

---

411) Mackintosh, *DPJC*, p. 502.
412) Ibid.

을 느꼈을 것이다. 맥킨토쉬는 이것이 "기독교의 위대한 가치를 구성하는 중요한 요소이며, 현재의 삶에 최고의 종교적 은혜—하나님과의 연합—를 제공한다고 보았다."413) 구속받은 자들은 자신들과 그리스도를 통한 하나님 사이의 연합으로 인하여 즐거워할 것이다. 맥킨토쉬에게 다음과 같은 바울의 고백은 가장 좋아하는 성경 구절 중 하나이다. "이제는 내가 산 것이 아니요 오직 내 안에 그리스도께서 사신 것이라. 이제 내가 육체 가운데 사는 것은 나를 사랑하사 나를 위하여 자기 몸을 버리신 하나님의 아들을 믿는 믿음 안에서 사는 것이라"(갈 2:20). 만일 우리가 이 연합을 확신한다면 하나님이 역사적 예수 안에 연합할 수 있다는 것을 부인할 수는 없을 것이라고 그는 주장하였다. "그리고 구원받은 그리스도인의 이러한 경험은 의식 가운데 즉각적으로 주어지게 되는 명백한 증거를 제공하게 된다. 이로 인해 하나님과 인간의 연합이 아무리 희미한 모양이라도 중생한 사람들에게서 실제적인 것으로 주어지게 되고 또한 그것은 실제로 시간 안에서 점점 더 확연해지도록 이끈다."414) 그에게 영원과 시간은 서로 대립적인 구도를 지니지 아니한다. "하나님과 인간은 상호 대립한다고 말할 수 없다."415) 여기에서 맥킨토쉬는 헤겔의 변증법적이고, 진화 과정의 개념 혹은 현대 신학의 한 부류를 형성하는 과정신학적인 개념을 수용하지 않았다. 앞에 이미 언급한 바와 같이 맥킨토쉬의 주된 관심은 성자의 지상 삶이

---

413) Mackintosh, *The Originality of the Christian Message*, p. 114. 그는 구원론과 관련하여 기독교를 이방 종교와 비교하였다. 그는 플라톤과 힌두교에서 신비적 연합(*unio mystica*) 개념이 발견된다는 것을 알고 있었으나 기독교의 것과는 구별하였다. 가장 중요한 차이점은 다음과 같다. 기독교인들은 역사적 예수 안에 현재하신 하나님과 연합되었지만 힌두교도들이 생각한 하나님은 여전히 멀리 떨어져 있는 얼굴 없는 절대자에게 사로잡혀 있다는 것이다(Ibid.).
414) Mackintosh, *DPJC*, p. 503.
415) Ibid.

갖는 윤리적이고 종교적인 의미였다. 케노시스와 플레로시스는 이러한 관점에서 탐구되었던 것이다. 성자 하나님은 그 거룩한 사랑에 따라 자발적인 의지로 인류 구원에 목표를 두고 자신을 희생해야겠다고 생각하고, 케노시스와 플레로시스의 양태를 취하여 겸손하게 자기를 낮추어 이 땅에 내려오셨던 것이다.

케노시스 기독론이 갖는 윤리적 함의

하나님의 불변성으로서의 거룩한 사랑은 성육신을 이해하는 열쇠가 되며, 또한 선재하신 성자 하나님이 자신을 비우는 핵심 동기가 된다. 사랑과 거룩함 때문에 하나님은 타락한 인류를 구원하기 위해 자신을 실제의 사람으로 변화시켰다. 하나님이 우리의 죄를 용서하신 것으로 보아 이 세상을 위해 자신을 변화시키고자 하였다는 사실을 확실히 알 수 있다. 또한 이것을 통해 우리는 하나님의 삶이 갖는 윤리적인 함의를 엿보게 된다. 그분은 죄에 대한 심판을 이루기 위해 희생물로서 자신이 어린 양이 될 수 있었으며, 또한 이러한 구속사역은 우리로 하여금 영생의 기쁨을 얻게 하였다.

영원한 모습에서 일시적인 모양으로 변한 것은 "완전한 사랑이 갖는 최고의 강력한 행동이었다. 사랑은 시간 전에 계신 로고스와 인간으로 살고 죽었던 예수님을 연결하는 고리인 것이다." [416] 요한복음은 성육신이 형이상학적인 양태를 지니고 있다고 만천하에 드러내 보여 주려고 의도된 것이 아니라 예수 그리스도의 강림이 갖는 **동기**를 나타내려 하였다. [417] 케노시스 기독론은 윤리적인 하나님을 묘사하는 것으로써

---

416) Ibid., pp. 478-9.

이러한 사랑에 기초한 것이다. "그리스도는 지고의 가치인 사랑을 소유한 분이시기 때문에 겸손하게 자신을 낮추어 인간을 대신하여 고통을 겪었던 것이다."[418] 즉 성자 하나님은 잃어버린 자들에 대한 거룩한 사랑을 지녔기에 자발적으로 자신을 비우셨다. 그분은 우리의 죄를 책임지시어 우리 대신 말로 다할 수 없는 고통을 겪으셨다. 그분의 행동은 하나님의 사랑을 표현한 것이다.

이전의 케노시스적 해석과 자신의 것을 구별하면서 맥킨토쉬는 케노시스 개념을 대표적으로 암시하는 핵심 구절인 고린도후서 8:9과 빌립보서 2:7이 윤리적 함의를 만들어 낸다고 보았다. 그는 이와 관련하여 고어가 개진한 견해를 지지하였다. 또한 그는 아마 브루스가 『그리스도의 수치』라는 책에서 이러한 성경 구절을 주해한 것에도 동의하였을 것이다.

> 이 사도는 그리스도가 이 땅에 오셨다는 것을 말하고 있다. 그는 여기서 형이상학적으로 다루고 있는 것이 아니었다. 오히려 그는 가장 심오하고 순수한 종교의 모양으로 다루고 있다. 그리고 고어가 이미 밝힌 바 있듯이 저자의 마음을 지배하고 있는 것은 성육신의 **방법**이 아니라 그것의 **동기**인 것이다. 저자는 그리스도로 하여금 자신을 낮추게 하였던 그 은총의 모습에 철저하게 몰입되고 압도되었던 것이다.[419]

---

417) Ibid., p. 120.
418) Mackintosh, *PJC*, p. 64. "신적인 사랑으로 말미암아 자신을 스스로 제한시키신 것은 위대한 초시간적 행위라고 할 수 있다. 이러한 행동을 통해 은총이 갖는 무한한 능력 아래 성자 하나님은 인간의 삶으로 들어오기로 정하셨던 것 같다"(Mackintosh, *DPJC*, p. 482).
419) Mackintosh, *PJC*, p. 97.

과거의 전통적인 논리에서와 같이 기독론을 형이상학적인 방법론 아래 전개한 초기의 케노시스 기독론자들은 케노시스의 윤리적 개념이 제공하는 그 어떤 실제적 의미를 지니지 못하였다. 기독론을 형이상학적인 방식 아래 전개하는 것만으로는 성육하신 분의 실제적 이미지를 적절하게 기술할 수 없음을 미처 발견하지 못하였던 것이다. 역사적 성육신은 형이상학적인 체계에 의해서 밑그림을 그릴 수 있다거나 그런 방식으로 설명될 수 있는 성질이 아니다. 오히려 성육하신 그분의 삶과 사역이 보여 주는 윤리적이고 종교적인 의미에 주목함으로써만 바르게 그리스도를 보여 줄 수 있다고 그는 주장한다.[420] 그리스도의 희생적인 삶은 우리에게 그분의 인격에 대한 실제의 이미지를 이해하게 한다. 그리스도의 케노시스적인 삶은 하나님의 실제적 이미지를 묘사한 것으로써 하나님은 거룩한 사랑이시라는 것을 보여 준 것이다. 이것이 바로 그리스도의 인격을 이해하기 위한 유일한 열쇠이다.

실제적인 케노시스는 신학적인 필연성뿐만 아니라 윤리적으로도 필요하다. 사실 그것이 생겨나도록 충동시킨 것은 윤리적인 것이다. 무엇보다 케노시스를 가능하게 한 것은 바로 신성이 갖는 윤리적인 구조 때문이라고 할 수 있다. 윤리적 능력으로 말미암아 그리스도는 자신을 약화시켜 이 땅에서 계속 살았으며 또한 그러한 삶에 영적인 가치를 부여하

---

[420] 여기서 맥킨토쉬는 헨드리가 올바르게 인식한 바와 같이 "그리스도에 대한 사실을 말 그대로 엄밀하게 그러한 윤리적 의미로 축소시키려는" 의도를 갖지는 않았다. 오히려, " '윤리적' (어휘 부족 때문에 보다 나은 표현을 위해 채택되었음)이란 용어를 사용할 때" 맥킨토쉬(그리고 포사이스)의 진정한 의도는 "그리스도에 대한 실체를 한 가지 관점 아래서 구성된 기독론적 사고를 전제하고 시작하는 것, 그리고 이로 인해 윤리적인 의미를 결여시키면서도 그분의 역사적인 삶과 사역에 대한 기독론적 상관성을 보여 줄 수 있다고 주장한 이론에 대하여 저항하는 것뿐이었다"(George S. Hendry, *The Gospel of the Incarnation, London*: SCM Press, 1959, p. 94).

기도 하였다.[421]

　자신을 비우신 그리스도라는 개념은 필연적으로 윤리적인 성격을 낳는다. 자신의 잃어버린 백성들을 위해 희생해야겠다는 것이 하나님의 목적이었다. 이에 따라 그분은 실제의 인성을 취하여 이 목표를 성취하셨던 것이다. 케노시스 기독론은 하나님이 이 세상에 대해 얼마나 은혜로우시고 신실하며 자비롭고 애정을 지니는지를 보여 준다. 하나님이 보여 준 말로 다할 수 없는 이러한 사랑으로 인하여 그분은 신적인 형태, 곧 신으로서 갖는 특권을 벗어 버리고 실제의 한 인간이 되셨던 것이다. 그분이 실제로 자신의 전능성을 제한하실 수 있었던 것은 바로 이러한 거룩한 사랑에 의해서였다.
　플레로시스의 원리 또한 자신을 비우신 그리스도에게서 볼 수 있는 윤리적 성향이라고 할 수 있는 그분의 의지를 이해하는 한 틀을 제공하였다. 그분의 삶은 육신과 영이 자연법에 따라서 성장할 수밖에 없었다. 예수님의 내면적인 삶을 통해 우리는 그리스도가 선하심을 완벽하게 즉시 나타내 보여 주는 영적인 삶을 지니고 있었을 뿐 아니라 그것을 완벽하게 드러내 보여 주었다는 것을 알 수 있다. 그런 까닭에 맥킨토쉬는 그리스도가 성부 하나님의 거룩하심뿐 아니라 온전한 능력을 지닌 사랑의 하나님이심을 인식하고 신뢰하고 있었음을 누구든지 알 수 있다고 했다.[422] 성부 하나님에 의해 자신이 보냄을 받았다는 사실을 인식한 그리스도의 자의식은 "윤리적 근거를 갖는 놀라운 어조"를 띠고 있음을 말해 준다.[423] 보내는 자의 의지에 순종하여 성자 하나

---

421) Mackintosh, *DPJC*, p. 472.
422) Mackintosh, "Books That Have Influenced Our Epoch: Herrmann's Communion with God," p. 130.

님은 자의적으로 스스로를 희생 제물이 되도록 허락하셨다. 즉 그리스도는 자신의 아버지에게 순종하되 십자가로의 길로 걸어가도록 결정한 그 뜻을 따랐던 것이다. 여기서 우리는 그리스도의 신적인 자의식이 갖는 윤리적 성격이 얼마나 사실적인지를 알 수 있다.

자신을 드러내 알리는 그리스도는 영적인 성장을 통하여 정상적인 윤리적 삶을 경험해야 했다. 그리스도의 이러한 행동은 "하나님을 철저하게 의지하고 인간을 온전하게 사랑하는 그 마음을 바탕으로 죄와 죽음 그리고 비극적인 일과 끊임없이 투쟁하면서 이루어졌다." [424] 그리스도의 윤리적인 씨름은 그분이 십자가의 희생 제물로 바쳐지기까지 지속되었다. 그리스도의 삶이 십자가를 지향하도록 한번 정해지게 되자 그의 신적인 자의식은 더 분명해졌다. 곧 그분은 우리 구원을 위해 자신이 희생해야 하는 존재임을 보다 더 확실히 알게 되었다.

케노시스 개념과 다른 교리와의 조화

그러므로 케노시스적으로 성육한 그리스도의 삶은 필연적으로 구속의 사역에 대한 사명과 또한 삼위일체의 내적인 관계 안에 있는 존재론적 지위를 포함한다. 우리는 맥킨토쉬의 케노시스 기독론이 구원론, 속죄론, 그리고 삼위일체론과 적합한 조화를 이루고 있음을 알게 될 것이다. 그리스도는 인류를 구원하기 위해, 희생 제물이 되기 위해 성부 하나님의 의지에 자발적으로 순종하면서, 자신을 비우고 지상으로

---

423) Mackintosh, *PJC*, p. 21.
424) Mackintosh, *DPJC*, p. 498.

자신을 낮추어 내려오셨다. 이제부터 우리는 케노시스 기독론이 기독교의 주요 교리와 얼마나 조화를 이루며 중요한 의미를 던져주는지 살펴볼 것이다.

케노시스와 구원론

맥킨토쉬의 케노시스 기독론은 구원론과 매우 밀접한 관련을 지닌다. 하나님이 인간이 되신 특징적인 면과 동기는 인류 구속과 그들을 대신한 신적인 대속물을 제공하려는 열망에서 비롯된다. 성자 하나님은 자유의사에 따라 자신의 지위를 보다 낮은 상태로 변화시키시어 우리의 구원을 성취시키실 수 있었다. 그러므로 성경은 이 세상 구속에 관한 이야기라고 생각하고 읽어야 한다. 그리스도는 인류 구원을 위해 자신을 낮추어 이 땅에 육신으로 내려오셨다. 이러한 원리 인식 아래 맥킨토쉬는 '크리스마스'에 대한 한 짧은 글을 기고하면서 그리스도의 구속사역을 다룰 수 있게 되었던 것이다. "이 세상의 취소 불가한 모든 일들 중에 가장 위대한 것은 성부 하나님이 예수님의 강림을 통해 위임한 모든 사람을 구속하는 것이라 하겠다."425) 맥킨토쉬에게 구원론은 케노시스 기독론의 중추적 역할을 한다. 그리스도의 구속사역은 그리스도의 케노시스적 인격을 정당화시켜 줄 수 있는 것이다. 구속의 은혜가 우리에게 너무 엄청나고 중요한 축복된 사실이기 때문에 그리스도는 반드시 실제로 하나님이고 실제로 인간이어야 한다. 구세주가 되기 위해 성자 하나님은 한 인간 아기로 태어나야 했다. 구속주로서의 그분의 탄생은 실제의 인간이 갖는 운명을 태생적으로 갖도록

---

425) Mackintosh, "Good Tidings at Christmas," *LW*, 1931, p. 493.

하였다. 그러므로 케노시스 원리란 그리스도의 이러한 모습을 형성시켜 주는 역할을 제공한다.

맥킨토쉬는 이러한 구원론적 구도라는 관점을 가지고 과거의 기독론 전개를 비판적으로 분석하였다. 그는 초기 교부보다는 종교개혁자들의 성향과 비슷하면서도 보다 더 나은 그리스도 이해 방안을 전개할 수 없는지를 탐구하였다. 이와 관련한 그의 연구는 다음과 같다.

> 종교개혁자들은 구원과 관련한 기독교적 해석이 그에 합당한 종교적인 색조를 갖도록 다시 부활시켰다. 만일 동방 신학에서는 이와 관련한 내용 범주가 너무 심하게 물질계에 대해 비유로 설명되고, 그리고 서방에서는 과도하게 재판정에서 이루어지는 한 과정으로 치우쳐 설명된다면, 루터와 칼빈에게는 구속이 그저 개인적인 개념으로, 즉 하나님과 인간 영혼 사이에 역사적으로 설정된 관계로 해석되었다. 하나님은 거룩한 사랑이며, 구원은 그와의 교제인 것이다. 그 구원은 죄용서에 기초를 두고 있다. 즉 구원은 믿음으로 무한하신 대상에게 감사하는 마음을 갖고 스스로 그분에게 굴복하는 행위를 통해 수용된다.[426]

구속사역은 예수 그리스도의 정체를 이해하는 척도가 되었다. 그분은 스스로 제한된 형태로 굴복하셔야 했음을 우리는 알 수 있게 된다. "구속사역은 바로 우리가 그리스도께서 성취한 것에 대한 해석을 갖게 할 뿐 아니라 우리가 그에 대해 알 수 있는 것을 확정시키고 또한 그 어떤 한계를 정하는 원리가 되기 때문이다."[427] 그러나 필연적으로 그리

---

426) Mackintosh, *DPJC*, p. 325.
427) Ibid.

스도의 인격이 항상 그분의 사역에 의존한다고 말하지는 않는다. "오히려 그분의 인격에 대한 교리는 구세주로서 그리스도가 인류를 위해 행하신 것에 대해 지속적으로 고려하면서 전개되어야 하는 것이 옳을 것이다."428) 그렇다면 우리가 어떻게 그리스도를 우리의 구세주로 실제 알 수 있는가? 무엇보다 맥킨토쉬는 그리스도께서 하신 사역을 보고 믿어야만 그분을 알고 하나님의 아들이라고 고백할 수 있다고 했다.

또한 누구든지 스스로 구원의 확신을 통하지 않고는 그리스도가 구속자이심을 알 수 없을 것이라고 했다. 곧 구원받았다는 경험이 그를 하나님과 그리스도에 대한 지식을 갖도록 할 수 있다는 것이다. 다시 말해서 그는 구속주에 대한 종교적 경험만이 성육신에 대한 지식을 습득 할 수 있다고 생각했다. 어떤 과학적인 방법론도 하나님의 거룩한 사랑과 그리스도의 수치에 대한 적절한 모습을 보여 줄 수 없다고 보았다. 왜냐하면 이러한 이미지는 초자연적인 역사를 통해서 주어졌기 때문이다. 구속은 직관과 신뢰로 알 수 있다. 이러한 경험이 우리로 하여금 죽음을 이기시고 승리를 거두신 성자 그리스도와의 교제를 확신하도록 하게 한다. 믿는 성도들은 그리스도의 구속사역 안에서 그리고 자신들과 그분과의 교제를 통해서 하나님을 알 수 있다. "그 안에서 영원한 신적인 진리와 사랑이 우리에게 이르며, 그 안에서 우리가 성부 하나님에게로 인도된다. 그리고 이러한 관계의 양면성이―우리를 위하여 그리스도 안에 계신 하나님과, 하나님을 위하여 그리스도 안에 있는 우리가―각각 서로를 조절하고 조화시켜 준다."429) 우리는 이러한 구원의 경험을 통하여 성육신에 있어서 케노시스―플레로시스 형식을

---

428) Mackintosh, *LS*, Sheet 2, "Redemption and the Redeemer."
429) Mackintosh, *DPJC*, p. 325.

생각해 볼 수 있다.[430]

맥킨토쉬는 이미 우리가 논의한 바와 같이 자신의 기독론이 그리스도가 성육하신 그분이 '된다는,' 혹은 신격화된 그리스도의 인간성 등을 제시해 보이는 듯한 설명에서 기능주의적 비난을 받게 될지도 모른다는 것을 불식시키려 하였다. 그는 우리의 신앙 경험이, 마치 리츨과 슐라이어마허가 제시하는 경향을 보인 바와 같이, 그리스도의 신적인 아들 됨을 결정한다고 보지는 않았다. 맥킨토쉬는 선재성 개념을 가지고 논의를 전개하여 이러한 비난을 자연스럽게 피할 수 있었던 것이다. 맥킨토쉬에게 그리스도의 선재성은 성경을 읽는 사람이면 누구나 그리고 그것이 담고 있는 구원의 메시지를 보게 되는 자는 누구든지 즉시 받아들일 수 있는 개념이었던 것이다.

선재성을 사실로 인정하는 한 누구든지 그리스도가 신격화되었다고 생각할 수는 없다. 구속주의 신적인 정체성이 존재론적으로 필연성을 지니고 있다고 본다면, 맥킨토쉬는 그리스도의 사역과 우리의 신앙 경험으로부터 그리스도에 대한 지식을 얻을 수 있다고 보았다. 이러한 의미에서 맥킨토쉬는 비록 기독론에 대한 전통적 방법과 다르다고 하여도 그리스도를 참 하나님으로 고백하는 정통신학 안에서 논의를 전개하였다고 말할 수 있다. 다음의 글이 그 증거이다.

> 영원하신 하나님만이 구원하실 수 있다. 그리스도는 구세주이시다. 그러므로 그리스도는 영원 전부터 그리고 세세토록 그리스도는 하나님과

---

[430] 여기서 우리는 한 가지 사실에 주의해야 한다. 비록 우리가 이 사실을 믿는다 해도 기독론에 있어 케노시스-플레로시스 원리를 이러한 지적이면서-윤리적인 방식으로 전개하는 것은 실제로는 우리의 이성으로 다루어질 수 없다고 보았다. 그는 전통적 해석과 자유주의 신학이 제기할 수 있는 이의를 경시하고자 하지는 않았다. 그는 단지 성경적 증거와 신앙의 경험이 제공하는 원리에 의존할 뿐이었다(Ibid., pp. 505-6).

하나였다고 할 수 있다. …우리가 믿는 그리스도는 단순히 인간의 생명을 즐겼던 자일 뿐만 아니라 …또한 분명히 그는 신적인 면을 지닌 실체라고 당당하게 말할 수 있는 분이다. 단, 이러한 그의 모습은, 신적인 자에게까지 도달하였다는 것도 아니며, 점진적으로 주어진다는 기능주의적인 것도 아니다. 더욱이 특별히 선택함을 받아 신적인 면을 얻게 되었던 것도 아닌, 바로 성부의 품 안에서 우러나온 그 사랑 때문에 일어난 결과라고 할 수 있다. 그리스도가 그분의 생애 동안 지속적으로 신 중심적인 분이 되었다고 하는 것은 성부 하나님을 위와 같이 단호하게 믿는 그 믿음을 통해서만 주어질 수 있다.431)

어떤 방식으로든 성육신하기 전의 삶에 대한 사색적인 전개를 회피하면서도 그리스도의 선재성을 수용할 수 있음을 위 글에서 맥킨토쉬는 보여 주려 하였다. 우리가 만일 신약성경에서 증거하는 인류 구원을 위한 사랑의 메시지를 정직하게 주목한다면 누구든지 선재성을 상정하지 않을 수 없다는 것이다. 구속사역을 통하여 신성을 얻게 되었다는 생각은 이교도적 상상인 것이다.

다른 한편, 만일 그리스도가 영원한 신성을 시간의 영역으로 가져오면서 아무런 수정도 하지 않는다면 비역사적이 될 것이다. 다시 말하면, 선재하신 아들이 자신의 피조물을 위해 이 땅에 사시는 동안 인간의 실제 양태 가운데에서 수치를 겪으셨을 때 하나님의 사랑과 자신의 본질이 그러한 행동에서 아주 잘 표현되었기 때문이다. 그는 성육신의 역사성이 갖는 윤리적 의미에 대해 다음과 같이 정확하게 언급하였다.

---

431) Ibid., p. 495.

하나님은 그리스도 안에서 자신이 성육신하는 행동을 하지 않아도 본질상 사랑이신 분이시다. 그러나 영원한 존재로부터 그리스도라는 선물이 왔다는 사실을 떠나서는, 우리의 영혼을 감동시키고 두렵게 하며 격한 감정으로 우리의 영혼을 압도하는 하나님의 놀라운 사랑을 알 수 없다는 것은 확실하다.[432]

사랑을 지닌 영원한 하나님이라면 그분은 우리를 구원하시기 위해 육신의 형태로 내려오실 수 있다. 맥킨토쉬는 "외관상 기독론이 구원론적 관심에 의해서 배타적으로 통제되어 있고 영감을 준다는 사실을" 굳게 확신하고 있었다.[433]

케노시스와 죄의 용서

성육신의 목적인 구속을 생각할 때 구원론적 기독론은 필연적으로 속죄론을 포함한다. 맥킨토쉬의 그리스도 인격론은 속죄론이 부차적으로 필요하다는 것을 강조하고 있음에 틀림없다. 케노시스 기독론은 맥킨토쉬의 마지막 신학 여정은 아니다. 오히려 속죄론이야 말로 실제적으로는 그리스도의 인격론에 앞서 있다. 속죄론이 없이는 그 누구도 그리스도의 인격에 대한 이해를 얻지 못할 것이다.

바울은 다메섹에서 영광 중에 자신을 찾아주신 부활하신 주님을 만남으로 인해 우리 주께서 고통을 견디신 그 십자가로 발걸음을 옮겼고, 마침

---

432) Ibid., p. 460.
433) Ibid., p. 442.

내는 십자가에 달리신 그분의 인격에 도달하게 되었다. …그리스도의 인격에 대한 바울의 견해는 그의 속죄론에서 나오게 되었다. 그 결과 그의 기독론의 중심에는 속죄론이 자리 잡고 있다.434)

맥킨토쉬에게 "성육신은 속죄를 **위한** 것이었다. …죄에 관한 중요한 의미를 제거해 보라. 그러면 우리가 그분을 그리스도인의 경험에서 드러나는 가장 중요한 사실들에 대해 순전히 철학적인 관계로 보게 될 것이다." 435)

죄용서 행위는 그리스도의 인격을 해석할 수 있는 근거가 된다. 그 결과 그리스도는 자연스럽게 케노시스적으로 성육하신 그리스도이심을 알게 된다. 속죄의 사역은 선재하신 그리스도께서 스스로 신적인 형태를 벗어 버리고 확실한 희생물이 되는 적합한 형태로서 참된 인간이 되어야 했음을 암시하여 주는 것이다.436) 이와 같이 속죄사역은 그

---

434) Ibid., p. 53. 그의 책 다음도 보라. Mackintosh, CEF, "출발은 그리스도인들이 개별적 경험을 통해 이루어지고, 죄용서의 필요성뿐만 아니라 그 의미가 여기에서 주어진다. 그런 다음, 예수님의 인격성이 죄인들을 용서하는 최고의 보증으로 밝혀지게 된다. 또한 사도 바울과 종교개혁자들 같은 믿는 성도들을 감동시켜 완전한 확신에 이르게 하는 것에 관심을 돌리게 한다. 신적인 행위로서의 죄용서는 비로소 하나님의 개념을 낳는 것이라 하겠다" (pp. xi-xii).
435) Mackintosh, DPJC, p. 443.
436) 이러한 주장에 이의를 제기하는 사람이 있다. 맥킨토쉬는 그의 책 CEF(1927)에서 케노시스 기독론을 속죄론과 관련하여 그 유착 관계를 언급하지는 않았다. 혹자는 CEF에서 속죄론을 전개할 때 왜 그가 자신의 케노시스 기독론을 정당화하기 위해 노력하지 않았는지 궁금해할 수 있다. 더욱이 CEF가 템플에 의해(Christus Veritas, 1924, 그의 비판은 제5장에서 논박될 것이다) 자신의 케노시스 기독론이 상당히 비판을 받은 후에 출판되었기 때문에 그의 침묵이 이상하게 보이기도 했다. 그러한 비판에 맥킨토쉬가 어떤 식으로든 답변 내지는 변호할 것으로 기대하였기 때문이다. 그러나 그는 그렇게 행동하지는 않았다. 그럼에도 불구하고 우리는 그가 CEF에서 침묵하였다고 하여 케노시스 기독론을 포기하였다는 증거를 찾을 수는 없다. 필자의 생각으로는 그가 이미 이러한 종류의 비판에 대해 그의 책 DPJC에서 답변을 주었다고 본다. 그는 케노시스 기독론과 관련하여 몇 가지 어려움이 따른다는 것을 인지하였다(DPJC, pp. 270, 483f). 그러나 케노시스 기독론의 필연성을 포기할 수는 없었다. 이미 논의한 바와 같이 그는 일관되게 케노시스 기독론을 학교에서 강의하고 있었다. 또한 CEF 서론에서 언급한 말을 참고하면 이 사실을 인정할 수 있게 된다. 그는 예수님의 인격성(즉 케노

리스도의 인격에 대한 연구에 필수적이다. 우리가 그리스도의 인격을 분석할 때 우리는 항상 죄용서라는 주제를 언급해야 한다고 말한다. 이런 틀 속에서 죄용서는 맥킨토쉬의 신학에 있어 중심 역할을 이루게 되었다. 리들이 올바르게 증거한 바와 같이 "죄용서—그리고 그것이 갖는 경이로움은 정말로 그의 모든 생각의 중심이었다. 그는 설교 중 인간을 찾으시는—이들을 그리스도 안에서 죄용서하시는—하나님의 사랑을 항상 언급하였다. 그의 강의는 우리로 하여금 하나님의 사랑으로 인하여 죄인을 위한 구원 행위를 만들어 낸 십자가로 계속하여 인도하였다." 437)

속죄사역은 그리스도의 인격과 독립되어 존재하지 않는다. 성육신에 대한 케노시스 원리를 고려할 때 그리스도의 속죄사역을 피할 수도 없고 피해서도 안 된다. 그러나 속죄사역은 케노시스적으로 성육하신 그리스도 없이는 일어날 수 없을 것이다. 물론 속죄사역이 필연적으로 적합한 기독론을 이루기 위해 그리스도의 인격에 선행하여 고려되어야 한다는 뜻은 아니었다. "우리는 그리스도를 그분의 구속사역에 비추어서만 참으로 알 수 있다고 한다. 이것은 맞는 말이며 또한 중요하게 생각될 성질의 것이다. 그러나 이러한 이해가 곧 필연적으로 그리스도의 사역론이 먼저 자연스럽게 와야 한다는 것은 아니다." 438) 여기서 그가 의도한 바는, 아래로부터의 신학도 위로부터의 신학도 일방적으로 고려하고 있지 않다는 점이었다. 이 주제와 관련하여 그는 변증법적 형식을 취하고 있다.

시스적으로 성육하신 그리스도)이 자신의 속죄론을 철저하게 보증시켜 준다고 믿었던 것이다(*CEF*, p. xi). 이러한 의미에서 '죄의 용서'는 자신의 그리스도의 인격론인 케노시스 기독론과 논리적으로 밀접한 관계를 갖는다.
437) Riddell, p. 10. 여기서 레드만이 맥킨토쉬의 신학을 '십자가'의 신학이라고 부른 것은 옳다.
438) Mackintosh, *LS*, Sheet 2, "Redemption and the Redeemer."

줄기를 가진 나무와 그 열매 사이에 그 어떤 적대적 관계가 있지 않다. 왜냐하면 각각은 상대방과 관계를 맺음으로써만 **존재**하며 상대방에 의해서 결정된다. 이와 마찬가지로 성육신과 속죄사역, 그리스도의 인격과 사역은 이들 모두가 단 하나의 경험을 갖는 일체성 안에서 서로를 세우고 설정할 때에만 구체적이고 분명한 실재를 갖는다.[439]

맥킨토쉬는 "내적인 삶과 행위 이들 둘은 서로에게 전적으로 유기적인 관계를 이루고 있으며 서로 상대방에게 빛을 던져 줄 때에만 분명하게 된다고" 강조하고 있다.[440] 그에게 속죄사역은 그리스도의 인격을 통해 밝은 빛을 내게 되었고, 그의 행위는 그분의 존재를 드러내 보여 주었다.[441] 만일 그리스도의 사역이 인격에 대한 **인식 원리**가 된다면(ratio cognoscendi) 인격은 그분의 **사역에로의 원리**가 된다는 것도(ratio essendi) 역시 정당하다.[442] 그러므로 케노시스를 적절하게 해석하기 위해서는 속죄론을 탐구하는 것이 바람직하다 하겠다. 무엇보다 그리스도만이 타락한 인류의 대표자로서 죄를 짊어진 자가 될 수 있는 것은 바로 그분이 케노시스적으로 성육신하신 삶을 살았기 때문이다.

맥킨토쉬의 속죄론은 이전의 속죄에 대한 이해, 즉 법정적이고 윤리적인 범주로 생각한 것과 다르다. 전통적인 속죄 이해는 그리스도가

---

[439] Mackintosh, *DPJC*, p. 343.
[440] Mackintosh, *SACB*, p. 62. 여기서 리들 역시 다음과 같이 정확하게 언급하고 있다. "[맥킨토쉬]에게는 그리스도의 삶과 죽음이 결단코 나누어질 수 없었다. 혹은, 그에게는 구속사역을 떠나서 그의 인격에 대해 생각할 수는 없었다. *The Doctrine of the Person of Jesus Christ* 그리고 속죄사역을 다룬 *The Christian Experience of Forgiveness*는 하나의 큰 주제를 지닌 두 개의 측면을 다루고 있다" (Riddell, pp. 10-1).
[441] Mackintosh, *DPJC*, p. 342. "신학의 역사는 속죄사역과 성육신이 갖는 위대한 개념들이 서로에게서 분리되어 떠돌때 그것들이 갖는 생명력이 상실된다는 것을 철저하게 입증하고 있다" (Mackintosh, *CEF*, p. 208).
[442] Mackintosh, *DPJC*, p. 342.

형벌을 대신 받는다는 대리 속죄 행동을 하는 자로 여겨졌다. 언약 신학에서 발견되는 이러한 이론은 하나님 안에 있는 은혜와 사랑이 갖는 진지한 측면을 간과할 근본적 약점을 지니고 있다고 맥킨토쉬는 생각하였다. 또한 그는 속죄의 윤리적인 의미에 대해서도 역시 회의적이었다. 용서란 인간의 공력을 조건으로, 주어지는 것이 아니라고 보았기 때문이다. 그에게 죄용서는 '선행'과 관계가 있다기보다는 오히려 '하나님'과 유관한 것이었다.[443] 죄용서는 잃어버린 자들에 대한 하나님의 거룩한 사랑을 통하여 허락된, 그리스도의 희생으로 인하여 주어지는 것이다.

자신이 의롭다 하심을 얻었다는 경험을 한다면 그 누구든지 자신의 죄인 됨을 인식하지 않을 수 없었을 것이다. "죄용서는 우리가 악하고 또한 악한 행동을 해 왔다는 지식을 파괴하지는 않는다."[444] 죄에 관한 하나님의 견해는 너무도 심각하여 그 죄를 하나님은 무시하지 않고 오히려 진노하신다. 맥킨토쉬는 하나님이 죄에 대해 갖는 진노를 생각하지 않고 자비하신 아버지로서만 하나님을 좁혀서 이해하는 사람들과 자신을 구별하였다. 죄에 대한 하나님의 심각성을 염두에 두지 않고 십자가를 정당화할 수는 없다고 그는 확신하였기 때문이다. 이와 관련하여 우리가 생각해야 할 하나님의 속성(거룩성)을 주목해야 한다. 곧 그분이 거룩하시다면, 당연히 우리는 그분이 죄를 무시하신다든지, 죄에 대해 무관심하시다고 말할 수 없다. "십자가를 통해 우리는 인간의 죄가 농축되어 있고 신적인 거룩한 사랑이 또한 농축되어 있다는 사실 모두를 동시에 발견하게 된다."[445] 따라서 십자가 앞에 서 있을 때 우

---

443) Corbett, p. 233.
444) Mackintosh, *CEF*, p. 74.

리는 인간의 죄에 대한 절대적 정죄를 생각하지 않을 수 없는 것이다. 죄에 대한 하나님의 진노가 십자가에서 표현되었기 때문이다. 맥킨토쉬는 죄와 관련한 하나님의 심각성을 인식하고, 또한 하나님이 율법을 주신 분이기 때문이 죄를 진 사람들을 하나님이 어떻게 다루는가에 대해 진지하게 생각하였다. 맥킨토쉬는 이 점에서 브루스와 어깨를 같이 하고자 하지 않았다. 그러기에 맥킨토쉬는 죄에 대한 하나님의 진노를 인정하지 않았던 리츨을 비판할 수 있었다.446) 죄에 대한 하나님의 심판이 심각하게 고려되어야 한다고 믿었기 때문이다.447) 윤리적 속죄론은 인류가 갖는 죄성을 심각한 상태로 보게 하지 못한다.

그러므로 하나님의 죄용서는 단순히 윤리적인 심판의 관점에서 받아들여질 수 없다. 죄용서는 특별히 종교적인 것이기 때문이다. 물론 죄용서는 윤리와 관계없는 것은 아니다. 아니, 오히려 그것은 윤리 이상의 문제이다. 맥킨토쉬는 다만 종교적인 것을 단순히 윤리적인 시각과 차별화하려 하였다. "하나님의 죄용서는 전적으로 그리고 특히 종교적이라 생각되기 때문에 윤리를 초월하는 것으로 보아야 한다. 물론 그것은 비윤리적인 것은 아니다. 단지 그것은 마치 시(poetry)가 논리 위에 혹은 그 너머에 있는 어떤 영역을 지니고 있는 것과 같이, 윤리의 영

---

445) Mackintosh, *LS*, Sheet 24, "Reconciliation Through Christ (1)."
446) Mackintosh, "The Attitude of God to Sin," *Exp*, Series 8, vol. 23, 1922, pp. 196-200. 맥킨토쉬는 리츨을 다음과 같이 평가하였다. "리츨은 하나님의 진노가 현재하는 사실이 아닌 단지 미래에 있을 우연성일 뿐이라고 주장했다. 이것에 대하여 평가하면, 그는 올바르지 않은 방향으로 신학을 정하였다고 할 수 있다. [그리고] 만일 리츨이 하나님의 진노가 사랑과 조화를 이루지 못한다고 하여 생각을 싫어한다면 진노가 사랑과 어떻게 조화를 이룰 수 있는지를 이해하는데 어려움이 생긴다. …리츨은 자신의 이론이 적어도 외관상으로는 기독교적 정신과 접촉을 이루지 않는다는 것을 인정해야 한다. …왜냐하면 그리스도인들은 사랑과 진노 둘 모두 하나님 안에 실재한다고 생각하기 때문이다. 하나님은 잔인성, 거짓됨, 더러움을 적대시하는 분이다"(Ibid., pp. 199-200).
447) 그러나 어떤 의미에서 하나님이 인류의 죄 때문에 그들을 벌하신다는 것은 무가치하지는 않을 것이다. 징벌은 책망하는 역할을 할 수 있기 때문이다. "죄에 대한 모든 책망은 하나님이 그것을 원하신다는 의미에서 긍정적이다"(Mackintosh, "The Attitude of God to Sin," p. 202).

역 너머에서 기원한 것으로 볼 수 있다."[448] 죄용서는 성자 하나님이 죄인 된 인류를 위하여 자신을 희생하고자 이 땅에 내려오시기로 작정 하셨기 때문에 윤리 이상의 문제이다. 그것은 종교적인 문제인 것이다.

맥킨토쉬에게 죄용서는 수학적인 문제도 윤리적인 의미를 갖는 것도 아닌, 초자연적인 문제였다. 과학은 죄용서가 근본적으로 초자연적인 것이기 때문에 그 신비를 풀 수 없다고 한다. 그러면 이렇게 한 번 진지하게 생각해 보자. "용서하는 것, 혹은 치료하는 것 중 어느 것이 쉬운가? 우리는 여전히 예수님의 답변을 제시해야 한다. 이 둘 모두는 인간에게 불가능하고 오직 하나님에게만 전적으로 가능하다고 할 수 있다. 따라서 이 놀라운 예수님의 말에서 빛나는 한 가지 진리는 예수님의 마음에는 용서가 초자연적이라는 사실이다."[449] 그렇다면 과연 어떻게 그리스도의 구속사역이 우리에게 효력을 발휘하는가?

맥킨토쉬에게 그리스도의 십자가는 희생 제물이었다. 그리스도는 타자를 위해 필연적으로 고통을 겪어야 했던 것이 아니었다. 그분은 단지 자원하여 자기 자신을 희생 제물로 드린 것이다. 이러한 방식으로 그분은 인류의 죄를 자신에게 걸머 지고 죽음의 길로 나아갔던 것이다. 그러므로 "예수님의 희생은 그분의 마음과 의지에서 나오는 내적인 경험인 것이다. 그 희생은 구속사역의 완성을 위한 순종인 것이다. 물론 이것은 외적 조건이 아닌 내면적 충동의 발로라고 볼 수 있다."[450] 갈보리 십자가를 지신 그리스도는 의도적으로 고통을 겪으셨다. 물론 그는 자신의 실제 인성 안에서 참으로 하나님이 자신의 아들을 희생시키려는 의지와 씨름하고 있었다. 그러나 궁극적으로 인류의

---

448) Mackintosh, "The Place of Forgiveness in Christianity," *Exp*, Series 8, vol. 23, 1922, p. 28.
449) Mackintosh, "Jesus' Forgiveness of the Sinful," *Exp*, Series 9, vol. 1, 1924, p. 210.
450) Mackintosh, *LS*, Sheet 26, "Reconciliation through Christ (3)."

죄를 책임져야 한다는 생각이 그분에게 짐이 되었을 때, 자신에게 드리워진 이러한 정죄를 치워 버리지 않고 오히려 하나님의 그러한 의지에 순종하여 그 죄에 대한 심판을 수용하였던 것이다. "우리를 위해, 우리와 함께 그는 죄에 대한 성부의 심판에 굴복하여, 하나님에 대해 잘못을 저지른 죄가 철저하게 악한 것임을 고백하였다. 따라서 완전한 사랑 안에서 이루어진 그분의 이러한 굴복 행위를 보면, 우리는 그분이 **희생당하였다**는 것을 분명히 알 수 있다." [451] 그리스도는 죄를 가진 자로서 십자가에서 우리를 대신하여 희생을 당하셨다. 이로 인해 그 희생은 당연히 우리의 것이 되었고 또한 십자가상에 내려진 하나님의 심판은 우리에게 주어진 심판을 대체하는 결과를 낳게 되었다. 그러므로 그리스도의 구속사역은 우리에게 유효할 수 있게 되었다고 할 수 있다. 그러나 대리 속죄가 우리에게 어떤 영향을 미치게 되는지 여전히 한 가지 의문으로 남는다.

'그리스도와의 연합' 개념은 위의 질문, 곧 그리스도의 대리 속죄사역이 갖는 유익이 어떻게 우리에게 적용되는지 그 의문에 대한 문제를 풀기 위해 큰 도움이 될 것이다. 맥킨토쉬는 '신비적 연합'(unio mystica)이라는 개념은 구속 교리의 근본 원리가 된다고 믿었다.[452] 그리고 '우리 안에 계신 그리스도' 라는 개념이야말로 구속의 효과를 거두게 하는 매우 중요한 핵심적 기준이 된다고 보았다.

그리스도와 연합할 때, 우리는 그분이 우리의 대속물이 되셨던 분임을

---

451) Mackintosh, *CEF*, p. 222.
452) 맥킨토쉬는 데니가 신비적 연합 개념에 적대적인 리츨과 견해를 같이한다고 해서 데니를 비판한 바 있다. "이들 두 학자는 그들이 피력한 조건을 바탕으로 신학 구성 작업을 하면서 전반적으로 이 개념이 갖는 유익한 점을 모두 무시하고 이 개념을 쓸데없는 것으로 치부해 버렸다"(*SACB*, p. 99).

인식할 수 있다. 그분은 우리가 우리 자신을 위해서 할 수 없었던 일을 우리를 위해 행하셨다. 그분이 그 일을 하셨기에 우리는 더 이상 또 다시 그 일을 행할 필요가 없게 되었다. 그분은 죄인된 우리들에게 성부 하나님에게로 가는 길을 안내해 주셨다. 물론 그 길을 발견한 자는 오직 한 분이신 그리스도로 충분하다. 그러나 우리는 그분의 행동과 고통에 영적으로 우리 스스로 동참할 때 구원을 얻게 된다.[453]

이 개념은 하나님과 인류와의 종교적 관계가 윤리적이 아님을 보여준다. 인류 구속은 인간의 윤리적 공로에 의해 주어지는 것이 아니라 하나님의 사랑에 의해 공급된다. 하나님이 이 문제에 있어 주도권을 지닌다는 것이다. 사람이 하나님을 사랑한 것이 아니라 하나님이 인간을 사랑하셨다. 십자가는 이러한 하나님의 주도권을 잘 표현해 주고 있다. 맥킨토쉬는 이 개념을 개혁신학의 한 틀인 '신비적 연합'에서 차용하여 구속론에 대한 자신의 견해를 전개하였다. 이제 "그리스도 예수 안에 있는 자에게는 결코 정죄함이 없는" 것이다(롬 8:1). "하나님은 인간들이 지은 죄를 보고도, 이들이 영적으로 자신의 아들과 연합됨으로써 아버지를 만족시켜 주었기에, 이들을 용납하신다."[454] 우리는 그리스도와 연합함으로써, 그리스도 안에 있게 되면서 구원을 받을 수 있다. 다시 말하면, 진정으로 믿음을 지닌 자들만이 용서를 받고 의롭다 하심을 얻는다.[455] 은총은 누구에게나 무작위로 주어지는 것은 아니다. 아울러 그것은 도덕 개념과도 무관한 것이다. 그러나 그렇다고 그것이 실제로 비도덕적인 것은 아니다. 오히려 믿음 안에서 혹은

---

453) Mackintosh, *CEF*, p. 225.
454) Ibid., p. 224-5.
455) Ibid., pp. 116-7.

'신비적 연합'을 통해서 주어진 죄용서는 실제로 윤리적인 개념 이상의 것이다.

요약하면, '죄용서'는 신약성경에 증거된 바와 같이 영적이며 종교적인 것이고, 또한 이 진리는 경험을 통해 믿을 수 있다. 우리의 죄에 대해 그리고 하나님의 사랑에 대해 깊이 생각할 기회를 갖게 되면 언제든지 우리는 우리의 윤리적인 공로가 아닌 그리스도 안에서 주어지는 죄용서를 발견할 수 있다. 그러므로 우리는 우리의 죄와 그리고 하나님의 죄용서를 다룰 때는 순전히 윤리적인 차원의 것으로 보지 않고 반드시 종교적인 논의를 지닌 것으로 보아야 한다.[456]

그리스도와의 이러한 신비적 연합은 하나님의 은총과 사랑을 정당화할 수 있게 한다. 왜냐하면 결코 인간의 자유와 독립은 구속의 효과를 낳는데 그 어떤 역할도 하지 않기 때문이다. 이러한 '신비적 연합'을 통해 죄용서를 경험한 구속받은 자들은 그리스도의 구속사역을 통해 우리는 신약성경에 증거된 그리스도의 인격을 충분히 이해할 수 있다고 생각한다. "복음서는 그 어떤 모든 것보다 십자가에 드러난 하나님의 구속적 희생을 선포했다. 그분은 인간의 영혼을 지극히 사랑한 나머지 이 땅에 먼 여정을 감행하고 자신을 낮추어 임하심으로써 구속이 필요한 자들에게 다가가 그들을 일으켜 세워 줄 수 있게 되었다."[457]

그러므로 여기서 맥킨토쉬가 확언한 바와 같이, 우리는 그리스도가 필연적으로 인류를 위한 희생물이 되어야 했을 만큼 자신을 비운 인격체였음을 알 수 있다. 성경 또한 그리스도가 자신의 아버지와 대화하

---

456) Mackintosh, "The Attitude of God to Sin," p. 192. "그러므로 종교가 윤리가 아니고 윤리적인 것으로만 혹은 주로 그렇게 그 개념을 축소시키려는 모든 노력은 실패할 수밖에 없다. 종교는 윤리와 분리되어 있지 않다. 종교는 항상 윤리를 내포한다. 그러기에 신적인 의무 이행 의식은 사라져 버리지 않았다" (Ibid., p. 193).
457) Mackintosh, "The Revival of Kenoticism," p. 105.

면서 희생적 사역을 이루어야 하는 사명을 알고 있었다고 전한다. 케노시스적으로 성육하신 그리스도는 이러한 부자간의 관계 아래 구속사역을 완수하고자 하였던 것이다.

케노시스와 삼위일체

맥킨토쉬는 성자 하나님이 역사적으로 자기를 비우는 행동을 하였음에도 불구하고 삼위일체의 내적 관계가 붕괴되지 않았다고 믿었다. 그에 의하면 케노시스 기독론은 정통 삼위일체 교리에 그 어떤 해도 입히지 않았다. 오히려 삼위일체의 하나님을 적합하게 드러내 보여 주었다. 그는 예수 그리스도의 구속사역에서 하나님을 발견하였다. 또한 삼위일체는 역사적 예수 그리스도 안에서만 찾아져야 한다고 주장했다. 즉 그는 형이상학적으로 추론해서는 안 된다고 생각했다.[458] 삼위일체에 대한 전통적인 교리적 발전을 무시하면서 그는 역사상 유명한 그리스도 안에서 영적이고 윤리적인 의미에 주목함으로써 정통신학적 가르침을 정당화하고자 하였다. 삼위간의 상호 인격적인 관계는 그리스도가 지상에서 생활하신 모습에서 발견되는 이러한 윤리적이고 영적인 의미를 고려할 때에만 발견된다. 삼위일체의 내적 삶은 지상에서 겪은 그분의 윤리적 삶을 뛰어넘어서 알려질 수 없다.

삼위일체의 하나님은 사랑으로 서로 연합되어 있었다. 그런 까닭에 그리스도는 자신의 아버지와의 상호 관계를 지속적으로 유지할 수 있었다. 사랑 안에 이루어진 삼위일체의 내적 관계는 비록 성자 하나님이 실제의 한 인간이 되어 자신을 참으로 비우는 일이 일어났어도 자

---

458) Mackintosh, *DPJC*, pp. 509, 513, 515-17, 522, 526.

신의 존재론적 신성을 제거할 수는 없었다. 무엇보다 성육하신 그분은 자신이 사랑 안에서 영원토록 아버지와 하나이기 때문에 성부 하나님과의 상호 인격적인 관계를 완벽하게 지녔다.

> [만일] 하나님이 영원토록 성부라면 그리스도는 영원히 그분의 사랑을 지닌 아들이다. 성부와 성자는 절대적인 인격적 삶을 영원히 완벽하게 이루면서 사시는 분이시다. 온 세계가 존재하기 전에 계시는 하나님의 삶을 생각할 때 윤리적이고 영적인 관계, 즉 능동적이고 실제로 일어나며 방해받지 않고 주어지는 사랑을 지닌 그분의 모습을 제외하고는 상상할 수 없다.[459]

그리스도의 삶과 사역은 성부 하나님의 것과 똑같은 신적인 사랑의 표현들인 것이다. 역사적 예수는 내재적 삼위일체에 속해 있었기 때문에 예수 그리스도는 자신을 본 자마다 아버지를 보았다고 말할 수 있었다. "하나님은 그리스도 안에 포장되어 있다. 즉 이 둘은 서로를 너무도 많이 닮고 있기 때문에 [하나님 아버지와 그리스도는] 실제로 나누어질 수 없다."[460]

맥킨토쉬는 삼위일체 교리를 사회적 유비를 통해 전개하였다.[461] 물론 사회적 유비를 제안하면서 그는 삼신론의 비난을 받을 소지가 있음을 인식하고 그 오해를 불식하려고 하나님이 갖는 '사회적' 형태를 분명하게 개념 정리하였다. 오해의 근원이 각위의 사회적 존재 양식을 '개별적 존재'라는 의미로 파악했기 때문이라 보고, 각위간의 상호 인

---

459) Mackintosh, *PJC*, p. 105.
460) Mackintosh, "Christ and God," *ExpT*, vol. 31, 1919-20, p. 75.
461) 삼위일체의 사회적 유비는 다음 장에서 충분히 논의될 것이다.

격적인 사랑은 세 개별적 존재들이 서로를 사회적 형식으로 사랑하는 것을 의미하지는 않는다고 논박하였다. 그럼에도 불구하고 어떤 이는 마치 사랑의 사회적 유비가 신성에 대해 다신론적 양식을 규정하는 것으로 보고 잘못 파악하였다. "만일 전혀 사랑을 받는 일이 없다면 사랑은 이미 사랑이 아니다라고 말하는 것, 즉 성부와 성자의 시작없는 관계를 지니는 것을 두고 신적인 사랑이 '사회적'이라고 주장하는 것, 다시 말해, 하나님, 세계, 인간 예수와 구분되는 의식적 존재가 적어도 성자의 삶에 의해서 그 의미를 찾게 된다면, 그것은 신성에 대해 다신론적인 견해를 지니게 만들어 버리게 된다."462) 그러나 위와 같이 주장하는 자는 위격에 대한 실제의 의미를 알지 못하고 있다. 삼위일체 하나님 안에 있는 사랑의 사회적 유비를 오해하였기 때문이다.

그리스도의 신적인 삶과 삼위일체 하나님 사이의 관계를 다룰 때 인간학적인 용어를 사용함으로써 그 위격을 생각하는 것은 매우 조심해야 한다고 그는 제안하였다. 성부 하나님, 성자, 성령을 개별적 실체로 생각하는 경향이 있을 수 있는데, 맥킨토쉬는 그러한 인간학적 용어가 삼위일체의 하나님에게 적용될 수 없다는 것을 경고하였다. 삼위일체와 관련하여 '위격'이라는 용어가 사용되는 것은 단지 삼위일체 하나님의 삶을 표현함에 있어 우리 인간의 언어가 부족하여 생긴 것으로 보아야 한다.

그렇다. 위격이란 단어 그 자체가 결정적인 의미를 제공하는 것은 아니다. 기독교 신학의 한 저명한 학자가 말한 바와 같이 '삼위일체적으로 사용된 위격이란 근거 또는 기초를 어떤 특정한 기능을 가진 실제적인

---

462) Mackintosh, *DPJC*, p. 524.

근거 혹은 기초 역할하는 존재의 한 양태이지, 분리된 개별적 존재를 의미하지는 않는 것이다. 그것은 분리되지 않는 구별을 의미한다.' … 다른 예를 들어 본다면, 분명한 것은 희랍 신학에서의 hypostasis와 라틴 신학에서의 그 상대적 용어인 persona가 현재 그리고 과거에도 결단코 우리가 보통 인격성을 두고 생각하는 것을 의미하지 않았다. 엄밀히 말해, 우리가 그 단어, 위격(Person)을 사용하는 것은 단지 언어의 결핍 때문이다. 즉 신적인 구별을 갖는 실체를 우리가 믿는다는 것을 보여 주는 것이지, 분리된 본질을 소유한 분리된 의식적 존재들을 확언하는 것은 아니다.463)

그러므로 삼위일체 하나님이 갖는 상호간의 인격적 관계는 삼위일체 하나님 개념과 상충되는 삼신론적 함축성을 필연적으로 내포하지는 않는다. 정통신학의 가르침에 반영된 바와 같이 맥킨토쉬는 한 하나님 안에 있는 삼위들간의 구별이 있지만 이것이 곧 보통 우리가 말하는 의미로 세 분의 개체적 존재들이 있다는 것을 의미하지는 않는다고 생각하였다. 아버지와 아들은 사랑 안에서 상호간의 인격적 관계를 갖는다는 의미에서 하나이다. 이러한 방식에 따라 자기를 비우신 그리스도는 인격적으로 존재론적 신성을 완전히 떠나 있거나 삼위일체 하나님과 분리되어 있다고 말할 수 없다.

맥킨토쉬는 앞에서 언급한 '위격' 개념을 가지고 삼위일체 하나님에 대한 사회적 유비를 전개하였다.

우리가 하나님 안에 있는 사랑에 대한 본질적인 조건들이 **우리에게는**

---

463) Ibid.

상호 배타적인 인간성을 의미하는 것과는 달리 그러한 배타성을 지니지 않으면서 구별 이상의 그리고 보다 심오한 일체성 안에서 실제 존재할 수 있다고 생각하면 가장 실제적인 도움을 얻게 된다. 그러나 삼위일체 교리에 대한 비판적 견해가 그동안 너무 자주 인격적인 삶에 대해 좁은 의미로 또한 개인주의자와 같은 개념에 입각하여 논의되어 온 것은 사실이다. 이들 비판적 견해들은 인간의 경험을 정적인 것으로 생각함으로써 그러한 개념을 만들어 내고 통제하였던 것이다. 심지어 인간의 사랑에서조차도 이미 언급한 바와 같은 상호 인격간의 배타성은 대부분 극복되고 있는 것이 명백한데도 말이다. …그러나 하나님은 자신이 갖는 사랑을 그와 동등한 대상과 연합하여 나누고 혼합된 일치를 영원히 다진다.464)

맥킨토쉬는 삼위일체의 하나님을 이해하기 위해서 각 인격체들 가운데 있는 상호 인격간의 영원한 사랑이라는 개념 외에 다른 도움은 없다고 믿었다. 상호 인격간의 사랑으로 인하여 성자 하나님은 인간적인 삶의 형태를 취해야 했고 구속사역을 감당하셔야 했다. 성자 하나님이 케노시스적으로 성육하게 되신 것은 상호 인격간의 사랑을 통하여 가능하였다. 더욱이, 여기서 우리는 역사 속에 나타난 그리스도의 경륜적인 구원사역에 주목하면서 내재적 삼위일체를 인지할 수 있다. 그리스도의 구속사역에서 우리는 삼위일체 하나님을 볼 수 있는 것이다. "구속 사건은 역사적인 사실 혹은 일련의 사실들이다. 이 역사 속에 성부, 성자, 성령이 명백하게 드러났다. 영원하신 분이 예수 그리스도 안에서 밝혀졌고, 그를 통해 영원하신 그분이 세상과 화해하셨다.

---

464) Ibid., pp. 524-5.

…본질적으로 삼위일체 교리는 이제 이러한 사실들을 간단히 고백하는 것뿐이다."[465] 상호 인격간의 사랑이 갖는 필연적인 측면이라 할 수 있는 그리스도의 구속사역은 삼위일체에 대한 지식을 제공하는데 기여할 수 있었다.

그러나 이 주제와 관련하여 한 가지 비판적 논의를 한다면, 맥킨토쉬는 삼위일체를 설명하면서 역사적인 예수 그리스도 안에서만 파악하는 오류를 범하였다는 것이다. 이런 의미에서 그는 이위일체론주의적 경향을 지닌다고 비판받을 수 있을 것이다. 그는 성령을 구별된 인격체로 인정하기를 주저하였고 단지 그리스도의 영으로 인식하기를 좋아하였다. 즉 "'성령'이 의미하는 바를 이해하기 위해서 우리는 '그리스도의 영'이라는 개념으로부터 출발해야 한다는 것이다."[466] 그는 성령을 역사적 예수의 머리 위에 있는 것으로 생각했다. 이런 구도 아래서 보았기에 그 예수님은 신적인 분이 될 수 있었다. 성령은 "우리 주님의 현존 형식 혹은 양태일 뿐"이었다.[467] 삼위일체 하나님을 그리스도 중심적으로 생각함으로 말미암아 성령에 대한 존재론적이고 구별된 인격체에 대해 회의를 가져오게 하였다. 그는 "성령 안에 주어진 것은 초월적이고 무한한 그리스도이다. 그렇지 않다면 그의 신적인 특성은 한낱 말에 불과한 것일 뿐 그 이상은 아닐 것이다"[468]라고 했다. 하지만 맥킨토쉬는 성령과 역사적인 그리스도 사이의 구별을 보지 못하

---

465) Ibid., p. 512.
466) Mackintosh, *LS*, Sheet 29, "The Spirit in Faith and Experience." "이것은 세 가지 생각을 드러낸다. (1) 그리스도 안에 거주하시는 이는 바로 성령이었다. 예수님의 전 생애야말로 틀림없이 성령이 무엇을 의미하는지 보여 줄 것이다. (2) 그리스도께 전해주는 자는 바로 성령이다. (3) 그리스도를 증거하는 자는 성령이다. 그리스도는 성령의 사역이 갖는 내용이다."
467) Mackintosh, *DPJC*, p. 511.
468) Ibid.

였다. 그는 성령을 단지 그리스도의 신적인 삶을 정당화하기 위해서만 인정하였을 뿐이었다. 맥킨토쉬에게 성령은 "인간적인 삶을 지니신 하나님의 생명, 능력, 구원하는 힘"일 뿐이었다.469) 그는 성령을 역사 안에 육신이 되신 성자와는 다른 별개의 구별된 인격과 사역을 하시는 분으로 보지 않았다.

평가

맥킨토쉬의 케노시스 기독론은 역사적인 성육신을 생생하게 나타내었기 때문에 누구라도 추론의 과정을 거치지 않고서도 성육신의 사실성을 목도할 수 있게 한다. 성경적 증거에 적합한 역사적 성육신의 모습을 묘사하려는 그의 시도는 이 땅에 사셨던 하나님의 수치스러운 삶을 생생히 보도록 도와 준다. 그 결과 우리로 하여금 그분이 희생당하였음을 확신할 수 있도록 만든다. 케노시스 원리는 역사상 유명한 그리스도 안에 이미 잉태되어 있었던 것이다. 이러한 케노시스 기독론은 성육신이 어떤 모습인지를 보여 준다. 기독론에 있어 이러한 학문적 기여를 상세히 열거하는 것을 뒤로 미루고(다음의 두 장에서 충분히 논의될 것이다) 우리는 단지 여기에서 맥킨토쉬의 케노시스 기독론이 갖는 몇 가지 장점과 약점을 살펴보고자 한다.

우리는 브루스와 같이 맥킨토쉬도 그리스도가 이 땅에 사는 동안 그가 지니셨던 실제의 인성을 충분하게 묘사했다고 평가할 수 있다. 그의 기독론은 그리스도의 모습에서 그 어떤 가현설적인 것을 용납하지

---

469) Ibid., p. 510.

않는다. 역사적 예수는 실제로 우연적이고, 제한된 삶을 사셨으며, 죽을 운명을 타고 났고, 무기력하고 무지하며 편재하지 못하셨던 분이었다. 그는 케노시스적으로 성육하신 삶을 나타내 보여 줌으로써 그리스도의 인성의 실제성을 밝혔다.

한편, 그는 그리스도의 신성을 변호하려고 노력하였다. 그는 결코 신적인 그리스도를 포기하지 않았다. 그는 전능, 전지, 편재성 등이 하나님의 본질적 속성이라고 부각시킴으로써 그리스도의 신적인 삶을 온전하게 밝히는데 있어서 그 어떤 어려움도 감수하였다. 이러한 방식으로 그는 케노시스 기독론이 신성을 결여한다는 비난으로부터 해방시키려 하였다. 그러므로 그는 케노시스 기독론에 있어서, 특히 토마시우스의 이론이 신성을 결여한 그리스도의 모습을 제공한다고 리츨이 공격한 것과 같은 비판을 충분히 피할 수 있었다.[470]

이러한 의미에서 베일리의 맥킨토쉬 비판은 틀렸다고 하겠다. 왜냐하면 베일리는 자신의 스승인 맥킨토쉬의 케노시스 기독론이 전능, 전지, 편재성을 포기하게 하는 것으로 보았기 때문이다. 그래서 그는 자기 스승의 기독론에 대해 그의 책 *God Was In Christ*에서 의문을 제기하였다. 그는 자신의 스승의 케노시스 기독론에 대하여 다음같이 비난조로 평가하였다. 요약하면 "전에는 하나님이었던 분이 일시적으로 스스로 인간으로 변하신 경우이거나, 혹은 신성을 인성과 바꾸는 일시

---

[470] 리츨은 로고스와 이 세계와의 관계라는 의미에서 케노시스 기독론을 반박하였다. "신적인 로고스 개념은 하나님과 이 세계와의 관계에서 보면 배타적인 기원을 갖는다. 따라서 만일 어떤 특정한 경우에 하나님과 이 세계와의 관계를 잊고 생각한다면, 우리는 이 개념 자체가 필요로 하는 방식으로 하나님의 로고스에 관해 생각하기를 그만두게 될 것이다. …만일 성육신하기 위해 로고스가 스스로 자신의 전능성 등을 버린다면, 그때에 그는 영원히 성부에게서 나시고 그분과 동일 본질로 계신 로고스로서의 그리스도의 인격으로 인식될 수 없을 것이다. 위의 이러한 가정을 그대로 수용하면, 그리스도가 적어도 이 땅에서 그분이 존재하시는 동안 신성을 전혀 갖지 못했다는 사실은 분명하다" (*Justification and Reconcilation*, p. 410).

적 신현(an temporary theophany) 이야기였다는 것이다. …그리스도는 **과거에** 하나님이었지 이제는 인간일 뿐이라는 말이다."471) 그러나 그는 토마시우스 그리고 게스로부터 맥킨토쉬를 구별하지 못하였기 때문에 그의 비판적 평가는 타당하지 않다. 맥킨토쉬는 케노시스적으로 성육하신 그리스도가 신의 속성을 벗어 버렸다고는 결코 말한 적이 없다. 베일리는 맥킨토쉬의 케노시스 개념을 파악하지 못하였거나 아니면 그 개념을 토마시우스의 것과 같은 것으로 잘못 단정한 것으로 보인다.

맥킨토쉬에 대해 이와 비슷하게 오해한 또 다른 경우는 워필드가 맥킨토쉬의 책 *DPJC*에 대해 서평한 글에서도 발견된다. 그는 맥킨토쉬가 보통의 평범한 인간 예수 외에는 그려 내지 못했을 뿐 아니라 하나님을 그리스도 안으로만 그 범위를 축소시켜 버렸다고 단정하였다.472) 워필드에게 맥킨토쉬가 언급한 신적인 그리스도는 자신이 강조한 그리스도의 인성 개념과는 모순되어 보였다. 이러한 평가는 매우 잘못된 오해의 전형적인 실례이다. 워필드는 맥킨토쉬가 인간 예수 안에 참되고 실제적인 하나님이 있다는 것을 정당화하려는 신령한 마음을 읽지 못하였다. 이러한 오해는 아마도 부분적으로 신성 안에 있는 '잠재성'을 인식하는데 부족한 면이 있었기 때문에 가능하였을 것이다. 왓슨(Philip Watson) 역시 맥킨토쉬를 오해한 같은 부류의 사람이다. 그는 그리스도가 하나님의 속성을 '현실적으로'는 소유하지 않았다고 맥킨토

---

471) Donald Baillie, *God Was In Christ*, (New York: Charles Scribner's Son, 1948), p. 96. 다음 글 pp. 94-5 역시 참고하라. 이와 반대로 맥킨토쉬의 또 다른 제자였던 토랜스는 케노시스 기독론을 다음과 같이 정확하게 이해하였다. "하나님은 그 어떤 것도 **자신에게서**(*out of himself*) 비운 것이 아니라 **자신을**(*himself*) 비운 것이다." 나아가 그는 맥킨토쉬의 강의에서 자신의 선생이 대륙의 케노시스 이론들과 구별하려고 "옛 개념들을 보다 현대적인 용어로 재기술한 것일 뿐인" 케노시스 원리들을 제안하였다고 이해했다(*Letter by* T. F. Torrance).

472) B. B. Warfield, "A Review of *The Doctrine of the Person of Christ*," *Princeton Theological Review*, 11 (1913), pp. 154-5.

쉬가 말한 근거를 예를 들면서 맥킨토쉬가 제시한 그리스도가 참으로 하나님이었는지 의구심을 표하였다.[473]

최근의 다른 비판자를 든다면 맥클라우드(Donald Macleod)일 것이다. 그는 맥킨토쉬의 그리스도가 실질적으로는(practially) 전능하지도, 전지하지도, 편재하지도 않았다고 선언한 것은 옳다고 보았다.[474] 비록 맥킨토쉬가 그리스도에게는 전능, 전지, 편재성이 갖는 본질적인 기능이 있었다고 해도 여기서 맥킨토쉬는 그러한 그리스도가 **단순히**(simpliciter) 편재하고 전능하고 전지하였다는 것을 의미하지는 않았다고 생각하였던 것이다. 겟세마네 동산에서 십자가의 길을 취소해 달라는 뜻과 자신의 원대로 말고 아버지의 원대로 되기를 간절히 부르짖은 그의 기도를 보면, 그리스도가 자신의 능력대로(전능성을) 실질적으로는 행사하지 **않았음**을 누가는 증거하고 있지 않는가!(눅 22:42) 이러한 성경적 근거를 바탕으로 하나의 신뢰할 만한 논증을 제시하기 위해, 맥킨토쉬는 전능, 전지, 편재성이 농축된 상태로 잠재되어 있다고 전제했던 것이다. 맥클라우드는 맥킨토쉬가 말한 잠재성의 의미를 오해한 듯하다. 이에 따라 맥킨토쉬의 그리스도는 인간의 손길을 넘어서는 능력을 전혀 소유하지 않는 것으로 보았던 것이다. 그러나 맥킨토쉬가 실질적으로 무지하였다고 제시한 것은 우리로 하여금 반드시 그리스도를 단순히 인간적인 모습만을 취하도록 하지는 않는다. 더욱이 잠재적인 신성이란 것도 반드시 신성을 축소시키게 한다거나 아예 존재하지 않는 것으로 만들지 않는

---

473) Philip S. Watson, "Books on the Person of Christ: The Kenosis Doctrine in H. R. Mackintosh's 'The Person of Christ'," *ExpT*, vol. 64, (1952), p. 71.
474) Donald Macleod, *The Person of Christ*, pp. 208-9. Macleod는 맥킨토쉬를 극찬하였던 그의 논문, "Christology"에서보다는 이 책에서 그를 더 비판한 것 같다. "*DPJC*는(빌 2:7의 '비우사'라는 말씀에 기초한) 케노시스 기독론을 호의적으로 다룬 것으로 오늘날 가장 탁월한 책으로 평가할 만하다"("Christology," p. 172).

다. 오히려 시간이 지나면 활동적이게 될 신성의 실재 혹은 실존을 말해 준다고 하겠다.

끝으로, 맥킨토쉬의 입장은 종교적인 의미를 가져다주는 강점을 지니고 있기 때문에 그의 케노시스 기독론은 구원론적 이해를 보다 깊이 다지게 한다. 하나님의 거룩한 사랑은 그의 케노시스 기독론에 숨어 있는 중심 동기이며 하나님이 하늘에서 이 땅으로 내려와 모든 사람을 위해 자신을 희생하였던 근본적인 이유인 것이다. 맥킨토쉬는 그동안 전통적인 기독론이 적절하게 그 특징을 드러내지 못하였던 종교적 의미를 묘사하였다. 성자 하나님은 성부의 뜻에 순종하여 인류를 구원하는 사명을 띠고 종이 되었다. 즉 그리스도의 인격은 맥킨토쉬의 기독론에서는 그리스도의 사역을 전제한다. 이러한 구원론적 기독론은 성육하신 그리스도가 그의 본질적 기능으로서 케노시스 형태를 취하게 하는 장점을 지니고 있다.

그의 케노시스 기독론은 환영받았다. 신약신학자인 테일러(Vincent Taylor)와 오닐(J. C. O' Neill)은 맥킨토쉬의 케노시스 기독론을 지지하였다.[475] 케이브(Sydney Cave)는 "최근에 나온 기독론에 관한 작품 중 그 어느 것도 그의 것처럼 심오하게 혹은 잘 설명한 것은 없다"고 맥킨토쉬에 대해 스토어(Canon Storr)가 평한 것을 인용하면서 그를 극찬하였다.[476] 크리드(J. M. Creed) 역시 비록 그 자신이 케노시스 기독론을 주장하고 싶지는 않았지만 맥킨토쉬의 그것에 대해서는 지지하였다.[477]

---

475) Vincent Taylor, pp. 265-8; J. C. O' Neill, pp. 188-9.
476) Sydney Cave, *The Doctrine of the Person of Christ*, (New York: Charles Scribner' s Sons, 1925), p. 226. 스토어에게서 재인용, *Liberal Evangelicalism*, 3rd ed., p. 105. 멀린스(E. Y. Mullins)의 다음 글도 보라. "Book Reviews about *The Doctrine of the Person of Jesus Christ*," *Review and Expositor*, 10 (1913), p. 114.

그러나 그의 케노시스 기독론은 몇 가지 약점을 드러내고 있다. 첫째, 그는 주관주의적 오류의 경향을 보여 주고 있다. 그리스도인이 그리스도를 알 수 있다는 것 자체는 옳다. 하지만 그는 다른 사람들이 하나님과 그리스도에 대한 지식에 접근할 수 있는 문을 닫아 놓았다. 그 이유는 그가 역사적 예수와 역사상 유명한 그리스도에 대해 지식을 얻게 하는 중심적인 요소로서 인간의 경험을 강조하였기 때문이다. 그는 그리스도에 대한 지식은 구속주를 경험함으로써만 접근 가능하다고 했다. 무엇보다 그는 이러한 경험을 통해 성자 하나님이 케노시스 행동을 필연적으로 취하셨음을 발견할 수 있다고 주장했다. 그러나 그는 그리스도에 대한 신앙고백 형식을 수호하는데 관심을 두기보다 오히려 정밀한 논리에 대하여 비판적 시각을 갖고 있는 사람들에게는 설득력 있게 설명하지 못하였다.[478] 그야말로 맥킨토쉬의 구도는 변증적이지 못하였다. 그는 믿는 자들에게는 훌륭한 설교자가 될 수 있을지 몰라도 성육신을 의심하는 자들에게는 그렇지 못하였다. 그의 궁극적 논리는 설득력이 있다기보다는 회의적이라 하겠다. 그는 우리가 겪지 못한 그리스도에 대한 경험을 우리로서는 알 수 없기 때문에 성육신에 대한 과학적 서술은 불가능하다고 일축하였던 것이다. 그가 보기에 성육신 교리는 비논리적인 요소가 있다고 판단했다. 따라서 그는 이 교리를 다루면서 논리적인 주장을 전개하는 것에 관심을 두지 않았다. 성육신 그 자체가 비논리적이고 비합리적인 특징을 갖는다고 생각했

---

477) J. M. Creed, "Recent Tendencies in English Christology," *Mysterium Christi*, G. K. A. Bell과 A. Deissmann 편저, 1930. 그의 글 다음의 책도 보라. *The Divinity of Jesus Christ: A Study in the History of Christian Doctrine Since Kant*, (London: Collins, The Fontana Library; Cambridge: Cambridge University Press, 1938), p. 75f.
478) Gerald Birney Smith, "Mackintosh's Exposition of Modern Christology," *AJT*, vol. 17, (1913), p. 307.

기 때문에 그는 성육신 사건을 하나의 신화로 여기는 존 힉(John Hick)과 같은 자들을 설득할 수 없었을 것이다. 그러면 우리는 그리스도에 대한 지식을 얻기 위해 정말로 이성을 사용하지 말아야 하는가? 우리는 정말로 성육신을 논리적으로 설명하는데 회의적일 수밖에 없는가?

둘째, 그는 기독론을 제대로 파악하려면, 형이상학적인 구도를 버리고 윤리적인 형식을 추구해야 한다고 말했다. 그런데 이것은 그 스스로의 주장과도 모순되어 보인다. 그는 하나님의 본질 속에서 윤리적인 특성을 발견하고 그것을 성육신 묘사에 적용하였다. 그 결과 그는 형이상학을 그의 신학에서 아예 배제하려 하였다. 그럼에도 불구하고 그는 기독론 작업을 함에 있어 형이상학이 필요하다면 '양심'이라는 의미에서 취해질 수 있을 것이라고 고백한 바 있다. 이것을 보면 우리는 그가 자신의 케노시스 기독론에서 형이상학적인 의미들을 정말로 치워 버렸다고 할 수 없을 것이다. 물론 그는 형이상학적인 사색의 구도에 말려 들지 않았다. 특히 그리스도의 신적-인간적인 삶 가운데 포함된 형이상학적 범주가 그 대표적인 경우라 할 수 있다. 예를 들면, 성자께서 자신이 케노시스적인 삶을 사는 동안 인간적인 삶을 영위하는 것과 우주의 상태가 정상적이 되게 하는 것 사이의 조화를 이루는 문제 등에 대해서는 다루려고 하지 않았다. 그러나 그는 실제로 사색의 탐구 과정 가운데 있었다. 자신의 케노시스 기독론을 전개할 때 그는 형이상학적인 의미들을 이미 전달하고 있었다. 비록 그 자신이 성육하신 로고스가 우주의 활동 상황에 대해 직접적인 지식을 지니고 있다고 생각하지 못하였어도, 그는 삼위일체의 내적 관계가 서로간에 분리됨이 없이 유지되고 있었다고 강변함으로써 이위일체라는 비난으로부터 자신을 변호하였다. 비록 우리가 그의 주장의 일면을 보면 형이상학적 논의에 수동적으로 관여하고 있었다고 할 수 있지만, 형이상학적 대화에서 보여 준 내용을 고찰하면 보다 적극적으로 관여하였음을 알 수 있다. 그는 그리스도의 신적-인간적인 삶을 '농축된 잠재성'이라는 개념 속에서 묘사하였다. 나아가 그는 플레로시스라는 구도를 지닌 그리스도의 신적-인간적인 삶 가운데 '두 개의 운동'이 발견된다고 제안하였다. 전능, 전지, 편재성 등이 이항된다고 그가 제안한 것은 순전히 형이상학적인 사색으로부터 흘러나온 것이라 하겠다. 왓슨은 맥킨토쉬가 "양심의 형이상학이 아닌 의식의 형이상학이라 불릴 수 있는 기독론을" 전개하였다고 올바르게 분석했다.[479] 포사이스를 평가하였던 군톤은 왓슨과 비슷한 견해를 맥킨토쉬에게도 피력했을 것이라 생각된다. 그는 포사이스를 다음과 같이 평가했다. "그의 성육신에 관한 케노시스 이론은 '양심의 형이상학' 이상이라 할 수 있다. 왜냐하면 성육신을 인간 역사에 실제로 일어난 그 어떤 것이라 생각되도록 만들려는 것이 그의 본질적인 의도였기 때문이다."[480]

그러나 궁극적으로 맥킨토쉬의 형이상학적 구조는 신적-인간적인 삶 가운데 존재하는 하나의 인격을 생각하게 하는데는 거의 학문적 기여를 제공하지 못하였다. 구원론적 틀을 기초로 한 것은 오직 하나님의 인간적인 삶, 역사적인 예수 안에 있는 하나님 정도로만 선언하였을 뿐이다. 그러나 이러한 양성의 연합 개념은 형이상학적인 문제, 곧 하나님 안에 있는 역사적 예수라는 개념을 놓칠 수 있는 위험을 낳는다. 역사적 예수는 독립적이지도 않으며 개별적인 단일체도 아니었다. 이러한 약점은 그로 하여금 그리스도의 위격적 연합을 오해하도록 만

---

479) Watson, p. 71.
480) Gunton, Yesterday & Today, p. 171.

들었다. 그는 위격적 연합에 대해서는 부정적이었다.

맥킨토쉬가 위격적 연합 개념에 반대한 것은 아마도 그의 그리스도 중심적인 신학 구조에서 기인한 듯하다. 그는 하나님은 역사적 예수 안에서만 발견될 수 있었다고 믿었다. 기독론에 있어서 이러한 역사적 측면을 강조하였기 때문에 그는 하나님을 그리스도의 실제적 인성 안에서 발견하도록 하였다. 완전한 인성 혹은 실제 우리와 같은 '인격'을 고려하지 않는 한 어떤 기독론도 만들어질 수 없다. 이런 의미에서 그는 인성이 비인격성을 갖는다는 것을 상상할 수 없었다. 따라서 양성의 일치는 이러한 원리에 기초한 인격성 측면에서 추구되어야 함을 의미하는 것이라고 그는 생각했던 것이다. 그는 올바른 기독론의 전개를 위해서는 그리스도의 인성을 철저하게 보장해야 한다고 확신했기 때문에 '위격적 연합'이라는 전통적인 술어는 그리스도에 대한 성경적 묘사를 정당화시켜 줄 수 없다고 판단하였다. 그는 이 용어로서는 로고스만을 상상케 할 뿐이라고 믿었던 것이다.

그러나 위격적 연합 개념을 떠나서 양성의 일치를 생각하는 것이 정말 가능하겠는가? 이 용어는 필연적으로 가현설을 낳을 수밖에 없는가? 그는 위격적 연합이라는 용어를 오해하였던 것 같다. 이 개념은 그리스도 안에 있는 인성을 필연적으로 사라지게 하지도 않는다. 또한 그리스도의 인간적인 삶에 대해 위해를 가하지도 않는다. 오히려, 이 개념은 로고스 없이는 그 인간적인 삶이 불가능하다는 것을 강조하고자 도입되었을 뿐 아니라 그리스도가 두 개의 구별된 성질들을(pheseis) 지닌 가운데에서 하나의 인격체를(hypostasis) 이루고 있음을 확실히 하고자 함이었다. 사실 그리스도의 그 어떤 인간적인 삶도 로고스와 분리되어 있지 않다. 만일 우리가 (맥킨토쉬도 그러하듯이) 그리스도의 선재성과, 그분의 성육하신 삶 가운데에서 인간으로 변하였던 사실과 두 개의 인격체를 가지신 분이라는 주장을 거부하고, 그리스도 안에 참 하나님이 있다고 가정한다면, 우리는 결코 위격적 연합 개념을 피할 도리가 없다. 더욱이 우리는 그 어떤 양성 연합론도 삼위일체론을 정당화해야 하므로 위격적 연합이라는 어구를 거절할 수는 없다.

그럼에도 불구하고 그가 전개한 '케노시스적으로-성육신하신-그리스도' 형식 자체는 큰 틀에서 여전히 성경적 증거를 표현하고 있음을 부정할 수 없다. 아울러 약간의 오해가 있는 것을 제외하고는 정통신학적 틀 안에서 발전적으로 기독론을 전개하였다고 말할 수 있다. 이제 우리는 그가 전개한 케노시스 기독론이 얼마나 정통신학적 토대를 발전시켰는지 살펴보고자 한다.

제3부

맥킨토쉬의 케노시스 기독론:
정통신학적 그리스도 개념의 재형식화

우리는 지금까지 브루스에게서 처음으로 도입되고 맥킨토쉬에 의해서 가장 체계적으로 전개된 스코틀랜드의 케노시스 기독론을 탐구하였다. 이 기독론이 집중 조명한 것은 하나님의 윤리적인 본성과 온전한 인성을 지닌 그리스도에 대한 성경적 묘사에 있다고 할 수 있다. 무엇보다 이 기독론은 역사적인 그리스도에 대한 신적-인간적인 삶에서 고려되어야 하는 형이상학적 관심을 근본적으로 제거하지는 않았다. 이 점에 있어서 브루스보다는 맥킨토쉬가 보다 더 민감하였다. 비록 충분치는 않지만 맥킨토쉬는 이러한 형이상학적 모티프의 사실성을 올바르게 논의하였다. 바로 앞에서 살핀 바와 같이 비록 그가 자신의 케노시스 기독론을 전개하면서 몇 가지 약점을 노출시키기는 하였지만, 그의 기독론은 재고할 만하다고 하겠다. 그의 케노시스 기독론은 그리스도에 대한 정통신학적 이해를 재형식화한 것과 같기 때문이다. 지금부터 우리는 맥킨토쉬의 케노시스 기독론을 다시 되살릴 수 있음을 밝혀 볼 것이다. 우리는 이제 그가 기독론 전개를 하면서 공헌한 부분을 탐색하면서 그의 케노시스 기독론이 어떻게 성육신에 관한 정통신학적 그림을 보여 주는지, 그리고 그리스도의 인격과 사역이 얼마나 밀접한 관계를 지니는지를 살펴볼 것이다.

제5장
성육신에 대한
정통신학적 묘사의 표면화

성육신에 대한
정통신학적 묘사의 표면화

영국에서 당대의 케노시스 기독론주의자들과 어깨를 같이하면서 자신의 기독론을 전개하였던 맥킨토쉬는 다른 그 누구의 것보다도 케노시스 기독론의 정당한 면모를 잘 과시하였다. 그는 학문적 치밀함을 통해 성경적으로도 적합하고 신학적으로도 적절한 논리를 전개함으로써 '양성을 지닌 한 인격체'에 대한 정통신학적 사색이 비합리적이지 않음을 보여 주었다. '단순히-윤리적인' 구도 아래 전개된 브루스와 포레스트의 '실제적이지만 윤리적인' (real but ethical) 케노시스 개념이 극복되었다. 웨스톤의 '상대적' 개념을 지닌 케노시스 원리에 대해서는 플레로시스 원리를 도입하여 그 틀을 개선시키기도 하였다. 맥킨토쉬는 페어베언에 의해 시도된 '필연적이지만 부분적인' 케노시스 개념을 교정하였으며, 또한 가비의 '임시적이지만 상대적인' 케노시스 개념, 곧 헤겔 식의 케노시스 개념 접근에게서 드러난 문제점을 간파하고 이를 극복하였다. 그는 포사이스의 '실제적이지만 인간으로 변질되지 않은'(real but non-metamorphic) 케노시스 개념을 보다 세련되게 하였다. 물론 그는 유럽 대륙에서 전개된 현대의 케노시스 기독론으로부터 자신의 케노시스 개념을 차별화하는데 확실히 성공하였다. 형이상학적 구도 아래 세워진 토마시우스의 '부분적인' 케노시스 개념과 게스의 '절대적인' 케노시스 논리를 수정하였다. 이렇게 함으로써 그는 현대의 케노시스 기독론의 수정판을 가장 체계적이고 학문성을 갖춘 케노시스 기독론으로 발전시켰다.[1]

그러나 케노시스 기독론에 대해 비판적이든 이를 지지하든 상관없이 대부분의 신학자들은 맥킨토쉬와 다른 케노시스 기독론자들, 특히 토마시우스와 맥킨토쉬 사이에 존재하는 분명한 차이에 대해 무지하였다.[2] 비록 이들이 맥킨토쉬의 케노시스 기독론을 알고 있더라도 종

---

[1] 디간(D. Deegan)이 올바르게 분별한 바와 같이 맥킨토쉬의 케노시스 기독론은 포사이스의 것보다 더 체계적으로 전개되었다(Daniel Deegan, "A Review of 'The Form of a Servant' by D. Dawe," *SJT*, vol. 18, 1965, p. 223).

[2] 예를 들면, 웰즈는 케노시스 기독론으로 성육신을 설명하는 것과 묘사하는 것 사이의 차이점을 인식하지 못하였다. "토마시우스와 포사이스가 설명하려고 한 것은 성육신이 어떻게 가능하였는가였다" (*The Person of Christ: A Biblical and Historical Analysis of the Incarnation*, Westchester: Crossway Books, 1984, p. 138). 예외적으로, 맥킨토쉬의 케노시스 기독론을 비교적 상세하게 분석한 첫 번째 신학자인 피인스트라는 토마시우스와 맥킨토쉬 사이에 큰 차이가 있다는 사실을 올바르게 지적한 바 있다. 즉 토마시우스는 케노시스적인 성육신이 갖는 본질적인 원리로서 **의지**를 제시하였다면, 맥킨토쉬에게는 **사랑**이었다는 것이다(Feenstra, *Pre-existence, Kenosis, and the Incarnation of Jesus Christ*, p. 71). 나아가 토마시우스에게는 전능, 전지, 편재성이 포기된 반면, 맥킨토쉬에게는 이들 속성이 '농축된 잠재성' 안에 보호되어 있었다는 것이다. 그러나 피인스트라는 이러한 차이를 중요한 것으로 여기지 않았다. 왜냐하면 "예를 들면, 잠재된 형태를 지닌 전지성을 소유하는 것과 내재적인 신적 지식을 소유하는 것, 실제로 이들 두 개념은 모두 불분명하기에, 이들 사이에 구별을 두는 것은 어렵기 때문이라는" 것이다(Ibid.). 그러나 만일 토마시우스가 피인스트라의 이러한 주장을 같이한다면 그는 난감한 지경에 이를 것이다. 토마시우스는 '절대적인' 지식을 지닌 그리스도가 전지성을 소유하는 것이라고 인정해야 하기 때문이다! 맥킨토쉬에게서 보는 바와 같이 '잠재성' 가운데 있는 전지성은 그리스도의 인간적 성장에 따라 **드러나게 되어** 있었으나(*to be realised*), 토마시우스에게는 내재적 지식을 소유한 그리스도가 그 속성을 완전하게 실제적으로 '표현하도록' 되어 있지는 않았던 것이다. 토마시우스에 따르면, 절대적 속성은 삼위일체의 내적 관계를 위해 주어졌다면, 상대적 속성은 하나님과 세계와의 관계를 위해 주어진 것이다. 그렇다면 어떻게 절대적인 지식과 관련하여 주어지는 삼위 하나님의 속성이 그리스도와 이 세계와의 관계에서 주어지는 구성 요소가 될 수 있는가? 한편, 이 두 신학

종 이들은 중요한 점을 놓치고 있었다. 즉 케노시스 **이론**과 그 **원리**를 구별하지 못하였거나[3] 아니면 맥킨토쉬의 수정 케노시스 기독론이 성취한 건설적인 학문적 기여를 알지 못하였다. 맥킨토쉬의 케노시스 기독론에 대한 이와 같은 심각한 무지 외에도, 우리는 또 다른 문제점을 지적하지 않을 수 없다. 그것은 바로 형이상학적이든 윤리적이든 케노시스 기독론이 무시되어 사라졌다는 사실이다.

형이상학적이든 윤리적이든 현대의 케노시스 기독론은 리츨, 템플, 베일리, 바르트(K. Barth) 그리고 벌코프(L. Berkhof) 등 자유주의자들로부터 보수주의자들에 이르기까지 이들이 제기한 비판으로 말미암아 그 인기를 상실하고 말았다. 형이상학적 구도 가운데 주장된 현대의 케노시스 기독론, 특히 토마시우스의 기독록은 이미 대륙에서는 사라진지 오래이며,[4] 윤리적 범주 아래 형성된 수정 케노시스 기독론 형식, 특히 브루스와 맥킨토쉬의 것들 역시 기독론 논의에서 거의 드물게 언급되

자들 사이에는 차이점도 있지만, 유사한 면도 있다. 토마시우스는 자의식의 잠재성이 신체적 성장을 통해 현실화되었다고 언급한 바 있다. "그리스도의 가장 깊은 본성에 관한 그의 의식은 키가 자라고 점점 성장해 가는 어린아이 예수에게서 일어나고 있었기 때문에 자신이 하나님의 아들이라는 의식, 곧 성부와 자신과의 관계성, 그리고 자신이 이 세상 사람들을 구속할 자라는 사명을 동시에 갖도록 눈을 열어 주었다고 할 수 있다. 이것은 마치 우리가 자연스럽게 영적인 눈이 떠지면서 우리의 삶을 알게 되고 이를 통해 우리가 하나님과 자녀 관계이며 이 땅에서의 우리의 운명이 어떠한지에 대한 의식이 우리의 자의식 안에서 일어나는 것과 같다"(Thomasius, *PW*, p. 65).

3) 케노시스 기독론에 비판적이든 공감을 갖는 신학자들이든 상관없이 케노시스 이론을 그 원리와 구별하지 못하는 사람들이 많았다. 예를 들면, 피인스트라 역시 맥킨토쉬가 성육신의 **이론**을 만들어 냈다고 잘못 생각하였던 것이다(*Pre-existence, Kenosis, and the Incarnation of Jesus Christ*, pp. 10f, 22, 26f).

4) "1883에 이미 자신감에 차 있었던 신칸트주의자는 케노시스 기독론이 죽었으며 젊은 신학자들 가운데 그 어느 누구도 이 기독론에 관심을 두는 경우가 없다고, 출판된 어느 글에서 선언하였다"[로슬러(K. E. Rösler)의 글을 사이크스(S. W. Sykes)에서 재인용, S. W. Sykes, "The Strange Persistence of Kenotic Christology," in Being and Truth: *Essays in Honour of John Macquarrie*, eds., Alistair Kee and Eugene Long, London: SCM, 1986, p. 356; K. E. Rösler, "Die kenotische Erklarung der Menschwerdung" in T. Hermann and P. Zeller, eds., *Theologische Studien aus Württemberg* 4, Ludwigsburg, 1883, p. 29).

거나 논의 자체가 상실된 상태이다. 비평가들은 케노시스 기독론이 그리스도의 영원한 신성을 보호하지 못하였기 때문에 그러한 기독론은 우주의 대혼란을 암시할 뿐이라 판단하였다. 비판자들은 케노시스 개념이 해결할 수 없는 형이상학적 문제를 지니고 있다고 믿었다.

그런데 정말 비판자들은 토마시우스의 케노시스 기독론, 특히 맥킨토쉬의 것을 온전히 이해하고 공정하게 평가하고 있는가? 그리고 그리스도에 대한 정통신학적 가르침들을 케노시스에 대한 현대적 개념 정리로 정당화시키는 것이 불가능한가? 우리가 과연 "교부 시대의 공의회가 개최된 이래로 기독론적 사상에 대한 가장 중요한 흐름이라 할 수 있는"5) 케노시스 기독론에 대한 재고찰을 포기해야만 하는가? 기독론 전개에 있어 케노시스 개념을 재고찰하고자 하는 최근의 움직임을 보면 이러한 질문에 대해 보다 부정적인 반응이 주어지는 것을 확인하게 된다. 현대의 케노시스 기독론에 비판적인 몇몇 사람들은 비록 이들이 이 기독론을 충분히 인정하지 않더라도 기독론을 전개하기 위해서는 케노시스 개념이 불가피하다고 인정하고 있다. 케노시스 기독론의 비판적 지지자 중의 하나인 크리드의 주장이 그 실례이다. 그는 1938년 홀션(Hulsean) 강좌에서 행한 강연에서 최근 매우 부정적인 비판, 특히 템플의 비난에도 불구하고 현대에는 케노시스 기독론에 동정적인 움직임이 있다는 것을 강조했다.6)

우리가 기독론을 전개하고자 한다면 그것이 위로부터이건 아래로부

---

5) 불가코프(Sergei Bulgakov)의 글을 맥그레거(MacGregor)에게서 재인용. Bulgakov, *Du Verde Incarné*, tr., C. Andronikof, p. 146. Geddes MacGregor, "The Kenosis," *Anglican Theological Review*, vol. 45, 1963, p. 74.
6) "비록 케노시스 교리가 과거처럼 더 이상 큰 호감을 지니고 있지는 않더라도 오늘날 기독론을 전개하고 수호해야 하는 우리들 가운데 대다수의 사람들은 여전히 케노시스 기독론자들이라고 생각한다" (John M. Creed, *The Divinity of Jesus Christ*, p. 75).

터이건 상관없이 케노시스 개념을 피할 수 없을 것이다. 알타이저 (Thomas Altizer)가 진보의 극단 입장에서 케노시스 모티프를[7] 지지했다면, 피인스트라는 정통신학적 입장에서 형이상학적 언어를 사용하여 케노시스 기독론을 재고찰하는데 기여하였다.[8] 현대의 케노시스 기독론을 지지하는 퀵(Oliver C. Quick), 맥키논(D. M. MacKinnon), 알드윈클(R. F. Aldwinckle), 그리고 데이비스와 같은 신학자들은 케노시스 개념을 즐겨 받아들인다."[9] 또한 판넨베르크와 같이 비록 대륙의 케노시스 기독론에 비평적이라도 삼위일체의 삶 가운데 케노시스를 기본 개념으로 인

---

7) 정신에 대하여 완전히 부정적인 개념을 지닌 헤겔의 변증법적 이해를 바탕으로 성육신 교리를 전개하였던 알타이저 역시 케노시스 개념을 제안하였다. 그는 정신이 생득적으로 부정적이어서 자신을 비울 수 있었다고 믿었던 헤겔을 따랐다. 그러나 하나님에 대해 이런 방식으로 케노시스를 도입하여 이해하는 것은 정통적 신학의 가르침에 어긋나는 것이다. 왜냐하면 알타이저는 이 개념과 관련하여 자발적 비움에 대해서는 생각하지 않았기 때문이다. 더욱이 알타이저는 하나님이 자신의 케노시스적 삶을 영위하면서 하나님이시기를 멈추셨다고 믿었다. "진보적인 그리스도인이라면 하나님의 실존을 말하지 않는다. …왜냐하면 그는 하나님이 성육신하실 때 자신을 부정하셨고 초월하셨으며, 바로 여기에서 하나님은 본래의 혹은 원초적인 형상대로 실존하기를 완전히, 궁극적으로 멈추시고 말았다는 것을 알기 때문이다"(Thomas J. J. Altizer, *The Gospel of Christian Atheism*, Philadelphia: The Westminster Press, 1966, p. 67, pp. 63-9의 글도 보라).
8) 최근에는 피인스트라가 현대의 케노시스 기독론, 특히 토마시우스의 것을 변증하였고, 형이상학적인 의미를 지닌 개념으로서의 케노시스를 재고찰하였다. 그의 글 다음을 보라. Ronald J. Feenstra, *Pre-existence, Kenosis, and the Incarnation of Jesus Christ*, and "Reconsidering Kenotic Christology," pp. 128-52.
9) Oliver C. Quick, *Doctrine of the Creed: Their Basis in Scripture and Their Meaning Today*, (London: Nisbet & Co. Ltd., 1938), pp. 132-42; Donald M. MacKinnon, "Kenosis and Establishment," in *The Stripping of the Altars*, (London, 1969), pp. 13-40, *Themes in Theology: The Three-fold Cord: Essays in Philosophy, Politics and Theology*, (Edinburgh: T. & T. Clark, 1987), pp. 143, 234, 그리고 *Borderlands of Theology and Other Essays*, eds., George W. Roberts, Donovan E. Smucker, (London: Lutterworth Press, 1968), pp. 79-80. 맥키논은 대륙의 케노시스 기독론을 지지하지는 않았지만 기독론을 전개하는데 일종의 케노시스 개념을 받아들였다. Russell F. Aldwinckle, *More Than Man: A Study in Christology*, (Grand Rapids: Eerdmans, 1976), pp. 87-8, 185-93. 그는 케노시스 기독론을 형이상학적인 것과 윤리적 범주로 구분하지 않으면서 케노시스에 대한 개념 그 자체를 지지하였다. Stephen T. Davis, *Logic and the Nature of God*, (Grand Rapids: Eerdmans, 1983), pp. 122-30. 여기서 그는 케노시스 기독론이 형이상학적인 틀 가운데에서 논의될 만한 논리적 정합성이 있다고 확인하였다.

정하고 있다.10) 특히 맥킨토쉬의 케노시스 기독론에 비판적이었던 유진 페어웨더(Eugene Fairweather)도 역시 케노시스 개념을 받아들이고 있었다.11) 맥킨토쉬의 견해를 포함한 현대의 케노시스 기독론에 비판적

10) 판넨베르크는 그의 책, *Jesus-God and man, and Systematic Theology*에서 윤리적 범주 안에서 수정된 케노시스 개념을 제안하였다. 그는 라너(Rahner)가 전개한 바와 같이 변증법적으로 자신의 신적 존재를 스스로 구별시켜서 영원성 가운데 하나님이 자신을 비우셨다는 개념을 따르고 있다(*Jesus-God and Man*, tr., Lewis L. Wilkins and Duane A. Priebe, Philadelphia: The Westminster Press, 1968, pp. 320-1). 성육신이란 우연히 일어난 것이 아니라 하나님의 본질이 표출된 삼위일체적인 활동이라는 것이다. 여기서 판넨베르크는 토마시우스와 같이 신성이 어떤 방식으로든 사라져 버리는 것을 허용하지 않았다(*Systematic Theology*, vol. 2., tr., Geoffrey W. Bromiley, Grand Rapids: Eerdmans; Edinburgh: T. & T. Clark, 1994, pp. 319-20, 375-9). 또한 바르트와 판넨베르크는 함께, 케노시스란 아들로서의 자신의 신성을 부인한다든지 혹은 양도한다거나 하는 행동을 의미하는 것이 아닌, 하나님의 행동 그 자체라고 말했다(Ibid., 377, cf., Karl Barth, *Church Dogmatics*, IV/I, pp. 129f, 177ff, 179ff). 바르트 또한 성자 하나님의 신성이 소멸하였다고 생각하지 않고 단지 그리스도가 성육신하셨을 때 모종의 케노시스가 있었다고 인정하였다. 그러나 '이러한 자기 제한은 성자 하나님 가운데 그 어떤 '사라짐'을 의미하지 않고, 다만 그의 자유의사에 따라 행동에 옮긴, 복종하심 가운데 발견될 뿐이다' 라고 말한다(Barth, *Church Dogmatics*, IV/I, p. 193). 대륙의 케노시스 기독론을 비판하면서도, 바르트와 판넨베르크는 그리스도의 인간적인 삶 가운데에서 모종의 케노시스가 있음을 부정하지는 않았던 것이다. 이들은 그것을 윤리적인 범주 안에서 찾았다. 즉 케노시스란 삼위일체적인 활동, 곧 하나님의 자유의사 표현인 것이다. 이러한 의미에서 바르트는 아마도 맥킨토쉬의 케노시스 기독론을 읽었다면 토마시우스를 비판하는 만큼 그를 공격하지는 않았을 것이다. 아마도 바르트는 형이상학적인 이해 구도 안에서 성육신 교리를 발전시키려는 시도를 거절한 맥킨토쉬와 보조를 맞출 것이다(Torrance, "Hugh Ross Mackintosh: Theologian of the Cross," p. 165). 바르트에게 성자 하나님의 인간적인 삶이란 하나님의 본성상 가능한 것이다. 하나님은 사랑이요 자유로우신 분이기 때문이다. 그는 또한 하나님의 인간적인 삶 가운데에서 케노시스 모티프를 확인한 바 있다. 그에게 케노시스는 하나님의 계시인 것이다. 하나님은 자유의사에 따라 사람들을 구원할 만큼 사랑하시기 때문에 자신을 비울 수 있었다는 것이다. 그렇기 때문에 바르트는 맥킨토쉬가 케노시스란 하나님의 윤리적 성격상 가능한 것이라고 말하기를 즐겨한 것을 보면 그를 인정할 것이다. 또 다른 이유가 있다면, 아마도 바르트가 항상 하나님을 자기를 비우신 그리스도의 삶 가운데에서 발견하고 싶어하였던 만큼, 맥킨토쉬 역시 그리스도의 케노시스적인 인간으로서의 삶 가운데에서 신성이 상실되지 않았다고 확고하게 제안했기 때문에 바르트는 그의 기독론을 공감하게 될 것이다. 그럼에도 불구하고 바르트의 케노시스-모티프는 분명히 맥킨토쉬의 것과 다르다. 후자에게는 신적인 존재와 활동이 하나님 안에서 구분되게 일어날 수 있고 이에 따라 그의 지상 활동 중, 신의 속성들을 적응시킬 수 있었던 반면에, 전자에게는 신적인 존재와 활동이 그렇게 구분될 수 없었다(다음의 글을 보라. Dawe, FS, pp. 164-76.). 그러므로 바르트는 도날드 도우가 말한 바와 같이 어떻게 하나님이 자신을 제한하시면서 동시에 하나님으로 계속 남아 계실 수 있었는지 설명할 수는 없었다(Dawe, FS, p. 172). 이와 비슷하게 로마 가톨릭 신학자인 폰 발타살(von Balthasar) 역시 윤리적인 구도 아래 케노시스 개념을 제안하였다(Hans Urs von Balthasar, *Mysterium Paschale: The Mystery of Easter*, tr., with an introduction by Aidan Nichols, Grand Rapids: Eerdmans, 1993, pp. 30-35).

인 최근의 인물인 맥클라우드도 '은유적 표현'(metaphor)으로 케노시스 양식을 제안한 바 있다.12) 대륙의 케노시스 기독론을 비판하였던 존 맥쿼리를 따랐던 리차드(Lucien Richard)는 새로운 스타일의 혹은 '유사' 케노시스 개념을 제안하였다. 즉 그것은 선재성을 제외한 상태에서 역사적인 예수가 영위하였던 케노시스적인 삶을 말한다.13) 기독론에 대한 이러한 일반적인 그리고 급진적인 재해석이 암시하는 바는 아마도 케노시스 개념이 기독론을 위해 불가피하다는 것을 반증하는 것이 아닌가 싶다.14)

---

11) Eugene R. Fairweather, "The 'Kenotic' Christology", *A Commentary on the Epistle to the Philippians*, 3rd., by F. W. Beare, (London: A & C Black, 1973), pp. 160-1.
12) Macleod, *The Person of Christ*, pp. 205-20. 그는 케노시스를 문자 그대로 받아들이는 것을 거부하였다. 하지만 케노시스를(빌 2:7) '자신을 아무것도 아니게 하였다' 라고(NIV) 보고 이 개념을 '은유적으로' 해석할 것을 제안하였다. 케노시스란 그리스도의 본래적 상태로부터 존재론적인 그 어떤 변화를 의미하는 것이 아니라, 그분이 인간의 형상 혹은 '종'의 형태를(Ibid., pp. 215-6) 취한 것이라는 뜻이다. 그는 현대의 케노시스 기독론이 이러한 한계를 넘었기 때문에 그리스도의 신성을 확보하지 못하였다고 보고 리틀과 견해를 같이하면서 비판하였다(Ibid., p. 210). 성경적 증거에 의존하면서 (Phil. 2:6ff; Jn. 13:12ff), 그는 은유적 측면에서 '참' 케노시스를 제안하였으며, 이를 바탕으로 그는 성자 하나님이 자기를 아무것도 아니게 하셨거나 혹은 종살이의 삶을 영위하여 십자가에서 죽음에 이르기까지 수치를 당하셨다고 생각했다. 예수 그리스도는 '무가치한 면'에서 그리고 '무익한 상태' 에서 극치의 삶을 보냄으로써 참다운 케노시스적인 삶을 보여 주려 하셨다는 것이다. 맥클라우드가 보기에 그리스도는 비록 칭송 혹은 경배를 받을 수 있었음에도 불구하고 자신을 낮추셨기 때문에 그는 "집 없는 삶, 가난하고 지친 상태, 부끄러움과 겟세마네의 고통의 순간, 그리고 갈보리에로 이르기까지" 고초를 겪으셨다(Ibid., p. 218). 그러나 그는 이론을 만들어 자신의 제안을 정당화하지 않고 다만 '크립시스,' 신의 영광 혹은 특성의 감추임을 암시하기만 하였다. 그럼에도 불구하고 그는 그의 책 말미에서 자기가 비판한 케노시스 기독론, 특히 포사이스와 맥킨토쉬의 의도를 암시하는 듯한 표현을 제안한 것으로 보아 그가 일관성을 가지고 이 주제에 대해 논의하였는지는 의문이다. 그는 "케노시스가 실질적인 포기를 포함한다고" 말하였기 때문이다(Ibid., p. 219). 그러나 그는 단지 케노시스가 "신성에 대한 포기를 의미하지는 않는다고" 말했다(Ibid.). 그러나 이것은 이미 맥킨토쉬가 밝힌 내용이다. 맥클라우드가 '은유적으로' 케노시스를 말해야 한다고 하면서 또한 '실질적인' 케노시스를 주장하였던 이유는 무엇일까? 그의 분명한 의도가 무엇인지 알기 어렵다. 하지만 아마도 '실질적으로' 그리스도가 처절한 인간의 삶을 살 만큼 그의 신적인 삶에 있어 그 어떤 포기, 즉 신적인 권한과 권리의 포기 등을 그가 말하고 싶으면서도(실제로 그렇게 언급하였다. Ibid., pp.215, 217) 맥킨토쉬가 궁극적으로 자신의 이론을 거두었다는 오도된 견해에 접하여 다소 혼란을 겪고 있었기 때문이 아닌가 생각된다(이러한 잘못된 판단은 이미 앞 장에서 비판한 바 있다). 만일 은유적인 케노시스를 고집하고자 한다면 그러한 보수적인 신학자의 주장이 오늘날 반신앙고백적(반[反]정통적) 학자의 대표격인 존 힉에게서 역시 '은유' 로서의 케노시스 개념이 지지된다는 것에 유념할 필요가 있다. 힉의 제안은 후에 논의될 것이다.

그러나 맥킨토쉬의 케노시스 기독론을 재건하기 위해, 삼위일체론이나 기독론에 있어서 케노시스 개념을 일반적으로 수용하고 있다는 위에 열거된 주장을 우리는 의존하지 않을 것이다. 더욱이 새로운 형태의 케노시스 개념을 의지하지도 않을 것이다. 페어웨더와 맥클라우드와 같이 현대의 케노시스 기독론을 잘못 이해하였던 경우도 있다.

13) 리차드와 맥쿼리는 새로운 형태의 케노시스 개념을 받아들이면서 케노시스 기독론을 진보적으로 부활시켰다(Lucien J. Richard, *A Kenotic Christology: In the Humanity of Jesus The Christ, The Compassion of Our God*, Washington: University Press of America, 1982, 177-9. 다음의 글도 보라. John Macquarrie, "Kenoticism Reconsidered," pp. 115-24). 그러나 이러한 '유사' 케노시스 개념은 케노시스 기독론을 재고찰하는데 전혀 도움이 안 된다. 왜냐하면 케노시스 기독론을 지지하는 자들은 성자 그리스도의 선재성을 부인하지 않기 때문이다. 이 이론은 맥쿼리가 인정한 바와 같이 양자론에 가깝다. 그럼에도 불구하고 사이크스 역시 이러한 종류의 케노시스 기독론에 호의를 갖고 있었다. 사이크스는 맥쿼리의 새로운 스타일의 케노시스 기독론이 존 로빈슨(John Robinson)이 갖고 있는 견해의 또 다른 표현이라고 생각하였다(S. W. Sykes, "The Strange Persistence of Kenotic Christology," pp. 357-8). 한편, 맥쿼리의 '새로운 스타일'의 케노시스 기독론은 그레이엄 제임스에게서도 지지받은 바 있다("The Enduring Appeal of a Kenotic Christology," pp. 10-13).
14) 케노시스 개념을 신학의 다른 분야에까지 그 의미를 확대 적용할 이유가 있지만 본 글에서는 이러한 주제를 다룰 여유가 없어 다음 기회를 기다려야 할 것이다. 다만, 여기서는 케노시스 개념을 신학의 다양한 영역에까지 적용할 가능성이 있음을 밝힌 사례들, 즉 케노시스 기독론을 지지하는 많은 사람들이 전개한, 케노시스 주제들을 아래에 소개하는 정도로 그쳐야 할 것 같다. 물론 이들 주제는 철저히 비판적인 안목에서 장단점을 고려하면서 다루어야 할 것이다. 그 실례는 다음과 같다. 신론에서 (G. MacGregor, "The Kenosis," p. 81), 성령론에서(J. Moltmann, *The Way of Jesus Christ: Christology in Messianic Dimensions*, tr., Margaret Kohl, Minneapolis: Fortress Press, 1993, p. 266), 창조론에서 (J. Moltmann, *God in Creation*, tr., Margaret Kohl, London: SCM Press, 1985, pp. 78-83, 102, "God is Unselfish Love," in *The Emptying God: A Buddhist-Jewish-Christian Conversation*, eds., John B. Cobb, Jr., and Christopher Ives, Maryknoll, New York: Orbis Books, 1990, p. 121; D. MacKinnon, *Themes in Theology*, p. 234; Oliver C. Quick, *Doctrine of the Creed*, pp. 184-6; S. Bulgakov, Nadejda Gorodetzky의 다음 책 P.145 *The Humiliated Christ in Modern Russian Thought*, London: Society for Promoting Christian Knowledge, 1938; Emil Brunner, *Dogmatics II: The Christian Doctrine of Creation and Redemption*, tr., Olive Wyon, London: Lutterworth Press, 1952, pp. 19-20; Alfred E. Garvie, *Studies in the Inner Life of Jesus*, p. 524; C. Gore, *The Incarnation of the Son of God*, p. 118; John Polkinghorne, *Science and Creation: The Search for Understanding*, London: SPCK, 1988, p. 62; *Science and Providence: God's Interaction with the World*, London: SPCK, 1989, p. 84; *Science and Christian Belief*, p. 81), 교회론에서(Donald M. MacKinnon, "Kenosis and Establishment," pp. 14, 16-8, 23), 선교학에서 (Donald M. MacKinnon, "Kenosis and Establishment," p. 15), 그리고 악의 문제와 관련해서(John Polkinghorne, *Science and Christian Belief*, p. 82), 등등.

또한 알타이저에게서 드러나는 바와 같이 어떤 학자들은 그리스도에 대한 정통신학적 가르침을 벗어나기도 하였다. 본 글은 케노시스 기독론을 방어하기 위해 형이상학적인 개념하에 현대의 케노시스 기독론을 다루려고 하지는 않는다. 여기에서 우리가 주장하려고 하는 것은 맥킨토쉬의 케노시스 기독론이 몇 가지 약점을 지니고 있음에도 불구하고 신학 발전에 건설적인 기여를 하고 있기 때문에 그의 기독론을 통해 정통 기독론을 발전시키고 싶은 사람들에게는 매우 유용한 선택이 될 수 있다고 본다. 맥킨토쉬가 기독론에 기여한 점을 나타내 보이기 위해 우리는 먼저 그의 케노시스 기독론이 그리스도의 인격에 대한 정통신학적 가르침에 적절하게 부합하고 있음을 확인할 뿐만 아니라 복음서에 증거된 바와 같이 그의 케노시스 기독론이 참 하나님을 얼마나 밝히 보여 주고 있는지를 탐색하게 될 것이다. 그런 다음 우리는 얼마나 그의 케노시스 기독론이 참 인간을 잘 보여 주었는지를 분석하게 될 것이다. 마지막으로 맥킨토쉬의 신학적 기여를 확인하기 위해 우리는 그의 신학 발전에 대한 정확한 인식을 결여하고 있었거나 아니면 그의 현저한 신학적 기여를 아예 무시해 버린 최근에 다루어진 그에 대한 비판적 견해들을 다루게 될 것이다.[15]

---

[15] 예외적으로 몇몇 신학자들은 맥킨토쉬 혹은 그가 지지하였던 포사이스의 케노시스 기독론에 호의적이었다. 군톤은 형이상학적인 의미에서 다루어진 케노시스 기독론에 대해서는 그것이 궁극적으로 신성을 무력화시켜 버린다고 하여 좋아하지 않았다. 그러나 그는 이 기독론이 "신적인 존재가 드러나는" 한 수용할 것을 주저하지 않았다. 여기서 그는 자기를 비우는 것은 자기를 충만케 하는 행동, 곧 플레로시스라고 말하면서 독자들로 하여금 포사이스를 따를 것을 제안하였다(Colin E. Gunton, *Christ and Creation*, The Didsbury Lectures, 1990, Carlisle: The Paternoster Press; Grand Rapids: Eerdmans, 1992, pp. 83-4). 위의 책에서 군톤은 보다 앞서 출판된 그의 다른 책 *Yesterday & Today*에서보다는 훨씬 더 포사이스(그리고 아마도 맥킨토쉬도 포함할 수 있었을 것이다)를 칭찬한 바 있다. 그 책(*Yesterday & Today*)에서 그는 포사이스가 그리스도의 신성을 철회하게 하였다고 잘못 비판했던 것이다. 그는 바르트의 케노시스 개념과 페어웨더의 맥킨토쉬 비판을 지지하면서 케노시스 기독론이 신성을 '표현하도록' 수정할 것을 제안한 바 있다. 그러나 여기서 군톤은 포사이스와 맥킨토쉬의 케노시스 기독론에서 드러나는 '플레로시스' 측면을 놓치는 실수를 하였다(*Yesterday & Today*, pp. 169-72).

정통신학적 그리스도 인격론에 부합함

맥킨토쉬가 묘사한 성육신은 그리스도의 인격에 대한 정통신학적 가르침에 부합한다. 그는 자신의 케노시스 기독론을 통하여 그리스도의 인격에 대한 정통신학적 그림을 재형식화하였다(reformulated). 이 말은 물론 그가 니케아 신조와 칼시든 신조에 명시된 바와 같은 그리스도에 대한 정통신학적 그림과 다른 그 어떤 새로운 이론을 만들어 내었다는 의미는 아니다. 그리스도에 대한 정통신학적인 모습을 맥킨토쉬가 재형식화(reformulation)하였다는 것은 그가 자신의 케노시스 기독론을 통하여 고대의 기독론이 의도하고자 했던 역사상 유명한 그리스도에 대한 정통신학적 그림을 현실화시켰다는(realization) 것을 말한다.

무엇이 그리스도에 대한 정통신학적 모습인가? 우리는 맥킨토쉬의 케노시스 기독론이 그리스도에 대한 정통신학적 그림을 잘 드러내 보여 주는지를 분석하기 위해 정통 기독론의 본질을 논의할 필요가 있다. 첫째로, 그리스도에 대한 정통신학적 교리는 그리스도가 참으로 하나님이면서 동시에 참으로 사람이었다는 신앙고백적 선언이라 하겠다. 그리스도는 아리안주의 혹은 아폴리나리안주의가 주장하는 바와 같이 피조되지도 않았고 또한 인간의 영을 결여하지도 않았다. 그리스도는 성부 하나님과 동일 본질(homoousios)이며 인간과도 역시 그러하다. 역사적 예수는 그분의 출생과 사역에서 자신의 아버지와 다를 뿐 여전히 참 하나님이셨다. 이러한 니케아 신조는 그리스도에 대한 정통신학적 모습을 정의하는 기준이 된다. 동시에, 그분은 또한 십자가 위에서 실제로 고통을 겪고 죽으신 참 사람이기도 하였다. 니케나 신조를 인정하였던 칼시든 신조에서는 그리스도에 대한 정통신학적 묘사를 하면서 아폴리나리스주의, 네스토리우스주의, 유티키우스주의 등을 거부한다는 의미의 부정어법(양성이 혼합되지 '않고,' 변화되지 '않고,' 나뉘지 '않고,' 분리되지 '않고,')을 사용하여 그 의미를 좀더 보충 확대 정의하였다. 맥킨토쉬는 물론 양성론적 기독론을 제외하고는 분명하게 이러한 신조들을 인정하였다.

여기서 우리는 맥킨토쉬가 칼시든 신조와(Creed) 양성론을(two natures Christology) 구분하고 있음을 살펴볼 필요가 있다. 그는 신조 그 자체와 양성론에 기초한 고대의 신조 해석을 구별시켰다. "[칼시든의 결정은] 진리의 배를 안내하기 위해, 그 접근하기 어려운 강어귀를 따라 좌우에 설치된 부표와 잘 비교되곤 하였다. 따라서 이 신조를 기초로 한 종교에 우리는 더 이상 싸움을 걸지 않는다."[16] 그러나 그는 칼시든 신조를 지지한 자신의 입장을 밝힌 후 곧이어 분명하게 자신이 양성론에 대하여 비판적임을 보여 주었다. 그럼에도 불구하고 그는 양성론의 형식을 지닌 칼시든 신조가 기여한 신학적 공헌을 무시하지는 않았다. "분명히 이 신조를 만들어 낸 자들은 그리스도의 인격에 대한 한 이론을 형성시키고자 하였던 것이 아니라 각각의 양쪽 입장이 갖는 극단적 주장을 배제시키고자 원하였던 것이다."[17] 이러한 의미에서 모즐리는

---

16) Mackintosh, *DPJC*, p. 213. 알드윈클이 올바르게 지적한 바와 같이 칼시든 신조는 성육신이 어떻게 가능하였는지를 설명하려는 의도보다는 맥킨토쉬와 데이비스가 언급한 바와 같이 우리로 하여금 정통 신학에서 벗어나지 못하도록 안내하는 역할을 하고 있음을 인식해야 한다(Aldwinckle, p. 37). "나는 칼시든에서 교부들이 만들어 낸 것은 지혜롭게도 성육신에 대한 설명을 신학자 개인들 몫으로 남겨둔 채 오직 안내자 역할만 제시한 것이라고 믿는다. 그것은 교회로 하여금 기독론 입장에서 무엇을 받아들일 수 있고 무엇을 받아들일 수 없는지를 알게 하려는 방편이었던 것이다"(Davis, *Logic and the Nature of God*, p. 130).
17) Mackintosh, *DPJC*, p. 213. "동시에 그리스도의 인격이 통일성을 지니고 있음을(아마도 칼시든보다 먼저 만들어졌을) 아타나시우스 신조에서와 같이 긍정적 입장에서 강조한다. *unus Christus, non confusione substantiarum, sed unitate personae*" (Ibid.).

다음과 같이 올바르게 언급하였다. "나는 맥킨토쉬 박사가 칼시든의 정의에서 표현된 양성론 형식을 거스리면서 자신의 입장을 밝혔다고는 믿지 않는다."[18] 비록 맥킨토쉬가 전통적인 양성론을 자신의 케노시스 기독론으로 대체하려고 의도하였음에도 불구하고 그는 니케아와 칼시든 신조에 충실하였다. 그는 자신의 케노시스 기독론에서 그리스도 안에 참 하나님과 참 사람으로 계셨다고 하는 사실을 보여 주었기 때문에 우리는 그가 칼시든 신조에 충실한 정통신학자라고 말할 수 있다. 데이비스가 언명한 바와 같이, 칼시든 신조를 요약하면 다음과 같다. 즉 "그리스도의 인격은 신성과, 인성을 모두 포함하고 있으며 두 가지 본성을 모두 타고 나신 독생자를 인정한다. 그리고 통일성을 인정하는 기독론은 그 어떤 것이든 받아들여질 수" 있다는 것이다.[19] 만일 맥킨토쉬가 양성론에 호감을 갖지 않았다면 그 이유는 아마도 고대 교부들이 신학하면서 취한 사색적인 길을 답습하고 싶지 않아서였을 것이다. 그는 양성론에서 이원론을 발견할 수 있다고 보았을 뿐 아니라 기독론에 있어 인격의 통일성이 자칫 인성을 분명히 지닌 인격을 놓칠 우려가 발생할 수 있을 것이라 생각하였다. 그럼에도 불구하고 그는 니케아 신조나 칼시든 신조 모두를 배격하지는 않았다. 그는 오직 칼시든 신조가 처음부터 포함시켰던 케노시스적인 내용을 정직하게 표출해 냈을 뿐이었다. "레오가 자신의 책에서 밝힌 바와 같이, 칼시든 정의는 성자 하나님이 그의 인성 안에서 자신을 인간의 한계에 따르며 살게 하신다고 확인하는 한, 이 신조는 정통신학으로 하여금 케노시스 개념을 받아들이게 하는 것 같다."[20]

18) Mozley, p. 142.
19) Davis, *Logic and the Nature of God*, p. 130.

둘째로, 그리스도에 대한 정통신학적 모습은 성경에 기초되어야 할 것이다. 신약성경은 그리스도가 실제로 그리고 참으로 신성을 지니고 있을 뿐 아니라 더 이상의 논의가 불필요할 만큼 그리스도의 참된 인성을 지니고 있다고 분명하게 묘사하고 있다. 그리스도는 성육신의 삶을 영위하시기 전에 이미 자신의 아버지와 함께 선재하셨다. 그리고 그분이 자신의 자의식을 고백한 사실에서 증거되는 바와 같이, 하나님으로 사셨고, 또한 사복음서를 통해 드러난 바와 같이 참된 인간적 활동을 볼 때 참된 인간으로서 사셨다. 맥킨토쉬는 자신의 책 *DPJC*에서 그리스도에 대한 케노시스적 모습을 묘사하기 위해 그분이 성경에 절대적으로 의존하고 있음을 선언한 바 있다. 더 나아가 포레스트를 따르면서 그는 바울 사도의 몇 구절에만 의존하지 않고 자신의 케노시스 기독론을 복음서에 기초하여 논의를 전개하였다. 왜냐하면 그는 복음서 또한 케노시스 기독론을 입증시켜 준다고 믿었기 때문이다. 신약성경에 기초한 케노시스 기독론은 퀵, 데이비스 그리고 헹엘(Martin Hengel)에 의해 인정된 바 있다.[21] 모즐리는 맥킨토쉬의 이러한 성경에 의존한

---

20) Oliver Chase Quick, *Doctrine of the Creed: Their Basis in Scripture and Their Meaning Today*, (London: Nisbet & Co. Ltd., 1938), fn. 1 of p. 133. "이러한 [케노시스] 이론은, 성자 하나님이 '우리 인류를 위해 그리고 우리의 구원을 위해 하늘에서 내려오셨다고' 확언하는 이 신조의 선언을 실제로 정당화시켜 주려는 참신한 시도를 취하고 있다"(Ibid., p. 134).

21) 퀵은 케노시스 기독론이 복음서의 내용을 정당화시켜 줄 유일한 길이라고 생각했다. 복음서가 케노시스 개념을 제공하였다고 하는 바울의 몇몇 인용 구절을 지지하는 것으로 보인다(pp. 133-4). "헹엘은 케노시스 개념이 성자 하나님께서 십자가에서 수치스럽게 죽으신 그 수치에 대한 신약성경의 역설에서도 역시 발견될 수 있다고 주장하였다"(Martin Hengel, *The Son of God: the Origin of Christology and the History of Jewish-Hellenistic Religion*, London: SCM Press, 1976, pp. 87-8; 재인용, Stephen T. Davis, Encountering Jesus: *A Debate on Christology*, Atlanta: John Knox Press, 1988, pp. 52-3). 한편, 필자는 녹스(John Knox)의 글을 읽을 때, 그가 왜 복음서에서 그리스도가 케노시스적인 삶을 영위했음에도 불구하고, 그러한 것을 발견하지 못했다고 말했는지 이해하기 어렵다 (John Knox, *The Humanity and Divinity of Christ: A Study of Pattern in Christology*, Cambridge: Cambridge University Press, 1967, p. 12).

기독론을 정확하게 발견하였다.

맥킨토쉬는 성경의 안내를 받지 않고는 어떤 사색적인 내용도 종교적인 문제를 다루기에는 부자연스러운 것이라 생각하였을 것이다. 그가 정통신학을 하고 있었음은 분명하다. 왜냐하면 그의 이론은 성경에 뿌리를 두고 있기 때문이다. 무엇보다 그는 성경에 계시된 하나님의 말씀이 지배하는 부분을 제외하고 그냥 지나친다든지, 어떤 신학적인 문제에 있어 비록 명확하든 혹은 암시적이든 그 어떤 해결책이 있다고 주장한다 하더라도 본질적으로 불합리한 시도라고 판단하게 되면 성경의 범위를 넘어서는 것이라고 치부하여 비판했다.[22]

그리스도에 대한 정통신학적 그림이 바로 이러한 형태의 것이라는 인식을 바탕으로 보면, 우리는 맥킨토쉬가 자신의 케노시스 기독론을 통해서 복음서와 전통적인 신조에 묘사된 바와 같은 그리스도에 대한 정통신학적 형태를 현실화하였다고 말할 수 있다. 맥킨토쉬는 정통 기독론을 새로운 신학적 구도 아래에서 정통신학적 입장을 변호하였다. 또한 신조에서 고백되고 신약성경에 기록된 바와 같이 역사상 유명한 그리스도에 대한 실제적인 삶의 모습을 보여 주었다고 할 수 있다.[23]

22) Mozely, p. 140.
23) 로턴(J. Lawton)이 정확하게 말한 바와 같이 형이상학적이든 윤리적이든 현대의 케노시스 기독론은 정통 신학에 충실하였다. "영국의 기독론에 있어 케노시스 이론을 전개한 사람들은 회의주의자들도, 인본주의자들도 아니었다. 이들은 기독교권이 지지하고 있던 전통적인 정통 기독론을 전복시킬 것을 목적으로 하지 않았다. 오히려 그 반대로, 이들은 그러한 신학을 현대의 비평적인 방법에 의해 공격받을 수 있는 위험스러운 자리를 제거하여 줌으로써 정통기록론을 확고히 세우고자 했다. 물론 이들은 그리스도의 신성이라는 교리를 가장 온전한 의미에서 부인하지도 심지어는 의심하지도 않았다. 만일 이들이 그리했다면 케노시스 논리는 전혀 무의미한 것이 될 것이다. 케노시스 기독론은 그것이 영국의 것이든 미국의 것이든 또한 독일의 것이든 상관없이 정통신학적 틀 안에서 시도된 신학 운동인 것

참 하나님이요 동시에 참 인간으로 그리스도를 이해하려는 정통신학적 그림은 실제로 고대의 교부들의 작품에서는 다소 모호하다. 이제 그 그림이 케노시스 원리를 설명한 맥킨토쉬의 글에서 실제로 표현되고 있다. 참 하나님이며 참 인간이신 분은, 맥킨토쉬의 케노시스 기독론에서 다시 묘사된 성육하신 그리스도 안에 명료하게 발견되고 있다. 맥킨토쉬의 기독론은 성육신의 실제성을 생생하고, 실감나게 그리고 뚜렷하게 묘사하였다.

참 하나님의 실현

맥킨토쉬의 케노시스 기독론은 고대의 교부들의 기독론보다 더 잘 묘사하고 설명함으로써 참 하나님에 대한 정통신학적 모습을 실현시켰다. 케노시스적으로 성육하신 그리스도는 비록 그분이 온전하게 인간이셨고 실제 인간적인 활동에 참여하긴 하였어도 그분의 생래적인 신성을 상실하지 않으셨다. 오히려 케노시스적으로 성육하신 그리스도는 확실히 '참 하나님으로부터 참 하나님' 으로서 표현되었다. 맥킨토쉬는 선재하신 성자 하나님이 케노시스의 형식을 통해 육신이 되셨을 때 그분이 인류를 위한 구속사역을 효과적으로 완수하게 할 만큼 자신의 신성을 여전히 보존하셨다고 주장했다. 그리스도는 존재론적으로 참 하나님이셨다. 맥킨토쉬는 케노시스 기독론을 이용하여 참 하나님으로서의 그리스도에 대한 정통신학적 모습을 만들어 냈다. 어떤

이다" (John Stewart Lawton, *Conflict in Christology: A Study of British and American Christology, From 1889-1914*, London: Society for Promoting Christian Knowledge, 1947, pp. 121-2).

이는 그의 케노시스 기독론이 그리스도의 참되고 실제적인 신성을 나타내 보여 줄 수 없다고 보고 의문을 가지기도 하였다. 또한 이 기독론은 신적인 그리스도에 대한 정통신학적 가르침과 신약성경 말씀을 정당화시켜 줄 수 없다고 잘못 결론 내리기도 하였다. 때로는 그의 케노시스 기독론이 신성의 축소, 존재론적 변형, 삼신론, 반삼위일체론적 견해 혹은 우주의 대혼란 등을 야기시키는 것으로 판단하여 오해하곤 하였다. 그러나 이들은 맥킨토쉬를 충분하게 이해하지 못하였다. 이들은 맥킨토쉬가 강조하고 집중하였던 성경적 증언으로서의 케노시스적 신학적 발견을 무시하였기 때문에, 결국 이들이 그리스도의 삶에 대한 성경적 증언을 충분히 설명할 수 있을지 의심이 간다. 우리는 케노시스 기독론에 반대하는 이들의 견해를 논박함으로써 신성에 대한 '농축된 잠재성'(concentrated potency)이라는 개념이 역사상 유명한 그리스도의 참 신적 모습을 표현시켜 줄 가장 훌륭한 대안 중 하나라는 사실을 보여 줄 것이다. 온전한 인간으로 태어나 우리 곁에 누워 있는 어린 아기의 모습과 같이 연약한 모습을 지니면서도 동시에 그가 참으로 하나님이라고 말하기 위해서는 이 개념만이 우리가 갖는 적합한 언어 중 하나일 것이다. 비록 이 개념이 그 어떤 이유로 인해 실제적으로 잠재성에서 현실태로 옮겨지는 경우가 발생될 수 없다고 인정하더라도 복음서를 진지하게 고찰하여 볼 때 우리가 충분히 받아들일 수 있지 않을까 생각된다.

첫째로, 맥킨토쉬는 자신의 케노시스 기독론에서 그리스도의 신성을 축소시키지도 않았고 경시하지도 않았다. 하지만 페어웨더는 그가 신성을 축소시켰다고 비판했다.[24] 맥킨타이어 역시 맥킨토쉬가 그리스도의 신성을 축소시켰기 때문에 신성은 단지 예수님 안에 조금 드러났을 뿐이라고 믿었다.25) 이 두 비평가들은 맥킨토쉬가 그리스도의 통일성을 인간의 의식을 지닌 인격성 안에서 찾고자 하였다는 이유로 그리스도의 온전한 신성을 보여 줄 수 없었다고 주장하였다. 이러한 비판은 앞의 장에서 이미 우리가 논의한 바와 같이 맥킨토쉬에게 있어 여러 약점들 중의 하나를 지적한 것이라 생각된다. 어떤 의미에서 '인격'이란 단어를 역사적 그리스도에게 적용하고자 하는 희망에서 맥킨토쉬는 자연스럽게 그리스도의 통일성을 인간성을 갖는 인격성 안에서 발전시켰던 것이다.

그러나 한편, 여기서 우리는 그가 다소 비난받을 논리를 회피하지 못한다고 말하더라도 그가 전개하려 하였던 그리스도의 통일성에 대한 의도를 살펴봄으로써 좀더 그를 공정하게 보고자 한다. 그는 신약성경에 명시된 바와 같이 그리스도가 실제의 인성을 지녔음을 구체화하려는 의지를 지녔고 또한 동시에 그리스도가 실제의 신성을 지니고 있었음을 포기하고자 하지 않았다는 사실을 이해하여 보자는 것이다. 그는 역사적 예수 안에서 하나님을 보았다. 기독론을 전개함에 있어 그가 취한 종교적 관심은 그로 하여금 자신의 케노시스 기독론에서 하나님을 지켜내도록 그 어떤 압력을 받고 있었다. 따라서 '인격성 안에서의 그리스도의 통일성'이 갖는 개념은 궁극적으로 그로 하여금 알렉산드리아 신학적인 경향으로 몰아가게 한다. 맥킨토쉬는 그가 그리스도의 신성을 무시하지 않는 한편 그리스도의 인성을 확보하려는 분명한 의

---

24) Fairweather, p. 167. 랭포드(T. A. Langford)는 포사이스의 기독론에는 역사적 예수 안에 하나님이 존재하는 신비스런 모습을 전혀 찾아볼 수 없다고 하여 그를 오해한 바 있다(그는 맥킨토쉬 역시 비판했을 것이다. Thomas A. Langford, *In Search of Foundations: English Theology 1900-1920*, Nashville, New York: Abingdon Press, 1969, pp. 214-5).
25) John McIntyre, *The Shape of Christology*, (London: SCM Press, 1966), pp. 133-4.

도를 지녔다. 역사적 예수 안에 있는 하나님을 확보하면서 그는 그리스도의 통일성을 염두에 두었던 것이다. 신인이신 분을 놓치지 않으면서도 하나의 인격체로서의 그리스도를 늘 강조해야 했기 때문에 그는 양성론과 칼빈의 '그리스도 밖의 그리스도'(extra calvinisticum)가 이원론을 배태하고 있다고 오해하기도 했다. 가장 큰 이유를 찾는다면, 아마도 안디옥 기독론과 개혁기독론에서 종교적인 의미를 찾지 못하였다는 것이 그의 불만일 것이다.26) 이는 곧 그가 개혁신학자임에도 불구하고 개혁신학이 갖는 약점을 얼마나 극복하려 하였는지, 그리고 그가 얼마나 늘 모든 신학에 대해 '개혁적' 철학을 가졌는지를 보여 준다. 아무튼 이러한 방식으로 맥킨토쉬는 하나님이 십자가에서 자신을 희생하셨다는 사실을 믿고자 하였다. 그의 기독론의 목적은 자기를 희생하신 하나님을 분명히 드러내 보이기 위한 것이었다.27) 이러한 신학 경향은 알렉산드리아 기독론적 전개에서 전형적으로 드러난다.28) 한편, 맥킨토쉬의 케노시스 기독론에 반대하는 자들이 갖는 보다 근본적인 이유가 있다.

문제는 반대론자들이 신적인 **속성**(divine attributes)과 신적인 **활동**(divine

---

26) Mackintosh, *DPJC*, fn. 1, p. 244.
27) 맥킨토쉬는 "성자의 자기 희생의 뒤에는 성부의 자기 희생이 있다"는 것을 발견하였다. "그것은 곧 하나님의 자기 희생 혹은 로마서 8:32에 있는 바와 같이 자기 아들을 남겨두지 아니하시고 우리 모두를 위해 내어 주신 그 성부의 희생을 말하는 방식이었다. 맥킨토쉬는 복음서 전반의 내용 중 가장 중요한 메시지는 '성부의 자기 희생'이라고 보고, 이것을 하나의 주제로 삼았다"(T. F. Torrance, *Letter*). 그렇지만 여기서 맥킨토쉬가 성부고난설을 받아들이고 있다고 주장하는 것은 아니다. 우리는 이미 이 문제를 제4장에서(fn. 409) 논의한 바 있다.
28) Robert W. Jenson, *Systematic Theology: vol.1., The Triune God*, (New York, Oxford: Oxford University Press, 1997), p. 125. 그는 알렉산드리아 기독론을 다음과 같이 요약하고 있다. "우리는 어떻게 참—그러므로 당연히 고통을 겪으실 수 없는—하나님이신 성자께서 고통을 겪으실 수 있었는지 모르지만, 어떻게든 그 일은 일어났다." 다른 한편, 비록 안디옥 기독론이 예수님을 하나님으로 인정하였음에도 불구하고 '예수님이 고통을 겪으실 때 성자 하나님은 그렇지 않았다'는 의미를 두면서 궁극적으로 아리안주의적인 회피를 취하였다"(Ibid., pp. 125-6).

activities)을 구분하지 못한다는 것이다. 이러한 사례는 특히 워필드의 글에서 두드러진다. "하나님이 하나님이시기 위해서는 반드시 그분께서 실제로 그러한 분으로 온전히 계실 수 있어야 하며, 또한 그분은 '영원히 실제적으로' 온전히 이러한 분으로 계셔야 한다. 그가 실제로 하나님이신 모습을 멈추는 한 당연히 그분은 하나님으로 계시는 것을 멈추게 된다. 맥킨토쉬 교수는 그리스도 안에 하나님의 모습이 축소되어 있다는 생각을 얼마나 강조할 자세가 되어 있는지 우리에게 잘 보여주고 있다."29) 페어웨더 역시 신적인 속성과 신적인 활동의 차이를 구별하지 못한 나머지 '농축된 잠재성' 개념이 마치 존재론적 변화를 가진 것이라고 잘못 단정하였다. 맥킨토쉬를 인용한 후, 그는 "잠재성으로의 수축"이라는 개념에 불만을 표출하였다. "이러한 케노시스 기독론 개정판에 대해 우리가 어떻게 평가해야 하는가? [예를 들면, 토마시우스의 것과 같은] 원래의 이론보다는 덜 '노골적으로 외계인적인 모양이기는' 하지만, 그것은 여전히 전통적인 기독교 유신론적 입장에서 본다면 심각한 어려움을 제시한다고 하겠다. 신적인 속성이 '온전한 현실태'의 모습에서 '농축된 가능태'로 '축소' 된다는 생각은… 하나님에게 있어 존재론적 변화를… 암시한다고 보기 때문이다."30) 이와 비슷하게 맥클라우드도 맥킨토쉬의 케노시스 기독론은 포함한 현대의 이 기독론은 "불완전한 신성"을 지니고 있다고 비판하였다.31)

그러나 그리스도가 이 땅에 사실 때 신성을 보유하면서도 신적인 존

---

29) Benzamin B. Warfield, "A Review of *The Doctrine of the Person of Jesus Christ* by Mackintosh," pp. 153-4. 여기서 워필드는 맥킨토쉬의 글을 잘못 읽고 있다. 맥킨토쉬는 "신성의 수축"을 의미한 것이 아니고 하나님이 실제의 인간이 되기 위해 스스로 적응시켰음을 강조하려고 한 것이었다 (Mackintosh, *DPJC*, p. 470). 더 나아가 워필드는 신성의 '농축된 잠재성' 이 의도하려고 한 바를 아예 이해하려 들지 않았다.

30) Fairweather, pp. 171-2.

재로서 활동하지 않은 경우가 있었다고 말하는 것은 불가능한 이야기일까? 만일 그것이 가능하였다고 하면 그리스도가 성전에서 선생들에게 질문하였던(눅 2:46) 문제를 과연 어떻게 설명할 수 있겠는가? 그리스도가 무지한 척하였다는 말인가? 고대의 기독론은 '예' 라고 말하는 경향을 보여 왔다. 교부들은 그리스도가 자신의 신적인 속성을 감추었다고 믿었기 때문이다.32) 만일 그렇다면 '전지성' 과 관련하여 마지막 날을 모른다고 그리스도가 말했는데 이는 거짓말을 하였음에 틀림없을 것이다. 그렇다면 그리스도는 실제로 자신을 낮추어 우리와 똑같은 실제의 인간이 되지 않으신 것이다.

한편, 만일 그리스도가 존재론적으로 신적이신 분이어서 전지성과 같은 몇몇 신적인 속성들을 소유하고 있었다고 한다면 과연 어떻게 그분이 때로는 무지하였다는 말인가? 그리고 과연 어떻게 그분이 자신의 무지성에 대해서도 그렇게 정직할 수 있었다는 말인가? 여러 가지 대답 중, 아마도 그리스도가 전능하시고, 전지하시며, 편재하셨음에도 불구하고 전능, 전지, 편재성 등을 실제화시키지 않았다고 말하는 것이 가장 적절할 것이다. 이러한 일이 어떻게 가능할 수 있는가? 맥킨토쉬의 케노시스 개념이 그 가능성을 보여 주는데 매우 도움이 된다고

---

31) Macleod, *The Person of Christ*, p. 210.
32) 이와 유사한 비유 하나를 들어 보자. 왕조국가 시절에 우리나라에서는 임금이 종종 민정시찰하던 중, 자신의 신분을 감추기 위해 평민의 의복을 입고 몰래 궁 밖으로 나가곤 하였다. 당연히 왕의 행차시 경호를 받을 수 없었으므로 이들은 실제로 강도를 만나 상해를 입을 수도 있었다. 만일 해를 입는다면, 평민의 복장을 하였다 해도 평민으로서 죽는 것이 아니라 당연히 왕으로서 죽는다고 말해야 할 것이다. 그러나 이때 그가 실제로는 왕이었어도 분명 누구도 그의 신분을 인정하기는 불가능할 것이다. 실제로는 평민이 아니었으면서도 그가 평민**처럼** 행동하였기 때문이다. 그렇지만 그는 평민과 동일본질하지는 않았다. 당연히 그가 평민으로 낮아지지도 않았다. 과연 우리가 그리스도의 낮아지심을 이런 식으로 생각할 수 있는가? 성육신을 이런 경우와 동일하다고 생각할 수 있는가? 당연히 이런 식의 비유는 성경적인 정통 신조가 가르쳐 주는 내용에 적용할 수 없다. 그리스도가 인간**처럼** 행동하신 것은 아닐 뿐 아니라, 그리스도는 참된 인간, 우리와 같은 동일본질을 취하셨기 때문이다.

할 수 있다. 성자 하나님이 자발적으로 자신을 제한하여 신성의 '농축된 잠재성을 갖게 하였으며 그 결과 자신의 신적인 속성을 사라지게 하지 않으면서 오로지 그 활동만을 잠재우게 하였던 것이다. 당연히 여기에는 그 어떤 존재론적 변화가 일어나지 않는다.

또한 잠재성이라는 개념은 단순이 인간일 뿐인 자가 신적인 존재로 '점진적으로 자라난다' 는 것이 아니라 그리스도 안에 내재되어 있는 신성이 점진적으로 인간의 성장에 따라 드러나게 된다는 의미이다. 맥킨토쉬에게 그리스도는 매우 독특한 분이었다. 농축된 잠재성이란 신성이 형태상 수축된다는 말일 뿐 내용상 그렇다는 것은 아니다. 그 결과 그리스도는 온전한 신적인 삶을 실현시키도록 운명지워졌기 때문에 우리 형제들 중 하나로서 인간의 삶을 자신에게 구현시키셨다. 무엇보다 그리스도는 인간으로 변형된 형태로 변화된 것이 아니기 때문에 단순한 한 인간으로 살다가 나중에 신성을 지닌 자로 옮겨졌다고 말할 수 없다. 그리스도는 참으로 신적인 분이었기에 당연히 무죄하신 분이었다.[33] 본래 그분이 신적인 존재이시기 때문이다. 하나님은 그리스도 안에 생래적으로 계셨던 것이다.

맥킨토쉬를 온전히 이해하기 위해서 우리는 동시에 그의 케노시스 기독론이 갖는 플레로시스 개념, 즉 신성의 현실화 개념도 눈여겨볼

---

33) 하트(Trevor Hart)는 케노시스 기독론, 특히 포사이스의 것을 그리스도가 유혹을 이기신 윤리적 승리 행위와 *non potuit peccare* 개념을 화해시킨다는 이유로 높이 평가하였다. "여기서 우리는 케노시스 교리가 외관상 자기 모순적 주장을 갖춘다고 볼 수 있다. 즉 그리스도는 결코 죄를 짓지 아니하셨으나 스스로 복종하면서 동시에 무죄한 행동을 하시는 등, 윤리적인 싸움을 분명히 경험하셨다는 점을 확인할 수 있다. 실제로 그리스도는 선한 행동 이외의 그 어떤 것도 행할 수 없다. 그는 그러한 의미에서 마음대로 방해받지 않으며 죄를 짓지 않는다. 그러나 그분의 인간적인 삶을 통해서 본다면 그분은 이러한 사실을 알 수는 없었을 것이다. 왜냐하면 자신이 진정으로 자유롭게 죄를 지을 수도 있지만 죄를 지을 수 없는 존재였기 때문이다"("Sinlessness and Moral Responsibility: A Problem in Christology," *SJT*, vol. 48, 1995, pp. 41-2).

필요가 있다. 그리스도가 자신을 비워 신적인 삶을 잠재성 안에 두어 살게 한 것은 나중에 현실화될 신의 속성을 전제하여 이해하지 않으면 안 되기 때문이다. 그리스도의 신적 속성은 그분의 영육적 성장에 따라 점차적으로 현실화 혹은 만인 앞에 드러나게 되어 있었다. 그분은 신성을 잃었다거나 축소시켜 버린 것이 아니라 플레로시스를 통해 하나님의 참 모습을 드러내 보여 주었던 것이다. 신약성경이 제시하는 그리스도는 한순간 즉각적으로 신적인 현실화를 보여 주지 않았다. 즉 그는 어린 시절에 만인이 인정할 정도로 자신의 온전한 신적인 존재의 모습을 명백히 드러내 보여 주지 못했다.

무엇보다 맥킨토쉬가 그리스도의 자의식 상실을 언급하였기 때문에 그리스도 안에 참 신성이 그 기독론 안에 수용되고 있지 않았다고 말할지 모르겠다.[34] 그리스도가 과연 자신의 존재론적 신성을 인식하였는가? 맥킨토쉬는 그리스도가 자신의 구속사역을 감당할 만큼 영육 면에서 충분히 성장할 때까지는 신적인 자의식을 소유하지 못하셨다고 했다. 그러나 그리스도가 자신의 자의식을 잠시 동안 상실하셨다고 하여 그분의 신성을 축소하였다고 말하는 것은 옳지 않다. 헤블스웨이트 (B. Hebblethwaite)는 맥킨토쉬와 비슷하게 케노시스 기독론을 재부각시킨 바가 있다. "비록 신적인 본질이 예수님의 인간적인 자의식에 존재하고 있지 않다고 하더라도 우리는 신적인 존재성을 운반하는 도구로서 인간으로 성육하신 분이 갖는 참 존재의 모습을 완전히 가리게 하였다고 생각할 수는 없다. 우리는 단호히 그리스도가 인성 안에서 자신의 신성을 보여 주었다고 말할 수 있다."[35] 그러나 이러한 설명에 다소 만

---

34) 예를 들면, 도날드 맥클라우드는 이것이 바로 맥킨토쉬가 케노시스 기독론을 전개하였을 때 생기는 가장 취약한 부분이라고 보았다. 이 때문에 맥킨토쉬는 리츨이 제기한 이의에 대해 반론을 펼 수 없는 것이라고 믿었다("Christology," p. 173).

족하지 않을 수 있다. 이 문제를 다루기 위해 우리는 삼위일체 교리를 고려해야 한다.

둘째로 살필 것은 맥킨토쉬의 케노시스 기독론이 과연 삼위일체의 내적인 관계를 상실하였다고 비난받을 만한 부분이 있는가이다. 웰즈(David F. Wells)는 그리스도가 자의식을 잃었다는 이유 그리고 그의 신적인 활동이 성령에 의해 유지되었다는 이유 때문에 케노시스 기독론은 삼위일체의 내적인 관계를 지니지 아니한 것으로 보았다. "실제로 [케노시스 기독론은] 성육신 기간 동안 신적인 활동이 늘 일어난 것으로 보지 않았다. 그 결과 제2위의 하나님은 신성을 결여한 채 지내셨다. 따라서 삼위일체는 기껏해야 '이위일체'로 전락되고" 말았다는 것이다.36) 웰즈는 맥킨토쉬를(그는 여기서 모든 케노시스 기독론자들을 염두에 두었다) '이위일체론자'라고 비판하려고 하였다. 웰즈의 비판은 케노시스 기독론은 참 신성을 온전하게 전개하지 못하였다고 인식한 데에서 출발한 듯하다. 물론 하나님은 불변하시다. 만일 그분이 실재의 하나님이라면 당연히 그분은 전능하시고, 전지하시고, 편재하셔야 할 것이다. 그러나 하나님이 그저 **단순히 늘** 전능하셨고, 전지하셨으며 편재하셨다고 말하는 것은 옳지 않다. 왜냐하면 성육신의 삶에서 그 증거가 분명 드러났기 때문이다. 그리스도는 비록 **어떤** 의미에서 전지하셨지만, 항상 전지하실 필요는 없었던 것이다. 그리스도는 어린 시절에 전지성의 **활동**을 포기하실 수 있었기에 예루살렘에서 선생들에게 몇 가지 질문을 하실 수 있었다. 그러기에 우리는 그가 전능하고 편재하는 행동, 그리고 신적인 자의식 등에 대한 지식을 잠시 동안 보여 줄 수 없었을

---

35) Brian Hebblethwaite, *The Incarnation: Collected Essays in Christology*, (Cambridge: Cambridge University Press, 1987), p. 75.
36) David F. Wells, pp. 138-9. 여기서 그는 포사이스의 케노시스 기독론을 염두에 두었다.

때도 있다는 것을 인정해야 한다. 그럼에도 불구하고 우리는 이러한 케노시스적인 행동이 그리스도의 존재론적인 신성을 축소시키지 않았다는 것을 분명히 말해야 한다. 이런 의미에서 이 기독론은 삼위일체의 내적인 관계를 해치지 않는다고 말할 수 있을 것이다.

그러나 맥킨토쉬는 이러한 주제을 더 깊이 전개하여 형이상학적 해결 방안을 모색하고자 하지는 않았다. 신적인 자의식의 상실이라는 주제가 가져올 어려움을 생각했기 때문이다. 그 결과 이 주제를 그저 신비로 놓아 둠으로써 웰즈와 템플(템플의 비판은 나중에 논의될 것이다) 같은 사람들에 의해 비난받을 여지를 남겨 두고 말았다. 그러나 맥킨토쉬는 자의식의 일시적인 상실을 제안하면서 삼위일체의 내적인 관계를 해칠 그 어떤 암시도 주고자 하지 않았다. 오히려 자의식의 상실은 우리가 삼위일체를 올바르게 이해하는 한 삼위일체의 내적인 관계를 해치게 하지는 않는다고 보았다. 그런 까닭에 그는 삼위일체의 사회적 유비에 주목할 것을 요구했다. 사회적 삼위일체는 케노시스적으로 성육신하신 성자의 삶에서 드러난 자의식의 상실 개념을 제안하면서도 삼위일체의 내적인 관계를 보호하게끔 도와준다고 할 수 있다.

삼위일체 교리는 무엇이 셋이며 하나인지를 밝히는 문제라고 하겠다. 즉 하나의 하나님이 어떻게 삼위로 존재하실까? 하나님이 삼위로 존재하신다고 말할 때 이것은 당연히 세 분의 하나님을 두고 말하는 경우는 아니다. 그렇다면 성경은 성부, 성자, 성령을 언급하고 있는데 (마 28:19; 고후 13:13) 이것은 무엇을 의미하는가? 우리가 '하나님은 하나이다' 라고 믿을 때 삼위 곧 성부, 성자, 성령 중 하나가 하나님이라는 의미는 아니다. 그렇다면 성경은 하나의 하나님이 있다고 선언하는데(신 6:4; 막 12:29; 요 17:3; 고전 8:4-6) 이것은 무엇을 의미하는가? 플랜팅어는 셋이면서 하나라는 문제를 한 논문에서 요약하면서 삼위일체의 사회적 유비를 제안하였다. 그는 말하기를 하나님 안에 셋이 있다는 것은 하나의 위격(one person)으로서 성부, 성자, 성령이 계시다는 것이(Augustine에게서와 같이) 아니며, 존재의 세 양태가 있어 이는 필연적으로 하나의 인격성(one personality)이 있다는 것도(바르트에서와 같이) 아닌, 세 개의 구별된 삼위가 있다는 것을[핫슨(Hodgson)과 같이] 의미한다. 그는 어거스틴이야말로 비성경적인, 잘못된 이론을 전개하였다고 비판하였다. 또한 바르트도 삼위일체를 지나치게 단순화시켜 버렸다(reductionism)고 비난하였다.37) 그러나 그는 사회적 유비를 통해 하나의 하나님 안에 셋이 있다는 신학적 설명을 제시함으로써 성경적 타당성을 가진 삼위일체의 모습을 전개시켜 줄 수 있다고 보았다.

> 이러한 견해에 따르면 성 삼위일체는 성부, 성자, 성령 혹은 보혜사라는 온전히 인격적이고 온전히 신적인 실체(entities) 셋으로 이루어진 초월적인 사회 혹은 공동체인 것이다. 이들 셋은 이들이 공유하는 신성에 의해, 각각의 완전한 신적 본질을 소유함을 통해 그리고 영원하심과 지고의 위대한 지식, 사랑, 영광 등의 속성들로 인하여 놀라우리만큼 하나가 되어 있다. 이들은 또한 이들이 공유하는 구속사적인 목적, 계시 그리고 사역에 의해 하나가 되어 있다.38)

위에 설명된 삼위일체의 사회적 유비를 바탕으로 우리는 그리스도

---

37) Cornelius Plantinga Jr., "The Threeness/oneness Problem of the Trinity," *Calvin Theological Journal*, vol. 23, 1988, pp. 47, 49.
38) Ibid., p. 50.

안에 자의식이 없는 한, 삼위일체의 내적인 관계도 없다고 비난하는 주장을 논박할 수 있다. 삼위일체의 내적인 관계는 사회적 성격을 지니고 있어서 성자가 케노시스적으로 성육신의 삶을 사는 동안 임시적으로 자의식을 느끼지 못하였을 때에도 삼위일체의 내적인 관계를 절대로 상실하지는 않는다. 왜냐하면 삼위일체의 하나님은 "그 어떤 고립이나, 분리, 숨김 그리고 다른 위에게 다 드러나게 된다고 하여 두려워한다든지 하는 경우가 없기 때문이다." 39) 삼위는 종(種)적으로 (generically) 한 가족이 되어 서로 연합하고 있다. 물론 **개체적인, 분리적인, 혹은 독립적인**" 삼위를 상상해서는 안 되고 우리는 그저 "신적인 위격들 부류에 속한 회원들," 또는 "같은 가족의 식구들"이라고 생각해야 한다. 40) 성부, 성자, 성령이 한 가족을 구성하는 것이다. 다른 말로 하면 삼위일체의 내적인 관계는 "하나의 핵가족이면서 그 가족의 세 식구들로서 각각의 회원 안에 다른 두 식구가 항상 감추어져 있는" 것을 의미한다. 41) 물론 어떤 사람이 잘못 해석한 바와 같이 이러한 삼위일체 견해에 삼신론을 결부시키는 것은 용납될 수 없다. 42) 그리스도

---

39) Cornelius Plantinga Jr., "Social Trinity and Tritheism" in *Trinity, Incarnation, and Atonement: Philosophical and Theological Essays*. p. 28.

40) Ibid. 맥킨토쉬는 삼위일체의 "위"(person)가 "개별적 존재"(individual)를 의미하고 있지 않다고 바르게 제안한 바 있다(*DPJC*. p. 485). "성부, 성자, 성령은 결코 서로에게서 위격들로서의 각각의 성격상 그저 구별되고 마는 것으로 그치지 않는다. 각 위의 성격과 사회적 성격 모두는 같은 동전의 양면일 뿐이기 때문에 이들은 서로 함께 그리고 서로 안에서 상당하게 연합되어 있는 것이다. 그러므로 각 위가 갖는 개념은 그 자체에 있어 연합 혹은 하나 됨을 보유하고 있으며, 또한 그 반대로도 역시 하나님의 하나 됨 개념은 그 자체에 있어 삼위라는 개념을 보유하고 있음에 틀림없다"(J. Moltmann, *The Trinity and the Kingdom: The Doctrine of God*, tr., Margaret Kohl, Minneapolis: Fortress Press, 1993, p. 150).

41) Geevarchese Mar Osthathios, "Cosmic, Communitarian and Kenotic Dimensions of the New Man in Christ," *Indian Journal of Theology*, vol. 27, p. 178. "성자 하나님은 그 자체로 자신의 실존을 가지지 않으시고 철저하게 성부에 대한 이타적인 사랑으로 존재하신다. 성부도 그 자체로는 자신의 실존을 가지지 않으시고 철저하게 성자에 대한 이타적인 사랑으로 존재하신다. 성령 역시 그 자체가 아니라 전적으로 성부와 성자 안에서 실존하신다. 그러므로 삼위는 본질적으로 각기 다른 그러나

가 신적인 자의식을 결여하는 동안에도 혹은 전능, 전지, 편재성의 현실태를 갖지 않았던 그의 지상 삶 가운데에서도 삼위일체의 제2위로서 독립적인 활동은 없었다. 오히려 삼위일체의 내적인 관계라는 의미에서 각각의 위들은 긴밀하게 서로에게 포함되어 있었기 때문에 비록 신적인 자의식을 잠시나마 소유하지 않았다고 하더라도 그리스도는 이러한 삼위일체의 내적인 관계와 그분의 존재론적 신성을 보유할 수 있었다. 그리스도가 자의식을 결여하고 있어도 그것이 삼위일체의 내적인 관계에 그 어떤 영향도 미치지 못할 뿐만 아니라 그분의 신성에 해를 끼치지 않았다. 그러므로 우리는 그리스도가 실제로 신적인 자의식을 잠시 동안 결여하시는 행동을 하고, 자신을 실제로 제한하는 삶을 영위하심으로써 전능, 전지, 편재성을 발휘하는 신적인 활동을 하지 않으셨다고 하여 우주의 대혼란이 일어났다고 생각할 수는 없다. 이제 이러한 주제를 더 깊이 다루어 보기로 하자.

맥킨토쉬는 이러한 비난에 충분히 대치해 나갈 수 있었다. 이미 앞장에서 논의한 바와 같이 그리스도가 지상에 사시는 동안 우주의 대혼란이 일어날 수는 없다고 그는 생각하였다. 그러한 비난은 당연히 성육신이 갖는 종교적 의미를 위협할 뿐만 아니라 삼위일체의 내적인 관계를 갖는 하나의 하나님 사상을 위축시켜 버릴 수 있는 결과를 초래

한결 같은 존재에 굴복함으로써 존재한다" (J. Moltmann, "God is Unselfish Love," in *The Emptying God: A Buddhist-Jewish-Christian Conversation*, eds., John B. Cobb, Jr., and Christopher Ives, Maryknoll, New York: Orbis Books, 1990, p. 119). 다음의 글도 보라. John Polkinghorne, *Science and Providence*, p. 88. 폴킹혼은 케노시스 기독론을 지지한 후, 역사적 그리스도를 충분히 설명할 연결 고리로서 신적인 삼위일체에 대한 사회적 그림이 요구된다는 사실에 동의하였다.
42) 토마스(Thomas A. Thomas)는 영국의 수정 케노시스 기독론이 삼신론적 오류를 낳는다고 비난한 바 있다. "성자의 성육신에서 그리스도가 이러한 속성의 독립적인 행사를 포기하였다는 이야기는 삼신론에 근접하고 말 것이다" (Thomas A. Thomas, "The Kenosis Question," *Evangelical Quarterly*, vol. 42, 1970, p. 149).

한다고 보았다. "이 세계가 하나님의 그 어떤 구성 요소 혹은 일부분이 아닌 하나님 자신에 의해 유지된다고 하는 것은 진리의 기초임에는 틀림없다."[43] 그러나 불행하게도 맥킨토쉬는 이러한 언급을 넘어서는 논의는 진행시키지 않았다. 이러한 주제와 관련하여 그 어떤 정보도 우리가 현재 갖고 있지 못하다는 그의 믿음 때문이었다. 아마도 우주의 대혼란을 만들게 한다는 비난에 대해 맥킨토쉬가 이와 같이 소극적으로 대응한 것이 템플에게는 만족스럽지 못했을 것이다. 이런 이유로 그에게 케노시스 기독론은 상당한 어려움을 지닌다고 생각할 수밖에 없었던 것이다.

우리 주께서 지상에 사시는 동안 이 우주의 나머지 지역에서는 어떤 일이 일어났겠는가? 유아였던 예수님이 요람에 누워 계시면서 온 세계를 돌보는 신적인 섭리 사역을 행사하셨다고 말하는 것은 분명히 기괴한 것이지만, 이것을 인정하면서도 창조주이신 말씀이 유아 예수님과 같이 자신을 비워서 유아로서 겪는 그러한 삶을 영위하신 것 외에는 그 어떤 삶도 누리지 않게 되었다고 말하는 것은, 곧 특정한 시기 동안에 세계의 역사는 창조주이신 말씀의 지배로부터 자유롭게 되었다는 것을 주장하는 것이다. 또한 이 지구상에 그리고 광활한 우주 전체를 통틀어 30여 년 동안에 일어난 거의 모든 것이 "그분을 떠나서" 일어났다고 말하는 것과 같은 것이다.[44]

템플이 맥킨토쉬에 가한 비판은 심각한 타격을 가한 것처럼 보이지

---

43) Mackintosh, *DPJC*, p. 485.
44) W. Temple, *Christus Veritas*, pp. 142-3.

만 맥킨토쉬는 이러한 템플의 주장을 논박할 수 있었다. 그는 템플이 하나님의 실제적인 인간적 삶을 허용하려고 하지 않고 있기 때문에 가현설적이라고 역공을 가하며 비판했다. 그는 항상 하나님의 수치 가운데에서 하나님을 바라보았다. 계시를 전달하기 위해 필요한 필수적인 지식과 능력이 제한적임을 인식하면서도 템플은 그러한 한계들이 항상 영원한 성자 하나님에게 속하였다고 주장하였다.45) 그는 하나님의 인간적인 삶을 무시하였던 것이다. 오로지 그는 계시를 위해 하나님의 제한적인 삶만을 바라볼 뿐이었다.

  그러나 그는 진리의 반쪽만을 보았다. 적합한 기독론을 위해 우리는 마리아의 태 속에 있는 태아 혹은 마리아의 품 안에 누워 있는 아기 예수가 하나님이라고 말해야 한다. 동시에 우리는 그분이 바로 그 역사적인 예수라는 사실을 인정해야 한다. 맥킨토쉬의 케노시스 기독론은 이러한 두 가지의 진리를 모두 만족시킨다. 하나님이 실제의 인간이 되기로 결심하시기 전에 이 세상에 대한 완벽한 통치를 준비하셨다고 제안하는 것이 불가능한가? 만일 우리가 삼위일체를 온전히 이해하고 성경에 나타난 참된 성육신을 믿는다면 그래서 그리스도가 실제로 인간의 조건으로 자신을 제한하시면서 신적인 가족으로서의 삼위일체의 내적 관계를 여전히 유지하셨다고 한다면 우주의 대혼란을 야기한다는 비판은 잘못된 것이다. 데이비스는 템플이 맥킨토쉬를 비판한 것에 대해 다음과 같이 올바르게 논박한 바 있다.

  [템플에 대한] 답변을 하면서 우리는 템플이 며칠 동안 자리를 비워야 하는 때는 언제든지 그 자신이 무엇을 할 것인지 궁금해할 수 있다. 내

---

45) Ibdi., pp. 143-4.

가 추측하기에 그는 미리 계획을 세우고 일을 정리 정돈하며 앞으로 당면할 과제들을 미리 완수하였으리라 본다. 물론 나는 여기서 다소 인간적인 용어를 사용하여 말하고 있기는 하다. 하지만 만일 하나님이 선지식을 지니고 있고 전능하신 분이라면 대부분의 그리스도인들이 믿는 바와 같이 이러한 종류의 일은 전혀 큰 문제가 되지 않을 것임이라고 생각한다.[46]

참 사람의 실현

고대의 기독론은 인성의 참 모습을 묘사하지 못하였다. "교회가 그리스도의 인성을 무시하였고 '하늘에서 오신 주'만을 지극히 배타적으로 집중시켜 보았던 것은 의심할 여지가 없다."[47] 아타나시우스(Athanasius)는 그리스도의 죽음을 설명하기 위해 그분의 참 인성을 제안하고자 노력하였지만, 궁극적으로 그에게 그리스도는 로고스이므로 죽을 수 없는 존재였다.[48] 그리스도는 비록 굶주렸지만 굶어서 죽게 될 수는 없었다.[49] 여기서 그는 그리스도에 대한 사람의 모습과 비슷한 그림을 피하고자 하였다. 즉 "그리스도가 마리아에게서 육체로 출생하셨고 이 땅에 태어났지만 육신으로 변한 것은 아니었다"라고 강조

---

46) Davis, *Encountering Jesus*, p. 54. 크리드는 말하기를, "나는 템플 박사가 맥킨토쉬의 주장을 혼든다고 생각하지는 않는다. [나아가] …케노시스 기독론이 불가피한 것으로 보인다"(Creed, "Recent Tendencies in English Christology," p. 136).
47) Donald Macleod, *The Person of Christ*, p. 21.
48) Athanasius, *On the Incarnation*, reprinted in 1993, with an introduction by C. S. Lewis, tr. ed., A Religious of CSMV, (Crestwood, NY: St. Vladimir's Orthodox Theological Seminary, 1st ed., 1953), p. 35.
49) Ibid., p. 51.

하였다.50) 그러나 "성육하신 분 안에 계신 인간 영혼의 현재성을 무시하는"51) 그의 어투에서 그가 과연 인간이신 그리스도의 참 그림을 충분히 묘사하였는지는 의심스럽다. 시릴에게는 그리스도가 겪은 인간적 고통은 그분이 자신의 육신을 '도구'로 사용하셨기에 가능하였다. 이런 의미에서 그는 십자가 상에 그분이 달리셨을 때 인간 자신이 아닌 그분이 갖고 있던 인성의 본질이 아버지에게서 버림을 받아 크게 소리를 내어 외치게 되었다는 사실을 인정할 수 있었다.52)

그리스도의 인성에 대한 이와 같은 방식의 모호한 서술은 그 후 대부분의 교회에 큰 영향을 주었다. 다음의 찬송가 108, 114장을(개역개정판) 들어 보라. "저 육축 소리에 아기 잠깨나 그 순하신 예수 우시지 않네." 그러나 그리스도가 만일 참 인간이 되셨다면 실제로는 우셨을 것이다. 예수님의 어린 시절과 성인이었을 때의 그분의 모습에 대한 성경의 증거를 보라. 그분은 육신과 영혼이 자라나셨다. 피곤할 때에는 주무셔야 했으며, 나사로의 무덤 앞에서는 울기도 하셨다. 하나님께 기도해야 할 필요를 느끼셨다. 때로는 겟세마네 기도에서와 같이 자기가 바라는 것을 거절당하는 아픔을 느끼기도 하셨다. "그분은 역설적으로 응답되지 않는 기도 때문에, 아버지에게서 거절당하셨기 때문에 겪는 고통을 느끼셨다. 이러한 것을 통해 그분은 복종하는 것을 '배우셨다'."53)

---

50) T. F. Torrance, *The Trinitarian Faith*, p. 151. 아타나시우스는 그리스도가 실제의 육신을 취하시는 행위에서조차도 그리스도의 실제성을 주로서 강조하고자 하였다. "육체로서의 [예수님의] 몸이 태어나시고 본성상 먹어야 살게 되었음에도, 그 몸과 연합한 말씀이신 하나님은 우주를 지휘하시고 자신의 육체적 행동을 통해 인간이 아닌 오직 하나님으로서 자신을 계시하고 계셨다" (Athanasius, p. 46).

51) Pelikan, *The Christian Tradition*: vol. 1, p. 248.

52) Ibid., p. 245, 250

맥킨토쉬는 자신의 케노시스 기독론을 통해 '참 사람'으로서의 그리스도를 고백하는 정통신학을 강화시키는데 공헌하였다. 그리스도의 윤리적인 삶을 기술함으로써 맥킨토쉬는 참 사람이신 그리스도를 성공적으로 그려 냈고 이를 통해 결국 그는 그리스도에 대한 정통신학적인 이미지를 재형식화하는데 공헌하였다. 맥킨토쉬가 그린 그리스도의 모습을 보면 성육신의 참 사실을 명약관화하게 확인할 수 있을 것이다. 그리스도는 보통 사람들의 경우와 같이 우연적이고 한계를 지니며 죽게 되는 존재였다. 그리스도의 참 인성을 논하기 위해 우리는 그분의 인성에 대한 명명백백한 증거들, 예를 들면, 우시거나 주무시거나 죽음에 대해 공포심을 가지시는 것들은 논외의 것들로 하겠다. 여기에서 우리는 그리스도의 참 인성을 증명시켜 주는 두 가지의 경우만 검토할 것이다. 그리스도의 지식에만 관련된 것, 즉 그분의 전지하지 않으심과 마지막 날과 시간에 무지하셨다는 것 등이 그것이다. 그러나 이 작업을 하기 전에 우리는 그리스도의 인성을 다루면서 케노시스 기독론에 비판적인 주장—고대 교부들의 기독론에서든지 아니면 교부들 주장에 호의적인 현대인들에게서든지—과 맥킨토쉬 사이에 근본적인 문제가 무엇인지 알아볼 필요가 있다. 전자에게는 기독론이 그저 '성육신하시되 경륜적으로만' 인간이신 분을 상정한다면, 후자에게는 '성육신하시면서 실제적으로' 인간이신 분이었다.

케노시스 기독론에 비판적인 자들은 그리스도를 '성육신하시되 경륜적이기만 하신' 인간이라는—신적인 그리스도의 경륜적 인간으로서 살아가심 혹은 사람들을 **위해** 인간으로 살아가심—견지에서 바라보는 경향이 있었다. 이들은 역사적인 예수 그리스도가 영원한 신성을 지니

53) J. Moltmann, *The Way of Jesus Christ*, p. 173.

고 계셨음을 올바르게 제시하였다. 하지만 이들은 역사적인 사실, 특히 신약성경에 나타난 바와 같은 그러한 모습을 놓치기 쉬웠다.

맥킨토쉬의 경우는 이를 잘 극복하고 있음을 알 수 있다. 그는 '성육신하시면서 실제적으로' 사람이신 분—신적인 그리스도가 실제적으로 인간으로 살아가신 분 혹은 성경에 나타난 바와 같이 우리와 같은 보통 사람의 삶을 영위하신 분—에 주목함으로써 그리스도에 대한 역사적 그림을 놓치지 않았다. 물론 여기에서 그는, 앞에서 이미 논의한 바와 같이, 그분의 존재론적인 자기 자신의 모습을 윤리적 형식을 지닌 그 무엇으로 대체하여 버린 것이 아니라, 오히려 그리스도의 생래적인 신성을 보존시켰다. 그리스도는 자신의 아버지와 함께 선재하여 계셨다는 것을 맥킨토쉬는 직관적으로 믿었기 때문이다.

만일 맥킨토쉬가 자기 앞의 신학자들의 신학 전개와 다르다면 그것은 그가 성경에 기록된 역사적인 사실을 무시하지 않고 성경 저자의 증거에 보다 심각하게 주목하려 하였다는 것이 될 것이다. 그는 한 어린 아기의 울음 소리를 들었으며 지혜와 그 키가 실제로 자라나는 것을 보았으며 십자가에서 실제로 겪는 고통의 현장을 만났던 것이다. 그는 그리스도가 어린 아기 행세를 하지 않았고 영육간에 성장하는 척하지 않았으며 십자가에서 고통을 느끼는 듯 모양만 내지 않았다는 사실을 무시할 수 없었다. 고대 교부들은 신적인 그리스도가 경륜적으로 인간적 활동을 겪었다고 보았다. 그러나 맥킨토쉬는 성육신하신 그리스도는 실제로 인간의 삶을 겪었다고 생각했다. 역사적인 그리스도가 전혀 실제적인 인간 경험을 갖지 않고 그저 감추는 행동을 통해 인성으로만 접촉하게 되었다고 교부들이 주장하는 것은 옳지 않다. 맥킨토쉬는 그리스도가 죄짓지 않는 것만 제외하고 모든 사람들이 취하여야 하는 모든 특성을 실제로 경험한 사람이라고 보았다. 신약성경과 신조에 명백하게 기록된 참 사람으로서의 그리스도의 모습을 그가 어떻게 그렸는지 탐색해 보자.

우선, 우리는 그리스도 안에 참 사람을 묘사하려면 그가 전지하지 않으셨음을 인정해야 한다. 그리스도는 실제로 자신이 지상에 사시는 동안 전지하지 않으셨다. 앞에서 이미 언급한 바와 같이 그리스도는 전지성 그 자체를 포기하지는 않으셨다. 하지만 동시에 그분은 지상에 사시는 동안 전지하지는 않으셨다. 반복하여 말하지만, 그리스도는 전지성이라는 **속성**(attribute)은 지니고 계셨어도 그 **행위**(activity)는 취하지 아니하셨다. 어린아이 예수가 장난감을 갖고 노는 장면을 생각해 보라. 만일 그가 그저 **단순히** 전지하기만 하셨다면(If He were omniscient simpliciter) 그분은 아마도—여기서 우리는 의심할 여지 없이 우리 집 밖의 놀이터에서 뛰어 노는 아이와 똑같은 참 인간이신 예수님을 보아야 한다—1세기 장난감에 만족하지 않을지도 모를 것이라 생각할 수 있다. 왜냐하면 20세기의 장난감들, 예를 들면, 그의 어머니 마리아가 절대로 사 줄 수 없는 말하는 인형과 같은 장난감에 대해 알고 있었을 것이기 때문이다. 예수님은 더 좋은 첨단 기술이 접목된 오늘날 우리 아이가 갖고 노는 장난감을 달라고 울었을 것이고(만일 그렇다면 그러한 예수님은 괴물과 같을 것이다), 어머니 마리아는 이러한 예수님을 전혀 이해할 수 없었을 것이다. 아니면, 예수님은 현대의 그 장난감을 모르는 척하였을 것이다(그렇다고 하더라도 그 예수님 역시 기괴하게 보일 수 있다). 그가 참으로 네 살박이의 어린아이인 한, 당대의 장난감을 달라고 당연히 울며 보챌 수 있을 것이다. 그렇지 않다면 우리는 이 아이가 참 인간이라는 것을 믿어서는 안 될 것이다. 아이란 원래 자신의 감정을 감추지 않는 법이다.

다른 경우를 한번 더 생각해 보자. 만일 그리스도가 그저 늘 전지하기만 하셨다면 말하는 인형뿐만 아니라 코페르니쿠스(Copernicus)의 지동설에 대해서도 알 수 있었을 것이다. 만일 그분이 실제로 그 이론을 알고 계셨다면 "하나님이 태양을 떠오르게 하여 악한 자와 선한 자들에게 비추게 하신다"54)라는 말씀을 하실 때 그 이론을 알고 있지 않은 척 하든지 아니면 거짓말을 하든지 하셨음에 틀림없다.55) 만일 말하는 인형이나 과학적 지식에 대해 무지한 척하셨다면 그분은 진정으로 참 사람이 아닐 것이고, 또한 그리스도에 대한 이러한 그림은 당연히 성경적이지도 않고 역사적이지도 않으며 전통적인 정통 신앙 고백과도 거리가 먼 것이다. 그러나 맥킨토쉬의 케노시스 기독론은 그리스도에 대한 성경적이고 정통신학적인 그림을 묘사해 내었다고 할 수 있다. 그리스도는 실제로 전지하신 하나님이셨기 때문에 20세기 말하는 인형에 대한, 지동설에 대한 지식을 가지고 계셨다. 동시에 실제 인간의 모습을 지녔기 때문에 자신의 어린아이의 마음 상태 혹은 덜 성숙된 지적인 상태하에서는 그러한 지식에 대해 알 수 없으셨을 것이다. 그런 까닭에 예수의 친구들은 그러한 지식을 결코 가지지 못한 예수님과 이상함을 느끼지 않았기 때문에 전혀 놀라지 않은 상태에서 어린아이 예수님과 놀 수 있었을 것이다.

만일 그리스도가 어린 시절에 신적인 모습으로 보였다면 그분의 육

---

54) 마태복음 5:45. 필자의 번역. 한글성경에는 "하나님이 그 해를 악인과 선인에게 비춰게 하시며"로 되어 있다.
55) 여기서 필자가 강조하고자 하는 것은 우리 역시 어린아이에게 말할 때 비록 우리가 지동설에 대한 지식을 갖고 있어도 '태양이 떠오른다'라고 말하는 것이다. 하지만 이것은 그리스도가 산상에서 자신의 제자들을 가르치실 때 아마도 '플레로시스'라는 측면에서 과학적 사실을 알고 계셨을 것이다. 만일 이것이 옳다면 그리스도는 현재의 우리와 똑같은 생각을 가지실 수 있다고 본다. 그러나 필자는 역사적인 그리스도가 어린아이로 계실 때까지는, 플레로시스가 그러한 지식에 도달하지 않았기 때문에 그분이 이러한 과학적 지식을 소유하실 수는 없었을 것이라는 점을 독자들이 인정해 주기 바란다.

신 부모들, 동생과 누이들이 예수님이 공생애를 시작하셨을 때 전혀 낯설게 느끼지 않았을 것이다. 그러나 신약성경은 그분의 고향 사람들은 말할 것도 없고 예수님의 가족도 예수 그리스도의 공생애활동에 대해 만족하지 않았다고 증거하고 있다. 이러한 증거로 마태복음 13:54-57(막 6:2-3; 눅 4:22 참고)을 보라. "고향으로 돌아가사 저희 회당에서 가르치시니 저희가 **놀라** 가로되 이 사람의 이 지혜와 이런 능력이 어디서 났느뇨 이는 그 목수의 아들이 아니냐 그 모친은 마리아, 그 형제들은 야고보, 요셉, 시몬, 유다라 하지 않느냐 그 누이들은 다 우리와 함께 있지 아니하냐 그런즉 이 사람의 이 모든 것이 어디서 났느뇨 하고 예수를 배척한지라…"(강조체 첨가). 예수님의 고향 사람들은 그리스도의 초자연적인 사역에 대해 **놀랐다**. 이러한 사실을 볼 때 우리는 의심할 여지 없이 그리스도가 자신의 당대 사람들과 같은 보통 사람의 삶을 영위하셨음을 알게 된다. 분명 그리스도는 보통 사람의 방식대로 성장하였다. 그리스도는 스스로 자의식을 참으로 제거한 상태, 실제로 지식을 결여한 상태하에 두셨다. 무엇보다 그는 참 인간의 삶을 영위하도록 자신을 제한하셨다. 이것은 필연적이었을 것이다. 그리스도는 하비투스(옷)라는 측면에서가 아니라 케노시스라는 측면에서 인간의 육신을 취하신 것이다. 여기서 우리는 하나님이 가장 실제적으로 자기를 낮추신 모습을 만나게 된다. 이러한 가설을 정당화하기 위해서는 맥킨토쉬의 '농축된 잠재성' 개념이 필요하다. 더욱이 이것은 성경적이고 역사적인 예수 그리스도를 묘사하는 가장 훌륭한 그림들 중 하나가 될 것이다.

그 다음으로 생각할 것은, 그리스도의 무지성 혹은 제한된 지식을 마가복음 13:32의 말씀을("그러나 그날과 그때는 아무도 모르나니 하늘에 있는 천사들도,

아들도 모르고 아버지만 아시느니라") 통해 발견할 수 있음을 밝히는 일이다. 홀 (Hall)은 교부들도 이 어려운 구절을 권위 있게 주석하지 못하고 있다고 지적했다. 그리고 아직도 그들 사이에 의견의 일치를 보이지 못하고 있다고 한다. 그럼에도 불구하고 이들은 한 목소리로 그리스도가 마지막 날과 시간에 대한 지식을 분명히 지니고 있었으나 인성의 측면에서 알지 못하였다고 믿었다. "[그리스도]는 자신의 인성에 접할 때 자신이 무지하셨다고 말하고 있었다."[56] 교부들은 그리스도가 경륜적으로 청중들에게 자신의 무지를 말했다고 이해하였다. 아타나시우스는 "이 말은… 말씀 자신의 결함이 아니라, 인성에게서 나온 것으로, 무지한 것은 바로 그 속성인 것이다. … '나는 알지 못한다' 라고 [그분이 말씀하셨을 때] 그것은 하나님으로서는 알되 육신으로는 무지하셨다는 것"[57]을 보여 주고자 했다고 주장했다.

그러나 그리스도가 신적인 마음으로는 마지막 날을 알면서도 육신으로는 혹은 사람들을 **위해서는** 알지 못하였다는 것은 참으로 모호하고 비역사적이다. 이러한 고대의 주해, 특히 알렉산드리아 신학의 것은 그리스도로 하여금 그 날을 알지 못하는 사람인 척하도록 하게 하는 경향이 있다. 이러한 견해는 역사적으로도 성경적으로도 정당하지 않다. "사람들이 듣는다고 하여 그렇게 행동하였다고 하는 것은 정당화되지 못하며, 또한 그러한 일을 아는 것은 자신의 인간적 상태와 어울리지도 않는다. 무엇보다 청중들을 위해 그날에 대한 무지를 취하였다는 식으로 말하는 것은 타당하지 않다."[58] 이들 견해는 그리스도의 인성을 보여 줄 수는 있을지 모르나 그분의 인성을 실현시키지는 못하

56) Francis J. Hall, *The Kenotic Theory*, p. 184.
57) Ibid., p. 185. 홀의 인용, Athanasius, *Orat. c. Arian.*, III, 43.
58) Lawton, *Conflict in Christology*, p. 32.

였다. 그리스도는 역사적이고 물리적인 의미에서 실제로 사람이었고 이러한 방식 아래 그분은 자신의 세대가 가진 지식 안에서 살아가셨다. 물론 여기서 우리는 신적인 능력이 그리스도의 활동에 포함될 수 없었다고 생각해서는 안 된다. 예수 그리스도가 당시에 **정말로**(actually) 전지하셨다면 그는 실제로 인간이 아니다.

하지만 그리스도는 분명 실제로 하나님이시므로 전지성을 요청할 능력을 지니셨다. 이러한 속성을 소유하고 있었음에도 불구하고 그리스도는 실제로 인간이셨다. 생래적 신성이 자연적으로 생겨난 그분의 무지성에 영향을 주지는 못하였다. 농축된 신적인 잠재성이 그리스도의 인간적인 삶에 영향을 주지 않는 범위 내에서 점진적으로 현실화되었을 뿐이다(actualised). 이러한 의미에서 그리스도는 보통 사람이셨다. "예수님은 실제로 전지하지 못하셨고, 다른 사람들이 아는 정도 혹은 적어도 이들이 알 수 있었던 그 정도 이상은 알지 못하셨다." 59)

한편, 이러한 생각은 양자론적 주장을 암시하지 않는다. 왜냐하면 그리스도는 피조되지 않으셨고 단순히 인간으로만 살아가지도 않으셨기 때문이다. 그리스도 안에는 "로고스와 관계를 맺어야 했다거나 혹은 신적인 존재로 양자 입적되었다거나 아니면 그러한 존재에로 동화되었다고 할 수는 없다. 또한 늘 단순히 '예수' 라는('Jesus' simpliciter) 인격적 정체성을 가진 것도 아니며 결코 그런 적도 없었다." 60) 맥킨토쉬는 기독교를 영웅 숭배 형식으로 축소시켜 버렸던 자유주의 신학 혹은

---

59) Davis, *Logic and the Nature of God*, p. 127.
60) Vernon White, *Atonement and Incarnation: An essay in Universalism and Particularity*, (Cambridge: Cambridge University Press, 1991), p. 83. 비록 화이트(V. White)가 케노시스 기독론을 전적으로 인정하지는 않았어도(여기서 맥킨토쉬의 기독론도 포함시켰는지는 분명치 않다) 케노시스 기독론이 양자론으로 기울게 된다고는 생각하지 않았다.

반성육신론파들과 같이 그리스도를 인간으로만 보는 시각에 저항하였다. 그러므로 레드만이 주장한 바, 맥킨토쉬는 "아래로부터의" 기독론을 전개하지 않았다는 말은 옳다고 하겠다.[61]

그러므로 베일리가 맥킨토쉬의 케노시스 기독론을 하나님이 일개의 **평범한** 인간으로(a man) 변했다는 변질의 형식을(metamorphosis) 갖는다고 비난한 것은 옳지 않다. 베일리는 맥킨토쉬가 안휘포스타토스(anhypostatos) 개념을 포기하여 그리스도로 하여금 일개의 평범한 사람으로 여기게 하였다고 믿었던 것이다.[62] 물론 베일리는 맥킨토쉬가 위 개념을 수용하지 않았던 실수를 올바르게 지적하기는 하였다. 그러나 맥킨토쉬는 단순히 일개의 **평범한** 인간이(a man) 아닌 **온전한** 인간을(a man) 의미하였다. 그는 그리스도 안에 있는 참 인간을 보여 주고 싶었지 보잘것 없는 한 인간 혹은 변질 형식의 개념을 상정하지는 않았다. 왜냐하면 그리스도는 지상에 계실 때 생래적으로 인간 **이상**이었기(more than man) 때문이다.

그리스도는 지상의 삶을 시작하실 때부터 이미 신의 속성을 지니고 계셨다. 단, 그 속성의 활동은 출발 때부터 실현되지는 않았다. 그리스도는 케노시스적인 삶을 시작하면서, 잠시 동안 자의식에 무지하셨지만 결코 자신의 존재론적 신적 특성들을 상실하시지는 않았다. 참 인간으로서 그리스도는 이 땅에 태어났을 때 자신의 정체성을 알지 못하셨고 오로지 자신의 신적인 아들 됨을 점진적으로 드러내셨다. "신약성경에 제공된 내용을 충분히 연구하여 볼 때 그리고 어떤 모습이 인간일 수 있는가라는 철학적이고 심리학적인 현실주의에 입각하여 볼 때 예

---

61) Robert R. Redman Jr., *Reformulating Reformed Theology*, pp. 231-2.
62) Donald Baillie, *God Was in Christ*, p. 96.

수님은 자신이 신적인 존재인 것을 알고 있었다든지 혹은 자신이 그러한 존재라고 생각하였다고 상상하는 것은 지극히 믿기 어려운 일이다."63) 물론 맥킨토쉬가 자의식이 궁극적으로 소멸되었다고 생각한 것은 아니었다. 비록 그리스도가 마리아의 태에서 자신의 객관적 실체가 형성될 때 이러한 것을 소유하지 않으셨음에도 불구하고 그리스도는 자의식 자체 혹은 그 내용을 포기하시지는 않았던 것이다(여기서 맥킨토쉬는 토마시우스와 같은 견해를 가지려 할 것이다).64) 신의식은 예수님이 자신의 인성을 따라 성장해 가면서 실현되었던 것이다. 이러한 점에서 러시아의 케노시스 기독론자인 불가코프는 포사이스와 맥킨토쉬를 따르고 있음이 발견된다. 그는 "신적인 그리고 독생하신 그 존재라는 의식은 시간을 따라 인간 의식의 성장과 함께 자라나고 있었다. …로고스로서의 인격적 의식은 이제 성자가 육신이 된 이후의 의식에 구속받고 있는 것이다. 즉 자신에 대한 신적인 의식은 인간의 의식 정도에 비례하고 있지 결코 그것을 넘어서서 일어날 수는 없다고"65) 말했다. 케노시스 기독론은 그리스도가 일시적으로 자의식에 무지하셨음을 분명히 밝히고 있다.

그러나 맥킨토쉬가 자신의 케노시스 기독론에서 그리스도의 참 인성을 성공적으로 전개시켰는지 의문을 품는 사람이 있었다. 판넨베르크와 쇼넨베르크(Schoonenberg)는 대류의 케노시스 기독론이 그리스도가 참으로 인간이면서 동시에 하나님이라고 말한다고 하여 이를 비난한 적이 있었다.66) 이들은 인성이 신성과 함께 동시에 일어날 수 없다고 믿

---

63) Hebblethwaite, *The Incarnation: Collected Essays in Christology*, p. 67.
64) Thomasius, *PW*, pp. 97-8. 여기서 토마시우스는 자의식의 포기 혹은 소멸은 곧 본질의 포기라고 주장한 도너의 반론에 논박하고 있다.
65) Nadejda Gorodetzky, *The Humiliated Christ in Modern Russian Thought*, p. 167.

었기 때문이다. 피인스트라는 케노시스 기독론에 대한, 특히 토마시우스에 대한 비판에 대해 이들은 자신의 전제, 즉 신성과 인성이 한 인격체 안에 동시에 존재할 수 없다는 가정을 지지할 근거를 제시하지 못하고 있다고 말하면서 이들의 주장을 일축하였다.[67] 어떤 사람은 맥킨토쉬가 그리스도의 신성을 '농축된 잠재성' 가운데서 발견할 수 있었는지 모르겠다고 하면서 그의 주장을 비판하기도 한다. 이들은 아마도 신적인 존재이면서 참 인간이 된다는 것이 불가능하다고 믿었기 때문이다. 그러므로 이들은 맥킨토쉬의 케노시스 기독론이 예수 그리스도의 신성을 가정하므로 그리스도의 인성을 밝히지 못하였다고 주장한다.

그러나 이들 비판자들은 무엇이 '참' 인간인지를 인식해야만 한다. 예수님의 인성 혹은 인간으로서의 삶을 다룰 때, 우리가 논하고자 한 것은 '참' 인간으로서의 삶을 말하는 것이지 '일개의 평범한' 인간으로서의 삶을 이야기하는 것은 아니다. 즉 케노시스 기독론은 그리스도가 '참으로' 그리고 '실제로' 인간으로서의 삶을 지니고 있었다고 제안하는 것이지 '단순히' 인간으로서 살아간 삶을 의미하는 것은 아니다. '단순히' 인간으로 살아간 삶은 신성을 공유할 수 없지만 참으로 인간적인 삶은 신성을 공유할 수 있다. 그리스도가 '참으로' 인간적이면서 또한 신적인 존재가 될 수 있다고 왜 말하지 못하는가?

한편, '실제로' 그리스도가 인간이었다는 말은 무엇을 의미하는지 알아보는 것 역시 중요하다. 그리스도가 '실제로' 인간적인 삶을 지녔다는 말은 그분의 키와 마음, 영혼에 있어 도덕적인 씨름 등을 경험했

---

66) Pannenberg, *Jesus-God and Man*, pp. 319-20; Piet Schoonenberg, *The Christ: A Study of the God-Man Relationship in the whole of Creation and in Jesus Christ*, tr., Della Couling, (New York: Herder and Herder, 1971), p. 77.
67) Feenstra, Pre-existence, Kenosis, and the Incarnation of Jesus Christ, p. 151.

다는 것이다. 특히 겟세마네에서의 기도(막 14:32)하는 장면을 통해 우리는 그가 겪은 인간적 고통을 알게 된다. 그러나 도우는 맥킨토쉬의 것을 포함한 케노시스 기독론을 분석하면서 이러한 면을 간과한 바 있다. 도우는 케노시스 기독론이 그리스도의 인성의 실재를 적절하게 설명하지 못했다고 보고 모든 형태의 케노시스 기독론을—여기서 그는 포사이스의 것도 역시 포함시키고 있다—비판하였다.

> 케노시스 기독론은 로고스를 비록 제한된 형태로 제시하고 있음에도 불구하고 그것이 예수님의 인격을 결정하게 하며 통합을 이루게 하는 그 중심으로 만들었다. 그리스도의 인간 본성은 무의식적이고 비인격적인 실존의 수준으로 귀속되었다. 케노시스 기독론 저술가들이 묘사한 그리스도의 인격이 갖는 심리학적인 이해에 기초하여 볼 때 윤리적인 씨름과 믿음이 실재하고 있는지 의심스럽다.[68]

그는 분명히 포사이스—그리고 아마도 맥킨토쉬도 역시—를 잘못 읽고 있다. 왜냐하면 포사이스의 것이든 맥킨토쉬의 것이든 이들의 케노시스 기독론에 방법론적으로 기초된 윤리적 기독론 접근 방식은 그리스도의 인성이 무의식적이고 비인격적인 존재의 조건이 될 정도로 로고스를 인격화하지 않고 있기 때문이다. 더욱이 그리스도 안에 있는 참 인성의 성장—그리고 또한 그리스도 안에 있는 참 신성의 성장 혹은 실현도 역시—은 구원론적 틀에 기초를 두고 전개되었다고 보았다. 즉 맥킨토쉬는 구원론적 관점에서만 참 하나님이면서 동시에 참 인간이신 성육신하신 그분의 참 그림을 볼 수 있다고 믿었던 것이다.

---

68) Donald Dawe, "A Fresh Look at the Kenotic Christologies," p. 346.

제6장
그리스도의 인격과 사역 사이의 밀접한 관계

그리스도의 인격과 사역 사이의 밀접한 관계

그리스도의 인격론을 서술하면서 맥킨토쉬는 성육신의 참 모습을 성경적이고 역사적으로 잘 묘사하였다. 뿐만 아니라 그리스도의 인격을 신학적으로 타당한 형태에 기초하여 다룸으로써 그리스도에 대한 정통신학적 모습을 재형식화하였다. 그는 신조에서 고백되고 성경이 전하는 바와 같이 참 하나님과 참 인간이신 분을 분명한 형태로 보여 주었다.

더욱이 그는 처음부터 끝까지 그리스도의 인격 교리를 구원론적 기초 아래 전개함으로써 그리스도의 인격과 사역 사이의 그 어떤 분리도 용인하지 않게 하였다. 그러나 그가 그리스도의 인격과 사역 사이를 밀접한 관계로 두면서 기독론을 전개한 유일의 사람은 아니었다. 아타나시우스와 시릴과 같은 고대 교부들 역시 구원론적 틀 안에서 기독론을 전개하였고 루터 역시 그리스도의 공생애 사역에 비추어 그리스도의 인격 교리를 만들어내었으며, 칼빈 역시 그리스도의 구속사역에 비추어 그분의 인격을 주목하였다. 나아가 룩스 문디(Lux Mundi) 신학자들과 모벌리(R. C. Moberly)와 같은 현대의 앵글리칸 신학자들 역시 그리스도의 인격과 사역 사이의 깊은 관계를 전개하려고 노력하였다.1)

그러나 위에 언급된 노력과 달리 맥킨토쉬는 케노시스 기독론을 통해 그리스도의 인격론을 윤리적 시각에서 전개함으로써 그리스도의 인격과 사역 사이의 보다 밀접한 관계를 수립케하였다는 의미에서 아마도 독특하다고 하겠다. 그는 역사적인 그리스도의 수치스러운 삶을 주목하여 그 어떤 전통적이거나 개혁주의적인 신학자의 교리보다 더 심오하게 기독론을 발전시켰던 것이다. 그리스도의 윤리적인 삶은 적합한 기독론을 전개하는데 가장 중요한 기초가 되었다. 그러나 그는 이러한 면에서 신칸트학파도 아니고 리츨 신학적 경향을 띤 자도 아니다. 예수님의 수치스런 삶은 하나님의 희생적인 삶이었다는 것을 강조할 뿐이었다. 하나의 인격체를 구성하면서 그리스도는 자신의 정체성과 활동을 분리하지 않는다. 맥킨토쉬는 일관적으로 알렉산드리아적 전통을 따르면서 하나의 인격체와 하나님의 희생을 강조하였다. 그는 그리스도의 구속사역 안에서 하나님의 희생을 확신하였다. 그리스도의 인격과 사역 사이의 밀접한 관계를 보존하는데 공헌한 맥킨토쉬의 기독론을 분석하기에 앞서 우리는 기독론에 있어 구속론적으로 방향설정을 하여 전개한 몇몇 사례들, 특히 아타나시우스와 시릴의 경우에 주목할 필요가 있다.

아타나시우스는 분명히 기독론을 구속론적 형식 안에서 전개하였다. 그의 책, 『성육신에 관하여』(On the Incarnation)에서 그는 그리스도가 인간의 타락한 상태를 복원시키기 위해 인간이 되었음을 밝혔다. "그

---

1) See R. C. Moberly, *Atonement and Personality*, (London: John Murray, 1901), pp. 80-92.

리스도가 인간의 형태를 취하게 한 원인 제공자는 우리였으며, 그리스도의 크신 사랑으로 그분이 인간의 몸 안에서 태어나시고 또한 그 안에서 자신을 명시하였던 이유는 바로 우리의 구원을 위해서였다."[2] 그리스도는 자신의 희생적인 죽음을 통해 이 세상에 타락한 모든 인류를 재창조하려고 육신 안으로 들어오셨던 것이다.[3] 토랜스는 아타나시우스의 구속론적 기독론을 다음과 같이 올바르게 지적하였다. 아타나시우스는 "만일 성육신하신 성자 예수 그리스도가 참 하나님으로부터 배태된 참 하나님이 아니라면 우리는 구원받지 못한다. 왜냐하면 구원시킬 수 있는 자는 오직 하나님일 뿐이기 때문이다. 다른 한편, 만일 예수 그리스도가 참 인간이 아니라면 그때는 구원이 인간의 실존과 조건에 영향을 주지 못하게 된다"[4]고 주장했다. 아타나시우스는 그리스도의 인격을 다룰 때 종교적 의미가 중요한 주제임을 확신하고 있었던 것이다. 시릴 역시 자신의 그리스도 인격론에 있어 이러한 중차대한 요소를 놓치지 않았다. 맥킨토쉬는 시릴이 그리스도의 성육신적 삶, 특히 하나님과 인간의 연합이라는 측면에서 이러한 종교적 동기를 발견하였다고 인정한 바 있다. "[시릴]은 참으로 종교적인 관심을 따라갔다."[5] 맥킨토쉬 역시 칼시든 신조가 구속론적 관심을 진지하게 보여 주고 있었다고 믿었다.[6]

그러나 그리스도의 인격에 대해 고대의 전개 방식이 취한 구원론적

---

2) Athanasius, p. 29. "이러한 재창조를 효과적이게 하기 위해서는, …그분이 먼저 죽음과 타락을 제거하셔야 했다. 그러므로 그리스도는 인간의 몸 안에서 죽음이 단번에 파멸되고 인류가 이러한 그리스도의 형상을 따라 갱신될 수 있도록 하기 위해서 인간의 몸을 취하셨던 것이다"(Ibid., p. 41).
3) Ibid., pp. 32-5, 59, 80.
4) Torrance, *The Trinitarian Faith*, p. 149.
5) Mackintosh, *DPJC*, p. 207.
6) Ibid., p. 213.

이해는 맥킨토쉬의 것보다는 분명치 않았다. 고대 교부들은 구속사역을 선험적 형식 안에서 주목한 반면 맥킨토쉬는 구속받은 자들을 후험적 범주 아래에서 주목하였다. 그는 인류에게 주어진 그 희생적인 구속사역을 숙고하면서 신비적 연합에 확실하게 드러난 하나님의 말로 다할 수 없는 사랑을 발견함으로써 보다 더 영적인 의미를 가져다 주었다. 맥킨토쉬는 그리스도의 인격이 그리스도와 믿는 자와의 연합 개념 가운데에서 고려되어야 한다고 믿었다. 나아가 이러한 구원론적 특징은 희생물이 되어야 한다는 아버지의 말에 순종하기를 거절하기도 하였던 그리스도의 윤리적 결정에 의해서만 주어질 수 있었다. 이러한 종교적 구도 아래에서 맥킨토쉬는 그리스도의 인격론을 새로운 형식으로 전개하였다. 아니 보다 정확하게 표현한다면, 그는 우리의 구원을 위해 가난한 자가 되신 하나님의 겸비하심을 증거하는 성육신의 사실을 묘사하였던 것이다. 이러한 의미에서 페어웨더가 영국의 케노시스 기독론, 특히 맥킨토쉬의 것이 종교적 의미를 결여하고 있다고 평가한 것은 잘못이었다.[7] 윤리적인 범주 아래에서 케노시스 기독론을 전개할 때, 시작부터 맥킨토쉬는 이러한 종교적 의미를 심각하게 고려하였다.

> [영국의 케노시스 기독론이 취한 특징은] 한없이 넓은 종교적 의미의 개념을 취하고 있다는 것이다. 물론 이 방법은 분명 우리의 이해를 넘어서는 것이 될 것이지만, 어떻게든 그리스도 안에 계신 하나님은 자신의 위대하심을 우리의 삶이 갖는 작은 크기로 만들어 우리를 위해 가난하게 되셨던 것이다. 이것은 기독교적 경건에서와 같이 교의학 분야에서

---

7) Fairweather, p. 173.

진지하게 취급하여야 한다. 나아가 그의 성육하신 삶을 우리가 체계화 시킬 때 이러한 겸비한 모습이 드러날 실제적 증거들을 적시할 수 있게 하여야 한다. 8)

맥킨토쉬는 그리스도의 인격론은 종교적 의미를 제외한 채 수립되어서는 안 된다고 보았다. 하나님이 가난하게 되셨다는 것 혹은 그리스도의 희생적인 사역이 갖는 그분의 수치는 우리가 그리스도의 인격에 대해 생각하는 매 순간 계속되어야 할 내용이었다. 그래서 맥킨토쉬는 그분을 보는 순간 바로 십자가에로 돌아가려 하였다. 물론 그 반대로 생각하기도 하였다. "예수님의 실제 사역 혹은 그 영향은 그분의 인격을 어떤 방식으로든 해석하게 하는 방향으로 자동적으로 이끌게 한다. … [그리고] 그 사역은 인격에 의해 빛나게 된다." 9)

맥킨토쉬의 책 *DPJC*를 읽는 사람은 누구나 그리스도의 인격과 사역이 이와 같이 밀접한 관계를 가지고 있음을 간과할 수는 없을 것이다. 10) 이러한 의미에서 크리드는 다음과 같은 글에서 포사이스와 모즐리와 같은 영국 신학자들을 포함하여 맥킨토쉬에 대해서 잘못된 결론을 내렸다고 강조한 바 있다. 그는 말하길, 맥킨토쉬가 "십자가에 특별히 기독교적인 강조를 두었던 이유는 적합한 표현을 찾을 수 없을 것이라는 두려움에서" 였다는 것이다. 11) 맥킨토쉬에 대한 이러한 비판은 그의 신학이 십자가를 깊이 숙고해야 한다고 강조하였던 것을 간과한 것이다. 12)

---

8) Mackintosh, *DPJC*, p. 466.
9) Ibid., p. 341.
10) 예를 들면, Mackintosh, *DPJC*, pp. 321-44, 443, 466-7, 470.
11) John Martin Creed, "Recent Tendencies in English Christology," p. 129.

맥킨토쉬는 자신의 케노시스 기독론에서 종교적인 의미를 일관되게 부각시켰다. 성육신을 종교적 범주로 보게 되면 우리가 영적인 유익을 얻게 되기 때문에 결과적으로 어려움 없이 그리스도를 참 하나님이요 참 사람으로 묘사할 수 있게 되기 때문이었다. 이러한 종교적 목적을 그가 염두에 두고 있다는 사실은 성부와 성자 사이의 관계를 다루었던 그의 책 말미에 이르기까지 계속 강조되었다. 로고스는 철학적 사상의 원리에 묶여 버려서는 안 되고 오히려 종교적 색채를 띠어야 하며 이로써 하나님의 아들이 존재론적으로 종교적 의미를 취하게 되는 것이다. 그리스도는 인간이 되어 인류를 위한 희생이 될 수 있었던 성육하신 그분이기 때문에 그는 그리스도의 삶이 종교적 의미를 지닌다고 확신하였던 것이다. "만일 그리스도가 본질적으로 하나님의 아들이라면 종교는 분명히 실제적으로 아들과 아버지와의 관계를 시작이 없는 것으로 보게 하기 때문이다." 13)

종교적으로 설정된 기독론을 세워야 한다는 그의 생각은 영국의 몇몇 신학자들에 의해 이미 평가받은 바 있다. 로턴은 1947년에 케노시스 기독론에서 발견되는 종교적 호소가 갖는 강점을 발견하였다. 여기서 그가 포사이스를 그 예로 들고 있지만, 나중에 포사이스가 아닌 맥킨토쉬가 주요 케노시스 기독론자라고 평한 크리드의 견해에 동의하고 있기 때문에, 맥킨토쉬도의 것도 역시 포함하려 했을 것이다. 14) 그리고 최근에 맥클라우드 역시 맥킨토쉬가 기독론을 세워 나가면서 "케노시스의 종교적 가치"를 보여 주었다고, 정확하게 발견한 바 있다. 15)

---

12) Mackintosh, *DPJC*, pp. 466-7.
13) Ibid., p. 516.
14) Lawton, *Conflict in Christology*, p. 160.
15) Macleod, "Christology," p. 172.

이러한 종교적 가치를 평가하기 위해서는 말로 다할 수 없는 사랑을 지니신 하나님의 본질에 주목할 필요가 있다. 하나님의 자기 희생적 사랑이 맥킨토쉬의 케노시스 기독론에 깊이 담겨 있으며, 피인스트라가 그의 논문에서 올바르게 이 사실을 계속 반복하여 언급한 바와 같이, 하나님의 그러한 사랑은 맥킨토쉬가 주장한 기독론에 잘 묘사되어 있다.16) 하나님의 사랑이 잃어버린 자들을 구속하는 근거가 되며 이는 그의 자기 부정에서 잘 표현된다. 케노시스적으로 성육하신 그리스도는 이러한 사랑을 보다 서술적인 방법, 즉 그의 탄생과 더불어 육체적으로, 정신적으로 성장한다든지, 십자가에서 실제로 고통을 겪는다든지, 그리고 신성이 점진적으로 현실화된다든지, 하는 모습을 통해 그리스도의 실제적인 인성을 잘 나타내 보여 주었다. 다시 언급하지만 이러한 수치스러운 삶은 그분의 사랑 때문에 가능하였고 잃어버린 자들을 구속하려는 그분의 의도로 인하여 구체화되었다. 특히 맥킨토쉬는 케노시스적으로 성육하신 그분을 고려하면서 잃어버린 자들을 구속하기 위해 그리스도가 감행하신 희생적인 삶을 염두에 두었다. 다시 말하면 그는 성육신하신 그리스도를 참 하나님이요 참 사람으로 묘사하면서 그리스도의 사역을 주목하였다.

맥킨토쉬는 그리스도의 인격과 사역은 변증법적으로 이해될 성질의 것이라고 보았다. 어떤 사람은 맥킨토쉬가 그리스도의 인격에 대한 교리를 그리스도의 수치를 통한 구속사역에 근거하여 발전시켰다고 생각한다. 그러나 이러한 추측은 그의 기독론이 갖는 다른 면을 무시하는 결과를 초래한다. 맥킨토쉬는 그리스도의 구속사역이 케노시스적

---

16) Feenstra, *Pre-existence, Kenosis, and the Incarnation of Jesus Christ*, pp. 30, 35. "하나님의 사랑 이야말로 맥킨토쉬의 케노시스 기독론을 이해하는 열쇠가 된다"(Ibid., p. 30).

으로 성육하신 그리스도에 대한 역사적 사실을 간과하고는 불가능하다는 것을 믿었기 때문이다. 그는 케노시스적으로 성육하신 그리스도를 구체화시켜주는 표현으로서 그분의 구속사역을 발견하였을 뿐만 아니라 케노시스적으로 성육하신 그분을 구속주로서의 그분의 사역을 완수하는데 필연적인 완전한 본질로서 보았다. 이러한 방법으로 그는 하나님의 사랑을 '아래로부터' 보기만 하는 자유주의적 움직임을 거절하였다. 물론 하나님의 사랑에 호소하는 존 힉과 같은 사람에 의해 제기되는 반성육신론파 움직임에도 거절하고자 하였을 것이다. 힉은 "케노시스란 예수님 안에 계시된 신적인 사랑을 스스로 보여 준 것이라 할 수 있다. 그리고 우리가 그렇게 스스로 베풀어 주는 사랑을 갖도록 그분의 제자들로 부름을 받았다고 하는 것을 보여 주는 생생한 은유인 것이다"라고 하였다.17) 그러나 힉이 제시한 은유로서의 케노시스 개념은 다른 현대의 케노시스 기독론은 말할 것도 없고 맥킨토쉬의 것과도 아무 상관이 없다. 역사적으로 성육신하신 그리스도 안에 나타난 하나님의 사랑은 위에서 부여되지 않는 한 주어질 수 없는 것이다.

어떤 의미에서 맥킨토쉬가 전개한 그리스도의 인격과 사역의 밀접한 관계는 전통적인 그리스도의 인격 이해에서 발견되는 정적인 기독론에 대한 혐오에서 비롯되었다고 할 수 있다. 맥킨토쉬는 이러한 전통적인 기독론을 그의 기독론 재건 작업을 통해 재형식화하려 하였던 것이다. 헨드리는 바로 이와 같은 맥킨토쉬의 학문적 기여를 정확하게 인정하였다.

---

17) John Hick, *The Metaphor of God Incarnate: Christology in a Pluralistic Age*, (Louisville: Westminster/John Knox Press, 1993), p. 78.

맥킨토쉬와 오늘날 그밖의 다른 사람들이 관심을 기울여 추구하는 기독론은 "성육신"에 대한 기존의 해석을 수정하는 방법을 통해 전개되었다. 성육신이란 그리스도가 우리의 본성을 자신에게 취하는 행동을 (assumptio carnis) 지칭한다. 그래서 어떤 의미에서는 특히 이것이 성탄절과 관련 있다고 오랫동안 신학적으로 받아들여져 왔다. 이러한 생각은 그리스도의 인격론 교리와 그분의 사역론 교리 그리고 그분의 신분 상태에 대한 교리 사이를 전통적으로 구분시키는 것에 강조를 두고 있다. 이는 곧 그리스도의 인격에 대한 문제가 고립화되고 그 자체에 의해서 지성적으로만 이해되도록 하게 할 수 있다는 것을 시사한다.[18]

칼빈은 분명히 그리스도의 구속론적 사역에 비추어 그리스도의 인격을 주목하였음에도 불구하고 칼빈 이후의 전통적인 개혁신학은 그리스도의 인격과 사역을 분리시키는 경향을 보였다.[19] 헤페(H. Heppe)는 다음과 같이 개혁신학을 요약한 바 있다.

그러므로 우리는 비우심 exinanitio(kenosis)과 수치 humiliatio(tapeinosis) 사이를 각각 보다 엄밀한 의미에서 구별해야 한다. 이로써 전자는 인간으로서 그리스도의 전 생애가 갖는 노예의 형식을 나타내 보인다면 후자는 반대로(결과적으로는 그리스도의 인격이 "비우시는 것"을 전제하는데) 죽음

---

18) George S. Hendry, *The Gospel of the Incarnation*, (London: SCM Press, 1959), pp. 94-5.
19) 우리는 칼빈이 기독론을 전개하면서 구속론적 관심을 보였음을 "구속주 하나님에 대한 지식"이라는 그의 기독교강요 2권의 제목을 통해서 충분히 발견할 수 있다. 또한 그리스도의 사역에 대한 교리를 다루면서 그는 단호하게 다음과 같이 말한 적이 있다. "우리가 지금까지 그리스도에 관해 말하는 것은 반드시 이 한 가지 목적을 지칭하는 것이어야 한다. 즉 "다른 이로서는 구원을 얻을 수 없나니 천하 인간에 구원을 얻을 만한 다른 이름을 우리에게 주신 일이 없음이니라 하였느니라"(행 4:12)라고 한 그 유명한 베드로의 말이 우리에게 가르치는 바와 같이, 정죄받고, 죽었고, 잃어버린 바 된 우리 자신들은 그분 안에서만 의롭다 하심과 해방감, 생명, 구원을 찾아야 할 것이다"(Institutes, II, xvi, 1).

의 힘에 맡겨져야 했던 모습으로 드러내 보인다.[20]

그러나 맥킨토쉬는 이러한 전통에 만족하지 않았다. 역사적인 성육신을 이해하는데 본질적으로 어려움을 제공한다고 보았기 때문이다. 그는 성육신에서 케노시스와 타페이노시스를 나눌 수 없었으며-여기서 그는 브루스와 견해를 같이한다-그 결과 성자 하나님이 육신이 되심은 당연히 그의 수치와 불가분리의 관계를 낳는다는 것을 중시하였다. 성자 하나님이 이 땅에 한 유대인으로 내려오시어 우리의 구원을 위해 제물 혹은 희생이 되었다. 우리는 그의 지상 삶을 보면서 자기를 희생하신 하나님을 만날 수 있으며 여기서 우리는 하나님의 케노시스가 갖는 아름다움을 발견할 수 있을 것이다.

---

20) Heinrich Heppe, *Reformed Dogmatics: Set Out and Illustrated from the Sources*, Foreword by Karl Barth, rev., and ed., Ernst Bizer, tr., G. T. Thomson, (London: George Allen and Unwin Ltd., 1950), p. 488.

나가는 말

나가는 말

우리는 지금까지 브루스가 기초를 놓은 것을 맥킨토쉬가 가장 체계화시킨 스코틀랜드 케노시스 기독론을 분석해 보았다. 특히 우리는 맥킨토쉬의 케노시스 기독론은 그리스도가 참 하나님이요, 동시에 참 사람이라고 하는 정통신학적 그림을 변호 혹은 다시 그 구조를 공고히 다졌음을 확인할 수 있었다. 그러나 이 기독론은 유감스럽게도 템플, 베일리, 페어웨더 그리고 맥클라우드 등과 같은 신학자들에 의해 부당하게 비난받았다. 이들은 이 기독론을 오해하였다. 이들은 그것이 얼마나 성경에 충실하려고 하였는지 또한 그것이 신학적으로 얼마나 적합하게 만들어진 구조였는지 잘 발견하지 못하였다. 오히려 이들은 케노시스 개념이 갖는 기독론적 중요성을 과소평가 하였다. 물론 케노시스 기독론 그 자체가 성육신의 신비를 이해하는 유일한 자료가 된다고 말할 수는 없다. 그럼에도 불구하고 스코틀랜드 케노시스 기독론은 아마도 기독론 문제 해결을 위해 시도된, 가장 훌륭한 신학적인 기여를 했다고 할 수 있다. 특히 맥킨토쉬의 것은 기독론 논의에 있어 매우 건설적인 제안을 몇 가지 마련해 주고 있다. 무엇보다 그는 성육신에 대한 정통신학적 이미지를 재형식화하였으며 정통 기독론의 당당한 면을 잘 부각시켰다.

스코틀랜드 케노시스 기독론은 하나님의 윤리적 본성이라는 개념을 수용하여 소위 윤리적 범주의 틀 아래에서 전개하였다. 성자 하나님의 케노시스적인 삶은 하나님이 거룩한 사랑이시고, 인격적이며, 자의적 결정 능력의 소유자이기 때문에 가능하였던 것이다. 19세기 스코틀랜드에서는 하나님의 '은총' 혹은 '무한한 사랑' 이라는 하나님의 윤리적 속성들을 발전시켰는데, 아마도 이러한 신학적 분위기가 브루스와 맥킨토쉬로 하여금 하나님의 '케노시스적인' 삶이라는 개념을 전개하도록 독려하였는지 모른다. 이 사랑 때문에 하나님이 자발적으로 자신을 비워 실제의 인간이 되셨고 또한 자연법에 따라 이 세상에서 성장하면서 결국 십자가에서 실제로 고통을 겪으셨다는 논리이다. 이러한 방식으로 스코틀랜드 케노시스 기독론은 그리스도 안에 있는 신적–윤리적인 삶을 심각하게 보고 정직하게 이해하려 하였으며, 이 지상에서 하나님이 자신을 비우는 삶을 묘사하는 일을 착수하였던 것이다.

이 기독론은 유럽 대륙에서 전개한 이론을 수정한 것이었다. 수정된 이론을 제시하게 된 것은 유럽에서 처음 도입된 형이상학적 해석 체계보다는 스코틀랜드 신학자들이 호소한 하나님의 윤리적 본질 개념의 논리 전개가 훨씬 더 성공적으로 성육신을 이해하도록 돕는다고 믿었기 때문이다. 대륙이 시도한 형이상학적 접근 방법은 비록 그것이 신적인 희생에 대한 논의를 부각시켰음에도 불구하고 역사상 유명한 그리스도에 대해 그 진면모를 나타내 보이지는 못하였던 것이다.

브루스는 '실제적이지만 윤리적인'(real but ethical) 케노시스 개념 아래 예수 그리스도에 대한 그림을 그려 나갔다. 그리스도의 수치스런 삶에 깊은 관심을 보이면서 브루스는 우연히 케노시스 기독론에 발을 들여 놓게 되었다. 그후 그는 케노시스 개념이 '실제로' 그리스도의 수치 가운데 일어났다고 확신을 가지게 되었다. 더욱이 케노시스적인 삶은 윤리적 개념 아래에서만 이해될 수 있다고 보았다. 그는 이러한 '윤리적' 개념을 적극적으로 도입하여 자신의 입장을 확고히 밝혔다. 무엇보다 그는 하나님의 무한한 사랑을 통해 성육신이 가능하였다고 말했다. 결국 그는 성경에 나타난 수치스런 그리스도를 설명할 수 있게 하는 케노시스 개념의 모델에 확신을 갖게 되었다. 이 개념에 따라, 그는 하나님이 참 인간의 삶을 사는 것이 불가능한 것은 아니었다고 논증해 나갔다.

그리스도는 한때 선재하셨던 분이었지만, 자신을 비움으로 말미암아 '종'이 되셨고 십자가에서 인류를 위해 실제로 고통을 겪는 수치를 당하셨다. 그분의 이러한 케노시스로 인하여, 예수 그리스도는 육신과 그 정신에 있어 점진적으로 성장해 갔다. 그분은 실제로 지혜와 그 키가 보통 사람의 모습대로 자라나셨으며, 배워야 했던 분이었고, 점차적으로 지식을 얻게 되었으며, 시험을 받기도 했고, 또한 기도할 필요를 느끼셨다. 나아가 그분은 육체와 영혼이 성장함에 따라 자의식을 얻게 되셨다. 그러나 이러한 윤리적 특성에 대한 강조는 브루스로 하여금 케노시스 개념을 그리스도가 인간이었음을 분명히 하는 데에만 제한하였다. 그는 그리스도의 실제 신성을 충분히 고려하지 않았다. 비록 브루스는 이 사실을 부인하겠지만, 그의 글과 주장을 보면 틀린 말은 아니다.

  그가 의도적으로 윤리적인 범주 아래에서만 수치를 겪으신 그리스도를 강조하였기 때문에 결국 그는 학문적으로 보다 나은 업적을 만들어 내지 못했다. 즉 그는 그리스도의 신적-인간적인 삶을 형이상학적으로 잘 다듬어 체계적이고 학문적인 구도를 갖춘 기독론을 만들어 내지 못하였던 것이다. 그리스도의 인격에 대한 교리를 윤리화시키고자 하는 깊은 열망은(그래서 그는 전통적으로 그리스도의 인격에 대한 교리가 결여하였던 것에 비교하려고, 그리스도의 수치론이라는 용어를 의도적으로 만들어 내었던 것이다) 형이상학화된 기독론을 아주 싫어하였기 때문이다. 그가 보기에는 형이상학적 구도 속에서 케노시스 개념을 만들어 낸 교부들이 우선 잘못했으며 또한 현대에는 대륙의 케노시스 기독론자들이 오용하였던 것이다. 교부들이 케노시스 개념을 크립시스 개념으로 왜곡시켰다면 현대의 케노시스 기독론자들은 성육신을 정확하게 혹은 충실하게 묘사하지 못하였던 것이다. 이러한 판단을 바탕으로 브루스는 성자 하나님의 겸비하게 낮아지심을 말하는 케노시스적인 삶과 그리고 실제로 자신을 비우시는 것을 가능하게 하였던 그분의 윤리적인 본성에 우리로 하여금 주목하게 하였다. 그는 성육신론을 그리스도가 실제로 수치를 겪으신 그 삶을 통해서 신학적으로 접근하여 나갔다. 그러나 이러한 접근 방식은 근시안적이어서 결국 그는 그리스도의 신적-인간적으로 살아가신 모습을 결코 전개시키지 못하고 말았다. 더욱이 그는 성자의 지상 삶을 묘사하면서 때때로 분명하지 않거나 자기 모순적인 발언을 하였다.

  그러나 성육신을 묘사하면서 이러한 부주의한 모습을 보이기는 하였지만 우리는 그리스도의 수치를 보면서 그분이 케노시스적으로 성육신하신 삶을 영위하셨음을 브루스가 발견해 낸 것에 대해서는 긍정적으로 평가할 수 있다. 말로 다할 수 없는 하나님의 사랑 때문에 성자 하나님이 자신을 제한하심으로써 실제의 한 인간이 될 수 있었다고 주장한 사실은 중요한 기독론적 발견이라 할 수 있다. 브루스가 아직 성숙하지는 않지만 발전 가능성 있는 기독론을 전개한 것, 즉 유럽 대륙의 케노시스 기독론을 수정 제시한 최초의 케노시스 형식은 아마도 고어, 가비, 포레스트, 그리고 맥킨토쉬에게 어떤 영향을 끼쳤을 것이다. 비록 충분히 신학적 논의를 시도하지는 못하였지만 그리스도의 케노시스적인 삶에 대해 소극적 혹은 중도적 차원에서 묘사한 것만으로도 성육신의 케노시스 원리를 이해하도록 인도할 수 있었다. 또한 어떤 의미에서 이 주제와 관련한 맥킨토쉬의 논의 발전을 예상하게 하였다고 말할 수 있다. 따라서 우리는 브루스가 스코틀랜드 케노시스 기독론 전개에 선구적 공헌을 하였음을 높이 평가할 수 있고, 또한 그의 케노시스 기독론이 기독론 논의에서 상당히 무시되어 왔던 개념을 부각시켰다는 의미에서 그를 재고찰해야 할 필요가 있다고 본다.

브루스와 달리 맥킨토쉬는 케노시스적으로 성육하신 그리스도의 신적-인간적인 삶은 형이상학적인 요소를 내포하고 있다고 보았다. 그러므로 그는 윤리적인 틀을 기본으로 하되 지적인 형식을 수용하면서 케노시스 기독론을 발전시켜 나가기를 주저하지 않았던 것이다. 따라서 우리는 단순히 맥킨토쉬가 케노시스 기독론을 윤리적인 범주 아래에서만 세워 나갔다고 말할 수 없다. 그러나 여기서 우리가 눈여겨 보아야 할 것은 그가 형이상학을 반드시 하나님의 '무한한 사랑'이라는 개념 아래에서만 고려하였다는 것이다. 성자 하나님의 역사적인 성육신을 보면서 맥킨토쉬는 처음부터 끝까지 하나님의 무한한 사랑을 말하는 성경의 증거들을 늘 염두해 두었던 것이다.

맥킨토쉬는 케노시스 기독론을 앞서 전개한 논의들, 그것이 구(舊)루터주의의 것이든, 유럽 대륙의 것이든 아니면 영국의 것이든, 모든 것을 망라하여 '실제적이지만 인간으로 변질되지 않은'(real but non-metamorphic) 케노시스를 제안함으로써 이 기독론을 수정하였다. 아마도 그는 구(舊)루터주의적 케노시스 기독론에서, 특히 브렌츠와 튀빙겐 학파를 통해서는 성경적 근거를 발견하지 못하였을 것이다. 그러나 켐니츠와 기센 학파에서 전개한 케노시스 기독론에 대해서는 비록 이들이 어떻게 그리스도가 전능, 전지, 편재성을 지니면서 또한 동시에 이들 속성을 사용하지 않았는지를 분명하게 보여 주지 못하였지만 아마도 이들을 긍정적으로 고려하고자 하지 않았을까 생각한다. 반면, 그는 형이상학적 범주을 도입하여 전개한 대륙에서 발전된 현대의 케노시스 기독론에 대해서는 회의적이었다. 특히 브루스의 중도적 혹은 미성숙된 케노시스 기독론에 대해서는 만족하지 못하였다. 맥킨토쉬는 양극단, 곧 형이상학적이거나(대륙의 예에서 보듯이) 윤리적인(브루스에게서 보듯이) 일방적 구조를 맹목적으로 따르지 않았다. 물론 맥킨토쉬의 기독론 기초는 윤리적인 틀이었다. 하지만 그리스도의 신적-인간적으로 살아가신 그 삶이 지니고 있는 부분 중 형이상학으로 논의해야 할 내용들에도 심각하게 관심을 기울였다. 그의 케노시스 기독론은 형이상학을, 하나님의 윤리적 활동이 우리의 양심을 울리는 윤리적인 특징들과-예를 들면, 하나님의 거룩한 사랑과 신적인 희생 등-함께 일어나는 한에서만 받아들였다. 그래서 그는 단순한 형이상학과는 전혀 다른 '양심의 형이상학'에 대해 언명하기를 즐겨 하였다.

그 결과 맥킨토쉬는 아마도 영국의 케노시스 신학자들, 예를 들면,

지적 범주를 취하여 논의한 웨스톤, 혹은 지적이면서도 윤리적인 범주를 택한 고어, 페어베언, 가비, 그리고 포사이스 등과 같은 사람들의 방법론에 긍정적이었을 것이다. 그는 영국에서 전개된 케노시스 기독론이 심오한 종교적 의미를 지니고 있다고 평가하였던 것이다. 그러나 맥킨토쉬가 모든 영국 신학자들의 형식에 궁극적으로 만족한 것은 아니었다. 물론 포사이스의 것만 예외였다. 그럼에도 불구하고 이들의 노력 모두는 다 가치가 있었다. 왜냐하면 그들의 논지가 성숙된 논리 체계를 갖추고 있지 못하고 또한 적절하지 못하였다고 할지라도 기여한 부분이 있기 때문이다. 고어, 웨스톤, 포레스트와 같은 몇몇 케노시스 기독론자들은 그리스도의 '신적-인간적인' 삶에 덜 관심을 가졌고, 페어베언과 가비와 같은 사람들은 성경적 증거에서 벗어나 있기도 하였다. 하지만 맥킨토쉬의 모델은 영국에서 가장 완성도 높은 성숙한 모양을 갖추었다. 그는 케노시스적으로 성육하신 그리스도를, 성경의 증거에 충실하면서도 신학적으로도 정통이라 할 만큼 적합하게 설명하였다. 무엇보다 그는 브루스와 달리 예수 그리스도의 신적-인간적인 삶을 진지하게 주목하였다.

맥킨토쉬에게 그리스도는 니케아와 칼시든 신조에서와 같이 참으로 신적이신 분이며 또한 참으로 인간적으로 살아가신 분이었다. 그의 케노시스 기독론은 위의 신조들을 따르면서 실질적으로 그리스도의 정통 신학적 이미지를 표현하였다. 맥킨토쉬에게는 토마시우스와 달리 전능, 전지, 편재성이 본질적인 신성이었다. 그럼에도 불구하고 맥킨토쉬는, 성경에 증거되는 바와 같이 그리스도께서 실제로 무지하셨다는 사실을 피하지 않았다. 여기에서 그는 존재론적 특징과 역사적 사실을 어떻게든 조화시키려 하였다. 그는 그리스도가 인간이 되셨을 때 전지성이 역사적 예수 그리스도 안에 '농축된 잠재성'의 틀로서 현재하였다고 보았다. 이렇게 됨으로써 그리스도는 잠재적으로 전지하실 수 있었지만 실제 그의 활동 면에서는 무지하셨던 것이다. 우리는 그리스도가 그분의 지상 생애 동안 내내 단순히(simpliciter) 전능하시고 전지하시며 편재하셨다고 말할 수는 없다. 왜냐하면 그리스도는 참으로 인간적인 삶, 곧 무능하고 전지하지 못하며 특정 지역에 매여 사셨기 때문이다. 어떻게 이것이 가능하였을까? 그것은 잃어버린 자들, 곧 죄인들에 대한 하나님의 사랑 때문에 가능했다. 이들을 구원하기 위해, 성자 하나님은 참 사람이 되셨다. 그분이 땅 위에 실제 사람으로 살아가실 때는 전능하지 않고 전지하지도 않으며 편재하지도 않으실 수 있었던 것이다. 그래서 그리스도는 인간으로서의 삶을 영위하실 수 있었으며 바로 그 때문에 그리스도는 복음서에서 증거되는 바와 같이 배우며 살아가야 했고, 특정 지역에 얽매여 지내야 했으며 무능한 삶을 지내셔야 했다. 이러한 모습은 그리스도가 성전에서 선생들에게 질문한 것(눅 2:46), 겟세마네 동산에서 기도하신 모습(막 14:32)을 통해서 알 수 있다.

   그러나 케노시스에 대한 그의 개념은 단순히 그리스도가 지상 삶으로 자신을 제한하셨다는 것만을 의미하지 않고 자기 실현 곧 '플레로시스'를 포함하는 것이었다. 그리스도는 점진적으로 그분의 육체와 영혼의 성장을 따라 전능하고, 전지하고, 편재하게 '되었던' 것이다. 케노시스적으로 성육하신 그리스도의 신성은 점차적으로 가능태에서 현실태로 전능, 전지, 편재성이 옮겨지면서 분명하게 되었던 것이다. 존재론적인 신성이 예수님의 삶의 성장 과정을 통해 보다 명료하게 되었다. 칼빈이 말한 바와 같이 인성과 함께 신성이 자라난 것이다. 물론 플레로시스는 인간에게서 하나님에게로 승격되었다는 것을 의미하지는 않는다(따라서 이 케노시스 기독론은 양자론을 띤다고 비판받을 수 없다). 그리스도는 언제나 하나님이었기 때문에 참으로 신적인 분이었다. 비록 하나님이 참 인간이 되기 위해서는 필연적으로 전능하지 못하고, 무지하고, 특정 지역에 매여 살아야 했음에도 불구하고, 그분은 신적인 속성 즉, 전능, 전지, 편재성 등을 버릴 수 없었다. 이는 존재론적으로 불가능하다. 따라서 우리는 그리스도가 신적인 속성들을 현실적이 아닌 잠재적으로 지니고 있다고 말할 수 있다. 무엇보다 이렇게 말함으로써 성육신 교리에 담겨 있는 위로부터의 기독론을 보존시킬 수 있었다. 그리스도에 대한 이러한 그림이야말로 참 하나님이요, 참 사람으로서 이 세상에서 살아가신 하나님의 삶에 대한 성경적 이미지를 정당화할 것이다. 성부의 의지에 대한 성자의 복종 행위를 통해서 그리스도는 하나님의 실존을 상실하지 않으면서 실제의 인간으로서의 삶을 영위하셨던 것이다.

맥킨토쉬는 성육신 교리를 종교적이고 역사적인 관심을 따라 서술하였다. 하나님의 존재 자체가 사라져 버리면서 사람이 되신 것은 아니다. 그러면 그는 우리를 대신하는 희생자가 되시지 못한다. 자기를 비우시고 자기를 희생하신 분은 하나님이었던 것이다. 하나님은 역사적 예수 안에 계셨다. 케노시스를 '실제적이지만 인간으로 변질되지 않은' 개념을 제안하면서 알렉산드리안의 기독론적 전통이 그러하듯이 하나님의 희생을 강조하였다. 또한 동시에 역사적 예수, 곧 '실제로' 비우신 그리스도의 삶을 강조하였다. 역사적 예수에 대한 그의 깊은 관심은 그리스도의 실제적 인성을 성공적으로 보여 줄 수 있다는 것과 구원론을 위해 확고한 기초를 다질 수 있다고 보았기 때문이었다. 분명 그는 가현설과 단성론을 피하였다. 또한 이 땅에서 희생적인 삶으로 살아가신 하나님을 온전하게 설명해 주는 '인간으로 변질되지 않은' 그분의 삶을 그렸다. 그러므로 당연히 그의 기독론은 에비온주의나 양자론과 같은 이단적 가르침을 피하였다. 물론 그가 비록 위격적 연합을 오해하였음에도 불구하고(그는 위격적 연합이 인간으로서의 삶을 비인격화시키게 한다고 믿었기 때문이다) 네스토리우스주의를 극복하였다. 역사적 예수에 대해 강조하면서도 그는 항상 그리스도의 존재론적 신성을 확보하는데 주의를 기울였다.

그는 성경적 증거에 기초하여 그리스도의 인격론을 재고찰하였다. 그는 그 어떤 신학적 노력도, 그것이 고대의 것이건, 루터교의 것이건, 개혁주의 신학이건, 리츨 신학적이건 관계없이 성육신의 신비를 아주 잘 설명할 수 없었다고 생각했다. 맥킨토쉬는 이 모든 신학적 전개를 성경을 통해 걸러 내고 성경에 부합할 때에만 사람들의 주장을 받아들였다. 그는 의도적으로 성경을 의존했기 때문에 당대에 독특한 신학자가 될 수 있었다. 그는 그 어떤 신학 학파에도 기울지 않았다. 오히려 그는 복음주의적 신학에 안착하기를 즐겼다.

역사적 예수에 대해 확신하면서 동시에 그리스도의 존재론적 신성을 굳게 믿고 있었던 것이다. 결국 맥킨토쉬는 그의 케노시스 기독론을 통하여 역사적으로 길이 남을 인물이 되었다. 무엇보다 그는 그리스도를 실제적으로 그리고 아름답게 잘 표현하였다. 이러한 신학적 작업을 시도하면서 그는 그리스도의 인격에 대한 정통적 교리를 재서술 혹은 재형식화할 수 있었다.

우리는 바로 앞의 두 장에서 맥킨토쉬의 신학적 공헌을 탐색한 바 있다. 우리가 발견한 것은 그가 자신의 케노시스 기독론을 통해 그리스도에 대한 정통신학적 그림을 재형식화하였다는 내용이다. 우리가 이미 증명한 바와 같이 그가 신성을 위축시켰다든지, 존재론적인 변화를 가져오게 만들었다든지, 반삼위일체적 견해를 표방한 것이라든지, 아니면 우주의 대혼란을 초래하는 이론을 주장했다고 하면서 그를 비판한 모든 사람들의 판단은 잘못되었다고 할 수 있다. 이들은 맥킨토쉬의 중요한 강조점, 즉 역사적 예수 안에 있는 신적인 희생에 대한 확신을 무시하였던 것이다. 그리스도가 육신으로 살아가도록 삶의 조건을 하나님이 조절하였다고 맥킨토쉬가 생각한 것은 분명 복음서가 증거하는 것이라 말할 수 있다.

그러나 맥킨토쉬를 비판한 자들은 그가 채택한 용어인 '잠재성' 개념이 역사적 예수가 여전히 참된 신성을 보유하고 있다는 의도에서 도입된 것임을 잘 알지 못하였다. 물론 그는 잠재성의 상태가 신성과 관련하여 갖게 되는 질적인 범위에 대해 생각하지 못했다. 또한 이 잠재성이 어떤 의미에서는 '현실태'로 발전될 수 없는 경우도 있음을 고려하지 않은 것은 사실이다. 그러나 그의 의도가 기독론의 그 어떤 이론을 만들어 내고자 한 것이 아니라 역사적 성육신이 갖는 그 어떤 원리를 밝히고자 함이었음을 인정한다면 충분히 용인될 개념이라 하겠다. 따라서 그는 인간이 생각해 볼 수 있는 한 최대한도에서 신적인 '잠재성'이란 개념, 그리고 그것의 점진적인 '실현' 혹은 그리스도가 전능, 전지, 편재하게 '된다'라고 상상해 볼 수 있다고 보았다.

'잠재성'이 뜻하는 바를 말한다면 다음과 같은 것을 생각할 수 있다: 비록 그리스도가 이 땅에 사시는 동안 완전한 인간으로 살기 위해 신적인 활동(divine activities)을 포기하였다고 하여도 여전히 신적인 속성(divine attributes)을 보유하였다는 것이다. 인간 예수 안에 신적 속성이 잠재되어 있다고 말하는 것이 잘못되었는가? 분명 하나님은 영원하시기 때문에 그리스도의 신적인 잠재성은 현실화되도록 되어 있었다. 이러한 의미에서 '잠재된' 신성은 전혀 위축된 것이 아니었다. 이 땅에서의 하나님의 이러한 새로운 삶의 방식은 그로 하여금 인간으로서의 삶을 영위하게 하였으며 그 결과 무능하고 무지하며 공간에 제약을 받게 되어 살았던 것이다.

이러한 형이상학적 개념들은 사람에서 하나님으로 승격되든지 그 어떤 존재론적 변화를 의미하는 것이 결코 아니다. 물론 위의 개념들이 그리스도의 신적-인간적으로 살아가신 그 삶을 완벽하게 묘사한 것은 아닐 것이다. 그런 의미에서 이상의 여러 개념은 역사적 성육신을 설명할 인간의 언어 부족 혹은 한계를 드러내 보여 준다고 하겠다. 그럼에도 불구하고 이상의 개념 정도로 생각해 보는 것이 충분히 가능하지 않겠는가? 우리가 하나님의 영원한 신성을, 그리고 역사적 예수 안에 하나님이 현존하셨다는 사실을 생각한다면, 이같은 사색을 떠나서는 다른 선택이 없다고 보기 때문이다.

만일 마리아의 품 안에서 울고 있는 아기에게서 하나님을 보고 싶다면 혹은 그 연약한 아기에게서 존재론적인 신성을 발견하고자 한다면, 그리고 한 인격체로서의 그 아기에게서 참된 인성을 찾기를 원한다면 맥킨토쉬가 주장한 케노시스 기독론은 우리에게 매우 큰 유익을 줄 것이다. 그는 한 인격체 안에 있는 참된 신성과 참된 인성 모두를 성공적으로 확보시켜 놓았다. 그리고 이러한 그리스도의 인격 이해는 그의 사역에 대한 가르침 곧 구속론과 사랑 안에서 이루어지는 하나님의 삼위일체적인 삶에 얼마나 적합한 관계를 갖게 하는지를 명확히 드러냈다.

그러기에 맥킨토쉬의 케노시스 기독론은 가장 균형잡혀 있고 포괄적인 접근 방식을 취하는 논리 중 하나라고 할 수 있을 것이다. 특히 그는 성자 하나님의 역사적인 성육신을 신학적으로 논리적 적합성을 지니고 성경적으로 유관하게 묘사하였다. 또한 역사상 가장 길이 남을 사건을 정직하고도 정확하게 보여 주었다. 어떤 이들은 그가 성자 하나님의 지상 삶을 그리면서 위격적 연합을 오해하였고 그리스도의 신적이면서 동시에 인간으로 살아가신 삶이 갖는 형이상학적인 의미를 불충분하게 설명하였다고 하여 그의 기독론에 회의적일 수 있을 것이다(맥킨토쉬는 신적인 잠재성이 언제 그리고 어떻게 현실화되었는지, 그리고 그리스도가 지상에 사는 동안 이 우주를 어떻게 신적인 능력으로 통치하였는지에 대해 불가지론적이었다). 그럼에도 불구하고 이들은 성자 하나님의 수치스러운 그 역사적인 삶을 묘사한 맥킨토쉬의 노력에 반기를 들 수 없을 것이다. 어느 화가의 그림을 볼 때와 마찬가지로 우리는 맥킨토쉬라는 화가가 그린 그리스도의 케노시스라는 그림을 ('description') 볼 때 그리스도의 참 모습을 보게 된다. 우리는 거기에서 화가로서의 맥킨토쉬가 품고 있었던 마음에서 우러나온 한 장의 그림인, '하나님의 인간적인 삶'을 정확하게 보게 된다. 우리의 구주를 이와 같이 '케노시스적으로' 그린 그림을 보고 우리는 무한한 감동을 받게 된다. 여기서 우리는 참 하나님이시며 참 인간이신, 지상에서 신적인 수치를 겪으며 살아간, 역사상 가장 길이 남은 분이신 그리스도에 대한 성경적 그림을 만나게 된다. 맥킨토쉬는 실제의 성육신을, 하나님의 케노시스 능력을, 그리고 하나님의 희생적인 삶이 갖는 아름다움을 그려 냈다. 만일 하나님이 거룩한 사랑이라면 그의 케노시스 기독론은 전혀 낯설게 여겨지지 않을 것이다. 케노시스 기독론은 역사상 가장 길이 남을 인물인 그리스도를 적절하게 밝혀 내기 위해 적극적으로 요청된다고 하겠다. 이런 의미에서 맥킨토쉬의 케노시스 기독론은 재고찰되어야 마땅하다.

참고문헌

참고문헌

[1차 문헌]

A. B. Bruce

단행본

The Training of the Twelve: or Passages out of the Gospels Exhibiting the Twelve Disciples of Jesus under Discipline for the Apostleship. Edinburgh: T. & T. Clark, 1871, 1877 2nd ed.

The Humiliation of Christ in Its Physical, Ethical, and Official Aspects. Edinburgh: T. & T. Clark, 1876, 1900 5th ed.

The Parabolic Teaching of Christ: A Systematic and Critical Study of the Parables of Our Lord. London: Hodder and Stoughton, 1882, 1889 3rd ed.

The Galilean Gospel. London: Hodder and Stoughton, 1884.

The Chief End of Revelation. London: Hodder & Stoughton, 2nd ed., 1890.

The Miraculous Element in the Gospels. London: Hodder and Stoughton, 1886.

Ferdinand Christian Baur and His Theory of the Origin of Christianity and of the New Testament Writings. Paternoster: The Religious Tract Society, 1888.

The Kingdom of God; or Christ's Teaching According to the Synoptical Gospels. Edinburgh: T. & T. Clark, 1889, 1899 3rd ed.

Apologetics; or, Christianity Defensively Stated. Edinburgh: T. & T. Clark, 1892.

St Paul's conception of Christianity. Edinburgh: T. & T. Clark, 1896.

With Open Face; or Jesus Mirrored in Matthew, Mark and Luke. London: Hodder and Stoughton, 1896, 1898 2nd ed.

The Providential Order of the World. Gifford Lectures in the University of

Glasgow, London: Hodder and Stoughton, 1897.
The Synoptic Gospels. London: Hodder and Stoughton, 1897.
The Epistle to the Hebrews: The First Apology for Christianity. Edinburgh: T. & T. Clark, March 1899, June 1899.
The Moral Order of the World in Ancient and Modern Thought. Gifford Lectures, Glasgow, 1898, London: Hodder and Stoughton, 1899.

논문

"Request and Replies," *ExpT*, 1875, p. 163.
"Current Naturalistic Opinions concerning the Person of Christ," *Britich and Foreign Evangelical Review*, 1879, pp.1-29; reprinted in *The Humiliation of Christ*, 1881 2nd ed., pp. 192-222.
"Theological Agnosticism," *AJT*, vol. 1, 1897, pp. 1-15.
"Jesus" in *Encyclopaedia Biblica*, ed., T. K. Cheyne & J. Sutherland Black, vol. 2, London: Adam and Charles Black, 1901, pp. 2434-54.

H. R. Mackintosh

단행본

Memoir of John Laidlaw in Studied in the Parables and Other Sermons by John Laidlaw. Edinburgh: T. &. T. Clark, 1907, pp. 1-47.
The Person of Jesus Christ. London: SCM, 1912.
The Doctrine of Person of Jesus Christ. 2nd ed., Edinburgh: T. & T. Clark, 1913.
The Heart of Gospel and the Preacher. Stirling: Drummond's Tract Depot; London: S. W. Patridge & Co., 1913.
The Originality of the Christian Message. London: Duckworth, 1920.
Some Aspects of Christian Belief. London: Hodder and Stoughton, 1923.
The Christian Experience of Forgiveness. London: Nisbet, 1927.
The Christian Apprehension of God. London: SCM, 1929.

The Highway of God. Edinburgh: T. & T. Clark, 1931.
Types of Modern Theology. London: Nisbet, 1937.
Sermons with Memoir by A. B. Macaulay. Edinburgh: T. & T. Clark, 1938.

미발행 논문

The Ritschlian Doctrine of Theoretical and Religious Knowledge. unpublished D. Phil. Thesis, University of Edinburgh, 1897.

논문

"The Ritschlian Doctrine of Theoretical and Religious knowledge." *AJT*, vol. 3, 1899, pp. 22-44.

"Is Christ the Son of God?" *The Christian World Pulpit*, Dec., 16, 1903, pp. 393-99.

"Dogmatic Theology: Its Nature and Function." *Exp*, Series 6, vol. 9, 1904, pp. 413-31

"The Theology of Albrecht Ritschl: A Lecture." *Exp*, Series 7, vol. 1, 1906, pp. 404-24.

"German Christology: Review of 'Die Christologie seit Schleiermacher, ihre Geschichte und ihre Begr?ndung' by S. Faut." *ExpT*, vol. 19, 1908, pp. 157-8.

"The Revival of Kenoticism." *ExpT*, vol. 21, 1909-1910, pp. 105-8.

"Christologies Ancient and Modern." *ExpT*, vol. 21, August, 1910, pp. 486-90.

"Christologies Ancient and Modern." *ExpT*, vol. 21, September, 1910, pp. 553-8.

"John Calvin: Expositor and Dogmatist." *The Review and Expositor*, vol. 7, 1910, pp. 179-94.

"Miracles and the Modern Christian Mind." *Exp*, Series 7, vol. 9, 1910, pp. 417-33.

"The Liberal Conception of Jesus in Its Strength and Weakness." *AJT*, vol. 16, 1912, pp. 410-25.

"The Name of Jesus." *ExpT*, vol. 26, 1914, pp. 151-5.

"The Revelation of God in Christ." *ExpT*, vol. 27, 1915-16, pp. 346-50.

"Concerning Prayer." *Exp*, Series 8, vol. 12, 1916, pp. 300-13.

"Christ and God." *ExpT*, 31, 1919-20, pp. 74-8.

"Jesus Christ and Prayer." *Exp*, Serious 8, vol. 20, 1920, pp. 31-47.

"The Attitude of God to Sin." *Exp*, Series 8, vol. 23, 1922, pp. 192-205.

"The Place of Forgiveness in Christianity." *Exp*, Series 8, vol. 23, 1922, pp. 17-31.

"The Knowledge of God Mediated by Forgiveness." *Exp*, Series 8, vol. 24, 1922, pp. 60-74.

"Review of 'Der Christusproblem der Gegenwart' by Rudolf Paulus." *ExpT*, vol. 34, 1923, pp. 262-4.

"Jesus' Forgiveness of the Sinful." *Exp*, Series 9, vol. 1, 1924, pp. 206-20.

"The Reformer's View of Scripture." *The Doctrine of the Infallible Book*, by Charles Gore, London: SCM, 1924, pp. 55-60.

"Recent Foreign Theology: The Swiss Group." *ExpT*, vol. 36, 1924, pp. 73-5.

"Review of The Holy Spirit and the Church by Charles Gore." *Exp*, Serial 9, vol. 2, 1924, pp. 64-7.

"Review of 'Dogmatik' by Wilhelm Herrmann." *ExpT*, vol. 36, 1925, pp. 326-8.

"Recent Foreign Theology: Christology, Review of Martin Rade, Glaubenslehre." *ExpT*, vol. 38, 1926, pp. 23-5.

"Leaders of Theological Thought: Karl Barth." *ExpT*, vol. 39, 1928, pp. 536-40.

"Books That Have Influenced Our Epoch: Herrmann's Communion with God." *ExpT*, vol. 40, 1929, pp. 311-5.

"The Great Church Union in Scotland." *ExpT*, vol. 41, 1929, pp. 15-9.

"The Church's Confession: A Survey of the Movements for Revision, Vital Importance of the Task." *LW*, 1930, pp. 479-82.

"For the Quiet Hour: The Risen Christ." *LW*, 1930, pp. 145-6.

"Good Tidings at Christmas." *LW*, 1931, pp. 493-4.

"How Is God Known?" *The Christian Faith Today*, London: SCM, 1933, pp. 105-17.

"Self-Denial." *LW*, 1935, p. 123.

비발행 강의안 (1927-29)

Sheet 1, "History and the Gospel."
Sheet 2, "Redemption and the Redeemer."
Sheet 10, "Modern Christology (3)."
Sheet 11, "God in Christ: (1) Christ's relation to Faith."
Sheet 16, "Speculative Questions: The Divine-Human Life."
Sheet 24, "Reconciliation Through Christ (1)."
Sheet 29, "The Spirit in Faith and Experience."
Sheet 26, "Reconciliation through Christ (3)."

미발행 강의록

"Scripture as a Source of Doctrine (1)." pp. 1-15.

편지

Letter from Mackintosh to Wilhelm Herrmann. 3 October 1906.
Letter from Mackintosh to David Smith Cairns. 29 November 1912.
Letter from Mackintosh to David Smith Cairns. 8 June 1934.

[2차 문헌]

단행본

Aldwinckle, Russell F. *More Than Man: A Study in Christology*. Grand Rapids: Eerdmans, 1976.

Altizer, Thomas J. J. *The Gospel of Christian Atheism*. Philadelphia: The Westminster Press, 1966.

Anselm. *Cur Deus Homo? in St Anselm Basic Writings*. La Salle: Open Court, 1962.

Assembly Proceedings, 1890.

Athanasius. *On the Incarnation*. reprinted in 1993, with an introduction by C. S. Lewis, tr. ed., A Religious of C. S. M. V., Crestwood, N. Y.: St. Vladimir's Orthodox Theological Seminary; 1st ed., 1953.

Baillie, D. M. *God Was in Christ: An Essay on Incarnation and Atonement*. New York: Charlesz Scribner's Sons, 1948.

Ball, David Mark. *'I Am' in John's Gospel: Literary Function, Background and Theological Implications*. Journal for the Study of the New Testament Supplement Series 124, Sheffield: Sheffield Academic Press, 1996.

Bannerman, James. *Inspiration: The Infallible truth and Divine Authority of the Holy Scriptures*. Edinburgh: T. & T. Clark, 1865.

Barth, Karl. *Church Dogmatics: The Doctrine of Reconciliation*. IV/I, eds., G. W. Bromiley and T. F. Torrance, tr., G. W. Bromiley, Edinburgh: T. & T. Clark, 1956.

_____. *Theology and Church: Shorter Writings*, 1920-1928. tr., Louise P. Smith, London: SCM, 1962.

Berkhof, Hendrikus. *Two Hundred Years of Theology: Report of a Personal Journey*. tr., John Vriend, Grand Rapids: Eerdmans, 1989.

Berkhof, Louis. *The History of Christian Doctrines*. Edinburgh: The Banner and Truth Trust, 1937.

Brown, Colin. *Philosophy and the Christian Faith*. Downers Grove, Illinois: Inter Varsity Press, 1968.

_____. *Jesus in European Protestant Thought 1778-1860*. Grand Rapids: Baker Book House, 1985.

Brown, David. *The Divine Trinity*. La Salle: Open Court Publishing Company, 1985.

Brunner, Emil. *Dogmatics II: The Christian Doctrine of Creation and Redemption*. tr., Olive Wyon, London: Lutterworth Press, 1952.

Buchanan, James. *The Doctrine of Justification: An Outline of Its History in the Church, and of Its Exposition from Scripture*. The Second Series of the Cunningham Lecures, Edinburgh: T. & T. Clark, 1867.

Bullinger, Heinrich. *De testamento seu foedere Dei unico et aeterno*. (The One and Eternal Testament or Covenant of God), tr., Charles S. McCoy and J. Wayne Baker, in *Fountainhead of Federalism: Heinrich Bullinger and the Covenantal Tradition*, Louisville: Westminster/John Knox Press, 1991.

Burleigh, J. H. S. *A Church History of Scotland*. London: Oxford University Press, 1960.

Cairns, David S. *David Cairns: An Autobiography with A Memoir by D. M. Baillie*. London: SCM, 1950.

Calvin, John. *Institutes of the Christian Religion*. ed., John T. McNeill, tr., Ford L. Battles, Philadelphia: The Westminster Press, 1960.

_____. *The Gospel according to St John 1-10*. tr., T. H. L. Parker, eds., David W. Torrance and Thomas F. Torrance, Edinburgh: Oliver and Boyd, 1959.

Campbell, John McLeod. *The Nature of the Atonement*. reprinted in 1996 with an introduction of J. B. Torrance, Edinburgh: Handsel Press; Grand Rapids: Eerdmans, 1996; 1st ed., 1856.

Carlyle, Thomas. *Thomas Carlyle Sartor Resartus & Selected Prose*. Introduction by Herbert Sussman, New York: Hold, Rinehart and Winston, 1970.

Cave, Sydney. *The Doctrine of the Person of Christ*. New York: Charles Scribner's Sons, 1925.

Chadwick, Hendry. tr., and ed., *Lessing's Theological Writings*. London: Adam and Charles Black, 1956.

Cheyne, A. C. *The Transforming of the Kirk: Victorian Scotland's Religious*

Revolution. Edinburgh: The Saint Andrew Press, 1983.

Cheyne, T. K. *The Origin and Religious Contents of the Psalter in the Light of Old Testament Criticism and the History of Religions.* The Bampton Lectures 1889, London: Kegan Paul, Trench, Trübner & Co., 1891.

Coakley, Sarah. "Kenosis and Subversion: on the Repression of 'Vulnerability' in Christian Feminist Writing." *Swallowing A Fishbone?: Feminist Theologians Debate Christianity,* ed., Daphne Hampson, London: SPCK, 1996.

Collins, G. N. M. *The Heritage of Our Fathers: The Free Church of Scotland: Her Origin and Testimony.* Edinburgh: The Knox Press, 1974.

Creed, John Martin. "Recent Tendencies in English Christology," in *Mysterium Christi: Christological Studies by British and German Theologians.* eds., G. K. A. Bell & D. Adolf Deissmann, London: Longmans, Green and Co., 1930.

_____. *The Divinity of Jesus Christ: A Study in the History of Christian Doctrine Since Kant.* London: Collins, The Fontana Library; Cambridge: Cambridge Univ. Press, 1938.

Cunningham, William. *The Reformers; and the Theology of the Reformation.* Edinburgh: T. & T. Clark, 1862.

_____. *Historical Theology.* vol. 2. Edinburgh: T. & T. Clark, 1863.

Darlow, T. H. *William Robertson Nicoll: Life and Letters.* London: Hodder and Stoughton, 1925.

Davis, Stephen T. *Logic and the Nature of God.* Grand Rapids: Eerdmans, 1983.

_____. *Encountering Jesus: A Debate on Christology.* Atlanta: John Knox Press, 1988.

Dawe, Donald G. *The Form of a Servant: A Historical Analysis of the Kenotic Motif.* Philadelphia: The Westminster Press, 1963.

Drummond, Andrew L., & James Bulloch. *The Church in Victorian Scotland 1843-1874.* Edinburgh: The Saint Andrew Press, 1975.

_____. *The Church in Late Victorian Scotland 1874-1900.* Edinburgh: The saint Andrew Press, 1978.

Fairbairn, A. M. *The Place of Christ in Modern Theology.* 8th ed., London: Hodder and Stoughton, 1898, 1st ed., 1893.

Fairweather, Eugene R. "The 'Kenotic' Christology", *A Commentary on the Epistle to the Philippians*. 3rd ed., by F. W. Beare, London: A & C Black, 1973.

Feenstra, Ronald J. "Reconsidering Kenotic Christology", in *Trinity, Incarnation, and Atonement: Philosophical and Theological Essays*. eds., Ronald Feenstra and Cornelius Plantinga Jr., Notre Dame: University of Notre Dame Press, 1989.

Fergusson, David A. S. *Bultmann*. London: Geoffrey Chapman, 1992.

Flint, Robert. "Prefactory Note." *The Truth of the Christian Religion* by Julius Kaftan, Edinburgh: T. & T. Clark, 1894.

Forrest, David W. *The Christ of History and of Experience*. Edinburgh: T. & T. Clark, 1897.

_____. *The Authority of Christ*. Edinburgh: T. & T. Clark, 1906.

Forsyth P. T. *The Person and Place of Jesus Christ*. Grand Rapids: Eerdmans, n.d.; London: Independent Press, 1909.

Garvie, Alfred E. *The Ritschlian Theology Critical and Constructive: An Exposition and an Estimate*. Edinburgh: T. & T. Clark, 1899.

_____. *Studies in the Inner Life of Jesus*. New York: George H. Doran Company, 1907.

_____. *The Christian Certainty Amid the Modern Perplexity*. London: Hodder and Stoughton, 1910.

Gess, Wolfgang Fridrich. *Die Lehre von der Person Christi entwickelt aus dem Selbstbewusstsein Christi und aus dem Zeugnisse der Apostel*. Basel, 1856.

Godet, F. *Commentary on the Gospel of St. John*. tr., Frances Crombie and M. D. Cusin, Edinburgh: T. & T. Clark, 1876.

Gore, Charles. (ed). *Lux Mundi*. 15th ed., London: John Murray, 1904; 1st ed., 1889.

_____. *The Incarnation of the Son of God*. The Bamton Lectures 1891, London: John Murray, 1891.

_____. *Dissertations on Subjects Connected with the Incarnation*. New York: Charles Scribner's Sons, 1895.

_____. *Belief in Christ*. New York: Scribner's, 1922.

Gorodetzky, Nadejda. *The Humiliated Christ in Modern Russian Thought*.

London: Society for Promoting Christian Knowledge, 1938.

Gritsch, Eric W. and Robert W. Jenson. *Lutheranism: The Theological Movement and Its Confessional Writings*. Philadelphia: Fortress Press, 1976.

Gunton, Colin E. *Christ and Creation*. The Didsbury Lectures, 1990, Carlisle: The Paternoster Press; Grand Rapids: Eerdmans, 1992.

_____. *Yesterday & Today: A Study of Continuities in Christology*. Grand Rapids: Eerdmans, 1983.

Gutiérrez, Gustavo. *The God of Life*. tr., Matthew J. O'connell, Maryknoll: Orbis, 1991.

Hall, Francis J. *The Kenotic Theory: Considered with Particular Reference to Its Anglican Forms and Arguments*. New York, London: Longmans, Green and Co., 1898.

Hazlett, William Ian P. "Ebbs and Flows of Theology," *in Traditions of Theology in Glasgow 1450-1990*. ed., W. I. P. Hazlett, Edinburgh: Scottish Academic Press.

Hebblethwaite, Brian. *The Incarnation: Collected Essays in Christology*. Cambridge: Cambridge University Press, 1987.

Henderson, G. D. *The Claims of the Church of Scotland*. London: Hodder & Stoughton, 1951.

_____(ed). *The Scots Confession 1560*. tr., James Bulloch, Edinburgh: The Saint Andrew Press, 1960.

Henderson, Henry. F. *The Religious Controversies of Scotland*. Edinburgh: T. & T. Clark, 1905.

Hendry, George S. *The Gospel of the Incarnation*. London: SCM Press, 1959.

Heppe, Heinrich. *Reformed Dogmatics: Set Out and Illustrated from the Sources*. Foreword by Karl Barth, Revised and Edited by Ernst Bizer, tr., G. T. Thomson, London: George Allen and Unwin Ltd., 1950.

Herrmann, Wilhelm. *The Communion of the Christian with God*. tr., R. W. Stewart, London: Williams and Norgate, 1913.

Hick, John. *The Metaphor of God Incarnate: Christology in a Pluralistic Age*. Louisville: Westminster/John Knox Press, 1993.

Howie, Robert. *Strictures on the Report of the College Committee in the Cases of Drs. Dods and Bruce*. Edinburgh: J. Gemmell, 1890.

Jenson, Robert W. *Systematic Theology: vol.1., The Triune God.* New York, Oxford: Oxford University Press, 1997.

Jeremias, Joachim. *New Testament Theology.* The New Testament Library, tr., John Bowden, London: SCM, 1971.

Kähler, Martin. *The So-called Historical Jesus and the Historic Biblical Christ.* tr., ed., by Carl E. Braaten, Philadelphia: Fortress Press, 1964.

Kirk, James. *Patterns of Reform: Continuity and Change in the Reformation Kirk.* Edinburgh: T. & T. Clark,1989.

Knox, John. *The Humanity and Divinity of Christ: A Study of Pattern in Christology.* Cambridge: Cambridge University Press, 1967.

Langford, Thomas A. *In Search of Foundations: English Theology 1900-1920.* Nachville, New York: Abingdon Press, 1969.

Lawton, John Stewart. *Conflict in Christology: A Study of British and American Christology, From 1889-1914.* London: Society for Promoting Christian Knowledge, 1947.

Leitch, James W. *A Theology of Transition: H. R. Mackintosh as an Approach to Karl Barth.* London: Nisbet, 1952.

Livingston, James C. *Modern Christian Thought: From the Enlightenment to Vatican II.* New York: The Macmillan Company; London: Collier-Macmillan Limited, 1971.

Mackgregor, William M. *Persons and Ideals.* Edinburgh: T. & T. Clark, 1939.

MacKinnon, Donald M. *Borderlands of Theology and Other Essays.* eds., George W. Roberts, Donovan E. Smucker, London: Lutterworth Press, 1968.

_____. "Kenosis and Establishment." *The Stripping of the Altars.* Gore Memorial Lecture delivered in Westminster Abbey, 1968, London, 1969.

_____. *Themes in Theology: The Three-fold Cord: Essays in Philosophy, Politics and Theology.* Edinburgh: T. & T. Clark, 1987.

Macleod, Donald. *The Person of Christ.* Leicester: IVP, 1998.

Macleod, John. *Scottish Theology: In Relation to Church History Since the Reformation.* Lectures delivered in Westminster Theological Seminary, Edinburgh: The Publications Committee of the Free

Church of Scotland, 1943.

Macquarrie, John. *Jesus Christ in Modern Thought.* London: SCM Press, 1990.

Martin, Hugh. *The Shadow of Calvary: Gethsemane, the Arrest, the Trial.* Edinburgh: The Banner of Truth Trust, 1983; 1st ed., 1875.

McCormack, Bruce. *Karl Barth's Critically Realistic Dialectical Theology: Its Genesis and Development 1909-1936.* Oxford: Clarendon Press, 1995.

McCoy, Charles S., and J. Wayne Baker. *Fountainhead of Federalism: Heinrigh Bullinger and the Covenantal Tradition.* Louisville: Westminster/John Knox Press, 1991.

McCrie, C. G. *The Confessions of the Church of Scotland: Their Evolution in History.* The Seventh Series of the Chalmers Lectures, Edinburgh: Macniven & Wallace, 1907.

McGilchrist, William. "Translator's Note" in *History of Dogma.* vol. VII, by A. von Harnack, London: Williams & Norgate, 1899.

McGrath, Alister. *The Making of Modern German Christology 1750-1990.* 2nd ed., Leicester: Apollos; Grand Rapids: Zondervan Publishing House,1994.

McIntyre, John. *The Shape of Christology.* London: SCM Press, 1966.

Moberly, R. C. *Atonement and Personality.* London: John Murray, 1901.

Moltmann, J. *God in Creation.* tr., Margaret Kohl, London: SCM Press, 1985.

_____. "God is Unselfish Love." *The Emptying God: A Buddhist-Jewish-Christian Conversation,* eds., John B. Cobb, Jr., and Christopher Ives, Maryknoll, New York: Orbis Books, 1990.

_____. *The Trinity and the Kingdom: The Doctrine of God.* tr., Margaret Kohl, Minneapolis: Fortress Press, 1993.

_____. *The Way of Jesus Christ: Christology in Messianic Dimensions.* tr., Margaret Kohl, Minneapolis: Fortress Press, 1993.

Morris, T. V. *The Logic of God Incarnate.* Ithaca and London: Cornell University Press, 1986.

Mozley, John Kenneth. *Some Tendencies in British Theology: From the Publication of Lux Mundi to the Present Day.* London: SPCK, 1951.

Nicoll, W. Robertson. Letters of Principal James Denney to W. Robertson

Nicoll, 1893-1917. London: Hodder and Stoughton, 1920.

Niesel, Wilhelm. *Reformed Symbolics: A Comparison of Catholicism, Orthodoxy and Protestantism*. tr., David Lewis, Edinburgh & London: Oliver and Boyd, 1962.

O' Neill, J. C. *Who Did Jesus Think He Was?* Leiden, New York, Köln: E. J. Brill, 1995.

Orr, James. *The Christian View of God and the World As Centring in the Incarnation*. The Kerr Lectures for 1890-91, Edinburgh: Andrew Elliot, 1893.

_____. *The Ritschlian Theology and the Evangelical Faith*. London: Hodder and Stoughton, 1897.

Ottley, Robert. L. *The Doctrine of the Incarnation*. vol. 2, London: Methuen & Co., 1896.

Pannenberg, V. *Jesus-God and Man*. tr., Lewis L. Wilkins and Duane A. Priebe, Philadelphia: The Westminster Press, 1968.

_____. *Systematic Theology*. vol. 2., tr., Geoffrey W. Bromiley, GrandRapids: Eerdmans; Edinburgh: T. & T. Clark, 1994.

Paterson, W. P. *The Rule of Faith*. 4th ed., London: Hodder & Stoughton, 1932.

Pelikan, Jaroslav. *The Christian Tradition: A History of the Development of Doctrine: 1. The Emergence of the Catholic Tradition (100-600)*. Chicago & London: The University of Chicago Press, 1971.

_____. *The Christian Tradition: A History of the Development of Doctrine: 4. Reformation of Church and Dogma (1300-1700)*. Chicago and London: The University of Chicago Press, 1983.

_____. *The Christian Tradition: A History of the Development of Doctrine: 5. Christian Doctrine and Modern Culture (since 1700)*. Chicago and London: The University of Chicago Press, 1989.

Polkinghorne, John. *Science and Creation: The Search for Understanding*. London: SPCK, 1988.

_____. *Science and Providence: God's Interaction with the World*. London: SPCK, 1989.

_____. *Science and Christian Belief: Theological Reflections of a Bottom-up Thinker*. The Gifford Lectures for 1993-4, London: SPCK, 1994.

Pringle-Pattison, A. S. *The Idea of God in the Light of Recent Philosophy.* Oxford: Clarendon Press, 1917.

Proceeding and Debates of the General Assembly of the Free Church of Scotland Appendix to College Committee's Special Report. Edinburgh, 1890.

Quick, Oliver Chase. *Doctrine of the Creed: Their Basis in Scripture and Their Meaning Today.* London: Nisbet & Co. Ltd., 1938.

Ramsey, A. M. *Charles Gore and Anglican Theology: The Gore Lecture given in Westminster Abbey on 15 November 1954.* London: SPCK, 1955.

_____. *From Gore to Temple: The Development of Anglican Theology between Lux Mundi and the Second World War 1889-1939.* The Hale Memorial Lectures of Seabury-Western Theological Seminary, 1959, London: Longmans, 1960.

Reardon, Bernard M. G., ed. *Liberal Protestantism.* London: Adam & Charles Black, 1968.

Redman, Robert R. Jr. *Reformulating Reformed Theology: Jesus Christ in the Theology of Hugh Ross Mackintosh.* Lanham: University Press America, 1997.

Richard, Lucien J. *A Kenotic Christology: In the Humanity of Jesus The Christ, The Compassion of Our God.* Washington: University Press of America, 1982.

Ritschl, Ablrecht. *The Christian Doctrine of Justification and Reconciliation.* ed., & tr., H. R. Mackintosh and A. B. Macaulay, Clifton, New Jersey: Reference Book Publishers, 1966; Edinburgh: T. & T. Clark, 1900.

Robinson, John A. T. *The Human Face of God.* London: SCM Press, 1973

Sanday, William. *Christologies Ancient and Modern.* Oxford: At the Clarendon Press, 1910.

Schleiermacher, Friedrich. *On Religion: Speeches to Its Cultured.* tr., John Oman, New York: Harper & Row, 1958.

_____. *Christian Faith.* ed., and tr., James Stuart Stewart and H. R. Mackintosh, Edinburgh: T. & T. Clark, 1928.

Schmid, Heinrich. *The Doctrinal Theology of the Evangelical Lutheran Church.* 3rd ed., tr., Charles A. Hay and Henry E. Jacobs, Minneapolis: Augsburg Publishing House, 1961.

Schoonenberg, Piet. *The Christ: A Study of the God-Man Relationship in the Whole of Creation and in Jesus Christ.* tr., Della Couling, New York: Herder and Herder, 1971.

Schweitzer, Albert. *The Quest of the Historical Jesus: A Critical Study of Its Progress from Reimarus to Wrede.* tr., W. Mongtgomery, New York: Macmillan Publishing Co., Inc., 1906.

Sell, Alan P. F. *Theology in Turmoil: The Roots, Course and Significance of the Conservative-Liberal Debate in Modern Theology.* Grand Rapids: Baker Book House, 1986.

_____. *Defending and Declaring The Faith: Some Scottish Examples 1860-1920.* Exeter: The Paternoster Press, 1987.

Simpson, Patrick Carnegie. *Life of Principal Rainy.* vol. 1. London: Hodder & Stoughton, 1909.

_____. *The Life of Principal Rainy.* vol. 2, London: Hodder and Stoughton, 1919.

_____. *Recollections,* London: Nisbet & Co., 1943.

Statement by Friends of the Rev. Alex. Balmain Bruce, Broughty Ferry, Vindicatory of What They Consider to Be His Pre-eminent Qualifications for the Vacant Chair of Theology and Church History in the Free Church College, Glasgow. Glasgow: James Frazer, 1872.

Sykes, S. W. "The Strange Persistence of Kenotic Christology." *Being and Truth: Essays in Honour of John Macquarrie, eds.*, Alistair Kee and Eugene Long, London: SCM, 1986.

Tappert, Theodore G., tr., ed. *The Book of Concord: The Confessions of the Evangelical Lutheran Church.* Philadelphia: Fortress Press, 1959.

Taylor, Vincent. *The Person of Christ in New Testament Teaching.* London: Macmillan, 1959.

Temple, William. *Christus Veritas: An Essay.* London: Macmillan and Co., Limited, 1924.

Tennyson, G. B., ed. *A Carlyle Reader: Selections from the Writings of Thomas Carlyle.* Cambridge: Cambridge University Press, 1984.

Thomasius, Gottfried. "Christ's Person and Work, Part II: The Person of the Mediator." *God and Incarnation in Mid-Nineteenth Century German Theology, G. Thomasius, I. A. Dorner, A. E. Biedermann,* ed., tr., Claude

Welch, New York: Oxford University Press, 1965.

Torrance, James B. "Strengths and Weaknesses of the Westminster Theology" *The Westminster Confession in the Church Today: Papers Prepared for the Church of Scotland Panel on Doctrine*, ed., Alasdair I. C. Heron, Edinburgh: The Saint Andrew Press, 1982.

Torrance, T. F. *The Trinitarian Faith: The Evangelical Theology of the Ancient Catholic Church*. Edinburgh: T. & T. Clark, 1988.

_____. *Scottish Theology: From John Knox to John McLeod Campbell*. Edinburgh: T. & T. Clark, 1996.

Trueman, Carl. *Luther's Legacy: Salvation and English Reformers, 1515-1556*. Oxford: Claredon Press, 1994.

von Balthasar, Hans Urs. *Mysterium Paschale: The Mystery of Easter*. tr., with an introduction by Aidan Nichols, Grand Rapids: Eerdmans, 1993.

Walker, James. *The Theology and Theologians of Scotland: Chiefly of the Seventeenth and Eighteenth Centuries*. Cunningham Lectures for 1870-71, Edinburgh: T. & T. Clark, 1872.

Walker, W. L. *The Spirit and the Incarnation*. Edinburgh: T. & T. Clark, 1901.

Walker, Williston. *A History of the Christian Church*. 3rd ed., New York: Charles Scribner's Sons, 1970.

Watt, Hugh. *New College Edinburgh: A Centenary History*. Edinburgh: Oliver and Boyd, 1946.

Weir, David A. *The Origins of the Federal Theology in Sixteenth-Century Reformation Thought*. Oxford: Claredon Press, 1990.

Wells, David F. *The Person of Christ: A Biblical and Historical Analysis of the Incarnation*. Westchester: Crossway Books, 1984.

Weston, Frank. *The One Christ*. New and Revised Edition, London: Longmans, 1914, 1st ed., 1907.

White, Vernon. *Atonement and Incarnation: An essay in Universalism and Particularity*. Cambridge: Cambridge University Press, 1991.

기타(논문 및 미발행 문헌)

Baillie, D. M. "The Place of H. R. Mackintosh in Modern Theology" Hugh Ross Mackintosh Lectureship, Lecture Number One, Unpublished manuscript, Edinburgh: New College, March 8th 1943, pp. 1-20.

_____. "Hugh Ross Mackintosh." *Dictionary of National Biography*, 1949; CD-ROM, Oxford: Oxford University Press, 1995.

Bate, H. N. "A Review of 'Jesus' by Bruce." *Journal of Theological Studies*, vol. 2, London: Macmillan & Co., 1901.

Best, Ernest. "The Study of the New Testament in Glasgow from the Disruption to the First World War." in *Traditions of Theology in Glasgow 1450-1990*. William Ian P. Hazlett, ed., Edinburgh: Scottish Academic Press, 1993.

Boggle, A. N. "The Moderator — Designate." *LW*, 1931, pp. 494-5.

Carlyle, Edward Irving. "A. B. Bruce." *Dictionary of National Biography*, 1901; CD-ROM, Oxford: Oxford University Press, 1995.

Cheyne, A. C. "The Westminster Standards: A Century of Re-appraisal." *Records of the Scottish Church History Society*. vol. 14, 1963, pp. 199-214.

Church Quarterly Review. xlix, Jan., 1900. p. 506.

Church Quarterly Review. xlv, Jan., 1898, pp. 496-8.

Clow, W. M. "Alexander Balmain Bruce." ExpT, vol. 11, 1899-1900, pp. 8-11.

Corbett, D. J. M. *The Moral Aspect of the Atonement in Scottish Theology from David Dickson to James Denney and H. R. Mackintosh*. Ph. D. Dissertation to New College, University of Edinburgh, 1965.

Dawe, Donald G. "A Fresh Look at the Kenotic Christologies." *SJT*, vol. 15, 1962, pp. 337-49.

Declaratory Act in the United Presbyterian Church (1847-1900).

Deegan, Daniel. "A Review of 'The Form of a Servant' by D. Dawe." *SJT*, vol. 18, 1965, pp. 222-4.

_____. "Wilhelm Herrmann: A Reassessment." *SJT*, vol. 19, 1966, pp. 188-203.

Denney, James. *Studies in Theology*. Lectures Delivered in Chicago Theological Seminary for 1894, London: Hodder and Stoughton, 1895.

Feenstra, Ronald J. *Pre-existence, Kenosis, and the Incarnation of Jesus Christ*. Ph. D. Dissertation to Yale University, 1984.

Fergusson, David A. S. "Predestination: A Scottish Perspective." A revised version of an inaugural lecture delivered at Aberdeen University on 5th March 1991, *SJT*, vol. 46, 1993, pp. 457-78.

Free Church Declaratory Act. Act XII, Ancient Confession of Faith, Acts of the General Assembly of the Free Church of Scotland, 1889-1893.

Free Church Monthly, October 1899.

Gardiner, T. W. "Tribute to Professor H. R. Mackintosh." *SJT*, vol. 5, 1952, pp. 225-36.

Glasgow Herald, 8th August 1899.

Hart, Trevor. "Sinlessness and Moral Responsibility: A Problem in Christology." *SJT*, vol. 48, 1995, pp. 37-54.

Headlam, A. C. "Short Notices." *CQR*, vol. 78, 1914, pp. 182-7.

Hebblethwaite, Brian. "Incarnation-the Essence of Christianity?" *Theology*, vol. 80, 1977, pp. 85-91.

Henderson, G. D. "The Idea of the Covenant in Scotland." *Evangelical Quarterly*, vol. 27, 1955, pp. 2-14.

Hoekema, Anthony. "The Covenant of Grace in Calvin's Teaching." *Calvin Theological Journal*, vol. 2, 1969, pp. 133-61.

Hughes, T. Hywel. "Hugh Ross Mackintosh: Scotland Mourns A Great Theologian." *The Christian World*, June 1936?

James, Graham. "The Enduring Appeal of a Kenotic Christology." *Theology*, vol. 86, Jan., 1983, pp. 7-14.

Kirk, James. "Calvin, Calvinism." *Dictionary of Scottish Church History and Theology*, ed., Nigel M. de S., Cameron, Edinburgh: T. & T. Clark, 1993, pp. 119-21.

Loofs, Friedrich. "Kenosis." *Encyclopaedia of Religion and Ethics*, vol. 7, ed., James Hastings, Edinburgh: T. & T. Clark, 1920, pp. 680-7.

MacGregor, Geddes. "The Kenosis." *Anglican Theological Review*, vol. 45, 1963, pp. 73-83.

Macgregor, W. M. "Professor A. B. Bruce." *Exp*, ed., W. Robertson

Nicoll, Series viii, vol. 18, 1919.

Macleod, Donald. "Covenant Theology (or federal theology)." *Dictionary of Scottish Church History and Theology*, ed., Nigel M. de S., Cameron, Edinburgh: T. & T. Clark, 1993.

_____. "Christology." *Dictionary of Scottish Church History and Theology*, ed., Nigel M. de S. Cameron, Edinburgh: T. & T. Clark, 1993.

Macquarrie, John. "The Pre-existence of Jesus Christ." *ExpT*, April, 1966, pp. 199-202.

_____. "Kenoticism Reconsidered." *Theology*, vol. 77, 1974, pp. 115-24.

Martin, Alexander. "The Late Very Reverend Professor H. R. Mackintosh." *LW*, vol. 7, 1936, pp. 287-8.

McFadyen, John E. "Professor Alexander Balmain Bruce: An Appreciation." *The Biblical World*, February 1900, pp. 87-104.

McPake, John Lewis. *H. R. Mackintosh, T. F. Torrance and the Conception of the Theology of Karl Barth in Scotland; with Particular Reference to the Concept of the Self-Revelation of God*. Ph. D. Thesis, Edinburgh: University of Edinburgh, 1994.

Mullins, E. Y. "Book Reviews about *The Doctrine of the Person of Jesus Christ*," *Review and Expositor*. vol. 10, 1913, pp. 112-4.

Murphy, Francesca A. *Lecture Synopsis: Kenotic Christology Lecture* II. 1997.

Osthathios, Geevarchese Mar. "Cosmic, Communitarian and Kenotic Dimensions of the New Man in Christ." *Indian Journal of Theology*, vol. 27, 1978, pp. 177-85.

Pierce, Ronald S. *H. R. Mackintosh: His Theological Method and Doctrine of God and Christ*. Th. D. Dissertation to The New Orleans Baptist Theological Seminary, 1984.

Plantinga, Cornelius Jr. "The Threeness/oneness Problem of the Trinity." *Calvin Theological Journal*, vol. 23, 1988, pp. 37-53.

_____. "Social Trinity and Tritheism." in *Trinity, Incarnation, and Atonement: Philosophical and Theological Essays*, eds., Ronald Feenstra and Cornelius Plantinga Jr., Notre Dame: University of Notre Dame Press, 1989.

Redman, Robert R. Jr. "H. R. Mackintosh's Contribution to Christology and Soteriology in the Twentieth Century." *SJT*, vol. 41, 1988, pp. 517-34.

Riddell, J. G. "The Late Very Reverend Professor H. R. Mackintosh." *ExpT*, vol. 48, 1936-37, pp. 6-11.

Scotsman, 8th August 1899.

Smith, Gerald Birney. "Mackintosh's Exposition of Modern Christology." *AJT*, vol. 17, 1913, pp. 301-7.

Smith, Stephen McCray. *Dogma and History: The Creative Ferment in British Christology, 1890-1920*. Ph. D. Dissertation, Claremont Graduate School, 1980.

The British Weekly, June 4, 1936.

The Times, "Professor Mackintosh: A Noted Theologian." June 10, 1936.

Thomas, Thomas A. "The Kenosis Question." *Evangelical Quarterly*, vol. 42, 1970, pp. 142-51.

Torrance, Iain. "Patrick Hamilton and John Knox: A Study in the Doctrine of Justification by Faith." *Archiv für Reformationsgeschichte*, Jahrgang 65, 1974.

Torrance, James B. "Covenant or Contract?: A Study of the Theological Background of Worship in Seventeenth-Century Scotland." *SJT*, vol. 23, 1970, pp. 51-76.

_____. "The Covenant Concept in Scottish Theology and Politics and Its Legacy." Inaugural Lecture on 20th October 1977 in King's College, University of Aberdeen, *SJT*, vol. 34, 1981, pp. 225-43.

Torrance, T. F. "Hugh Ross Mackintosh: Theologian of the Cross." *The Scottish Bulletin of Evangelical Theology*, No. 5, 1987, pp. 160-73.

_____. *Letter to Iain Torrance*. 22nd January 1998.

Warfield, B. B. "Current Biblical Thought: The Principal Writings of Dr. Bruce." *The Bible Student*, 1900, pp. 349-50.

_____. "A Review of *The Doctrine of the Person of Jesus Christ* by Mackintosh." *Princeton Theological Review*, vol. 11, 1913, pp. 141-56.

Watson, Philip S. "Books on the Person of Christ: The Kenosis Doctrine in H. R. Mackintosh's 'The Person of Jesus Christ'" *ExpT*, vol. 64, 1952, pp. 68-71.